ALLWEDD

MATHEMATEG

▶ **David Baker**
Ysgol Anthony Gell, Wirksworth

▶ **Paul Hogan**
Ysgol Uwchradd Fulwood, Preston

▶ **Barbara Job**
Ysgol Uwchradd Christleton, Caer

▶ **Renie Verity**
Ysgol Uwchradd Pensby i Ferched, Heswall

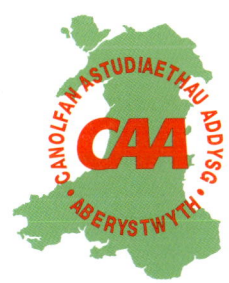

Cynnwys

Cyhoeddwyd gyntaf yn 1996 gan
Nelson Thornes (Publishers) Ltd,
Delta Place
27 Bath Road
CHELTENHAM GL53 7TH

Cyhoeddwyd y fersiwn Cymraeg gan
Y Ganolfan Astudiaethau Addysg, Prifysgol Cymru,
Aberystwyth, Ceredigion SY23 2AX

ISBN 1 85644 576 3

Cydnabyddiaethau

Mae'r cyhoeddwyr yn ddiolchgar i'r canlynol am ganiatâd i atgynhyrchu'r canlynol:
Aerofilms, tud. 147; Ancient Art & Architecture, tud. 239 (Ronald Sheridan-y ddau); ED142018 Y Meddyliwr, Efydd gan Rodin (o'r blaen) Musee Rodin, Paris/Bridgeman Art Library, Llundain, tud. 201; BBC, tud. 52; Mensa Cyf, tud. 337; Swyddfa Ystadegau Ganolog, tud. 285, Teledu Sianel Pedwar, tud. 52; Collections, tud. 296 (Brian Shuel); Cyngor Sir Swydd Derby a Heddlu Swydd Derby, tud. 186; Hulton Deutsh Collection, tud. 51; Teledu Annibynnol, tud. 52; Kraft Jacobs Suchard; tt. 308, 313; Carreg Filltir 91/2, tud. 142; Cynilion Cenedlaethol, tud. 159; Y Gwasanaeth Gwaed Cenedlaethol, tud. 295; Atgynhyrchwyd o'r Arolwg Ordnans trwy ganiatâd Rheolwr Swyddfa ei Mawrhydi © Hawlfraint y Goron (07000U), tt. 225, 241, 243, 262; Sky Television, tud. 52; Sporting Pictures (UK) Ltd, tt. 166, 249; Tony Stone Images, tud. 43 (Simon Jauncey), 92 (John Laurence), 237 (Dale Durfee), 251 (Tim Davis), 268 (Kevin Kelley), 304 (David Sutherland), 314 (Art Wolfe); York City Archives, tud. 250. Y gweddill o'r ffotograffau gan Martyn F. Chillmaid.

Ni fu'n bosibl olrhain perchennog pob hawlfraint yn y gyfrol hon. Gwahoddir y perchenogion hynny i gysylltu â'r cyhoeddwyr.

Cyfieithwyd gan Ffion E. Kervegant
Golygwyd a pharatowyd ar gyfer y wasg gan Dafydd Kirkman, Eirian Jones a Glyn Saunders Jones
Dyluniwyd gan Ceri Jones a Gary Evans
Ar ran ACCAC: John Lloyd
Aelodau'r Grŵp Monitro: Rhiannon Bill, Gordon Owen ac Arwyn Jones
Dylunio gwreiddiol: Stiwdio Dorel
Lluniau'r clawr: Roger Howard/Ace Photo Agency (blaen); Chris Fairclough
Colour Library (meingefn): Baron Wolman/Tony Stone Images (cefn)
Cynllun y clawr: John Christopher, Design Works
Gwaith celf: Partneriaeth Maltings, Eric Apsey a David Oliver
Cartwnau: Clinton Banbury
Argraffwyd gan Argraffwyr Cambria, Aberystwyth

1 Graffiau

CWESTIYNAU

ESTYNIAD

CRYNODEB

PROFWCH EICH HUN

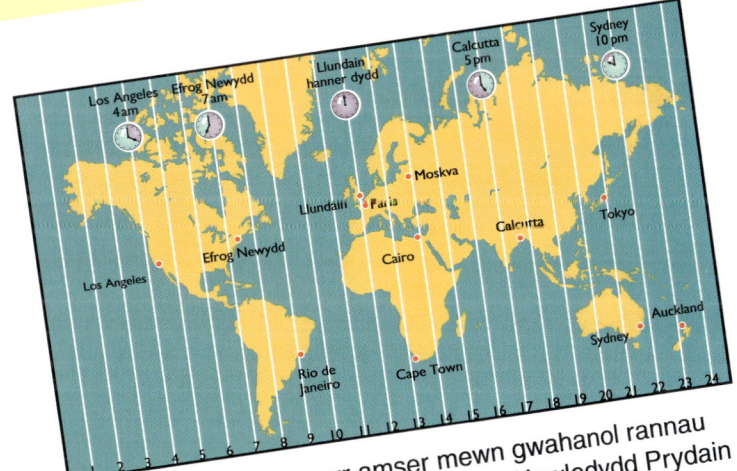

Mae'r map yn dangos yr amser mewn gwahanol rannau o'r byd pan fydd hi'n hanner dydd yng Ngwledydd Prydain yn ystod tymor y Gaeaf.

Oes gennych chi berthnasau yn byw yn Seland Newydd? Os byddwch chi'n eu ffonio nhw byddwch yn ofalus! Mae hi bron yn hanner nos yn Seland Newydd pan fydd hi'n hanner dydd yng Ngwledydd Prydain!

Chwiliwch mewn atlas o'r byd er mwyn darganfod:

- sut mae cyfandiroedd fel Affrica yn trefnu rhanbarthau amser i gyd-fynd â ffiniau'r gwledydd

- beth sy'n digwydd pan fydd teithiwr yn croesi'r Ddyddlinell.

1 Graffiau trawsnewid

Mae dosbarth 8J yn Paris ar daith gyfnewid. Maen nhw'n prynu anrhegion i'w ffrindiau. Maen nhw eisiau trawsnewid y prisiau o Ffranciau i Bunnoedd. Mae ganddynt graff trawsnewid.

Ymarfer 1:1

Dyma'r graff mae dosbarth 8J yn ei ddefnyddio:

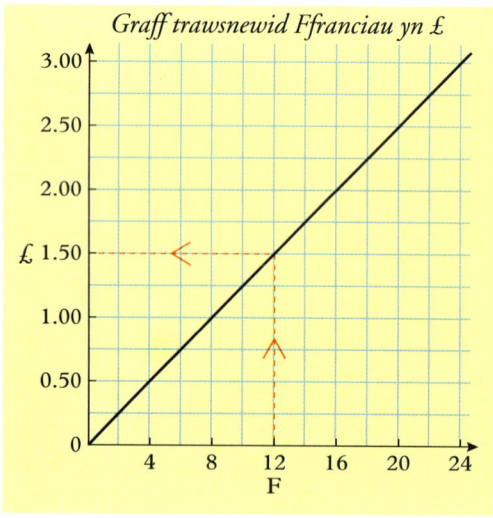

Graff trawsnewid Ffranciau yn £

1 Mae Anne yn prynu model o Dŵr Eiffel. Mae'n costio 12F.
Chwiliwch am 12F ar y raddfa ar waelod y graff.
Dilynwch y llinell goch hyd at y graff.
Darllenwch y pris mewn £ ar y raddfa sydd ar ochr y graff.

2 Mae Ned yn prynu llun o Paris. Mae'n costio 8F.
Trawsnewidiwch hyn yn £.

3 Mae Danielle yn prynu dwy feiro. Maen nhw'n costio 4F yr un.
   a Faint mae beiro yn ei gostio mewn £?
   b Beth yw cyfanswm cost 2 feiro, 2 lyfr ysgrifennu a phoster mewn Ffranciau a £?

4 Mae Teri eisiau trawsnewid y £12 sydd ganddo yn Ffranciau.
   Faint o Ffranciau fydd o'n eu cael?

| **Graff trawsnewid** | Byddwn yn defnyddio **graff trawsnewid** i newid un uned yn uned arall. Mae graffiau trawsnewid bob amser yn llinellau syth. | 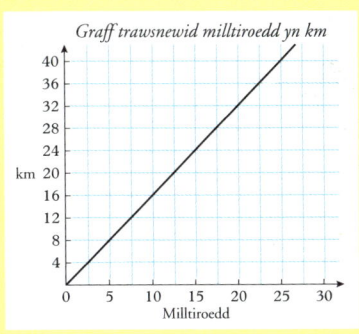 |

Ymarfer 1:2

1 Dyma graff trawsnewid Doleri ($) yn £.

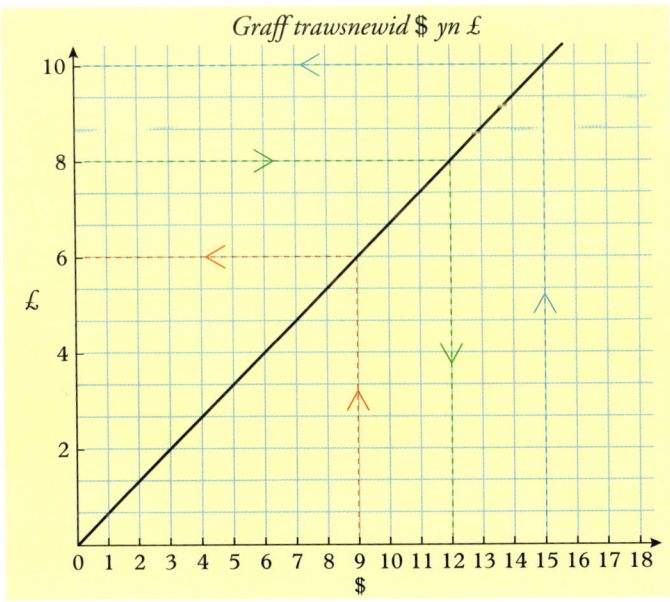

Graff trawsnewid $ yn £

   a Trawsnewidiwch $9 yn £ (llinell goch).
   b Trawsnewidiwch $15 yn £ (llinell las).
   c Trawsnewidiwch £8 yn £ (llinell werdd).
   ch Trawsnewidiwch £9 yn $ (i'r Ddoler agosaf).

2 Mae'r graff yma'n trawsnewid milltiroedd yn gilometrau.
Gall hefyd drawsnewid cilometrau yn filltiroedd.

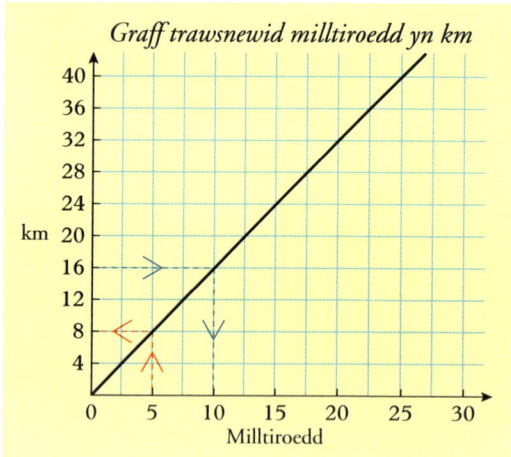

a Trawsnewidiwch 5 milltir yn km (llinell goch).
b Trawsnewidiwch 15 milltir yn km.
c Trawsnewidiwch 16 **km yn filltiroedd** (llinell las).
ch Trawsnewidiwch 30 km yn filltiroedd.

3 Mae'r graff yma'n trawsnewid cilogramau yn bwysi (lb).

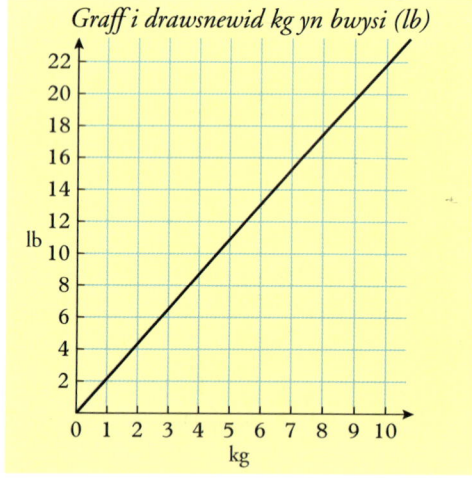

a Mae bag o siwgr yn pwyso 1 kg.
Sawl pwys yw hyn yn fras?
b Mae bag mawr o datws yn pwyso 5 lb.
Sawl cilogram yw hyn yn fras?

4 A fydd pob graff trawsnewid yn cychwyn yn (0, 0)?
Eglurwch eich ateb.

2 Graffiau a rheolau

Ymarfer 1:3

1 Mae Ben yn cymryd rhan yn nhaith gerdded noddedig yr ysgol.
Mae o'n cael ei noddi yn ôl £2.35 y filltir gan ei deulu. Y pellaf y bydd o'n
cerdded mwyaf yn y byd o arian fydd o'n ei gasglu.
Mae o'n rhoi'r swm mewn tabl.

Nifer y milltiroedd	1	2	3	4	5
Swm £					

a Copïwch y tabl a'i lenwi.
b Defnyddiwch yr wybodaeth yma i lunio graff.
Rhowch y milltiroedd ar yr echelin lorweddol wedi ei graddio o 0 i 5.
Rhowch y swm ar yr echelin fertigol wedi ei graddio o 0 i 21.
c Estynnwch eich graff i ddarganfod faint o arian fydd Ben yn ei gael os bydd
yn cerdded 7 milltir.

2 Mae Eryl hefyd yn cymryd rhan yn y daith gerdded noddedig.
Mae o'n cael ei noddi yn ôl £2.85 y filltir.
a Copïwch y tabl ar gyfer Eryl a'i lenwi.

Nifer y milltiroedd	1	2	3	4	5
Swm £					

b Lluniwch graff ar gyfer Eryl.
Lluniwch y graff ar yr un diagram â diagram Ben.
c Faint o arian fydd Eryl yn ei gael os bydd yn cerdded 7 milltir?
ch Faint o arian fydd o'n ei gael os bydd yn cerdded $4\frac{1}{2}$ milltir?
d Tua pha mor bell fyddai'n rhaid i Eryl gerdded er mwyn cael £20?
dd Faint o arian fydd o'n ei gael os bydd yn cerdded 15 milltir?
(Ni ddangosir hyn ar y graff ond gallwch ddarganfod yr ateb. Sut?)

3 Mae Alaw yn cael ei noddi yn ôl £1.50 y filltir.

  a Gwnewch dabl i ddangos faint o arian fydd Alaw yn ei gael.

  b Lluniwch graff ar gyfer Alaw ar yr un diagram â diagram Ben ac Eryl.

  c Defnyddiwch eich graff i ddarganfod faint o arian fydd Alaw yn ei gael os bydd hi'n cerdded $3\frac{1}{2}$ milltir.

  ch Pa mor bell fyddai'n rhaid i Alaw gerdded i gael £10.50?

  d Cymharwch y tri graff.
     Beth sy'n digwydd i'r graff wrth i'r arian noddi gynyddu?

  dd Ysgrifennwch ym mhle, yn eich tyb chi, y dylai'r llinell fod ar gyfer y symiau y filltir hyn:
     (1) £5
     (2) £1
     (3) 50c

4 Mae Lee yn cael ei noddi yn ôl £2.50 y filltir.

  a Cyfrifwch faint o arian fydd o'n ei gael am gerdded 5 milltir.

  b Plotiwch y pwynt yma ar graff.

  c Dau bwynt yn unig sydd eu hangen arnoch i lunio graff llinell syth.
     Cysylltwch y pwynt yma â (0, 0) i gael graff ar gyfer Lee.

  ch Defnyddiwch eich graff i ddarganfod faint o arian fydd Lee yn ei gael os bydd yn cerdded $3\frac{1}{2}$ milltir.

5 Mae tri o ffrindiau wedi cael eu noddi i gystadlu mewn gala nofio.
   Mae Alys yn cael 40c am bob hyd, mae Bob yn cael 65c am bob hyd ac mae Camilla yn cael 72c am bob hyd.

  a Gwnewch fraslun o'r tri graff ar yr un diagram i ddangos sut byddant yn edrych yn eich tyb chi.

  b Lluniwch dabl ar gyfer pob nofiwr.
     Ewch hyd at 50 o hydoedd mewn lluosrifau 10 hyd.

  c Defnyddiwch eich tablau i blotio graffiau manwl gywir ar yr un diagram.

  ch Cymharwch eich graffiau â'ch braslun.
     Nodwch unrhyw wahaniaethau.

  d Disgrifiwch beth sy'n digwydd i'r graff wrth i swm y nawdd am bob hyd gynyddu.

◀◀ AILCHWARAE ▶

Fformiwla	Gelwir rheol sydd wedi ei hysgrifennu mewn algebra yn **fformiwla**.
Enghraifft	Mae Eryl yn cael ei noddi yn ôl £3 y filltir.

Mae'r **s**wm mae o'n ei gasglu yn hafal i **£3** × nifer y **m**illtiroedd.
Y ffurf gryno am hyn yw: $s = 3 \times m$

Cofiwch nad ydym yn ysgrifennu'r arwydd × mewn algebra.
Mae hyn yn golygu y dylid ysgrifennu'r rheol fel hyn: $s = 3m$

Ymarfer 1:4

Ysgrifennwch ffurf gryno'r rheolau yma.
Defnyddiwch y llythrennau a'r rhifau coch.

1 Y **s**wm o arian a godwyd mewn taith gerdded noddedig yn ôl **£2** y filltir (**m**).

2 Y **s**wm o arian a godwyd mewn nofio noddedig yn ôl **£6** yr **h**yd.

3 Y **c**yflog a enillir gan weithiwr sy'n ennill **£4** yr **a**wr.

4 **T**aldra planhigyn sy'n tyfu **3** cm bob **m**is.

5 Y **p**ellter sy'n cael ei deithio gan gar sy'n teithio ar **30** milltir yr **a**wr.

6 Y **s**wm o arian mae Joan yn ei gynilo os yw hi'n cynilo **£6** bob **m**is.

7 Mae'r swm mae Arwel yn ei ennill yn cael ei gyfrifo gan ddefnyddio'r
fformiwla $c = 4a$. **c** yw ei gyflog ac **a** yw nifer yr oriau (**a**wr) mae o'n eu gweithio.

Cyfrifwch gyflog Arwel os yw'n gweithio am:
a 5 awr
b 7 awr
c $3\frac{1}{2}$ awr
ch $6\frac{1}{4}$ awr

Weithiau mae hi'n ddefnyddiol llunio graff o reol.

Enghraifft

Mae gan Guto waith rhan amser fel gweinydd.
Mae o'n ennill £2.95 am bob awr mae o'n ei gweithio.
Mae o'n gwneud tabl i ddangos faint o arian mae'n bosibl iddo ei ennill.

Nifer yr oriau	1	2	3	4	5
Cyflog £	2.95	5.90	8.85	11.80	14.75

Dyma'i reol: mae'r **c**yflog yn hafal i £**2.95** × nifer yr oriau (**a**wr) a weithir.
Mewn algebra ysgrifennir: $c = 2.95a$

Mae Guto'n defnyddio'i dabl i lunio graff:

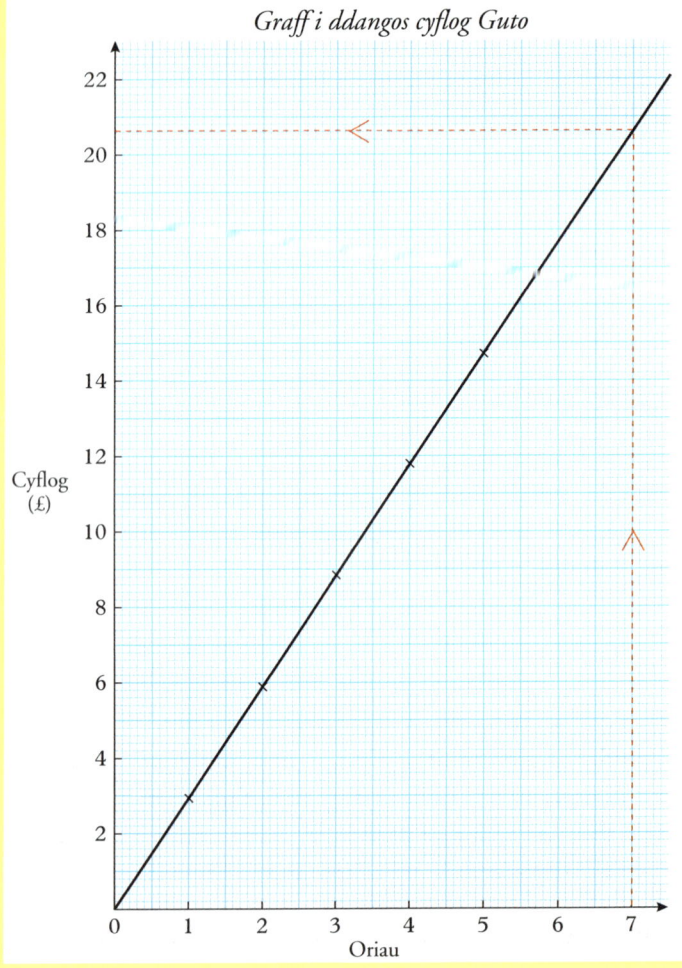

Graff i ddangos cyflog Guto

Nawr gall Guto weld faint fyddai'n ei ennill ar ôl 7 awr o waith.
Dilynwch y llinell goch.

Ymarfer 1:5

1 Mae Joel a Lea yn loncian gyda'i gilydd. Cyn bo hir mae Lea ar y blaen i Joel.
Mae Lea yn loncian ar 4 metr yr eiliad (m/s).
Mae Joel yn loncian ar 3 metr yr eiliad.
Mae'r ddau yn darganfod rheol ar gyfer y pellter maen nhw'n ei loncian.

    a Ysgrifennwch reol Lea mewn algebra gan ddefnyddio'r llythrennau p (pellter mewn metrau) ac s (nifer yr eiliadau).

    b Copïwch y tabl yma ar gyfer rheol Lea.
       Defnyddiwch eich fformiwla i'w lenwi.

Nifer yr eiliadau	10	20	30	40	50
Pellter mewn metrau					

    c Lluniwch graff ar gyfer y tabl yma.

    ch Ysgrifennwch reol Joel mewn algebra.

    d Gwnewch dabl ar gyfer pellteroedd Joel.
       Lluniwch y graff ar yr un diagram ag un Lea.

    dd Disgrifiwch y gwahaniaethau rhwng y ddau graff.
       Eglurwch pam y mae'r graffiau'n wahanol.

2 Yn Ysgol Abcrgwynant mae'r disgyblion yn llogi loceri.
Rhaid talu blaen-dâl o £3 y flwyddyn a chodir tâl o 75c am bob hanner tymor.

    a Copïwch y tabl yma a'i lenwi.

Nifer yr haneri tymor	1	2	3
Cost £			

    b Lluniwch echelinau ar gyfer graff.
       Rhowch nifer yr haneri tymor o 0 i 6 ar yr echelin lorweddol.
       Rhowch y gost o £0 i £10 ar yr echelin fertigol.

    c Defnyddiwch eich tabl i blotio'r pwyntiau.
       Cysylltwch nhw gan ddefnyddio llinell syth.
       Ewch â'r llinell yn ei blaen hyd at ymyl y graff.

    ch Defnyddiwch eich graff i ddarganfod beth yw'r gost ar gyfer llogi loceri am:
       (1) 4 hanner tymor
       (2) 6 hanner tymor

    d Eglurwch pam nad yw'r graff yn cychwyn yn (0, 0).

3 Mae tri o ffrindiau yn rhedeg mewn ras.
Mae Siwsan yn rhedeg ar fuanedd cyson
o 5 m/s.
Dim ond ar 4 m/s y gall Ceri redeg, felly
mae hi'n cael cychwyn 3 m o flaen y llinell.
Mae Alix yn gallu rhedeg ar 6 m/s felly mae
hi'n cychwyn 4 m y tu ôl i'r llinell!

Y fformiwla ar gyfer Ceri yw
$p = 4t + 3$

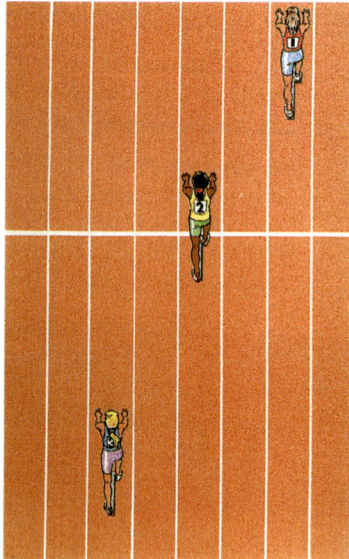

a Ysgrifennwch fformiwla ar gyfer
Siwsan.
b Ysgrifennwch fformiwla ar gyfer Alix.
c Copïwch a gorffennwch y
tabl yma.
Mae'n dangos y pellter o'r llinell
gychwyn dros 6 eiliad cyntaf y ras.

Amser (eiliadau)	0	1	2	3	4	5	6
Pellter Ceri	3						
Pellter Siwsan	0						
Pellter Alix	−4						

ch Gwnewch fraslun o sut y bydd y graffiau'n ymddangos yn eich tyb chi.
d Pwy ydych chi'n rhagweld fydd ar y blaen ar ôl 6 eiliad?
dd Lluniwch echelinau o 0 i 6 yn llorweddol a −4 i 32 yn fertigol.
e Lluniwch graffiau ar gyfer y tair merch.
f Ysgrifennwch yr amseroedd pan fydd un ferch yn goddiweddyd merch arall.
ff Ysgrifennwch drefn y rhedwyr ar ôl chwe eiliad.
g Pwy fydd ar y blaen ar ôl 10 eiliad?
Pwy fydd yr olaf?

3 Amser

Mae hi'n 7.55 am.
Mae taith fws Siôn i'r ysgol yn cymryd 47 munud.
Mae arno eisiau gwybod a fydd yn cyrraedd yr ysgol erbyn 8.45 am.

Am 7.55 am mae hi'n 5 munud i'r awr nesaf.
47 − 5 = 42
Mae'r bws yn cyrraedd am 8.42 am.

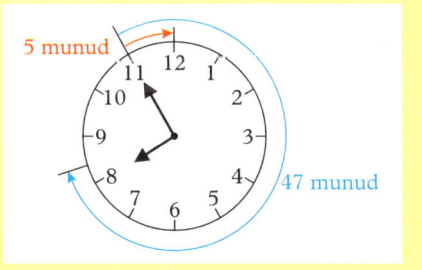

Ymarfer 1:6

1   Beth yw'r amseroedd pan fydd y bysiau yma'n cyrraedd?
   a   Bws sy'n gadael am 7.50 am ac yn cymryd 45 munud.
   b   Bws sy'n gadael am 3.35 pm ac yn cymryd 50 munud.
   c   Bws sy'n gadael am 7.25 am ac yn cymryd 36 munud.
   ch Bws sy'n gadael am 10.17 am ac yn cymryd 52 munud.

| am | Ystyr **am** yw ante meridiem. Mae hyn yn golygu cyn hanner dydd. |
| pm | Ystyr **pm** yw post meridiem. Mae hyn yn golygu wedi hanner dydd. |

Mae 7.55 am yn y bore.   Mae 3.04 pm yn y prynhawn.

Mae amserlenni bysiau a threnau
yn defnyddio'r cloc 24 awr.

Enghreifftiau

Ceir pedwar ffigur bob amser.
Mae 7.55 am yr un fath â **0**7 55
Mae 3.04 pm yr un fath â 15 04
Hanner nos yw 00 00
Hanner dydd yw 12 00

2   Am faint o'r gloch y bydd y bysiau yma'n cyrraedd?
Defnyddiwch y cloc 24 awr.
   a Bws sy'n gadael am 15 52 ac yn cymryd 14 munud.
   b Bws sy'n gadael am 08 05 ac yn cymryd 39 munud.
   c Bws sy'n gadael am 14 19 ac yn cymryd 55 munud.
   ch Bws sy'n gadael am 21 43 ac yn cymryd 26 munud.

Enghraifft

Mae trên yn gadael am 08 36.
Mae'r siwrnai yn cymryd 2 awr 45 munud.
Pryd mae'r trên yn cyrraedd?

Ystyriwch y munudau yn gyntaf.
Am 08 36 mae hi'n 24 munud i'r awr nesaf.
$45 - 24 = 21$
Byddai trên sy'n cymryd 45 munud yn cyrraedd am 09 21.
Byddai trên sy'n cymryd 2 awr 45 munud yn cyrraedd am 11 21.

3   Am faint o'r gloch y bydd y trenau yma'n cyrraedd?
Defnyddiwch y cloc 24 awr.
   a Trên sy'n gadael am 12 44 ac yn cymryd 1 awr 37 munud.
   b Trên sy'n gadael am 08 52 ac yn cymryd 3 awr 18 munud.
   c Trên sy'n gadael am 18 25 ac yn cymryd 2 awr 19 munud.
   ch Trên sy'n gadael am 15 38 ac yn cymryd 4 awr 26 munud.

4   Mae gan Mrs Davies gyfarfod pwysig.
Mae'n rhaid iddi fod ym Manceinion erbyn 9.45 am.
Mae'r trên yn gadael am 7.52 ac yn cymryd 1 awr 34 munud.
Faint o funudau yn gynnar neu'n hwyr fydd Mrs Davies?

5 Mae ffilm yn para 112 munud.
    a Pa mor hir mae'r ffilm yn para mewn oriau a munudau?
    b Os yw'r ffilm yn cychwyn am 8.15 pm, am faint o'r gloch fydd hi'n gorffen?

Enghraifft

Faint o amser sydd rhwng 8.35 am a 9.12 am?

Yr amser o 8.35 i 9.00 yw 25 munud.
Yr amser o 9.00 i 9.12 yw 12 munud.
25 + 12 = 37
Ateb = 37 munud

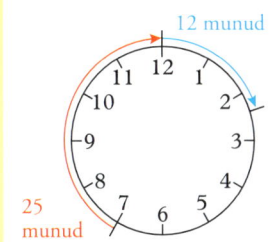

Ymarfer 1:7

1 Faint o amser sydd rhwng yr amseroedd yma?
    a 7.25 am ac 8.17 am
    b 09 34 a 10 28
    c 6.48 pm a 7.15 pm
    ch 16 25 ac 17 33

Enghraifft Faint o amser sydd rhwng 8.35 pm ac 11.42 pm?

Yr amser o 8.35 i 9.00 yw 25 munud   Yr amser o 11.00 i 11.42 yw 42 munud

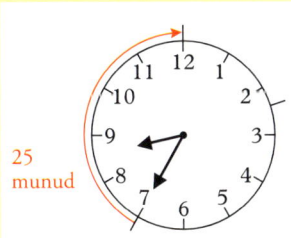

9.00 ⟶ 11.00
= 2 awr

25 + 42 = 67 munud
= 1 awr 7 munud
2 awr + 1 awr 7 munud = 3 awr 7 munud

2 Faint o amser sydd rhwng yr amseroedd yma?

    a 5.15 pm a 7.37 pm   **ch** 9.05 am a 3.54 pm

    b 19 29 a 21 08   **d** 17 28 a 21 43

    c 09 20 ac 13 46   **dd** 16 42 a 23 15

3 Mae ysgol Siân yn cychwyn am 8.50 am ac yn gorffen am 3.35 pm.

    a Am faint o amser mae Siân yn yr ysgol?

    b Ceir egwyl 15 munud yn y bore ac 1 awr amser cinio.

       Faint o amser mae Siân yn ei dreulio yn ei dosbarth?

Gallwch ddefnyddio cyfrifiannell â botwm 〔° ' ''〕 i wneud cyfrifiadau sy'n ymwneud ag amser. Mae'r symbolau'n cynrychioli graddau, munudau, eiliadau. Pwrpas y rhain yw cyfrifo onglau. Gallwch eu defnyddio i gyfrifo amser. Os oes gennych fotwm **DMS** ar eich cyfrifiannell gofynnwch i'ch athro/athrawes am gymorth

Enghreifftiau **1** Bwydwch 9 awr 30 munud i mewn i'r cyfrifiannell.

    Pwyswch y botymau yma: 〔9〕〔° ' ''〕〔3〕〔0〕〔° ' ''〕 sy'n rhoi   9.5

    Pwyswch y botymau yma: **SHIFT** 〔° ' ''〕 sy'n rhoi   9°30°0

    Mae 9°30°0 yn golygu 9 awr 30 munud 0 eiliad.

    2 Bwydwch yr amser 15 25 i mewn i'r cyfrifiannell.

    Pwyswch y botymau yma: 〔1〕〔5〕〔° ' ''〕〔2〕〔5〕〔° ' ''〕 sy'n rhoi 15.4166...

    Pwyswch y botymau yma: **SHIFT** 〔° ' ''〕 sy'n rhoi 15°25°0

    Mae 15°25°0 yn golygu 15 awr 25 munud 0 eiliad.

Ymarfer 1:8

1 Copïwch y tabl yma a'i lenwi.

Amser	Dangosydd degol	Dangosydd oriau/munudau
a 6 awr 30 munud		

Rhowch yr amseroedd yma yn eich tabl:

    b 8 awr 15 munud   **c** 15 45   **ch** 18 20   **d** 23 35   **dd** 12 hanner dydd

Enghraifft   Faint o amser sydd rhwng 9.40 am ac 1.08 pm?

Mae 1.08 pm yn 13 08
Dyma'r cyfrifiad: 13 08 − 09 40
Pwyswch y botymau yma:

1   **3**   °′″   **0**   **8**   °′″
−   **9**   °′″   **4**   **0**   °′″   **=**   **SHIFT**   °′″

Ateb: 3 awr 28 munud

---

2   Defnyddiwch gyfrifiannell i ddarganfod faint o amser sydd rhwng yr amseroedd yma.
   a   9.25 am ac 11.37 am   **ch**   6.23 pm ac 8.49 pm
   b   10 05 ac 15 38   **d**   10.04 am a 3.52 pm
   c   9.36 pm a hanner nos   **dd**   8.45 pm ac 11.19 pm

Efallai nad oes gennych fotwm arbennig ar eich cyfrifiannell ar gyfer cyfrifiadau amser.
Er hyn mae'n dal yn bosibl ei ddefnyddio i gyfrifo amseroedd.

Enghreifftiau   **1**   Trawsnewidiwch 9 awr 20 munud yn ddegolyn.

Ystyriwch y munudau yn gyntaf: 20 ÷ 60 = 0.333...
Nawr, adiwch yr oriau: 0.333... + 9 =

Ateb: 9.333... awr

2   Trawsnewidiwch yr amser degol 15.3745 awr yn oriau a munudau.

Tynnwch yr oriau: 15.3745 − 15 = 0.3745
Newidiwch yn funudau: 0.3745 × 60 = 22.47 munud
Mae 22.47 munud yn 22 munud i'r munud agosaf.

Ateb: 15 awr 22 munud

---

3   Trawsnewidiwch yr amseroedd yma yn ddegolion.
   a   8 awr 30 munud   **b**   14 awr 20 munud   **c**   30 awr 8 munud   **ch**   50 munud

4   Trawsnewidiwch y rhain yn oriau a munudau yn gywir i'r munud agosaf.
   a   6.5 awr   **b**   0.75 awr   **c**   7.256 awr   **ch**   8.675 awr   **d**   17.666 666... awr

Ymarfer 1:9

Lerpwl, Lime Street	0600	—	0710	0745	—	0845	0945
Runcorn	0617	—	0727	0802	—	0902	1002
Hartford	—	0648	—	—	0856	—	1013
Crewe	0639	0702	0753	—	0914	0925	1025
Stafford	0700	—	—	0837	0935	0944	1047
Tamworth	0720	—	—	—	—	—	—
Nuneaton	0735	—	—	—	—	1008	—
Rugby	—	0802	—	—	—	1023	1125
Milton Keynes Central	—	—	—	0933	1031	1049	—
Watford Junction	—	—	0930	—	—	—	1214
Llundain, Euston	0853	0912	0953	1020	1117	1136	1237

Mae'r amserlen yn dangos trenau sy'n mynd o Lerpwl i Lundain.

1 **a** Pa bryd y mae'r trên cynharaf o Runcorn sy'n aros yn Watford
Junction yn gadael?

 b Faint o amser mae'r trên yn ei gymryd i fynd o Runcorn i Watford
Junction?

2 Mae gan Dwynwen gyfarfod pwysig yn Milton Keynes am 10 45.
Pa drên ddylai hi ei gymryd o Lerpwl?

3 **a** Am faint o'r gloch mae'r trên 10 13 o Hartford yn cyrraedd Rugby?

 b Faint o amser mae'r trên yma'n ei gymryd i fynd o Hartford i Rugby?

4 Rydw i newydd golli'r trên 06 39 o Crewe i Orsaf Euston, Llundain.

 a Faint o amser fydd yn rhaid i mi ddisgwyl am y trên nesaf?

 b Am faint o'r gloch fyddaf i'n cyrraedd Llundain?

 c Faint yn hwyrach fyddaf i'n cyrraedd na phetawn i wedi dal y trên 06 39?

5 Ar yr amserlen yma mae pump o drenau sy'n mynd o Lerpwl i Orsaf Euston,
Llundain.

 a Darganfyddwch faint o amser mae pob trên yn ei gymryd i fynd o Lerpwl i
Orsaf Euston yn Llundain.

 b Am faint o'r gloch mae'r trên cyflymaf yn gadael Lerpwl?

 c Am faint o'r gloch mae'r trên mwyaf araf yn gadael Lerpwl?

 ch Edrychwch yn ofalus ar yr amserlen.
Yn eich tyb chi, pam y mae rhai trenau yn cymryd mwy o amser nag eraill?

4 Graffiau teithio

Mae Carl a Siân yn mwynhau edrych ar drenau.
Maen nhw'n gwybod fod trenau cyflym yn teithio'n gyflym iawn.
Mae trenau eraill yn teithio'n arafach.

Ymarfer 1:10

Copïwch yr echelinau ar bapur sgwariau.
Defnyddiwch nhw ar gyfer yr holl gwestiynau sydd yn yr ymarfer yma.

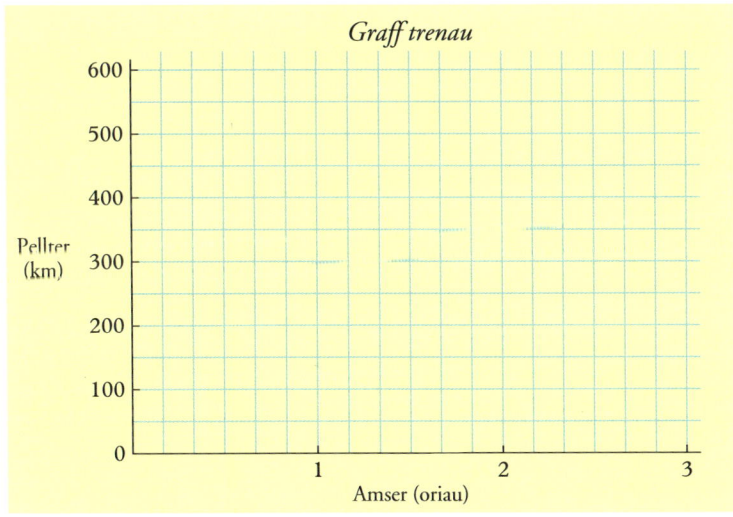

1 **a** Copïwch y tabl ar gyfer trên cyflym sy'n teithio
ar fuanedd cyfartalog o 200 km/a.
Llenwch y tabl.

Amser o'r cychwyn (oriau)	0	1	2	3
Pellter a deithiwyd (km)	0	200		

b Plotiwch y pwyntiau o'r tabl.
Cysylltwch nhw i gael llinell syth.
Labelwch eich llinell yn 'trên cyflym'.

2 a Mae trên nwyddau yn teithio ar fuanedd cyfartalog o 100 km/awr.
Gwnewch dabl ar gyfer y trên yma fel yr un yng nghwestiwn **1**.

b Plotiwch y pwyntiau o'r tabl.
Cysylltwch nhw i gael llinell syth.
Labelwch eich llinell yn 'trên nwyddau'.

3 Mae trên traws gwlad yn teithio ar fuanedd cyfartalog o 150 km/awr.

a Disgrifiwch ym mhle bydd llinell y trên yma ar eich graff.

b Lluniwch dabl ar gyfer y trên traws gwlad.

c Plotiwch y pwyntiau o'r tabl.
Cysylltwch y pwyntiau i gael llinell syth.
Labelwch eich llinell yn 'trên traws gwlad'.

4 a Disgrifiwch sut effaith mae buanedd trên yn ei gael ar ei graff.

b Disgrifiwch graff trên sy'n llonydd.

5 Mae'r echelinau y gwnaethoch eu defnyddio ar gyfer yr ymarfer yma yn
defnyddio chwe rhaniad ar gyfer un awr.
Sawl munud mae un rhaniad yn ei gynrychioli?

6 Sawl munud mae un rhaniad yn ei gynrychioli ar y graddfeydd yma?

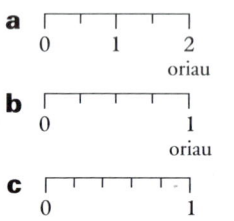

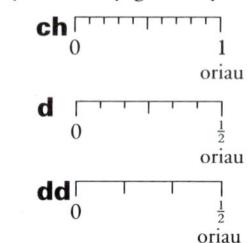

7 Pa amseroedd a ddangosir ar y graddfeydd yma?

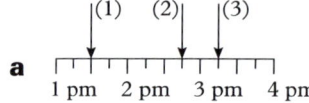

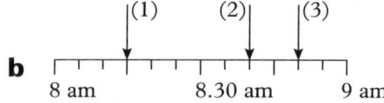

Ymarfer 1:11

1

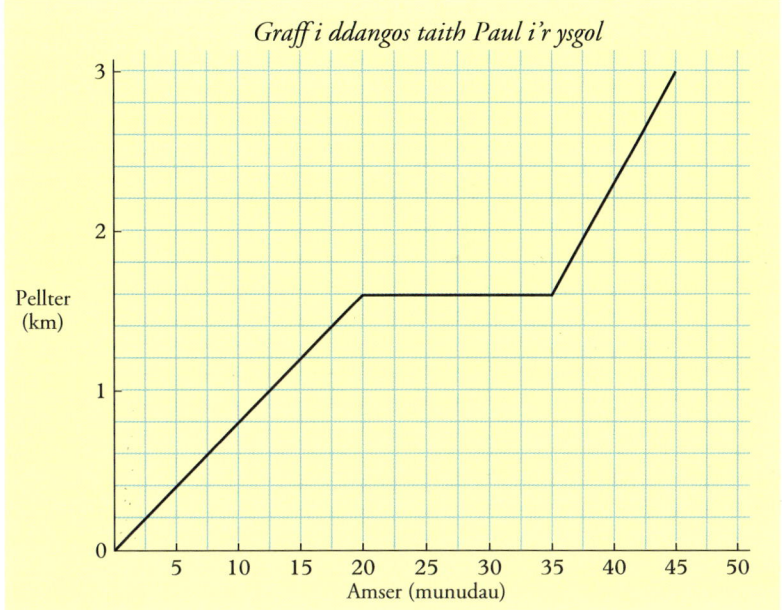

Dyma graff yn dangos taith Paul o'i gartref i'r ysgol.

a Dechreuodd Paul gerdded.
Am faint o amser y bu'n cerdded?

b Arhosodd Paul mewn siop i brynu beiro.
(1) Sut mae hyn yn cael ei ddangos ar y graff?
(2) Am faint o amser wnaeth Paul aros?

c Roedd Paul yn hwyr ac felly dechreuodd redeg.
Am faint o amser y bu'n rhedeg?

ch Faint o amser gymerodd taith Paul i gyd?

d Os gadawodd Paul ei gartref am 8.05 am, am faint o'r gloch wnaeth o gyrraedd yr ysgol?

dd Pa mor bell mae Paul yn gorfod teithio i'r ysgol?

e Pa mor bell yw'r siop o ysgol Paul?

2 Copïwch yr echelinau o gwestiwn **1**.
Lluniwch graff o daith Ann o'i chartref i'r ysgol.

a Mae Ann yn cerdded 1 km mewn 15 munud o'i chartref at yr arhosfan bws.
Tynnwch linell i ddangos hyn ar eich graff.

b Mae Ann yn disgwyl 10 munud am fws.
Tynnwch linell lorweddol i ddangos hyn ar eich graff.

c Mae'r bws yn teithio 2 km mewn 15 munud i gyrraedd ysgol Ann.
(1) Pa mor bell y teithiodd Ann i gyd?
(2) Faint o funudau mae Ann yn eu cymryd i fynd o'i chartref i'r ysgol?
(3) Defnyddiwch eich atebion i (1) a (2) i'ch helpu wrth gwblhau eich graff.

3 Copïwch yr echelinau ar bapur sgwariau.

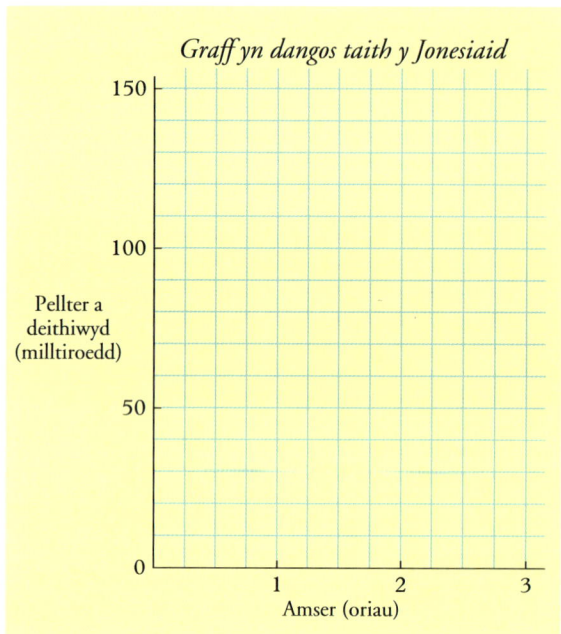

Graff yn dangos taith y Jonesiaid

Pellter a deithiwyd (milltiroedd)

Amser (oriau)

Mae teulu'r Jonesiaid yn teithio yn eu car ar hyd y draffordd.

a Maen nhw'n teithio ar fuanedd o 60 millitir/awr.
Pa mor bell maen nhw'n teithio mewn un awr?
Plotiwch y pwynt yma ar eich graff.

b Maen nhw'n parhau i deithio ar fuanedd o 60 milltir/awr am 30 munud arall.
(1) Pa mor bell maen nhw'n teithio mewn 30 munud?
(2) Pa mor bell maen nhw wedi teithio i gyd?
(3) Plotiwch y pwynt yma ar eich graff.
(4) Tynnwch y llinell ar gyfer rhan gyntaf y daith.

c Mae'r Jonesiaid yn aros am 30 munud i gael coffi.
Dangoswch hyn ar eich graff.

ch Maen nhw'n gyrru eto am awr arall.
Nawr, maen nhw 120 milltir o'u cartref.
(1) Plotiwch y pwynt maen nhw wedi ei gyrraedd ar eich graff.
(2) Tynnwch linell ar gyfer y rhan yma o'r daith.

d Beth oedd y buanedd ar ôl iddynt aros i gael coffi?

dd Y buanedd cyfartalog ar gyfer y daith i gyd yw

$$\frac{\text{cyfanswm y pellter a deithiwyd}}{\text{cyfanswm yr amser a gymerwyd}}$$

Darganfyddwch beth yw buanedd cyfartalog taith y Jonesiaid.

4   Copïwch yr echelinau ar bapur sgwariau.

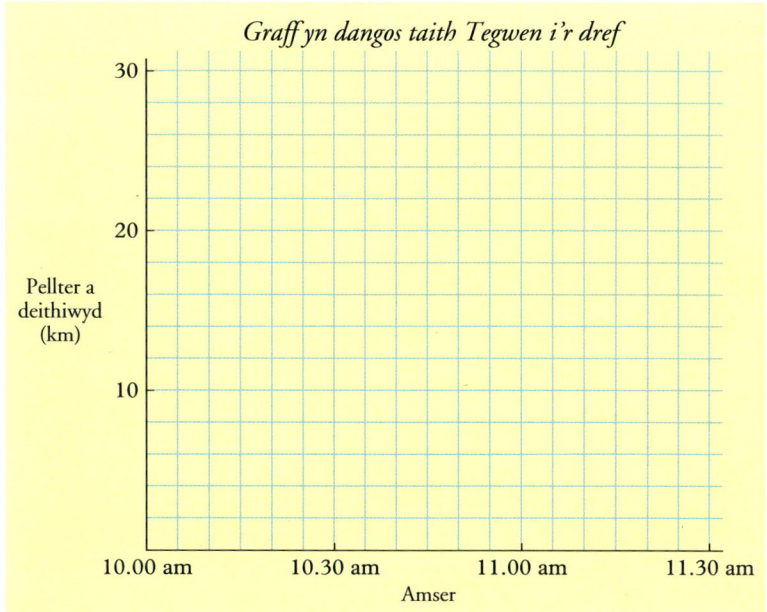

Graff yn dangos taith Tegwen i'r dref

Mae Tegwen yn mynd am dro ar ei beic fore Sadwrn.
Mae hi'n gadael ei chartref am 10 o'r gloch.

a   Mae Tegwen yn cychwyn beicio ar fuanedd o 32 km/awr.
   (1) Pa mor bell mae hi'n teithio mewn 30 munud?
   (2) Plotiwch y pwynt yma ar eich graff.
   (3) Tynnwch y llinell ar gyfer rhan gyntaf taith Tegwen.

b   Mae Tegwen yn treulio 20 munud yn y llyfrgell.
   Dangoswch hyn ar eich graff.

c   Mae Tegwen yn gadael y llyfrgell gyda'i ffrind.
   Mae hi'n cerdded 2 km gan wthio'i beic. Mae hyn yn cymryd 20 munud.
   Dangoswch hyn ar eich graff.

ch Mae Tegwen yn teithio 8 km ar ei beic i'r dref mewn 20 munud.
   Dangoswch hyn ar eich graff.

d   Pa mor bell mae Tegwen yn teithio i gyd?

dd Am faint o'r gloch mae Tegwen yn cyrraedd y dref?

1 Mae'r graff yma'n trawsnewid modfeddi yn gentimetrau.

  a Mae pren mesur yn 6 modfedd o hyd. Tua faint o gentimetrau yw hyn?

  b Mae llyfr yn mesur 4 modfedd wrth 8 modfedd.
  Beth yw maint y llyfr mewn centimetrau?

  c Mae gan set deledu sgrîn 67 cm. Beth yw hyn mewn modfeddi?

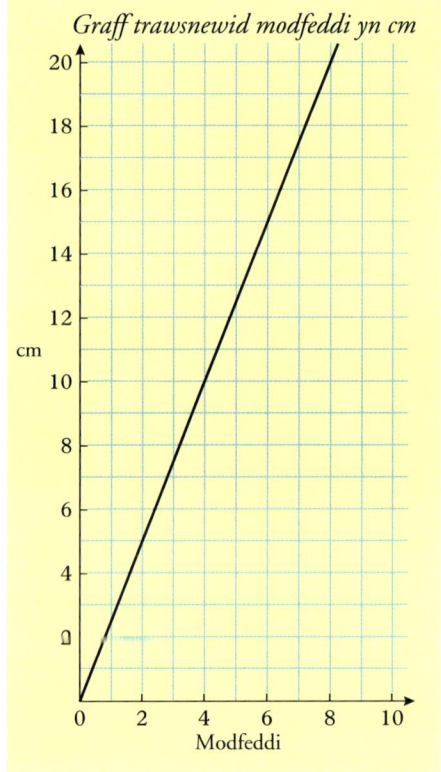

Graff trawsnewid modfeddi yn cm

cm

Modfeddi

2 Mae cadw cath yn costio tua £4 yr wythnos.

  a Plotiwch graff o'r gost.

  b Faint mae hi'n ei gostio i gadw cath am 6 wythnos?

  Mae cadw ci mawr yn costio tua £7 yr wythnos.

  c Plotiwch y gost ar gyfer cadw ci ar eich diagram.

  ch Pam y mae graff y ci yn fwy serth?

3 Mae drama'r ysgol i fod i gychwyn am 7.30 pm. Mae'n cychwyn saith munud yn hwyr. Ceir egwyl o 15 munud. Mae'r ddrama'n gorffen am 9.44 pm. Pa mor hir yw'r ddrama?

4 Mae Llewelyn yn adolygu ar gyfer ei arholiadau TGAU.
Mae o eisiau adolygu am dair awr bob nos.
Mae Llewelyn yn cychwyn am 4.25 pm.
Mae o'n cael egwyl o 45 munud amser swper.
Am 7.40 pm mae o'n stopio gweithio er mwyn gwylio'r teledu.

  a Am faint o amser mae Llewelyn wedi gweithio?

  b Mae'r rhaglen deledu yn gorffen am 8.35 pm. Mae Llewelyn yn ailddechrau adolygu.
  Am faint o'r gloch y bydd y tair awr yn gorffen?

5 Mae Llŷr yn mynd i'r dref ar ôl ysgol. Mae o'n gadael am 4 pm.
Copïwch yr echelinau.
Lluniwch graff teithio yn dangos taith Llŷr.

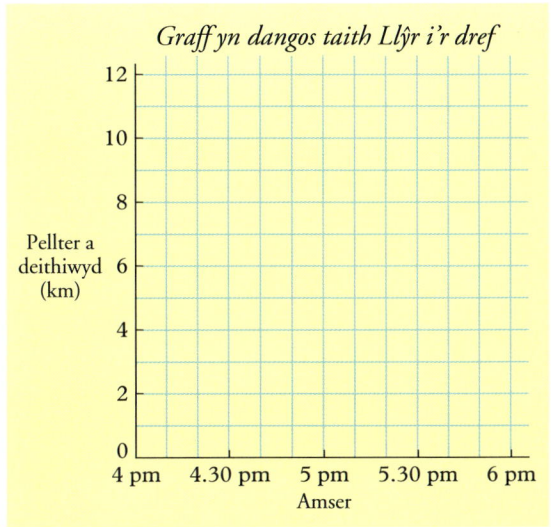

	Pellter	Amser a gymerwyd
cerdded i'r llyfrgell	4 km	40 munud
dewis llyfrau	–	30 munud
bws i'r dref	5 km	20 munud
cerdded drwy'r dref	2 km	30 munud

a (1) Pryd oedd Llŷr yn teithio gyflymaf?
(2) Sut allwch chi ddweud hyn wrth edrych ar y graff?
b Pa mor bell wnaeth o deithio i gyd?
c Beth oedd buanedd cyfartalog Llŷr ar gyfer yr holl daith?

6 Faint o amser sydd rhwng yr amseroedd yma?
Rhowch eich atebion mewn oriau a munudau.
a 11.24 am a 2.15 pm   **ch** 8.51 pm a 10.44 pm
b 08 45 ac 11 37   **d** 00 43 a 05 28
c 4.26 pm a 7.55 pm   **dd** 6.21 am a 2.42 pm

1   Mae'r tabl yma'n dangos cyfradd gyfnewid pesetas Sbaen a £.

£	1	2	3	4
pesetas Sbaen	200	400	600	800

a   Lluniwch graff trawsnewid.
Defnyddiwch y graddfeydd yma.

b   Ewch â'r graff yn ei flaen hyd at
ymyl y raddfa.

c   Defnyddiwch eich graff i ddarganfod
cost yr eitemau yma mewn £:
  (1) Asyn tegan sy'n costio
     1000 peseta.
  (2) Llun o Madrid sy'n costio
     700 peseta.

ch Sawl peseta fyddech chi'n ei gael
am £50?

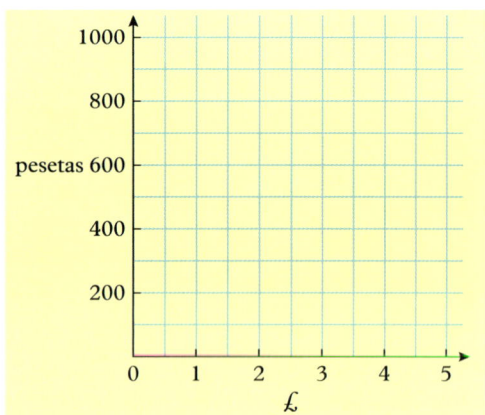

2   Lluniwch echelin lorweddol o 0 i 3 awr ac echelin fertigol o 0 i
150 milltir.
Ar eich echelinau lluniwch graff o daith Mr Morgan yn ei gar.

Gyrrodd Mr Morgan am 30 munud ar 70 milltir/awr.
Arhosodd am 30 munud i gael cinio.
Ar ôl cinio gyrrodd Mr Morgan am 45 munud ar 60 milltir/awr.
Yn ystod awr olaf ei daith bu'n gyrru'n arafach ar 40 milltir/awr.

a   Pa mor bell y teithiodd Mr Morgan i gyd?
b   Beth oedd buanedd cyfartalog Mr Morgan ar gyfer ei holl daith?

3   Cyfrifwch beth yw buanedd cyfartalog pob un o'r teithiau yma mewn
milltiroedd/awr neu km/awr.

a   75 milltir mewn 1 awr 30 munud   **d**   48 km mewn 25 munud
b   36 km mewn 20 munud   **dd** 125 km mewn 50 munud
c   24 milltir mewn 18 munud   **e**   460 milltir mewn 3 awr 50 munud
ch 68 milltir mewn 17 munud   **f**   121 km mewn 2 awr 45 munud

4   Mae aderyn yn hedfan 100 metr mewn 50 eiliad.
a   Beth yw buanedd yr aderyn mewn metrau/eiliad?
b   Trawsnewidiwch ei fuanedd yn gilometrau/awr.

- **Graff trawsnewid**

  Byddwn yn defnyddio **graff trawsnewid** i newid
  un uned yn uned arall.
  Mae graffiau trawsnewid bob amser yn llinellau syth.

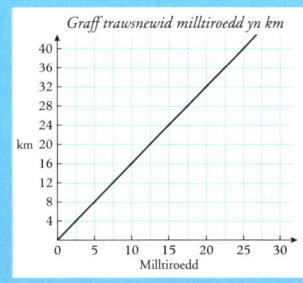

- **Graffiau a fformiwlâu**

  Mae Geraint yn cael ei noddi yn ôl £3 y filltir.
  Mae'r *s*wm mae o'n ei gasglu yn hafal i
  £3 × nifer y *m*illtiroedd.
  Mewn algebra mae hyn yn $s = 3 \times m$
  Rydym yn ysgrifennu $s = 3m$

  Er mwyn llunio graff o fformiwla yn gyntaf rhaid
  llenwi tabl:

Nifer y milltiroedd	1	2	3	4	5
Swm £	3	6	9	12	15

  Yna llunio'r graff.

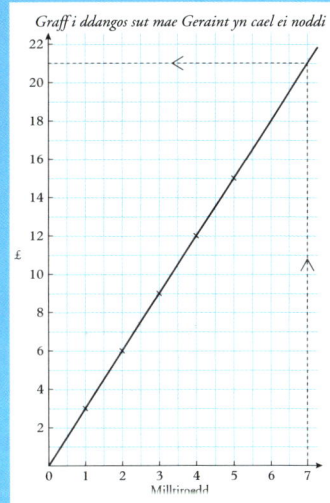

- **Amser**

  Ystyr **am** yw ante meridiem. Mae hyn yn golygu cyn hanner dydd.
  Ystyr **pm** yw post meridiem. Mae hyn yn golygu wedi hanner dydd.

  Mae gan y cloc 24 awr bedwar ffigur bob amser.
  Mae 6.35 am yr un fath â 06 35
  Mae 5.25 pm yr un fath â 17 25

  Gallwch fwydo amseroedd i'ch cyfrifiannell gan ddefnyddio'r botymau **DMS** neu

- **Graffiau teithio**

  Dangosir amser bob tro ar
  hyd yr echelin lorweddol.
  Dangosir pellter bob tro
  ar yr echelin fertigol.

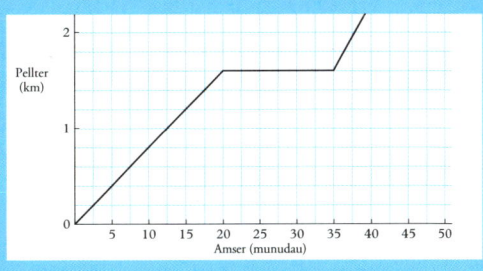

1 Dyma graff trawsnewid
Marciau yr Almaen (DM) yn £.
a Trawsnewidiwch DM10 yn £.
b Trawsnewidiwch DM13 yn £.
c Beth yw £3.50 i'r DM agosaf?

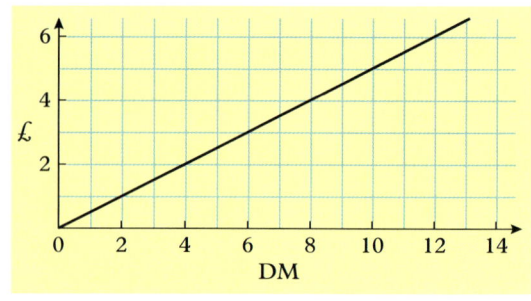

2 Mae Alys yn ennill £5 yr awr fel gweinyddes mewn caffi.
a Copïwch y tabl a'i lenwi.

Nifer yr oriau	1	2	3	4	5
Cyflog £					

b Lluniwch graff o gyflog Alys.

3 Cymerodd Awen ran mewn ympryd noddedig ar gyfer achos da.
Cafodd ei phryd olaf o fwyd am 19 30 ar ddydd Mawrth.
Cafodd ei phryd cyntaf o fwyd am 16 48 ar ddydd Mercher.
Am faint o amser fu Awen yn ymprydio?

4 Mae'r graff yn dangos taith Madog i'w waith.

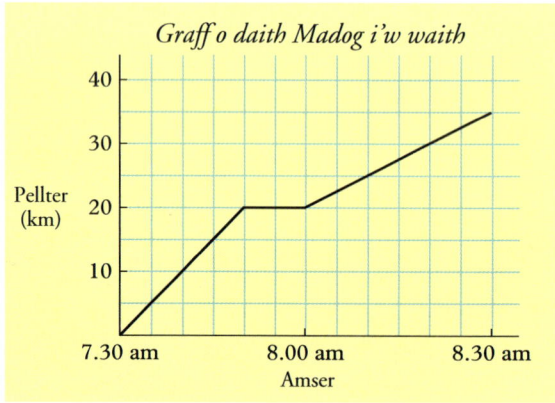

a Ar y ffordd arhosodd mewn siop i brynu papur newydd.
Am faint o amser wnaeth o aros?
b Pa mor hir oedd taith Madog i'w waith?
c Roedd buanedd Madog cyn ac ar ôl iddo aros yn wahanol.
(1) Pa ran o'r daith oedd y gyflymaf?
(2) Eglurwch sut y gallwch ddweud hyn wrth edrych ar y graff.
ch Ysgrifennwch beth oedd buanedd Madog ar gyfer ail ran y daith.

2 Amcangyfrif eich gallu i wneud gwaith pen

Gelwir y rhif 10^{100} yn gwgol.

Mae hwn yn 1 a chant o seroau.

10^{100} = 10 000 000 000 000 000 000 000 000 000 000 000 000 000 000 000 000 000 000 000 000 000 000 000 000 000 000 000 000 000 000 000 000 000

Mae Ceri yn cymryd $\frac{1}{4}$ eiliad i ysgrifennu sero ac $\frac{1}{5}$ eiliad i ysgrifennu'r 1.

Faint o amser mae hi'n ei gymryd i ysgrifennu gwgol?

1 Pwerau ac israddau

Mae'r patrwm rhif yma'n arbennig.

Mae'r dotiau bob amser yn ffurfio sgwâr.

◄◄AILCWARAE►

$1 \times 1 = 1$ $2 \times 2 = 4$ $3 \times 3 = 9$

Ar gyfer 1×1 byddwn yn ysgrifennu 1^2 (un wedi'i sgwario)
Ar gyfer 2×2 byddwn yn ysgrifennu 2^2 (dau wedi'i sgwario)
Ar gyfer 3×3 byddwn yn ysgrifennu 3^2 (tri wedi'i sgwario)

Rhifau sgwâr	Dyma'r **rhifau sgwâr** : 1, 4, 9, ... Rydym yn eu cael o 1^2, 2^2, 3^2, ... Gallwn ddefnyddio'r botwm $\boxed{x^2}$ ar gyfrifiannell i ddarganfod gwerth rhifau sgwâr.
Enghraifft	Darganfyddwch werth 6^2 Pwyswch y botymau yma : $\boxed{6}$ $\boxed{x^2}$ Ateb : 36

Ymarfer 2:1

1 Defnyddiwch $\boxed{x^2}$ i ddarganfod gwerth:

    a 4^2 **c** 7^2 **d** 10^2 **e** 21^2 **ff** 31^2 **ng** 29^2

    b 5^2 **ch** 9^2 **dd** 13^2 **f** 26^2 **g** 43^2 **h** 54^2

2 Defnyddiwch $\boxed{x^2}$ i ddarganfod gwerth:

    a 20^2 **b** 30^2 **c** 40^2

    Heb ddefnyddio'ch cyfrifiannell, ysgrifennwch atebion y canlynol:

    ch 50^2 **d** 60^2 **dd** 70^2

3 Defnyddiwch x^2 i ddarganfod gwerth:
  a 4.3^2 **c** 2.6^2 **d** 100^2
  b 7.5^2 **ch** 31.2^2 **dd** 130^2

Enghraifft   Darganfyddwch arwynebedd y sgwâr yma.

Arwynebedd = hyd $\times$ lled
            = 4×4
            = 16 cm^2

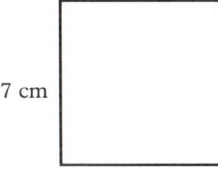

4 cm   4 cm

Mae 4×4 yn 4^2. Gallwch ddefnyddio x^2

Pwyswch y botymau yma :   **4** x^2

Ateb: 16 cm^2

---

4 Defnyddiwch x^2 i ddarganfod arwynebeddau'r sgwariau yma:

a
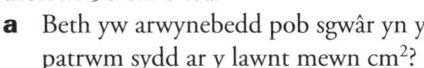
7 cm

7 cm

b
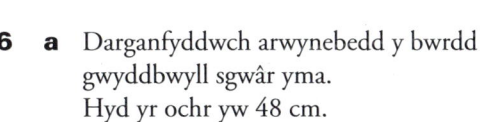
12 cm

c
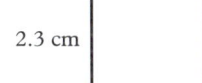
2.3 cm

5 Mae'r lawnt fowlio yma'n sgwâr.
Mae hyd yr ochr yn 25 m.
Mae Tom yn torri'r lawnt gan
ddefnyddio peiriant torri glaswellt â
thorrwr 50 cm o led.
  a Beth yw arwynebedd pob sgwâr yn y
       patrwm sydd ar y lawnt mewn cm^2?
  b Beth yw arwynebedd y lawnt mewn cm^2?

6 **a** Darganfyddwch arwynebedd y bwrdd
       gwyddbwyll sgwâr yma.
       Hyd yr ochr yw 48 cm.
  b Darganfyddwch beth yw arwynebedd
       pob sgwâr ar y bwrdd.

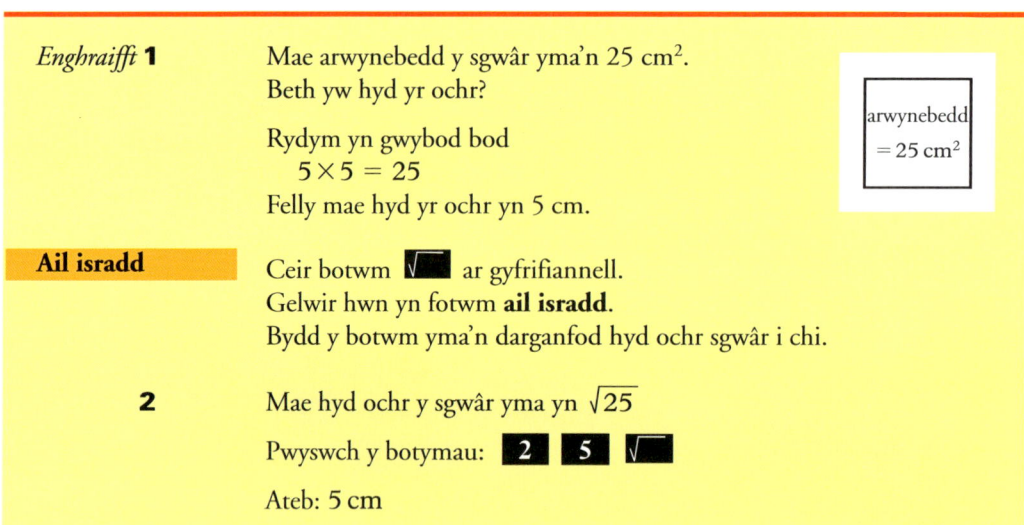

Enghraifft **1**

Mae arwynebedd y sgwâr yma'n 25 cm². Beth yw hyd yr ochr?

Rydym yn gwybod bod
$$5 \times 5 = 25$$
Felly mae hyd yr ochr yn 5 cm.

arwynebedd = 25 cm²

Ail isradd

Ceir botwm 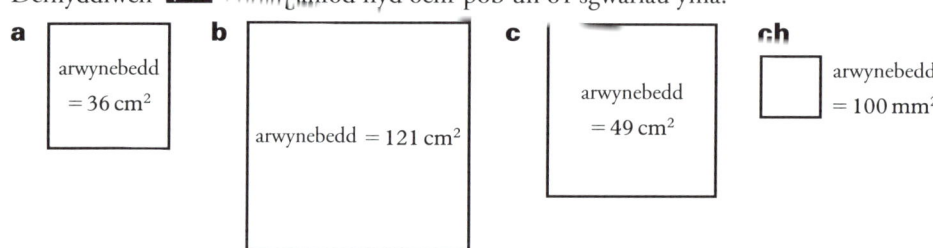 ar gyfrifiannell.
Gelwir hwn yn fotwm **ail isradd**.
Bydd y botwm yma'n darganfod hyd ochr sgwâr i chi.

2

Mae hyd ochr y sgwâr yma yn $\sqrt{25}$

Pwyswch y botymau: **2** **5** **√**

Ateb: 5 cm

Ymarfer 2:2

1 Detnyddiwch **√** i ddarganfod hyd ochr pob un o'r sgwariau yma.

a arwynebedd = 36 cm²

b arwynebedd = 121 cm²

c arwynebedd = 49 cm²

ch arwynebedd = 100 mm²

2 Darganfyddwch werth y canlynol

a $\sqrt{25}$ **ch** $\sqrt{169}$ **e** $\sqrt{361}$ **g** $\sqrt{676}$

b $\sqrt{64}$ **d** $\sqrt{196}$ **f** $\sqrt{225}$ **ng** $\sqrt{900}$

c $\sqrt{144}$ **dd** $\sqrt{324}$ **ff** $\sqrt{256}$ **h** $\sqrt{3136}$

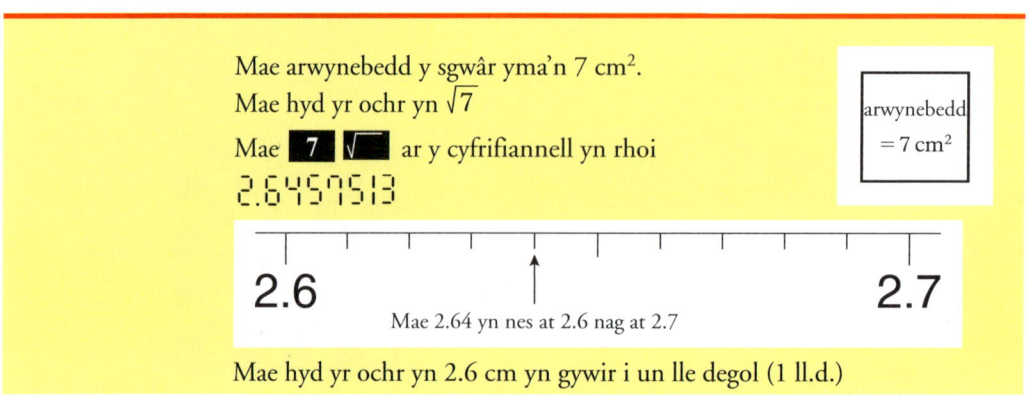

Mae arwynebedd y sgwâr yma'n 7 cm².
Mae hyd yr ochr yn $\sqrt{7}$

Mae **7** **√** ar y cyfrifiannell yn rhoi

2.6457513

arwynebedd = 7 cm²

2.6   2.7

Mae 2.64 yn nes at 2.6 nag at 2.7

Mae hyd yr ochr yn 2.6 cm yn gywir i un lle degol (1 ll.d.)

Er mwyn talgrynnu i unrhyw nifer o leoedd degol edrychwch ar y digid cyntaf nad oes ei angen.

Os yw'n 0, 1, 2, 3 neu 4 anwybyddwch yr holl ddigidau nad oes eu hangen.

Os yw'n 5, 6, 7 8 neu 9 adiwch un at y digid olaf a gedwir.

Enghreifftiau   62.34**6**   yn gywir i 2 le degol yw 62.35

24.344**27**   yn gywir i 3 lle degol yw 24.344

Ymarfer 2:3

1   Gwnewch y canlynol.
Rhowch eich atebion yn gywir i 1 lle degol.

a	$\sqrt{29}$	**ch**	$\sqrt{189}$	**e** $\sqrt{378}$		**g**	$\sqrt{670}$
b	$\sqrt{60}$	**d**	$\sqrt{200}$	**f** $\sqrt{206}$		**ng**	$\sqrt{809}$
c	$\sqrt{42}$	**dd**	$\sqrt{569}$	**ff** $\sqrt{287}$		**h**	$\sqrt{5231}$

2   Copïwch y tabl yma a'i lenwi:

Arwynebedd y sgwâr	$\sqrt{}$ o'r cyfrifiannell	Hyd ochr	Cywirdeb angenrheidiol
11 cm²	3.3166248		1 ll.d.
20 m²		4.47 m	2 ll.d.
34 km²			3 ll.d.
19 mm²			1 ll.d.
431 m²			2 ll.d.
243 cm²			1 ll.d.
14 563 km²			3 ll.d.
13.6 mm²			1 ll.d.
• 145 m²		12.0 m	
• ... km²	15.8113883		3 ll.d.

3   Mae arwynebedd llawr teils sgwâr yn 800 cm².
Darganfyddwch beth yw hyd yr ochr.

◄◄AILCHWARAE►

Weithiau mae'n rhaid i chi luosi rhif ag ef ei hun nifer o weithiau.

$$2 \times 2 \times 2 \times 2 \times 2$$

Ffordd gyflym o ysgrifennu hyn yw 2^5.

Pŵer yw'r enw ar y rhif 5 bychan.

$$2^5 = 2 \times 2 \times 2 \times 2 \times 2$$

Pŵer	4^3. Mae'r **pŵer** '3' yn dweud wrthych sawl pedwar sy'n cael eu lluosi â'i gilydd.
Enghraifft **1**	Darganfyddwch werth 3^5 $3^5 = 3 \times 3 \times 3 \times 3 \times 3$ $3^5 = 243$
2	Gallwn ddefnyddio'r botwm $\boxed{x^y}$ ar gyfrifiannell i ddarganfod gwerth pwerau. Er mwyn darganfod gwerth 3^2 pwyswch y botymau yma: $\boxed{3}$ $\boxed{x^y}$ $\boxed{2}$ $\boxed{=}$ Ateb: 9 Er mwyn darganfod gwerth 5^3 pwyswch y botymau yma: $\boxed{5}$ $\boxed{x^y}$ $\boxed{3}$ $\boxed{=}$ Ateb: 125

Ymarfer 2:4

1 Defnyddiwch $\boxed{x^y}$ i ddarganfod gwerth:

a 5^4	**ch** 6^4	**e** 8^3	**g** 15^3
b 3^6	**d** 4^7	**f** 6^5	**ng** 4.1^3
c 7^3	**dd** 2^8	**ff** 21^2	**h** 3.7^5

2 Copïwch y patrwm rhif yma a'i gwblhau.

Mae enw arbennig ar y rhifau sydd yn y golofn olaf.

Dyfalwch beth yw'r enw sydd arnynt.

1^3	=	$1 \times 1 \times 1$	=	1
2^3	=	$2 \times 2 \times 2$	=	8
3^3	=	$3 \times 3 \times 3$	=	...
4^3	=	$... \times ... \times ...$	=	...
5^3	=	$... \times ... \times ...$	=	...
$..._3$	=	$... \times ... \times ...$	=	...
$..._3$	=	$... \times ... \times ...$	=	...
$..._3$	=	$... \times ... \times ...$	=	...
$..._3$	=	$... \times ... \times ...$	=	...

Israddau	$25 = 5 \times 5$ 5 yw **ail isradd** 25. Rydym yn ysgrifennu $\sqrt{25} = 5$ $125 = 5 \times 5 \times 5$ 5 yw **trydydd isradd** 125. Rydym yn ysgrifennu $\sqrt[3]{125} = 5$ $625 = 5 \times 5 \times 5 \times 5$ 5 yw **pedwerydd isradd** 625. Rydym yn ysgrifennu $\sqrt[4]{625} = 5$

Fel arfer ceir botymau $\sqrt{}$ a $\sqrt[3]{}$ ar gyfrifianellau ar gyfer ail isradd a thrydydd isradd.

Ar gyfer yr israddau eraill ceir botwm fel yma.

$\boxed{\sqrt[x]{y}}$ neu $\boxed{\sqrt[y]{x}}$ neu $\boxed{y^{\frac{1}{x}}}$ neu $\boxed{x^{\frac{1}{y}}}$

Byddwn yn defnyddio'r botwm olaf.

Enghreifftiau

Darganfyddwch werth $\sqrt[3]{216}$

Pwyswch y botymau $\boxed{2}$ $\boxed{1}$ $\boxed{6}$ $\boxed{x^{\frac{1}{y}}}$ $\boxed{3}$ $\boxed{=}$ Ateb: 6

Darganfyddwch werth $\sqrt[5]{1024}$

Pwyswch y botymau: $\boxed{1}$ $\boxed{0}$ $\boxed{2}$ $\boxed{4}$ $\boxed{x^{\frac{1}{y}}}$ $\boxed{5}$ $\boxed{=}$ Ateb: 4

---

3 Defnyddiwch $\boxed{x^{\frac{1}{y}}}$ i ddarganfod gwerth y canlynol:

a $\sqrt[3]{6859}$ **ch** $\sqrt[4]{6561}$ **e** $\sqrt[9]{19\,683}$ **g** $\sqrt[10]{1024}$

b $\sqrt[5]{59\,049}$ **d** $\sqrt[6]{15\,625}$ **f** $\sqrt[7]{78\,125}$ **ng** $\sqrt[11]{177\,147}$

c $\sqrt[3]{13\,824}$ **dd** $\sqrt[8]{256}$ **ff** $\sqrt[6]{262\,144}$ **h** $\sqrt[9]{10\,077\,696}$

4 Defnyddiwch $\boxed{x^{\frac{1}{y}}}$ i ddarganfod gwerth y canlynol:
Rhowch eich atebion yn gywir i 1 lle degol.

a $\sqrt[3]{76}$ **ch** $\sqrt[4]{5643}$ **e** $\sqrt[9]{67\,584}$ **g** $\sqrt[10]{382\,956}$

b $\sqrt[5]{9125}$ **d** $\sqrt[6]{35\,479}$ **f** $\sqrt[5]{278\,192}$ **ng** $\sqrt[11]{37\,590}$

c $\sqrt[3]{14\,564}$ **dd** $\sqrt[8]{564}$ **ff** $\sqrt[8]{558\,396}$ **h** $\sqrt[9]{999\,487}$

5 Defnyddiwch eich cyfrifiannell i ddarganfod gwerth y canlynol:
Rhowch eich atebion yn gywir i 1 lle degol pan fydd rhaid i chi dalgrynnu.

a 6^4 **ch** 9^4 **e** $\sqrt[9]{10\,077\,696}$ **g** 8.7^6

b 7^6 **d** $\sqrt[4]{456\,976}$ **f** 3^{11} **ng** $\sqrt[8]{679\,036}$

c $\sqrt[8]{65\,536}$ **dd** 2^{12} **ff** 24.2^3 **h** $5.78^4 + 9.76^4$

6 Mae gan 16 ail isradd o 4 a phedwerydd isradd o 2.
Darganfyddwch dri rhif arall a chanddynt ail isradd sy'n rhif cyfan *yn ogystal â* phedwerydd isradd sy'n rhif cyfan.

7 $\sqrt{64} = 8$ $\sqrt[3]{64} = 4$
Darganfyddwch dri rhif arall a chanddynt ail isradd sy'n rhif cyfan *yn ogystal â* thrydydd isradd sy'n rhif cyfan.

2 Mathemateg pen

Mae gan Ruth, Aled ac Angharad
£2 i'w wario ar hufen iâ.
Maen nhw eisiau gwybod pa fathau o
hufen iâ y gallant eu prynu.

Weithiau mae'n rhaid i ni gyfrifo pethau yn ein pennau.

Ymarfer 2:5 Adio

1 Gwnewch y rhain yn eich pen.
Ysgrifennwch yr atebion.

  a 30 + 40   **c** 80 + 70   **d** 50 + 16   **e** 27 + 40
  b 50 + 20   **ch** 900 + 400   **dd** 70 + 19   **f** 54 + 30

Enghraifft   Gwnewch   38 + 24

       24 = 4 + 20   Adiwch 4   38 + 4 = 42
                 Nawr adiwch 20   42 + 20 = 62

2 Gwnewch y rhain yn eich pen yn yr un modd ag yn yr enghraifft.
Ysgrifennwch yr atebion.

  a 35 + 23   **c** 45 + 34   **d** 57 + 34   **e** 65 + 36
  b 28 + 24   **ch** 36 + 17   **dd** 44 + 36   **f** 73 + 28

3 Gwnewch y rhain yn eich pen.
Ysgrifennwch yr atebion

  a 123 + 45   **b** 34 + 152   **c** 247 + 28   **ch** 263 + 129

4 Mae gan Ruth, Aled ac Angharad £2
i'w wario ar hufen iâ.
Darganfyddwch beth yw'r holl wahanol
gyfuniadau o dri hufen iâ y gallant
eu prynu.

Gêm   Osgoi Chwech

Dyma gêm ar gyfer unrhyw nifer o chwaraewyr.
Bydd arnoch angen dis a darn o bapur a phensil i gadw'r sgôr.

Taflwch y dis.
Adiwch y sgôr wrth fynd yn eich blaen.
Gallwch daflu'r dis gymaint o weithiau ag y dymunwch.
Os byddwch yn taflu chwech byddwch yn colli'r sgôr ar gyfer y tro hwnnw!

Mae Sali'n chwarae'r gêm.
Mae hi'n taflu'r dis ac yn cadw cyfanswm yn ei phen.
Dyma dafliadau Sali: $4 + 1 + 3 + 5 + 3 = 16$

Os bydd Sali'n taflu chwech bydd hi'n sgorio 0.
Mae Sali yn penderfynu stopio.
Mae hi'n ysgrifennu ei sgôr, sef 16.

Nawr tro Steffan yw hi.
Mae o'n taflu $5 + 2 + 6$.
Felly mae Steffan yn sgorio 0.

Y cyntaf i gyrraedd 100 sy'n ennill y gêm.

Chwaraewch y gêm yma gyda rhai o'ch ffrindiau.

Ymarfer 2:6 Tynnu

1 Gwnewch y rhain yn eich pen.
Ysgrifennwch yr atebion.

	a	**b**	**c**
	$20 - 2$	$16 - 7$	$27 - 13$
	$30 - 9$	$23 - 6$	$45 - 34$
	$50 - 4$	$45 - 7$	$36 - 25$
	$20 - 7$	$34 - 5$	$58 - 47$
	$70 - 6$	$17 - 8$	$29 - 17$
	$90 \quad 3$	$53 - 4$	$44 - 23$
	$40 - 8$	$68 - 7$	$56 - 34$
	$80 - 5$	$85 - 6$	$39 - 18$

2 Gwnewch y rhain yn eich pen.
Ysgrifennwch yr atebion.

a $90 - 50$	**c** $120 - 30$	**d** $60 - 51$	**e** $50 - 42$
b $700 - 500$	**ch** $200 - 60$	**dd** $56 - 40$	**f** $64 - 50$

Enghraifft   Gwnewch $53 - 27$

$27 = 7 + 20$ Tynnwch 7 $53 - 7 = 46$
                      Tynnwch 20 $46 - 20 = 26$

---

3 Gwnewch y rhain yn eich pen fel yn yr enghraifft.
Ysgrifennwch yr atebion.

a $45 - 17$	**c** $54 - 27$	**d** $51 - 28$	**e** $83 - 64$
b $63 - 35$	**ch** $72 - 43$	**dd** $65 - 36$	**f** $74 - 55$

4 Copïwch y canlynol.
Llenwch y rhifau sydd ar goll.

   a $18 - 9 = \ldots$ **b** $23 - 6 = \ldots$ **c** $42 - 28 = \ldots$
      $\ldots + 9 = 18$ $\ldots + 6 = 23$ $\ldots + 28 = 42$

5 Ysgrifennwch atebion y symiau tynnu yma.
Ar gyfer pob un, ysgrifennwch sym adio sy'n defnyddio'r un rhifau.

   a $17 - 8$ **b** $34 - 16$ **c** $47 - 29$ **ch** $96 - 78$

Gêm   Dis tynnu i ffwrdd

Dyma gêm ar gyfer unrhyw nifer o chwaraewyr.
Bydd arnoch angen dis. (Beth am ddefnyddio dis 8
neu 10 wyneb?) Mae pob chwaraewr yn gwneud taflen sgôr fel hyn.

Mae un chwaraewr yn taflu'r dis.
Mae'r chwaraewyr i gyd yn ysgrifennu'r rhif rywle
uwchben y llinell ar eu taflen sgôr.
Ni allwch symud rhif unwaith y byddwch wedi ei ysgrifennu.

Ar ôl 8 o dafliadau bydd yr holl focsys wedi'u llenwi.

Gêm 1

6	2	5	4
4	3	4	2

Nawr gwnewch 4 sym dynnu.
Tynnwch y rhif gwaelod o'r rhif uchaf.
Os yw'r rhif uchaf yn llai na'r rhif gwaelod, gadewch yr
ateb yn wag.

6	2	5	4
4	3	4	2
2̶		1	2̶

Sgôr: 1

Croeswch unrhyw atebion sydd yr un fath.
Adiwch weddill yr atebion at ei gilydd i ddarganfod
eich sgôr.

Gêm 2

5	6	4	6
3	2	1	6
2	4	3	

Y chwaraewr sydd wedi cael y sgôr mwyaf sy'n ennill.

Chwaraewch y gêm yma gyda rhai o'ch ffrindiau.

Sgôr: $2 + 4 + 3 = 9$

Ymarfer 2:7 Lluosi

1 Gwnewch y rhain yn eich pen.
Ysgrifennwch yr atebion.

   a 6×5 **ch** 7×8 **e** 6×7 **g** 8×9
   b 7×4 **d** 9×12 **f** 9×5 **ng** 7×7
   c 8×6 **dd** 6×9 **ff** 12×7 **h** 5×8

Enghraifft   Gwnewch **a** 7×500 **b** 40×60

a $500 = 5 \times 100$ **b** $40 = 4 \times 10$ $60 = 6 \times 10$
   Lluoswch â 5 $7 \times 5 = 35$ $4 \times 6 = 24$
   Lluoswch â 100 $35 \times 100 = 3500$ $40 \times 6 = 240$
                                          $40 \times 60 = 2400$

2 Gwnewch y rhain yn eich pen.
Ysgrifennwch yr atebion.

a 6×30 **ch** 60×70 **e** 4×9000 **g** 700×80
b 7×300 **d** 8×300 **f** 50×40 **ng** 500×80
c 40×70 **dd** 400×8 **ff** 70×60 **h** 90×800

3 Copïwch y rhain.
Llenwch y rhifau sydd ar goll.

a $24 \times 6 = 12 \times 12$ **c** $14 \times 15 = 7 \times \ldots$
$\qquad = \ldots$ $\qquad = \ldots$

b $36 \times 3 = 18 \times \ldots$ **ch** $24 \times 35 = \ldots \times 70$
$\qquad = 9 \times \ldots$ $\qquad = \ldots$
$\qquad = \ldots$

4 Gwnewch y rhain yn yr un modd ag yng nghwestiwn **3**.

a 18×4 **b** 28×3 **c** 16×45 **ch** 22×15

Enghraifft Gwnewch **a** 8×29 **b** 7×42

a $29 = 30 - 1$ **b** $42 = 40 + 2$

$8 \times 30 = 240$ $7 \times 40 = 280$
$8 \times 1 = 8$ $7 \times 2 = 14$
$240 - 8 = 232$ $280 + 14 = 294$

---

5 Gwnewch y rhain yn eich pen.
Ysgrifennwch yr atebion.

a 6×39 **c** 9×58 **d** 7×27 **e** 8×78
b 8×73 **ch** 67×4 **dd** 82×9 **f** 43×7

6 Copïwch y rhain.
Llenwch y rhifau sydd ar goll.

a $67 \times 5 = 67 \times \dfrac{10}{2}$ **b** $84 \times 25 = 84 \times \dfrac{100}{4}$

$\qquad = \dfrac{?}{2}$ $\qquad = \dfrac{?}{4}$

$\qquad = \ldots$ $\qquad = \ldots$

7 Gwnewch y rhain yn yr un modd ag yng nghwestiwn **6**.

a 86×5 **b** 28×25 **c** 36×25 **ch** 64×50

Dewis y Mis

a

7	8
14	15

		AWST				
S	LL	M	M	I	G	S
…	…	1	2	3	4	5
6	7	8	9	10	11	12
13	14	15	16	17	18	19
20	21	22	23	24	25	26
27	28	29	30	31	…	…

Beth ydych chi'n sylwi ynglŷn â:
7 + 15 ac 8 + 14?

Rhowch gynnig ar sgwariau pedwar rhif eraill.
Oes yna reol?

Rhowch gynnig ar sgwâr mwy.
A yw'r sgwâr yma'n dilyn eich rheol?

b Beth sy'n digwydd os byddwch yn lluosi yn lle adio?

c A yw'r un rheolau yn gweithio ar gyfer petryalau?

Ymarfer 2:8 Rhannu

Enghraifft

$5 \times 4 = 20$

Gallwn ysgrifennu dwy sym rannu sy'n defnyddio'r un rhifau.

$20 \div 5 = 4$ $20 \div 4 = 5$

1 Gwnewch y rhain yn eich pen.
Ysgrifennwch yr atebion.
Ar gyfer pob un, ysgrifennwch y ddwy sym rannu sy'n defnyddio'r un rhifau.

a 8×5 **b** 7×9 **c** 12×8 **ch** 7×6

2 Ysgrifennwch yr atebion i'r canlynol.

a $35 \div 7$ **c** $36 \div 9$ **d** $56 \div 8$ **e** $72 \div 6$

b $48 \div 6$ **ch** $42 \div 7$ **dd** $64 \div 8$ **f** $72 \div 8$

3 Ysgrifennwch yr atebion i'r canlynol.

a $27 \div 3 =$ **c** $32 \div 8 =$ **d** $450 \div 90$

$270 \div 3 =$ $320 \div 8 =$

$3200 \div 8 =$ **dd** $720 \div 80$

b $35 \div 5 =$ **ch** $42 \div 6 =$ **e** $1500 \div 30$

$350 \div 5 =$ $420 \div 6 =$

$4200 \div 6 =$ **f** $4200 \div 700$

Enghraifft   Gwnewch $48 \div 24$

$24 = 4 \times 6$ Rhannwch â 4 $48 \div 4 = 12$

                      Rhannwch â 6 $12 \div 6 = 2$

4   Gwnewch y rhain yn eich pen.
Ysgrifennwch yr atebion.
    a $56 \div 28$ **b** $36 \div 18$ **c** $48 \div 16$ **ch** $72 \div 24$

5   Gwnewch y rhain yn eich pen.
Ysgrifennwch yr atebion.
    a $240 \div 48$ **b** $180 \div 36$ **c** $560 \div 28$ **ch** $720 \div 48$

Dyma ddwy reol i'ch helpu wrth rannu â 5 a 25.

Er mwyn rhannu â 5: lluoswch â 2 a rhannwch â 10.
Er mwyn rhannu â 25: lluoswch â 4 a rhannwch â 100.

Enghreifftiau **1** $65 \div 5 = 65 \times 2 \div 10$
                    $= 130 \div 10$
                    $= 13$

        2 $175 \div 25 = 175 \times 4 \div 100$
                      $= 700 \div 100$
                      $= 7$

6   Defnyddiwch y rheolau i wneud y rhain yn eich pen.
Ysgrifennwch yr atebion.
    a $85 \div 5$ **b** $350 \div 25$ **c** $135 \div 5$ **ch** $115 \div 5$

7   Gwnewch y rhain yn eich pen.
Ysgrifennwch yr atebion.
    a $24 \div 5$ **b** $220 \div 25$ **c** $17 \div 5$ **ch** $52 \div 25$

3 Amcangyfrif

Mae Siwan yn dewis papur wal ar gyfer ei hystafell wely.
Mae hi'n gwybod fod arni angen 7 rholyn.

Mae'r patrwm blodeuog yn costio £6.30 y rholyn.
Mae'r patrwm tedi bêrs yn costio £7.85 y rholyn.
Mae gan fam Siwan £50 i'w wario.

Mae Siwan yn amcangyfrif cost y ddau fath o bapur wal.
Mae hi'n dweud fod y papur blodeuog yn costio tua £6 y rholyn,
        mae 7 rholyn yn costio tua $7 \times £6 = £42$

Mae hi'n dweud fod y papur tedi bêrs yn costio tua £8 y rholyn,
        mae 7 rholyn yn costio tua $7 \times £8 = £56$

Mae Siwan yn gwybod mai dim ond y papur wal blodeuog fydd yn bosibl iddi ei gael.

◄◄AILCHWARAE►

Talgrynnu

Ymarfer 2:9

1 Talgrynnwch y rhifau yma i'r rhif cyfan agosaf.

a 4.6	**c** 5.9	**d** 8.1	**e** 9.9
b 3.8	**ch** 6.5	**dd** 4.3	**f** 13.6

2 Talgrynnwch y rhifau yma i'r 10 agosaf.

a 18	**c** 57	**d** 101	**e** 247
b 46	**ch** 55	**dd** 134	**f** 185

3 Talgrynnwch y rhifau yma i'r 100 agosaf.

a 127	**c** 757	**d** 1234	**e** 8935
b 426	**ch** 650	**dd** 4563	**f** 7165

Ffigur ystyrlon	Mewn unrhyw rif y **ffigur ystyrlon** cyntaf yw'r digid cyntaf nad yw'n 0.
	Yn y rhan fwyaf o rifau hwn yw'r digid cyntaf.
Enghreifftiau	Y ffigur ystyrlon cyntaf yw'r digid coch:
	21.4 **3**12 **4**5.78 0.**8**1 0.000 0**3**0 042
Talgrynnu i 1 ffigur ystyrlon (1 ffig. yst.)	Er mwyn **talgrynnu i 1 ffigur ystyrlon (1 ffig. yst.):**
	a edrychwch ar y digid cyntaf ar ôl y digid ystyrlon cyntaf
	b defnyddiwch reolau arferol talgrynnu
	c cofiwch gadw'r rhif tua'r un maint.
Enghreifftiau	**2**1.4 i 1 ffig. yst. yw **2**0. *Nid* 2!
	312 i 1 ffig. yst. yw **3**00
	Mae **4**5.78 i 1 ffig. yst. yn **5**0
	Mae 0.**8**1 i 1 ffig. yst. yn 0.**8**

4   Talgrynnwch y rhifau yma yn gywir i 1 ffig. yst.

a	22.7	**ch**	780	**e**	6.9	**g**	6661
b	346	**d**	672	**f**	0.78	**ng**	4012
c	75	**dd**	6.5	**ff**	1375	**h**	99

Talgrynnu i unrhyw nifer o ffigurau ystyrlon	**Er mwyn talgrynnu i unrhyw nifer o ffigurau ystyrlon:**
	a edrychwch ar y digid cyntaf nad oes ei angen
	b defnyddiwch reolau arferol talgrynnu
	c gofalwch gadw'r rhif tua'r maint cywir
Enghreifftiau	**34**1.4 i 2 ffig. yst. yw **34**0. *Nid* 34!
	42 312 i 3 ffig. yst. yw **42 3**00
	7845.78 i 1 ffig. yst. yw **8**000
	0.000 0**31** 542 i 2 ffig. yst. yw 0.000 0**32**
	0.00**2 03**4 5 i 3 ffig. yst. yw 0.00**2 03**

Yma mae'r 0 ar ôl y 2 yn ystyrlon oherwydd ei fod yn dod ar ôl y ffigur ystyrlon cyntaf.

Yr unig adeg y bydd 0 yn ystyrlon yw pan fydd yn ymddangos ar ochr dde'r ffigur ystyrlon cyntaf.

5   Talgrynnwch y rhifau yma:

a	23.47 i 2 ffig. yst.	**ch** 0.020 344 5 i 4 ffig. yst.	**e**	9091 i 2 ffig. yst.
b	456 621 i 3 ffig. yst.	**d** 129 835 i 2 ffig. yst.	**f**	0.099 125 i 2 ffig. yst.
c	2.365 12 i 3 ffig. yst.	**dd** 103 523.46 i 3 ffig. yst.	● **ff**	0.030 987 6 i 3 ffig. yst.

Amcangyfrif

Yn aml rydym yn defnyddio cyfrifiannell i gyfrifo.
Mae'n syniad da gwirio fod eich ateb fwy neu lai yn gywir.
Mae hi'n hawdd iawn taro'r botwm anghywir yn ddamweiniol!

Er mwyn cael amcangyfrif, talgrynnwch bob rhif i un ffigur ystyrlon.

Enghreifftiau **1**   Gwnewch 4.9×3.2

Cyfrifiad: **4** **.** **9** **×** **3** **.** **2** **=**
Ateb: **15.68**
Amcangyfrif: Mae 4.9 yn 5 i 1 ffig. yst.
                Mae 3.2 yn 3 i 1 ffig. yst.
                Mae 4.9×3.2 tua $5 \times 3 = 15$

Mae 15 yn agos at 15.68. Felly mae'r ateb yn debyg o fod yn gywir.

2   Gwnewch 36×82

Cyfrifiad: **3** **6** **×** **8** **2** **=**
Ateb: **2952**
Amcangyfrif: Mae 36 yn 40 i 1 ffig. yst.
                Mae 82 yn 80 i 1 ffig. yst.
                Mae 36×82 tua $40 \times 80 = 3200$

Mae 3200 yn agos at 2952. Felly mae'r ateb yn debyg o fod yn gywir.

Ymarfer 2:10

Gwnewch y canlynol.
Ysgrifennwch yr ateb a'r amcangyfrif ar gyfer pob un.

1 **a** 4.6×3.1 **b** 2.4×4.7 **c** 3.2×7.5 **ch** 4×7.3

2 **a** 54×36 **b** 26×72 **c** 58×23 **ch** 80×45

3 **a** 124×356 **b** 278×312 **c** 578×123 **ch** 234×652

4 **a** 3.3×21 **c** 231×34 **d** 345×85 **e** 256.1×22
   b 4.9×35 **ch** 1.9×435 **dd** 25.3×768 **f** 201.3×350

5 **a** $3.2 + 3.6$ **ch** $8.9 - 2.7$ **e** $234 + 567$ **g** $3.6 \div 1.2$
   b $2.4 + 7.5$ **d** $21.5 \div 4.3$ **f** $315 - 189$ **ng** $248 \div 49.6$
   c $5.7 - 2.1$ **dd** $18 \div 4.8$ **ff** $535 - 95$ **h** $499.2 \div 9.6$

Pan fyddwch yn ateb cwestiynau dylech bob amser wneud amcangyfrif er mwyn gwirio'ch ateb.

Ymarfer 2:11

Yn yr ymarfer yma:
a darganfyddwch yr atebion gan ddefnyddio cyfrifiannell
b ysgrifennwch amcangyfrif i wirio fod pob ateb fwy neu lai yn gywir.

1 Mae uchder set deledu ar ei stand yn 118 cm.
Mae'r stand yn 53 cm o uchder.
Pa mor uchel yw'r set deledu?

2 Mae'r set yma o ddodrefn gardd yn costio £137.50
Mae'r bwrdd yn costio £39.50.
Faint mae un gadair yn ei gostio?

3 Mae 126 o ddisgyblion Blwyddyn 8 yn mynd i fowlio deg.
Chwech yn unig sy'n gallu chwarae ym mhob ali.
Sawl ali fydd ei hangen ar gyfer y disgyblion?

4 Mae 54 o ddisgyblion Blwyddyn 8 yn cael mynd am ddiwrnod i Alton Towers.
Mae hyn yn costio £375.30.
Faint o arian fydd yn rhaid i bob disgybl ei dalu?

Yn Alton Towers mae pob un o'r disgyblion yn prynu can o ddiod.
Os yw un can yn costio 58c, beth yw'r gost i gyd?

5 Darganfyddwch beth yw arwynebedd y darlun yma. Rhowch eich ateb yn gywir i 3 ffig. yst. Eglurwch pam nad yw hi'n synhwyrol rhoi'r ateb yr ydych chi'n ei gael ar y cyfrifiannell.

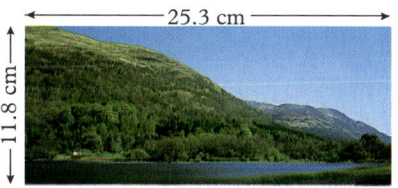

25.3 cm

11.8 cm

Ymarfer 2:12

1 **a** Copïwch y rhestr yma o rifau sgwâr.

Llenwch y bylchau.

1^2	2^2	3^2	4^2	5^2	6^2	7^2	8^2	9^2	10^2
1	4	9	...	...	...	...	...	...	...

b (1) Copïwch hyn.

Llenwch y rhifau sydd ar goll.

Amcangyfrif o $\sqrt{13}$

$\sqrt{9} = 3$ $\sqrt{16} = 4$

Mae $\sqrt{13}$ rhwng ... a ...

Mae $\sqrt{13}$ tua ... (Rhowch amcangyfrif yma).

(2) Defnyddiwch gyfrifiannell i wirio pa mor agos ydych.

c Amcangyfrifwch y rhain yn yr un modd.

(1) $\sqrt{46}$ (2) $\sqrt{51}$ (3) $\sqrt{90}$ (4) $\sqrt{20}$

2 Amcangyfrifwch werth $\sqrt{478}$

3 Amcangyfrifwch werth $3.6^2 + \sqrt{47}$

Bydd angen i chi benderfynu sut i dalgrynnu'r rhifau dan sylw.

Dangoswch eich gwaith i gyd. Defnyddiwch gyfrifiannell i ddod o hyd i'r ateb manwl gywir. Ysgrifennwch yr ateb yn gywir i 3 ffig. yst.

Gêm   3 chynnig

Dyma gêm i ddau chwaraewr.

Mae gan un chwaraewr gownteri coch. Mae gan y chwaraewr arall gownteri glas.

Byddwch angen cerdyn chwarae fel yma:

13	19	26	35	46	57	69

a thabl fel yma:

Ceir pob rhif yn y tabl drwy
luosi dau o'r rhifau ar y
cerdyn chwarae.

Gallwch osod cownter i
guddio rhif ar eich tabl
os gallwch ddyfalu o ba
ddau rif y daw.

598	741	3174	665
3933	455	247	1083
1196	494	2622	874
1311	897	1482	338

Defnyddiwch amcangyfrif i ddyfalu pa ddau rif sydd eu hangen arnoch.

Yr enillydd yw'r chwaraewr cyntaf i gael 3 chownter mewn rhes: ar draws, i lawr neu'n groeslinol.

Chwaraewch y gêm gyda ffrind.

Gwnewch eich tabl a'ch cerdyn chwarae eich hun a'u cyfnewid â phâr arall.

1 **a** Defnyddiwch x^2 i ddarganfod arwynebedd y sgwâr yma.

b Copïwch hyn. Llenwch y rhif sydd ar goll.
$1\,m^2 = \ldots cm^2$

100 cm

100 cm

c Mae carped bychan yn sgwâr ag ochr 220 cm.

Defnyddiwch x^2 i ddarganfod arwynebedd y carped mewn cm^2.

ch Defnyddiwch eich ateb i **b** i drawsnewid yr arwynebedd yn m^2.

220 cm

2 **a** Defnyddiwch x^y i wneud y canlynol:

(1) 3^4	(3) 9^5	(5) 5.2^3	(7) 0.4^3
(2) 5^3	(4) 8^6	(6) 1.8^7	(8) 0.2^4

b Pa fath o rif sy'n mynd yn llai wrth i chi bwyso x^y ?

c Defnyddiwch eich ateb i **b** i ragfynegi pa rai o'r rhifau yma fydd yn mynd yn fwy wrth i chi bwyso $x^{\frac{1}{y}}$

(1) $\sqrt{59}$	(3) $\sqrt[5]{0.0776}$	(5) $\sqrt[7]{6000}$	(7) $\sqrt[7]{5.34}$
(2) $\sqrt[3]{2744}$	(4) $\sqrt[6]{6.5}$	(6) $\sqrt[4]{0.2401}$	(8) $\sqrt{0.1}$

Darganfyddwch yr atebion i wirio eich rhagfynegiadau.

Rhowch eich atebion yn gywir i 1 lle degol pan fyddwn yn gorfod talgrynnu.

3 Mae gan Brian ddarn o gerdyn sgwâr ag ochr 35 cm. Mae o'n mynd i ddefnyddio'r cerdyn i osod darlun arno.

a Defnyddiwch x^2 i ddarganfod beth yw arwynebedd y cerdyn.

b Mae Brian yn torri twll sgwâr ag ochr 18 cm yn y cerdyn.

Defnyddiwch x^2 i ddarganfod beth yw arwynebedd y darn a dorrwyd.

c Defnyddiwch eich atebion i **a** a **b** i ddarganfod beth yw arwynebedd cerdyn Brian ar ôl torri'r twll sgwâr.

4 Gwnewch y canlynol yn eich pen. Ysgrifennwch yr atebion.

a $139 + 53$	**c** $76 - 47$	**d** 7×69	**e** $360 \div 24$
b $46 + 237$	**ch** $93 - 68$	**dd** 44×25	**f** $95 \div 5$

5 Copïwch y canlynol.

Llenwch y rhifau sydd ar goll.

a $34 + 28 = \ldots$

$\ldots - 28 = 34$

c $32 \times 8 = \ldots$

$\ldots \div 8 = 32$

b $56 - 19 = \ldots$

$\ldots + 19 = 56$

ch $72 \div 18 = \ldots$

$\ldots \times 18 = 72$

Gwnewch y rhain yn yr un modd ag yn **a** i **ch**.

Darganfyddwch yr atebion. Yna ysgrifennwch gwestiwn newydd gan ddefnyddio'r un rhifau.

d $56 + 25 =$ **dd** $83 - 47 =$ **e** $58 \times 6 =$ **f** $80 \div 5 =$

6 Talgrynnwch bob rhif i'r cywirdeb a roddir mewn cromfachau.

a 34.875 (3 ffig. yst.)

b 4037 (3 ffig. yst.)

c 7 506 320 (4 ffig. yst.)

ch 5.745 (2 ffig. yst.)

d 5.3498 (4 ffig. yst.)

dd 0.6753 (2 ffig. yst.)

e 0.506 742 (3 ffig. yst.)

f 0.003 427 (2 ffig. yst.)

ff 0.070 68 (3 ffig. yst.)

g 0.0796 (2 ffig. yst.)

7 **a** Amcangyfrifwch yr atebion i'r canlynol gan ddefnyddio rhifau wedi'u talgrynnu i 1 ffig. yst. Ysgrifennwch a ydych yn meddwl fod eich amcangyfrif yn isel, yn uchel neu 'fwy neu lai yn gywir'.

(1) 3.8×6.7

(2) 4.2×7.3

(3) 8.9×6.1

(4) 73×84

(5) 66×53

(6) 27×39

(7) 617×53

(8) 875×7.9

(9) 125×218

b Darganfyddwch yr atebion manwl gywir a chymharwch y rhain â'ch amcangyfrifon.

8 Mae'r prifathro yn dweud fod yna 1265 o ddisgyblion ym Mlynyddoedd 7 i 11 yn yr ysgol, a bod yna 253 o ddisgyblion ym mhob blwyddyn.

a Ailysgrifennwch y frawddeg â'r rhifau wedi'u talgrynnu i 2 ffig. yst.

b Ailysgrifennwch y frawddeg â'r rhifau wedi'u talgrynnu i 1 ffig. yst

c Pa amcangyfrif fyddai'r prifathro yn ei ddefnyddio? Eglurwch eich ateb.

9 **a** (1) Copïwch y patrwm yma.

Defnyddiwch $\sqrt{}$ i lenwi'r rhifau sydd ar goll.

$\sqrt{1}$ ..

$\sqrt{10}$ $\ldots$

$\sqrt{100} = \ldots$

$\sqrt{1000} = \ldots$

(2) Rhagfynegwch $\sqrt{10\,000}$

Defnyddiwch eich cyfrifiannell i wirio'ch rhagfynegiad.

b Rhowch amcangyfrifon ar gyfer y rhain.

(1) $\sqrt{48}$ (2) $\sqrt{90}$ (3) $\sqrt{18}$ (4) $\sqrt{500}$ (5) $\sqrt{1300}$

1 **a** Copïwch y patrwm rhif yma.　　　　　　　$1 = 1$
　　　Ysgrifennwch y ddwy res nesaf　　　　$4 = 1 + 3$
　　　yn y patrwm.　　　　　　　　　　　$9 = 1 + 3 + 5$

Darganfuwyd y dull hwn o gael brasamcan o ail isradd gan fathemategwyr Tsieineaidd.

Allwch chi weld sut y seiliwyd hwn ar y patrwm rhif?

(1) Tynnwch gymaint o odrifau olynol ag y gallwch.
　　Dechreuwch ag 1, yna 3, 5, etc.

(2) Rhifwch y *n*ifer o odrifau yr ydych chi wedi eu tynnu.

(3) Beth yw'r *g*weddill?

(4) Adiwch 1 at y rhif *d*iwethaf wnaethoch chi ei dynnu.

Yr ail isradd yn fras yw $n\frac{g}{d+1}$

Enghraifft　　Darganfyddwch amcangyfrif ar gyfer $\sqrt{27}$
　　　　　$27 - 1 = 26$　　　　$23 - 5 = 18$　　　　$11 - 9 = 2$
　　　　　$26 - 3 = 23$　　　　$18 - 7 = 11$　　　　Y gweddill yw 2

Felly $n = 5,\ g = 2,\ d = 9$

$\sqrt{27} \approx 5\frac{2}{9+1}$　　$\sqrt{27} \approx 5\frac{2}{10}$ neu 5.2 (Mae $\approx$ yn golygu 'tua')

b Defnyddiwch y dull yma i ddarganfod amcangyfrifon ar gyfer y canlynol.

　(1) $\sqrt{31}$　　　　(2) $\sqrt{12}$　　　　(3) $\sqrt{45}$　　　　(4) $\sqrt{73}$

2 Mae arwynebedd y petryal a'r sgwâr yn hafal.
Mae'r petryal yn 7 cm o hyd a 4 cm o led.
Cyfrifwch beth yw hyd ochr y sgwâr.
Rhowch eich ateb yn gywir i 2 le degol.

 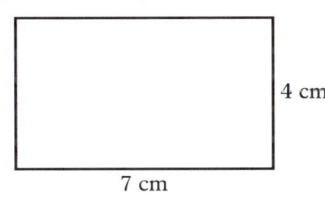

4 cm

7 cm

3 **a** $3 + 6 + 12 + 24 + \dots$

　　(1) Ysgrifennwch y rheol ar gyfer y patrwm rhif yma.

　　(2) Defnyddiwch eich rheol i ysgrifennu'r ddau derm nesaf.

b Adiwch chwe therm eich patrwm rhif.

c Dyma fformiwla i ddarganfod y cyfanswm $\dfrac{a(r^n - 1)}{r - 1}$　　a = term cyntaf
　　　　　　　　　　　　　　　　　　　　　　r = rhif a ddefnyddir i
　　　　　　　　　　　　　　　　　　　　　　　　luosi yn y rheol
　　　　　　　　　　　　　　　　　　　　　　n = nifer y termau

Defnyddiwch y fformiwla i wirio eich adio yn **b**.

ch Defnyddiwch y fformiwla i adio 10 term cyntaf y patrwm rhif.

4 **a** Gwnewch y rhain yn eich pen.
Ysgrifennwch yr atebion.

    (1) 453 + 238   (4) 93 − 35   (7) 540 ÷ 18

    (2) 1046 + 227   (5) 8 × 48   (8) 64 ÷ 25

    (3) 67 − 48   (6) 32 × 25

b Ar gyfer pob un o'r rhain, ysgrifennwch gwestiwn newydd gan ddefnyddio'r un rhifau ond gyda gweithrediad gwrthdro.
Er enghraifft, ysgrifennwch sym dynnu gan ddefnyddio'r rhifau a ddefnyddiwyd mewn sym adio.

5 **a** Rhowch amcangyfrif o arwynebedd taflen o bapur A4:

    (1) mewn mm^2

    (2) mewn cm^2

b Mewn modfeddi, mae papur A4 yn 11.69 modfedd wrth 8.27 modfedd. Amcangyfrifwch arwynebedd taflen o bapur A4 mewn $modfeddi^2$.

c Defnyddiwch eich atebion i **a** a **b** i amcangyfrif sawl cm^2 sydd mewn 1 $fodfedd^2$.

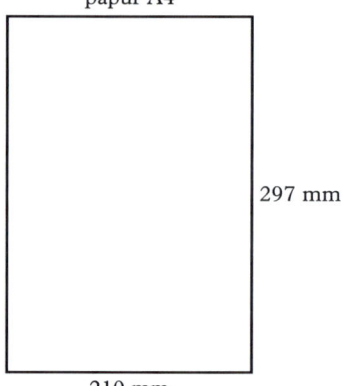

papur A4

297 mm

210 mm

6 Mae yna gyfanswm o 1168 o ddisgyblion ym Mlynyddoedd 7 i 11 yn Ysgol Abergwynant.

a (1) Rhowch amcangyfrif o'r nifer o ddisgyblion sydd ym mhob blwyddyn.

    (2) Mae yna wyth dosbarth ym mhob blwyddyn.
      Rhowch amcangyfrif o sawl disgybl sydd mewn dosbarth.

b Yn eich tyb chi, a yw eich amcangyfrifon yn **a** yn uwch neu'n is na'r ateb cywir?
Eglurwch pam.

c (1) Defnyddiwch gyfrifiannell i ddarganfod y nifer cymedrig o ddisgyblion mewn blwyddyn.

    (2) Darganfyddwch y nifer cymedrig o ddisgyblion mewn dosbarth.

    (3) Cymharwch eich atebion â'ch amcangyfrifon.

ch Mae 220 o ddisgyblion ym Mlwyddyn 8.
Awgrymwch sawl disgybl sydd ym mhob un o ddosbarthiadau Blwyddyn 8.

- Gallwn ddefnyddio'r botwm x^2 ar gyfrifiannell i ddarganfod rhifau sgwâr.

  Enghraifft   Darganfyddwch werth 6^2

  Pwyswch y botymau yma : 6 x^2 Ateb : 36

- $\sqrt{}$ yw'r botwm **ail isradd**.
  Bydd yn cyfrifo ochrau sgwariau.

  Enghraifft   Mae hyd ochr sgwâr ag arwynebedd o 25 cm² yn $\sqrt{25}$

  Pwyswch y botymau yma 2 5 $\sqrt{}$ Ateb: 5 cm

- Er mwyn talgrynnu i unrhyw nifer o leoedd degol, edrychwch ar y digid cyntaf nad oes ei angen. Os yw'n 0, 1, 2, 3 neu 4, anwybyddwch yr holl ddigidau nad oes eu hangen. Os yw'n 5, 6, 7, 8 neu 9, adiwch un at y digid olaf a gedwir.

  Enghraifft   62.346 yn gywir i 2 le degol yw 62.35
  24.344 27 yn gywir i 3 lle degol yw 24.344

- Mae 4^3 yn golygu $4 \times 4 \times 4 = 64$

  Bydd x^y yn rhoi gwerth pwerau.   Bydd $x^{\frac{1}{y}}$ yn rhoi gwerth israddau.

  Enghraifft   Gwnewch 4^3 *Enghraifft*   Gwnewch $\sqrt[3]{216}$

  Pwyswch y botymau yma: 4 x^y 3 $=$ Pwyswch y botymau yma: 2 1 6 $x^{\frac{1}{y}}$ 3 $=$

  Ateb: 64   Ateb: 6

- Er mwyn ateb cwestiynau yn eich pen, gwnewch nhw fesul rhan.

  Enghreifftiau
  1. $38 + 24$ Adiwch y 4, yna adiwch y 20
  2. $53 - 27$ Tynnwch 7, yna tynnwch 20
  3. 7×500 Lluoswch â 5, yna lluoswch â 100
  4. $48 \div 24$ Rhannwch â 4, yna rhannwch â 6

  Er mwyn rhannu â 5: lluoswch â 2 a rhannwch â 10.
  Er mwyn rhannu â 25: lluoswch â 4 a rhannwch â 100.

- Er mwyn talgrynnu i unrhyw nifer o ffigurau ystyrlon, edrychwch ar y digid cyntaf nad oes ei angen. Yna defnyddiwch reolau arferol talgrynnu.

  Enghreifftiau   341.4 i 2 ffig. yst. yw 340 nid 34   7845.78 i 1 ffig. yst. yw 8000
  0.000 030 042 i 2 ffig. yst. yw 0.000 030

- Er mwyn rhoi amcangyfrif, talgrynnwch bob rhif yn gywir i 1 ffig. yst.

  Enghreifftiau
  1. 2.8×34 2. $589 - 128$
  Amcangyfrif: $3 \times 30 = 90$ Amcangyfrif: $600 - 100 = 500$
  Ateb: 95.2   Ateb: 461

- Gallwch amcangyfrif ail israddau.

  Enghreifftiau   Mae $\sqrt{13}$ rhwng $\sqrt{9}$ a $\sqrt{16}$
  Mae'n nes at $\sqrt{16}$
  Mae $\sqrt{13}$ tua 3.6

1 Defnyddiwch x^2 i wneud y canlynol:
    a 17^2 **b** 3.6^2 **c** 0.08^2

2 Defnyddiwch $\sqrt{}$ i wneud y canlynol:
Rhowch eich ateb yn gywir i 2 le degol pan fydd angen talgrynnu.
    a $\sqrt{625}$ **b** $\sqrt{7.9}$ **c** $\sqrt{12\,345}$ **ch** $\sqrt{0.0121}$

3 Defnyddiwch x^y i wneud y canlynol:
    a 7^5 **b** 13^4 **c** 8.4^3 **ch** 0.2^6

4 Defnyddiwch $x^{\frac{1}{y}}$ i wneud y canlynol:
Rhowch eich ateb yn gywir i 3 lle degol pan fydd angen talgrynnu.
    a $\sqrt[7]{78\,125}$ **b** $\sqrt[8]{256}$ **c** $\sqrt[5]{5.7}$ **ch** $\sqrt[4]{0.0081}$

5 Gwnewch y canlynol yn eich pen.
Ysgrifennwch yr atebion.
    a $137 + 56$ **c** $72 - 38$ **d** 8×38 **e** $56 \div 14$
    b $39 + 44$ **ch** $38 - 19$ **dd** 36×4 **f** $34 \div 5$

6 Ysgrifennwch y rhifau yma yn gywir i'r nifer o ffigurau ystyrlon a roddir.
    a 73.467 (3 ffig. yst.)   **c** 6.8972 (3 ffig. yst.)
    b 0.068 51 (2 ffig. yst)   **ch** 0.030 415 (3 ffig. yst.)

7 **a** Talgrynnwch y rhifau yma yn gywir i 1 ffig. yst. er mwyn rhoi
      amcangyfrifon ar gyfer y canlynol.
      (1) $327 + 589$ (3) 5.6×3.2
      (2) $1270 - 943$ (4) $504 \div 18$
    b Cyfrifwch yr atebion.
      Cymharwch nhw â'ch amcangyfrifon.

8 Rhowch amcangyfrifon ar gyfer y canlynol.
    a Y nifer o bobl sydd ar chwech o fysiau.
      Mae 87 o deithwyr ym mhob bws.
    b Cyfanswm y gost o eitemau sy'n costio £5.22, £7.87, £22.19 ac £8.63.

9 Rhowch amcangyfrifon ar gyfer y canlynol.
    a $\sqrt{30}$ **b** $\sqrt{61}$ **c** $\sqrt{800}$ **ch** $\sqrt{1750}$

3 Ystadegaeth: cwestiynau ac atebion

CWESTIYNAU

ESTYNIAD

CRYNODEB

PROFWCH EICH HUN

Y cyntaf i wneud arolwg barn oedd **George Gallup** ym **1935.**

Gelwir arolygon barn heddiw yn aml yn arolygon Gallup. Gallup yw un o'r cwmnïau arolwg mwyaf yn y byd.

1 Diagramau a siartiau

◀◀**AILCHWARAE**▶

Mae pawb ym Mlwyddyn 8 wedi cymryd rhan mewn arolwg.
Roedd y cwestiynau'n ymwneud â faint o deledu yr oedd y disgyblion yn ei wylio.
Gofynnwyd iddynt hefyd beth oedd eu hoff fath o raglen a pha un oedd eu hoff sianel.

Dyma ganlyniadau'r arolwg.

Nifer yr oriau gwylio bob dydd

Oriau bob dydd	0	1	2	3	4	5	6
Nifer y disgyblion	20	45	75	60	10	5	5

Hoff fath o raglen deledu

Math o raglen	plant	operâu sebon	chwaraeon	comedi	ffilmiau	dramâu	newyddion
Nifer y disgyblion	15	55	40	25	35	25	25

Hoff sianel

Sianel	BBC1	BBC 2	HTV	S4C	Sky	Arall
Nifer y disgyblion	73	22	66	19	24	16

Mae Blwyddyn 8 yn arddangos y data yma.
Dyma enghreifftiau o'u gwaith.

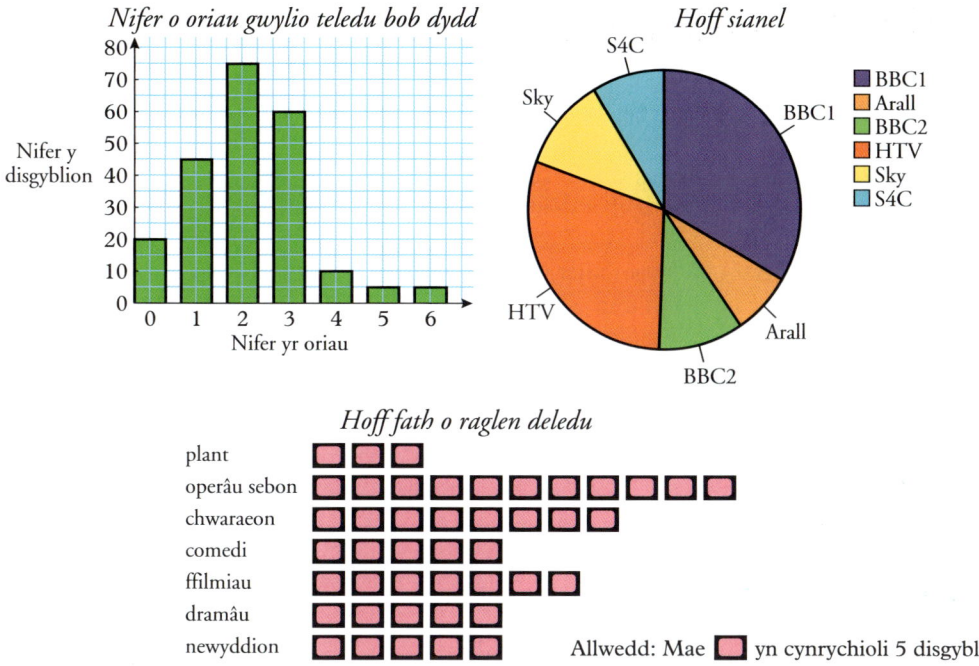

Nifer o oriau gwylio teledu bob dydd

Hoff sianel

Hoff fath o raglen deledu

Allwedd: Mae ☐ yn cynrychioli 5 disgybl

Ymarfer 3:1

1 Edrychwch ar y siart bar.
  a Faint o ddisgyblion sydd ym Mlwyddyn 8?
  b Beth yw'r nifer moddol o oriau?
  c Faint o ddisgyblion sy'n gwylio'r teledu am *fwy* na 3 awr bob dydd?
  ch Mae 20 o ddisgyblion yn y bar 0 awr.
     Yn eich tyb chi sut cafodd y data eu talgrynnu cyn llunio'r diagram?

2 Edrychwch ar y pictogram.
  a Faint o ddisgyblion mae ☐ yn eu cynrychioli?
  b Faint mwy o ddisgyblion sy'n hoffi operâu sebon na'r rhai sy'n hoffi newyddion?
  c Pa ganran o'r disgyblion sy'n hoffi operâu sebon fwyaf?
  ch Beth yw'r cywirdeb mwyaf y gellir ei gael o'r diagram yma?

3 Edrychwch ar y siart cylch.
  a Pa rai yw'r sianelau lleiaf a mwyaf poblogaidd?
  ● **b** Eglurwch sut y gallech ddarganfod y nifer o ddisgyblion sydd ym mhob categori.

Ymarfer 3:2

1   Lluniwch siart bar o'r hoff fathau o raglenni.
    Cofiwch roi teitl i'r siart a'i labelu.

2   Lluniwch siart bar i ddangos yr hoff sianelau.
    Peidiwch ag anghofio rhoi teitl i'r siart a'i labelu.

3   Lluniwch bictogram i ddangos nifer yr oriau gwylio teledu.
    Dewiswch eich symbol eich hun.
    Sicrhewch fod gan eich diagram allwedd.

4   Lluniwch bictogram o'r hoff sianelau.
    Dewiswch symbol gwahanol.
    Peidiwch ag anghofio rhoi allwedd.

●   5   Cymharwch bob un o'r diagramau â'r rhai sydd ar dudalen 53.
    Ysgrifennwch pa ddiagram yw'r gorau, yn eich tyb chi, ar gyfer pob set o ddata.
    Eglurwch eich ateb.

Gofynnwyd i Flwyddyn 8 hefyd sawl fideo yr oeddynt wedi eu llogi yn ystod y mis diwethaf.

Dyma atebion dosbarthiadau 8J ac 8K.

8J

0	6	9	5	4	6	0	4	5	11
3	6	5	8	7	4	6	2	2	0
11	3	1	9	7	5	6	2	3	10

8K

2	5	4	9	6	8	2	3	4	0
1	8	5	3	10	5	9	4	2	6
4	5	8	9	6	3	5	10	2	0

Ymarfer 3:3

1   **a**   Gwnewch dabl marciau rhifo ar gyfer data 8J.
    b   Defnyddiwch y canlyniadau i lunio pictogram.

2   **a**   Gwnewch dabl marciau rhifo arall ar gyfer data dosbarth 8K.
    b   Defnyddiwch y canlyniadau i lunio pictogram.

3   Disgrifiwch y gwahaniaethau sydd rhwng y ddau ddiagram yma.

Weithiau mae hi'n ddefnyddiol casglu data mewn grwpiau.
Golyga hyn fod gennych lai o gategorïau.
Yn aml mae hyn yn hwyluso llunio diagramau.

Yn achos y nifer o fideos sy'n cael eu llogi dyma grwpiau synhwyrol posibl:
0–2   3–5   6–8   9–11

Nifer y fideos	
0	
1	gelwir hyn yn grŵp 0-2
2	
3	
4	gelwir hyn yn grŵp 3-5
5	

Ymarfer 3:4

1 **a** Gwnewch dabl marciau rhifo ar gyfer dosbarth 8J gan ddefnyddio'r grwpiau a awgrymwyd.

    b Defnyddiwch eich data sydd wedi eu grwpio i lunio siart bar.

2 **a** Gwnewch dabl marciau rhifo wedi ei grwpio ar gyfer dosbarth 8K.
Defnyddiwch yr un grwpiau.

    b Lluniwch siart bar ar gyfer y data yma.
Defnyddiwch yr un raddfa ag yng nghwestiwn **1**.
Cofiwch fod y barrau yn cyffwrdd â'i gilydd mewn siartau bar lle mae'r data wedi eu grwpio.

3 Dyma'r data ar gyfer y fideos a logwyd gan 8L.

5	1	9	0	0	6	7	10	5	7
9	8	3	5	6	8	9	0	0	5
1	4	5	10	1	7	3	6	7	4

    a Gwnewch dabl marciau rhifo wedi ei grwpio ar gyfer y data yma.

    b Lluniwch siart bar ar gyfer dosbarth 8L.

2 Siartiau cylch

<table>
<tr><td>**Siart cylch**</td><td>Mae **siart cylch** yn dangos sut mae rhywbeth yn cael ei rannu.
Mae ongl y sector yn cynrychioli nifer yr eitemau.
Ni ellir ei ddefnyddio i gael atebion manwl gywir.</td></tr>
</table>

Fel y gwelsoch y llynedd, weithiau mae data yn rhannu'n hwylus yn ffracsiynau o gylch.
Yn aml nid yw hyn yn digwydd ac yna mae'n rhaid i chi gyfrifo'r onglau.

Cofiwch fod 360° mewn cylch cyfan.
Mae angen rhannu'r 360° yma.

Enghraifft

Gofynnwyd i 30 o bobl pa bapur newydd yr oedden nhw'n ei ddarllen.

Dyma'r canlyniadau:

The Guardian	8	*Daily Post*	6
Daily Mirror	7	*Western Mail*	6
The Times	3		

Dangoswch y canlyniadau mewn siart cylch.

1 Rhannwch y 360°.

Mae 30 o bobl yn yr arolwg felly 360° ÷ 30 = 12°.
Golyga hyn fod pob person yn cael 12° o'r cylch.

2 Cyfrifwch yr ongl ar gyfer pob papur newydd. Mae hyn yn hawdd i'w wneud mewn tabl.

Papur newydd	Nifer y bobl	Gwaith cyfrifo	Ongl
The Guardian	8	8 × 12° =	96°
Daily Mirror	7	7 × 12° =	84°
The Times	3	3 × 12° =	36°
Daily Post	6	6 × 12° =	72°
Western Mail	6	6 × 12° =	72°
Cyfanswm	30		360°

3 Gwiriwch fod yr onglau yn adio i 360°.
96° + 84° + 36° + 72° + 72° = 360°

4 a Lluniwch gylch. Marciwch y canol.
Tynnwch linell i dop y cylch.

b Lluniwch yr ongl gyntaf (96°).

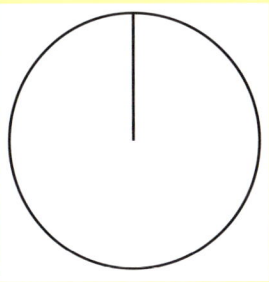

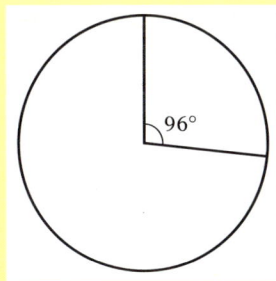

c Mesurwch yr ongl nesaf (84°) o'r llinell
yr ydych newydd ei thynnu.

ch Daliwch ati i wneud hyn nes
bydd pob ongl wedi ei llunio.

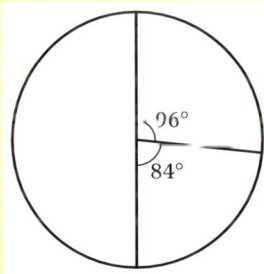

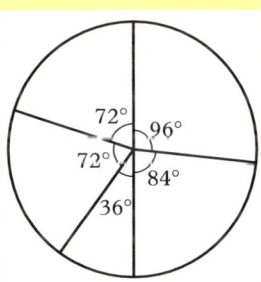

d Lliwiwch eich siart cylch. Ychwanegwch allwedd.

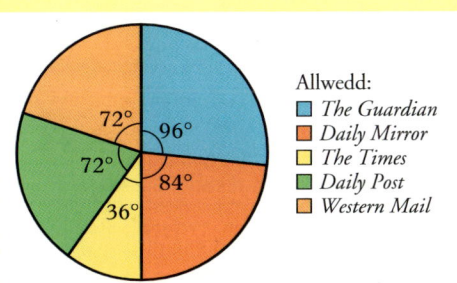

Allwedd:
■ *The Guardian*
■ *Daily Mirror*
□ *The Times*
■ *Daily Post*
■ *Western Mail*

Ymarfer 3:5

1 Gofynnwyd i ddosbarth 8J sut yr oedden nhw'n teithio i'r ysgol.
   a Copïwch y tabl yma.

Dull o deithio	Nifer y disgyblion	Gwaith cyfrifo	Ongl
cerdded	14		
bws	7		
car	6		
beic	3		
jet breifat	0		
Cyfanswm	30		360°

   b Llenwch weddill y tabl.
   c Lluniwch siart cylch i ddangos yr wybodaeth yma.
      Peidiwch ag anghofio rhoi allwedd.

2 Mae 24 o ddisgyblion yn nosbarth 8P.
   Dyma atebion y dosbarth i'r arolwg teithio.

Dull o deithio	Nifer y disgyblion
cerdded	10
bws	7
car	6
beic	1

   Lluniwch siart cylch i ddangos yr wybodaeth yma.
   Peidiwch ag anghofio rhoi allwedd.

3 Gofynnwyd i 90 o bobl ym mha fis y cawsant eu geni.
   Dyma'r canlyniadau.

Mis	Pobl	Mis	Pobl
Ionawr	7	Gorffennaf	6
Chwefror	4	Awst	8
Mawrth	9	Medi	11
Ebrill	8	Hydref	7
Mai	7	Tachwedd	10
Mehefin	6	Rhagfyr	7

   Lluniwch siart cylch i ddangos yr wybodaeth yma.
   Peidiwch ag anghofio rhoi allwedd.

Weithiau nid yw'r ongl yn rhif cyfan.
Ni allwch lunio onglau yn fwy cywir nag i'r radd agosaf.
Felly mae'n rhaid i chi dalgrynnu pob sector i'r radd agosaf.

Ar ôl talgrynnu mae angen i chi wirio fod yr onglau yn dal i adio i 360°.
Os nad ydynt, newidiwch yr ongl fwyaf fel eu bod yn adio i 360°.

Golyga hyn nad yw siart cylch yn hollol fanwl gywir.
Nid oes neb yn defnyddio siartiau cylch ar gyfer darlleniadau manwl gywir felly nid yw hyn yn bwysig.

4 Dyma'r data i ddangos pa sianelau teledu sy'n cael eu gwylio fwyaf o ddechrau'r bennod.

Sianel	BBC1	BBC2	HTV	S4C	Sky	Arall
Nifer y disgyblion	73	22	66	19	24	16

Mae 220 o ddisgyblion yn yr arolwg.
a Cyfrifwch yr ongl ar gyfer pob disgybl.
b Cyfrifwch yr ongl ar gyfer pob sianel.
c Talgrynnwch yr onglau ac yna'u hadio at ei gilydd.
Byddwch 1° yn brin. Adiwch 1° at y sector mwyaf (BBC1).
ch Lluniwch siart cylch i ddangos y data yma.
Cymharwch hwn â'r siart ar dudalen 53.

5 Dyma'r data i ddangos y mathau mwyaf poblogaidd o raglenni teledu.

Math o raglen	plant	operâu sebon	chwaraeon	comedi	ffilmiau	dramâu	newyddion
Nifer y disgyblion	15	55	40	25	35	25	25

Lluniwch siart cylch i ddangos y data yma.

6 Dyma'r pleidleisiau mewn is-etholiad diweddar:

Democratiaid Rhyddfrydol 16 000
Llafur 14 000
Ceidwadwyr 10 000
Eraill 2 000

Mae'r ffigurau wedi eu rhoi i'r 1000 agosaf.

Lluniwch siart cylch i ddangos y canlyniadau yma.

3   Cynllunio holiadur

Er mwyn cael gwybodaeth mae angen i chi ofyn cwestiynau i bobl.

Mae angen i chi feddwl yn ofalus pa gwestiynau fyddwch chi'n eu gofyn.
Rhaid i chi sicrhau eich bod yn cael yr holl wybodaeth angenrheidiol.
Rhaid i'ch cwestiynau fod yn hawdd i'w hateb.

Holiadur	Set o gwestiynau yw **holiadur** ar bwnc penodol..
	Ceir dau fath o holiadur. Weithiau mae'r person sy'n holi yn gofyn y cwestiynau ac yn llenwi'r atebion. Dro arall rydych yn cael ffurflen i'w llenwi eich hun.

Ceir rhai rheolau y dylech fod yn ymwybodol ohonynt wrth baratoi eich holiadur eich hun.

Rheol 1	Ni ddylai cwestiynau fod yn **dueddol**. Ni ddylent wneud i chi feddwl fod ateb arbennig yn gywir. Gelwir cwestiwn sy'n gwneud hyn yn **gwestiwn arweiniol**.
Enghraifft	Mae pobl normal yn hoffi gwylio pêl-droed. Fyddwch chi'n gwylio pêl-droed?
	Mae'r cwestiwn yma'n dueddol. Ni ddylai'r frawddeg gyntaf fod yno o gwbl. Mae'n gwneud i chi feddwl nad ydych yn normal os nad ydych yn gwylio pêl-droed.

Ymarfer 3:6

Dyma restr o gwestiynau.

a Mae'r rhan fwyaf o bobl yn meddwl y dylech fedru dysgu gyrru car yn 16 mlwydd oed. Ydych chi'n cytuno?

b Ydych chi'n meddwl y dylech fwyta llai o siocled a mwy o ffrwythau?

c Sawl wythnos o wyliau ysgol ddylai plant eu cael bob blwyddyn?

ch Mae'r rhan fwyaf o ddisgyblion deallus yn gwylio'r newyddion ar y teledu. Ydych chi'n gwylio'r newyddion?

d Ydych chi'n darllen papur newydd dyddiol?

1 Yn eich barn chi, pa rai o'r cwestiynau yma sy'n dueddol?
Ysgrifennwch lythrennau'r cwestiynau.

2 Ysgrifennwch beth sy'n gwneud pob un o'r cwestiynau yma'n dueddol.

3 Ysgrifennwch gwestiynau gwell yn lle'r rhai sydd, yn eich barn chi, yn dueddol.

Rheol 2   Ni ddylai cwestiynau dramgwyddo pobl neu godi cywilydd arnynt.

Ymarfer 3:7

Dyma restr o gwestiynau.

a Faint ydych chi'n ei bwyso?

b Faint o arian sydd gennych yn eich cyfrif banc?

c Pa mor aml ydych chi'n cael cawod?

ch Oes gennych chi anifeiliaid anwes gartref?

d Mae'r rhan fwyaf o bobl yn defnyddio sebon. Ydych chi'n gwneud?

1 Pa rai o'r cwestiynau yma, yn eich barn chi, sy'n tramgwyddo neu'n codi cywilydd?
Ysgrifennwch lythrennau'r cwestiynau.

2 Ysgrifennwch beth sy'n anghywir ynglŷn â'r cwestiynau y gwnaethoch eu dewis.

3 Ysgrifennwch gwestiynau gwell yn lle'r rhai nad ydych yn eu hoffi.

Rheol 3   Gall cwestiynau roi dewis o atebion posibl. Dyma enghreifftiau:

A Ydw, Nac ydw neu Ddim yn gwybod.

B Cytuno, Anghytuno neu Ddim yn gwybod.

C Set o focsys lle byddwch yn ticio'r atebion.

CH Graddfa lle byddwch yn rhoi cylch o amgylch eich dewis.
Gall hyn fod yn ddefnyddiol pan yr ydych yn gofyn am farn rhywun.

Ymarfer 3:8

Dyma restr o gwestiynau.
Dewiswch y math o ateb y byddech chi'n ei ddefnyddio ar gyfer pob un.
Ysgrifennwch **A**, **B**, **C** neu **CH**.

A ☐ Ydy ☐ Nac ydy ☐ Ddim yn gwybod.

B ☐ Cytuno ☐ Anghytuno ☐ Ddim yn gwybod.

C ☐ 0–2 ☐ 3–5 ☐ mwy na 5

CH Cytuno'n gryf 1 2 3 4 5 Anghytuno'n gryf

1 Faint o fisgedi siocled ydych chi'n eu bwyta bob dydd?

2 Mae'r Loteri Genedlaethol yn ffordd dda o godi arian at achosion da.

3 A yw car diesel yn achosi llai o lygredd na char petrol?

4 Mae ysmygu yn arfer gwael.

5 Sawl brawd a chwaer sydd gennych chi?

Rheol 4	Dylai cwestiynau fod yn glir. Os na fydd pobl yn deall eich cwestiwn ni fyddwch yn cael yr wybodaeth angenrheidiol.
Rheol 5	Peidiwch â gofyn cwestiynau fydd yn rhoi cyfle i bobl roi nifer o wahanol atebion. Mae hyn yn ei gwneud hi'n anodd iawn gwneud diagramau i ddangos eich canlyniadau.
Rheol 6	Peidiwch â gofyn cwestiynau nad oes a wnelo nhw ddim â'r arolwg.
Rheol 7	Dylai cwestiynau fod mewn trefn synhwyrol. Peidiwch â neidio yn ôl ac ymlaen o un syniad i'r llall.

Ymarfer 3:9

 Byddwch angen y daflen waith **Arolwg Ffitrwydd** i wneud yr ymarfer yma.

1 Llenwch yr holiadur.

2 Ar gyfer pob cwestiwn, ysgrifennwch rif y rheol mae o wedi ei thorri.

3 Ailysgrifennwch yr holiadur gan ddefnyddio'r rheolau yr ydych chi newydd eu dysgu.

Ymarfer 3:10

Nawr rydych yn mynd i gynllunio'ch holiadur eich hun.
Gallwch ddewis unrhyw bwnc sydd o ddiddordeb i chi.

Ni allwch 'wneud' pwnc eang fel 'chwaraeon'. Rhaid i chi ganolbwyntio ar un peth penodol. Er enghraifft, gallech ddarganfod faint o chwaraeon mae disgyblion Blwyddyn 8 yn cymryd rhan ynddynt.

Ar ôl penderfynu beth yr ydych yn mynd i'w wneud, dylech ddyfalu beth, yn eich barn chi, y byddwch yn ei ddarganfod.
Er enghraifft, gallech ddyfalu fod disgyblion Blwyddyn 8 yn treulio llai nag 1 awr yr wythnos yn gwneud chwaraeon. Gelwir y dyfaliad yma'n rhagdybiaeth.
Yna rydych yn cynllunio'ch cwestiynau i brofi a yw eich rhagdybiaeth yn gywir neu'n anghywir.

Dylech gynllunio'ch gwaith fel hyn:

1 Dewiswch eich pwnc.
2 Penderfynwch beth yw eich rhagdybiaeth.
3 Penderfynwch pwy fyddwch yn eu dewis i lenwi'r holiadur.

Cynllunio

4 Ysgrifennwch gwestiynau ar gyfer eich holiadur.
5 Gofynnwch i ffrind ateb yr holiadur er mwyn ei brofi.
6 Newidiwch y cwestiynau os oes angen.

7 Gwnewch yr arolwg!

Gwneud

8 Cofnodwch eich canlyniadau.
9 Penderfynwch pa fath o ddiagramau y dylid eu defnyddio.
10 Lluniwch eich diagramau.
11 Cyfrifwch rai cyfartaleddau.
12 Ysgrifennwch eich canlyniadau.
13 Eglurwch a oedd eich rhagdybiaeth yn gywir neu beidio.

Dadansoddi

1 Mewn arolwg o 30 o drenau: roedd 12 ar amser, 10 yn gynnar ac 8 yn hwyr.
Gwnewch siart cylch i ddangos yr wybodaeth yma.

2 Gofynnwyd i ddosbarth 8J faint o amser yr oeddent yn ei gymryd i ddod i'r ysgol.

Dyma'r canlyniadau, yn gywir i'r funud agosaf.

Amser a gymerwyd	Nifer y disgyblion
1–5	6
6–10	3
11–15	5
16–20	4
21–25	8
26–30	4

a Lluniwch siart bar i ddangos yr wybodaeth yma.
b Faint o ddisgyblion oedd yn cymryd 15 munud neu lai i ddod
i'r ysgol?
c Faint o ddisgyblion oedd yn cymryd mwy na 20 munud i ddod i'r ysgol?

3 Cofnododd meddyg faint o amser yr oedd hi'n ei dreulio gyda phob claf.
Dyma'r amseroedd yn gywir i'r funud agosaf.

10	5	9	20	14	3	8	6	9
4	25	16	11	15	17	8	6	3
9	5	6	8	19	21	6	10	11
5	9	29	3	6	14	18	17	8

a Copïwch y tabl marciau rhifo yma.
Rhowch y rhesi ychwanegol sydd eu hangen

Nifer y munudau	Marciau rhifo	Cyfanswm
1–5		
6–10		
11–15		
16–20		

b Llenwch eich tabl marciau rhifo.
c Lluniwch siart bar i ddangos yr wybodaeth yma.

4 Dewisodd y 250 o ddisgyblion ym Mlwyddyn 8 yr iaith fydden nhw'n hoffi ei dysgu nesaf.

Dangosir y canlyniadau yn y siart cylch yma.

Dewisodd 50 o ddisgyblion Eidaleg.

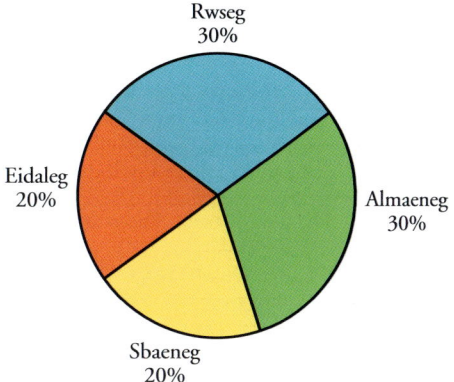

a Faint o ddisgyblion ddewisodd Sbaeneg?

b Faint o ddisgyblion ddewisodd Rwseg?

c Faint o ddisgyblion ddewisodd Almaeneg?

5 Gwnaeth yr elusen UNICEF arolwg o'r nifer o blant oedd yn newynu mewn gwahanol rannau o'r byd.

Dyma'r canlyniadau:

Affrica	35 000 000	Asia ond nid Tsieina	42 000 000
America	10 000 000	De Asia	78 000 000

Lluniwch siart cylch i ddangos yr wybodaeth yma.

6 Mae Guto'n cynllunio arolwg ar ysmygu.
Mae o wedi ysgrifennu rhai cwestiynau.

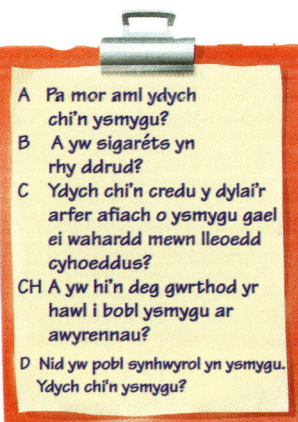

a Yn eich barn chi, sawl cwestiwn sy'n dueddol?
Dywedwch pam y maen nhw'n dueddol.

b Pa gwestiynau ddylai gynnwys bocsys i'w ticio?
Ailysgrifennwch y cwestiynau yma gan ddangos y bocsys.

c Pa rai yw'r cwestiynau nad ydynt yn ddigon clir?
Ailysgrifennwch y cwestiynau yma er mwyn eu gwneud yn gliriach.

1   Mae pobl mewn gwahanol rannau o'r byd yn gwario'u harian ar wahanol bethau.

Gwnaed arolwg mewn tair gwahanol ran o'r byd:

OECD *Organisation for Economic Co-operation and Development* (Cyfundrefn ar gyfer Cydweithrediad a Datblygiad Economaidd). Mae hwn yn 'glwb' ar gyfer gwledydd cyfoethog.

America Ladin : Gwledydd De America

De Asia : India, Pacistan a'r gwledydd cyfagos.

Mae'r tabl yn dangos y canrannau o arian maen nhw'n ei wario ar wahanol bethau.

Rhan o'r byd	bwyd a baco	dillad ac esgidiau	tai ac egni	dodrefn a thai	trafnidiaeth a chyfathrebu	iechyd	hamdden ac arall
OECD	21.2	7.1	18.2	7.1	13.6	9.4	23.5
America Ladin	34.9	6.7	21	7	10.1	5	15.3
De Asia	52.3	9.4	8.8	4.3	7	2	16.2

   a   Lluniwch siartiau cylch i ddangos y gwariant yn y tair rhan yma o'r byd.
       Bydd angen i chi rannu 360° â 100 i ddarganfod yr ongl ar gyfer 1%.
   b   Ysgrifennwch ychydig o frawddegau yn disgrifio'r gwahaniaethau sydd rhyngddynt.
   c   Dangoswch y data mewn ffordd wahanol.
       Defnyddiwch fath arall o ddiagram.
   ch Pa un o'r ddwy set o ddiagramau sy'n dangos y gwahaniaeth gliriaf?

2   Gwnaeth Llinos arolwg o'r 210 disgybl ym Mlwyddyn 8.
Gofynnodd iddynt pa rai o'r canlynol, yn eu barn nhw, oedd bwysicaf yn y diet.

braster   siwgr   protein   ffibr   fitaminau

Dyma siart cylch o'i chanlyniadau.

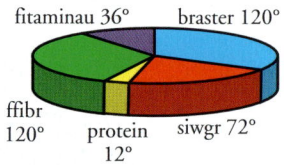

fitaminau 36°   braster 120°
ffibr 120°
protein 12°
siwgr 72°

Sawl disgybl sydd ym mhob categori?

- **Siart cylch**

  Mae **siart cylch** yn dangos sut mae rhywbeth yn cael ei rannu.

  Mae ongl y sector yn cynrychioli'r nifer o eitemau.

  Weithiau nid yw'r data yn rhoi atebion sy'n ffracsiynau syml.

  Pan fydd hyn yn digwydd bydd rhaid i chi gyfrifo onglau.

  Mae siart cylch yn cynnwys 360°.

  Mae angen rhannu'r 360° yma.

  Enghraifft

  Gofynnwyd i 30 o bobl pa bapur newydd yr oedden nhw'n ei ddarllen.

  Gofynnwyd i 30 o bobl yn yr arolwg felly 360° ÷ 30 = 12°
  Golyga hyn fod pob person yn cael 12° o'r cylch.

  Cyfrifwch yr ongl ar gyfer pob papur newydd. Mae hyn yn hawdd i'w wneud mewn tabl.

Papur newydd	Nifer y bobl	Gwaith cyfrifo	Ongl
The Guardian	8	8 × 12° =	96°
Daily Mirror	7	7 × 12° =	84°
The Times	3	3 × 12° =	36°
Daily Post	6	6 × 12° =	72°
Western Mail	6	6 × 12° =	72°
Cyfanswm	30		360°

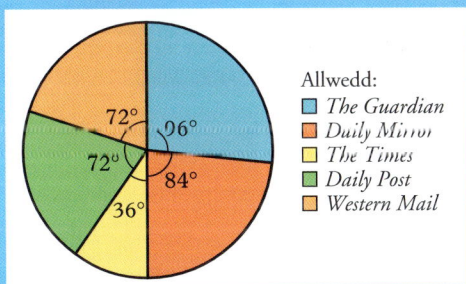

  Allwedd:
  - *The Guardian*
  - *Daily Mirror*
  - *The Times*
  - *Daily Post*
  - *Western Mail*

- **Holiadur**

  Set o gwestiynau ar bwnc penodol yw **holiadur.**
  Ceir dau fath o holiadur.
  Weithiau mae'r person sy'n holi yn gofyn y cwestiynau ac yn llenwi'r atebion.
  Dro arall rydych yn cael ffurflen i'w llenwi eich hun.

  Cofiwch:

  1 Ni ddylai cwestiynau fod yn dueddol.

  2 Ni ddylai cwestiynau dramgwyddo pobl neu godi cywilydd arnynt.

  3 Gall cwestiynau roi dewis o atebion posibl.

  4 Dylai cwestiynau fod yn glir.

  5 Peidiwch â gofyn cwestiynau fydd yn rhoi cyfle i bobl roi nifer o wahanol atebion.

  6 Peidiwch â gofyn cwestiynau nad oes a wnelo nhw ddim â'r arolwg.

  7 Dylai cwestiynau fod mewn trefn synhwyrol.

1 Mae Emyr yn gwneud arolwg i ddarganfod faint o amser fydd dosbarth 8J yn ei gymryd i ddod i'r ysgol.
Dyma'r amseroedd yn gywir i'r funud agosaf.

15	10	14	8	3	9	24	23	6	4
7	18	26	7	5	12	17	4	21	19
5	8	17	24	28	10	3	9	7	25

a Meddyliwch am amrediadau amser synhwyrol ar gyfer grwpio'r data yma.
b Gwnewch dabl marciau rhifo wedi'i grwpio ar gyfer y data yma.
c Lluniwch siart bar i ddangos yr wybodaeth yma.

2 Gofynnodd Megan i ddosbarth 8J ddewis eu hoff orsaf radio.
Dyma atebion y dosbarth: Radio 1   10
                          Radio 2   4
                          Radio Cymru   9
                          Atlantic 252   7
Lluniwch siart cylch i ddangos y data yma.

3 Mae 28 o ddisgyblion yn nosbarth 8L.
Dyma eu hoff orsafoedd radio: Radio 1   11
                                     Radio 2   3
                                     Radio Cymru   8
                                     Atlantic 252   6
Lluniwch siart cylch i ddangos y data yma.

4 Daeth y cwestiynau yma o arolwg yn dangos beth oedd barn oedolion ynglŷn â phobl ifanc.
(1) Mae'r rhan fwyaf o bobl yn credu fod yna ddiffyg disgyblaeth mewn ysgolion. Ydych chi'n cytuno?
(2) Beth ydych chi'n feddwl o blant heddiw?
(3) Ydych chi'n meddwl fod gan blant ormod o ryddid?
(4) Faint o amser, yn eich barn chi, ddylent dreulio yn yr ysgol?

a Ysgrifennwch beth ydych chi'n feddwl sydd o'i le ar bob cwestiwn.
b Ysgrifennwch gwestiynau gwell nad ydynt yn dueddol.

4 Algebra

CWESTIYNAU

ESTYNIAD

CRYNODEB

PROFWCH
EICH HUN

**Muhammed ibn Musa al-Khwarizmi
c780 - c850**

Roedd Al-Khwarizmi yn fathemategydd a seryddwr adnabyddus oedd yn byw yn Baghdad ddechrau'r 9fed ganrif. Ysgrifennodd lyfr o'r enw *Kitab al-jabr wa al-nuqabalah*, oedd yn ymwneud â datrys hafaliadau.

Daw'r gair algebra o'r gair *al-jabr*.

1 Patrymau rhif

Mae Iwan yn gwneud patrymau gan ddefnyddio cownteri.
Maen nhw ar ffurf priflythrennau.

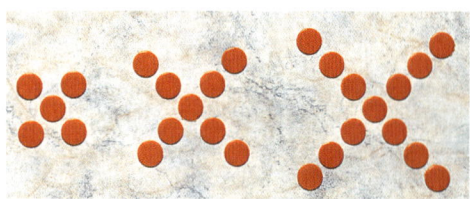

Mae o eisiau darganfod y rheolau ar gyfer ei batrymau.

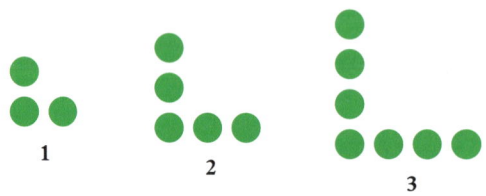

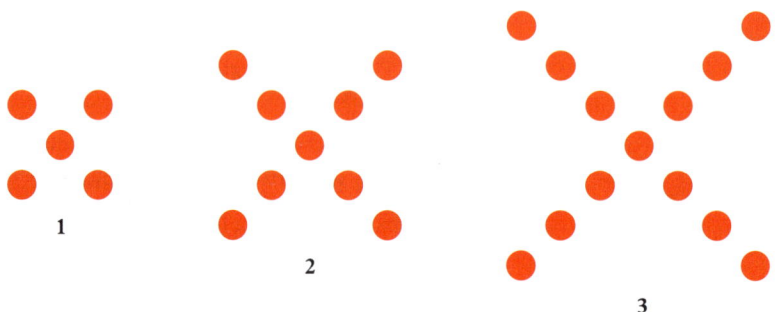

Ymarfer 4:1 Patrymau'r wyddor

1 **a** Copïwch y siapiau L 1, 2 a 3 o'r llun.
   b Tynnwch lun y siapiau L 4 a 5.
   c Rhifwch sawl cylch sydd ym mhob siâp.
   ch Copïwch y tabl yma a'i gwblhau.

Rhif y siâp L	1	2	3	4	5
Nifer y cylchoedd	3	5			

   d Edrychwch ar eich tabl.
   Sawl cylch ydych chi'n ei adio bob tro?
   dd Copïwch y frawddeg a llenwch y bwlch:
         Y rheol yw adio ... o gylchoedd bob tro.

2 **a** Copïwch y siapiau X 1, 2 a 3 o'r llun.
   b Tynnwch lun y siapiau X 4 a 5.
   c Rhifwch sawl cylch sydd ym mhob siâp.
   ch Copïwch y tabl yma a'i gwblhau.

Rhif y siâp X	1	2	3	4	5
Nifer y cylchoedd	5	9			

   d Edrychwch ar eich tabl.
   Sawl cylch ydych chi'n ei adio bob tro?
   dd Copïwch y frawddeg a llenwch y bwlch:
         Y rheol yw adio .... o gylchoedd bob tro.

3 Allwch chi ddarganfod mwy o lythrennau sy'n rhoi patrymau?
   Lluniwch y llythrennau.
   Llenwch dabl a darganfyddwch y rheol.

Enghraifft   Mae Lili yn gwneud trionglau â matsys.

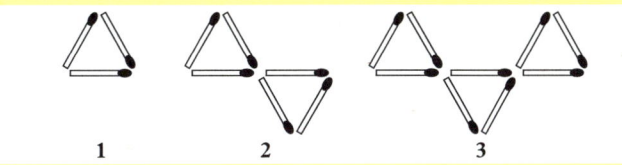

Mae'r tabl yma yn dangos faint o fatsys sydd eu hangen arni.

Nifer y trionglau	1	2	3	4	5
Nifer y matsys	3	6	9	12	15

+3 +3 +3 +3

Dangosir y rheol mewn coch. Y rheol yw +3.

Mae Lili hefyd yn darganfod fformiwla.
Os yw hi'n gwybod beth yw nifer y trionglau, gall ddarganfod beth yw nifer y matsys.

Dyma fformiwla Lili:

mae nifer y *m*atsys yn hafal i 3 × nifer y *t*rionglau.
Mewn algebra mae hyn yn $m = 3 \times t$

Ymarfer 4:2

1 Mae Lowri yn gwneud pentagonau â matsys.

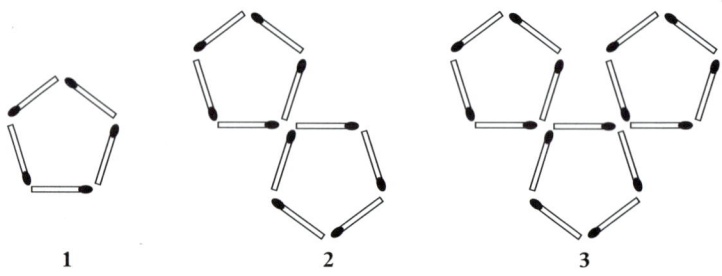

1   2   3

a Copïwch y tabl yma a'i gwblhau.

Nifer y pentagonau	1	2	3	4	5
Nifer y matsys			15		

+? +? +? +?

b Llenwch y rheol yn eich tabl.
c Ysgrifennwch y fformiwla.
ch Ysgrifennwch y fformiwla yma mewn algebra.

2 Gwerthir afalau mewn pacedi o bedwar.
  a Gwnewch dabl i ddangos nifer
     yr afalau.
     Ewch hyd at 5 paced.
  b Ysgrifennwch y fformiwla i
     ddarganfod nifer yr afalau.
  c Ysgrifennwch y fformiwla yma mewn algebra.
  ch Defnyddiwch y fformiwla yma i
     ddarganfod sawl afal sydd mewn:
     (1) 8 paced   (2) 11 paced   (3) 25 paced

3 Mae Fflur yn defnyddio *m*atsys i wneud *h*ecsagonau.

  Dyma'r fformiwla: $m = 6 \times h$

  Defnyddiwch y fformiwla yma i ddarganfod faint o fatsys sydd mewn:
  a 3 hecsagon
  b 12 hecsagon
  c 100 hecsagon

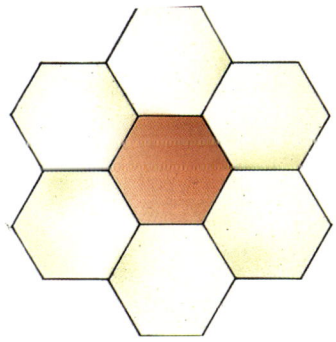

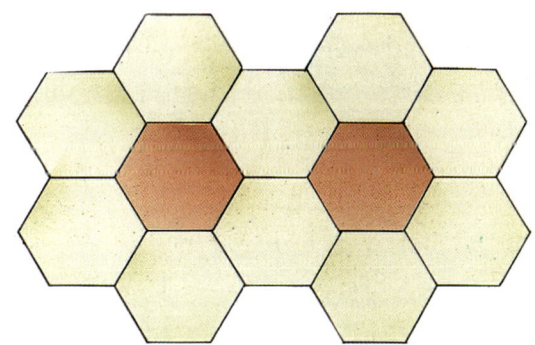

Mae Robin yn adeiladu patio newydd.
Mae'n defnyddio slabiau coch a gwyn.
Mae o eisiau darganfod faint o slabiau gwyn fydd eu hangen ar gyfer pob slab coch.

Dyma'r fformiwla: $g = 4 \times c + 2$

Ymarfer 4:3

1 Defnyddiwch y fformiwla slabiau i ddarganfod faint o slabiau gwyn fydd eu
   hangen ar gyfer:
   a 7 slab coch
   b 10 slab coch
   c 16 slab coch

2 Mae Angela yn gosod teils yn ei hystafell ymolchi.
Mae hi'n defnyddio fformiwla i ddarganfod faint o deils fydd eu hangen arni.
Dyma'r fformiwla:
$$t = 10h + 8$$
(t = nifer y teils, h = hyd y wal)
Mae'r wal wedi ei mesur mewn metrau.

Cyfrifwch faint o deils fydd eu hangen arni os yw hyd y wal yn:

a 3 m   **b** 5 m   **c** $2\frac{1}{2}$ m   **ch** 350 cm

3 Mae'r fformiwla yma'n dweud wrthych faint o amser mae'n ei gymryd i goginio twrci.
$$a = 10p + 30$$

Mae'r pwysau (p) mewn cilogramau a'r amser (a) mewn munudau.
Faint o amser mae'n ei gymryd i goginio twrci sy'n pwyso:

a 3 kg   **b** 6 kg   **c** 7 kg   **ch** 1500 g

Mae Aisha yn gwneud ymchwil gyda sgwariau.

Mae'n rhaid iddi ddarganfod y fformiwla sy'n rhoi nifer y matsys.

Mae hi wedi gwneud tabl.

Nifer y sgwariau	1	2	3	4	5
Nifer y matsys	4	7	10	13	16

Mae Aisha'n sylwi fod y patrwm yn tyfu fesul tri.
Mae hi'n gwybod fod hyn yn golygu y bydd y fformiwla yn cynnwys ×3.

Mae hi'n cyfrifo y bydd angen iddi adio 1 i gael y nifer o fatsys.

Mae hi'n ysgrifennu'r fformiwla yn llawn:
$$\text{nifer y } m\text{atsys} = 3 \times \text{nifer y } s\text{gwariau} + 1$$
$$m = 3s + 1$$

Mae Aisha'n gwirio'i fformiwla gan ddefnyddio $s = 6$
$$\text{nifer y matsys} = 3 \times 6 + 1$$
$$= 19$$

Mae hi'n gwneud 6 o sgwariau gyda matsys i wirio fod ei hateb yn gywir.

Ymarfer 4:4

1 Mae'r patrymau yma wedi eu gwneud â theils sgwâr.

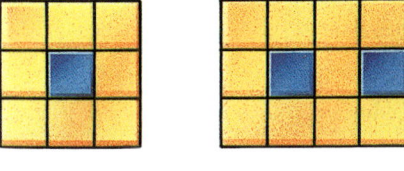 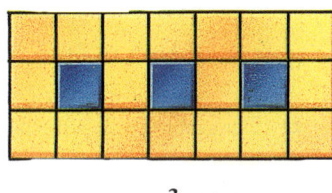

    1   2   3

  a Edrychwch ar y patrymau.
     Lluniwch y ddau nesaf.
  b Copïwch y tabl yma a'i gwblhau.

Nifer y teils glas	1	2	3	4	5
Nifer y teils melyn	8	13			

  c Faint o deils melyn rydych chi'n eu hadio bob tro?
  ch Beth sydd raid i chi ei gael yn eich fformiwla?
  d Beth sydd raid i chi ei adio i gael y rhifau sydd yn eich tabl?
  dd Ysgrifennwch y fformiwla yn llawn.

2 Dyma rai diagramau o siapiau C wedi eu gwneud â sgwariau.

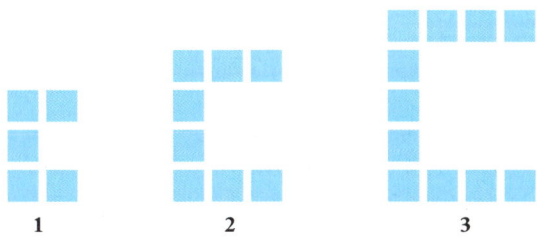

    1   2   3

  a Lluniwch y ddau batrwm nesaf.
  b Gwnewch dabl i ddangos sawl sgwâr sydd ym mhob diagram.
  c Sawl sgwâr ydych chi'n ei adio bob tro?
  ch Beth sydd raid i chi ei gael yn eich fformiwla?
  d Beth sydd raid i chi ei adio i gael y rhifau sydd yn eich tabl?
  dd Ysgrifennwch y fformiwla yn llawn.
  e Defnyddiwch eich fformiwla i ddarganfod nifer y sgwariau sydd yn y 10fed diagram.

3

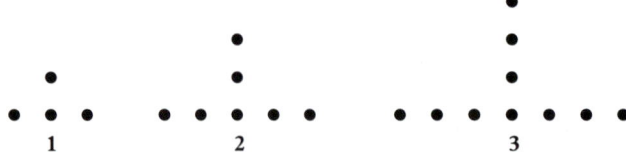

1   2   3

a Lluniwch y ddau ddiagram nesaf.
Rhifwch y dotiau sydd ynddynt.
b Darganfyddwch y fformiwla ar gyfer y dotiau yma.
c Defnyddiwch eich fformiwla i ddarganfod sawl dot sydd yn y 20fed diagram.

Dilyniant rhif	Patrwm o rifau yw **dilyniant rhif**.

Term

Gelwir pob rhif sydd yn y dilyniant yn **derm**.
Ceir rheol bob amser i gyfrifo'r term nesaf
yn y dilyniant.

Enghraifft

Rhif term	1	2	3	4	5	6
Term	4	7	10	13	16	19

Y rheol i gael y term nesaf yw $+3$.

Gellir darganfod pob term hefyd drwy ddefnyddio fformiwla.
Os ydych yn defnyddio'r fformiwla i gyfrifo'r 20fed term yna nid oes
raid i chi ddarganfod yr 19 term blaenorol!

Yn yr enghraifft yma y fformiwla yw: $t = 3 \times n + 1$
n yw'r rhif term a t yw'r term

$$Y\ 20\text{fed term yw } t \quad = 3 \times 20 + 1$$
$$= 60 + 1$$
$$= 61$$

Ymarfer 4:5

1 Ar gyfer pob un o'r dilyniannau yma darganfyddwch:
a y tri therm nesaf
b y rheol i gael y term nesaf
c y fformiwla i gyfrifo pob term o'r rhif term.

(1)	7	9	11	13	...	...	...
(2)	5	8	11	14	...	...	...
(3)	6	10	14	18	...	...	...
(4)	20	30	40	50	...	...	...
(5)	18	36	54	72	...	...	...
(6)	18	16	14	12	...	...	...

2 Ar gyfer pob un o'r dilyniannau yma:

    a llenwch y bylchau

    b darganfyddwch y fformiwla i gyfrifo pob term o'r rhif term.

       (1)   5   8   ...   14

       (2)   7   ...   13   16

       (3)   4   9   ...   ...

       (4) 12   33

Enghraifft   Os ydych chi'n gwybod y fformiwla gallwch ddarganfod y dilyniant.

                     Y fformiwla ar gyfer dilyniant yw : $t = 4n + 3$

                     Cyfrifwch y 3 therm cyntaf yn y dilyniant.

                     term **1**af: $t = 4 \times \mathbf{1} + 3 = 7$

                     2il derm: $t = 4 \times \mathbf{2} + 3 = 11$

                     3ydd term: $t = 4 \times \mathbf{3} + 3 = 15$

---

3 Gan ddefnyddio pob un o'r fformiwlâu yma cyfrifwch beth yw'r 4 term cyntaf yn y dilyniant.

    a $t = 2n + 3$ **b** $t = 5n + 2$ **c** $t = 3n + 1$

4 Y fformiwla ar gyfer dilyniant yw $t = 6n - 3$

    a Cyfrifwch y 20fed term.

    b Pa derm sydd yn hafal i 417?

    o Pa derm yw'i cyntaf i fynd dros 1000?

       Beth yw'r term yma?

5 Y fformiwla ar gyfer dilyniant yw $t = n^2 + 3$

    a Cyfrifwch beth yw'r pum term cyntaf yn y dilyniant yma.

    b Cyfrifwch beth yw'r gwahaniaethau rhwng pob term a'r un nesaf.

       Yn eich barn chi, pam nad ydynt i gyd yr un fath?

2   Cildroi rheolau

Mae Robin wedi archebu 26 o slabiau gwyn i wneud patio.
Mae o wedi anghofio faint o slabiau coch sydd eu hangen.

Mae ar Robin angen gwrthdro'r fformiwla.
Dyma'r fformiwla: $g = 4 \times c + 2$

Yn gyntaf mae'n ysgrifennu ei fformiwla ar sgriniau robotiaid.

$c \longrightarrow \boxed{\times 4} \longrightarrow \boxed{+ 2} \longrightarrow 26$

Dyma'r peiriant gwrthdro:

$6 \longleftarrow \boxed{\div 4} \xleftarrow{24} \boxed{- 2} \longleftarrow 26$

Mae arno angen 6 o slabiau coch.

Ymarfer 4:6

1   Faint o slabiau coch sydd eu hangen ar Robin ar gyfer:
   a   34 o slabiau gwyn   **b**   22 o slabiau gwyn   **c**   42 o slabiau gwyn

2   Mae ar Zeta angen helmed beicio newydd. Mae'r helmed yn costio £23.
   Mae Zeta yn ennill arian drwy ddosbarthu taflenni.
   Ei chyflog yw £2 am bob pecyn o daflenni mae hi'n ei ddosbarthu.
   Mae hi hefyd yn cael £5 i dalu am ginio a thocynnau bws.

   Dyma'r fformiwla: $c = 2p + 5$

   a   Lluniwch y peiriant gwrthdro ar gyfer y fformiwla yma.
   b   Faint o becynnau fydd angen i Zeta eu dosbarthu er mwyn gallu prynu'r helmed beicio?

3 Mae George yn cymryd rhan mewn distawrwydd noddedig.

Mae ei rieni yn rhoi £5 iddo.

Mae ei ffrindiau yn ei noddi yn ôl £2 yr awr.

Dyma'r fformiwla sy'n rhoi'r swm y mae'n ei gasglu: $s = 2a + 5$

a Lluniwch y peiriant gwrthdro.

b Am faint o amser fydd yn rhaid i George fod yn ddistaw er mwyn codi:

(1) £11   (2) £23   (3) £53

Gallwch ddatrys problemau hefyd gan ddefnyddio hafaliadau.

Er mwyn datrys hafaliad rydych yn edrych i weld beth sydd wedi digwydd i x.

Yna rydych yn darganfod gwrthdro hynny.

Enghraifft

1 Datryswch $x + 9 = 17$

Gwrthdro $+9$ yw -9 felly tynnwch 9 o'r ddwy ochr.

$x + 9 - 9 = 17 - 9$

$x = 8$

2 Datryswch $4c + 2 = 30$

Mae $4c$ yn golygu $4 \times c$

Bydd datrys hyn yn ateb y cwestiwn
'Faint o slabiau coch sydd eu hangen ar Robin ar gyfer 30 o slabiau gwyn?'

Gwrthdro $+2$ yw -2 felly tynnwch 2 o'r ddwy ochr.

$4c + 2 - 2 = 30 - 2$

$4c = 28$

Gwrthdro $\times 4$ is $\div 4$ felly rhannwch y ddwy ochr â 4.

$$\frac{4c}{4} = \frac{28}{4}$$

$c = 7$

◄◄AILCHWARAE►

Ymarfer 4:7

Datryswch yr hafaliadau yma.

1 $x + 4 = 10$ **4** $3x = 12$ **7** $2x + 1 = 9$

2 $x - 7 = 12$ **5** $4x = 24$ **8** $7x - 3 = 46$

3 $x + 15 = 23$ **6** $\frac{1}{2}x = 5$ **9** $2x - 5 = 15$

10 $3x - 2 = 8$

12 $\dfrac{x}{2} = 14$

14 $\dfrac{x}{5} + 1 = 6$

11 $6x + 7 = 19$

13 $\dfrac{x}{3} = 5$

15 $8 + 2x = 20$

Mae rhai hafaliadau yn cynnwys llythrennau ar y ddwy ochr.
Mae'r rheolau ar gyfer datrys yr hafaliadau hyn yr un fath.
Mae'n rhaid i chi ddal ati i ddarganfod gwrthdroeon.

Enghreifftiau **1** Datryswch yr hafaliad $6x = 4x + 8$

Y bwriad yw newid yr hafaliad fel bod x yn ymddangos
ar un ochr yn unig.
Edrychwch ar ba ochr mae'r nifer lleiaf o $x$au.
Yn yr enghraifft yma dim ond $4x$ sydd ar yr ochr dde.
Tynnwch $4x$ o bob ochr

$$6x - 4x = 4x - 4x + 8$$
$$2x = 8$$

Rhannwch â 2
$$x = 4$$

2 Datryswch yr hafaliad $5x + 3 = 2x + 18$

Y tro yma mae angen i ni dynnu $2x$ o bob ochr
$$5x - 2x + 3 = 2x - 2x + 18$$
$$3x + 3 = 18$$

Nawr tynnwch 3
$$3x + 3 - 3 = 18 - 3$$
$$3x = 15$$

Rhannwch â 3
$$x = 5$$

Ymarfer 4:8

Datryswch yr hafaliadau yma.

1 $5x = 3x + 8$

2 $9x = 6x + 21$

3 $2x = x + 9$

4 $7x = x + 36$

5 $5x + 2 = 3x + 10$

6 $7x + 1 = 4x + 19$

7 $6x - 4 = 3x + 8$

8 $9x - 3 = 7x + 23$

9 $8x - 11 = 2x + 25$

10 $5x + 1 = x + 13$

3 Amnewid

Mae llawer o hafaliadau a ddefnyddir mewn mathemateg a gwyddoniaeth yn cynnwys pwerau.

◄◄ **AILCHWARAE** ►

Ymarfer 4:9

Mae'r llythrennau'n cynrychioli'r rhifau a ddangosir:

$$a = 2 \quad b = 5 \quad c = 3 \quad d = 4 \quad e = 10$$

Gwnewch y canlynol:
(*Cofiwch*: Ysgrifennir $3 \times a$ fel $3a$ mewn algebra ac ysgrifennir $a \times b$ fel ab.)

1 $b + 8$ **3** $d + e$ **5** $d + b - c$ **7** ab

2 $3a$ **4** $2c - a$ **6** $5d - 4b$ **8** $2cd - e$

9 Ceir y fformiwla yma mewn gwyddoniaeth: $F = ma$ (F yw grym).
Darganfyddwch F os yw $m = 6$ ac $a = 9$.

10 Mae'r fformiwla $P = 2h + 2l$ yn rhoi perimedr petryal.
Darganfyddwch P pan yw $h = 8$ ac $l = 2$.

Pŵer	a^2	Mae'r **pŵer** '2' yn dweud wrthych sawl a sy'n cael eu lluosi â'i gilydd. $a \times a = a^2$ $a \times a \times a = a^3$

11 Ysgrifennwch y rhain fel pwerau.

   a $d \times d \times d$ **c** $y \times y$

   b $a \times a \times a \times a \times a$ **ch** $c \times c \times c \times c$

12 Darganfyddwch werth y canlynol:

   a 4^2 **b** 2^4 **c** 5^3

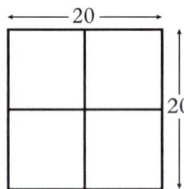

Mae Ceri a Seren yn helpu ar fferm yn ystod y gwyliau. Mae'r ffermwr yn gofyn iddyn nhw ddarganfod arwynebedd y caeau yma.

Mae Ceri a Seren yn cyfrifo'r arwynebedd mewn gwahanol ffyrdd.

Dull Ceri

Arwynebedd 1 cae $= 10 \times 10$

              $= 100$

Arwynebedd 4 cae $= 4 \times 100$

              $= 400$

Dull Seren

Arwynebedd y sgwâr mawr $= 20 \times 20$

                     $= 400$

     Mae'r ddwy ohonynt yn cael yr un ateb.

Maen nhw'n ysgrifennu fformiwla sy'n rhoi arwynebedd cae o unrhyw faint.

Dull Ceri

Arwynebedd 1 cae $= y \times y$

              $= y^2$

Arwynebedd 4 cae $= 4 \times y^2$

              $= 4y^2$

Dull Seren

Arwynebedd y sgwâr mawr $= 2y \times 2y$

                   $= 2 \times y \times 2 \times y$

                   $= 4 \times y \times y$

                   $= 4y^2$

     Mae'r ddwy ohonynt yn cael yr un ateb unwaith eto.

Ysgrifennir $y \times y$ fel y^2 felly ysgrifennir $2y \times 2y$ fel $(2y)^2$

     Mae $(2y)^2$ yr un fath â $4y^2$

Mewn algebra eu fformiwlâu yw:

     $A = 4y^2$ $A = (2y)^2$

Enghraifft

Defnyddiwch fformiwlâu Ceri a Seren i ddarganfod arwynebedd y caeau pan yw $y = 30$.

$$A = 4y^2$$
$$= 4 \times 30^2$$
$$= 4 \times 900$$
$$= 3600$$

$$A = (2y)^2$$
$$= (2 \times 30)^2$$
$$= (60)^2$$
$$= 60 \times 60$$
$$= 3600$$

Ymarfer 4:10

1 Defnyddiwch fformiwlâu Ceri a Seren i ddarganfod arwynebedd y caeau pan yw gwerth y yn:
   a 20   **b** 35   **c** 40   **ch** 25   **d** 33

2 Mae John yn defnyddio'r fformiwla $D = 3t^2$ mewn gwyddoniaeth.
   Darganfyddwch werth D pan yw gwerth t yn:
   a 2   **b** 5   **c** 9   **ch** 10

3 Mae'r fformiwla $a - (4d)^2$ yn rhoi arwynebedd siâp.
   Darganfyddwch werth a pan yw gwerth d yn:
   a 3   **b** 4   **c** 5   **ch** 6

Enghraifft

$c = 2$ $d = 3$ $e = 5$ $f = 10$

Cyfrifwch y canlynol.   **a** $3f^2$ **b** $4c^3$

a $3f^2 = 3 \times f^2$
$$= 3 \times 10^2$$
$$= 3 \times 100$$
$$= 300$$

b $4c^3 = 4 \times c^3$
$$= 4 \times 2^3$$
$$= 4 \times 8$$
$$= 32$$

Cyfrifwch y canlynol.

4 d^3 **6** e^3 **8** $4e^2$ **10** $7f^4$

5 c^4 **7** $2d^2$ **9** $5c^3$ **11** $3e^2$

Enghraifft   Cyfrifwch y canlynol: **a** $(4d)^2$ **b** $(2e)^3$

a $(4d)^2 = (4 \times d)^2$ **b** $(2e)^3 = (2 \times e)^3$
$= (4 \times 3)^2$ $= (2 \times 5)^3$
$= 12^2$ $= 10^3$
$= 144$ $= 1000$

Ymarfer 4:11

$c = 2$ $d = 3$ $e = 5$ $f = 10$

Cyfrifwch y canlynol:

1 $(2f)^2$ **6** $4f^3$

2 $(3d)^3$ **7** $(4f)^3$

3 $(4c)^2$ **8** $3c^4$

4 $5d^2$ **9** $(3c)^4$

5 $(5d)^2$

10 Llenwch y rhifau sydd ar goll.
     a $(y^2)^3 = y^?$ **b** $(m^4)^2 = m^?$ **c** $(s^3)^4 = s^?$

11 Mewn gwyddoniaeth rydym yn defnyddio'r fformiwla Egni $= 8x^2$
     Darganfyddwch yr egni pan yw:
     a $x = 12$ **b** $x = 20$

12 Mewn gwyddoniaeth rydym yn defnyddio'r fformiwla Egni Cinetig $= \frac{1}{2}mv^2$
     Darganfyddwch yr egni pan yw:
     a $m = 5$ a $v = 3$
     b $m = 8$ a $v = 12$

13 Y fformiwla ar gyfer pellter yw:
        pellter $= ut + \frac{1}{2}at^2$
     Beth yw'r pellter pan yw:
     a $u = 4$, $t = 3$ ac $a = 8$
     b $u = 6$, $t = 5$ ac $a = 6$

14 Mewn gwyddoniaeth rydym yn defnyddio'r fformiwla

Egni Potensial = *mgh*

Mae gwerth *g* yn 9.8

Beth yw'r egni pan yw:

a *m* = 40 a *h* = 7

b *m* = 9 a *h* = 10

15 Defnyddir y fformiwla   Tensiwn = $\dfrac{\lambda x}{l}$ ar gyfer llinynnau elastig.

(Mae λ yn llythyren Roegaidd a elwir yn 'lambda'.)

Beth yw'r tensiwn pan yw:

a $\lambda = 20$, $x = 5$, $l = 40$

b $\lambda = 100$, $x = 6$, $l = 15$

Ymarfer 4:12   Sgwariau goleuadau traffig

Edrychwch ar y patrymau yma o sgwariau lliw.

1

2

Faint o sgwariau melyn a gwyrdd fyddai yn y 50fed sgwâr
goleuadau traffig?

Sawl sgwâr coch fyddai yn y 50fed sgwâr goleuadau traffig?

Cynlluniwch rai patrymau sgwâr eich hun.

Gallech ddefnyddio mwy o liwiau.

Ar gyfer pob patrwm, darganfyddwch faint o bob
lliw fyddai yn y 50fed sgwâr.

Beth am gynllunio problemau tri dimensiwn?

1   Mae'r gost o drwsio car yn £10 ac £15 am bob awr mae'r gwaith yn ei gymryd.

   a   Copïwch a llenwch y bwlch:

      Dyma'r fformiwla:

$$cost = \ldots \times \text{nifer yr oriau } (awr) + \mathbf{10}$$

   b   Ysgrifennwch y fformiwla mewn algebra.

   c   Darganfyddwch gost gwaith trwsio sy'n cymryd 3 awr.

2   Mae cylchfannau yn cael eu gosod ar groesffyrdd fel hyn:

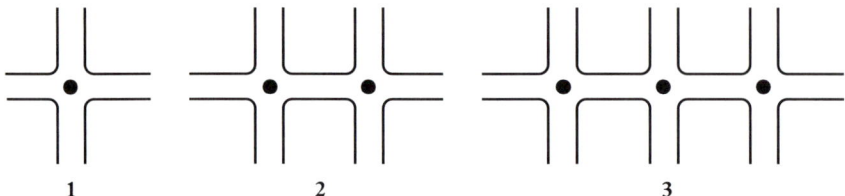

   1   2   3

   a   Lluniwch y ddau ddiagram nesaf yn y patrwm yma.

   b   Copïwch y tabl yma a'i gwblhau.

Nifer y cylchfannau	1	2	3	4	5
Nifer y ffyrdd	4	7			

   c   Edrychwch ar y tabl.

      Sawl ffordd ydych chi'n ei hadio bob tro?

   ch Copïwch a llenwch y bylchau:

      Dyma'r fformiwla:

$$\text{nifer y } f\text{fyrdd} = \ldots \times \ldots\ldots\ldots\ldots\ldots + \ldots$$

   d   Ysgrifennwch eich fformiwla mewn algebra.

$$f = \ldots \times \ldots + \ldots$$

3   Mae Jên yn cael parti.

   Mae cost y bwyd yn £15 a £3 ar gyfer pob plentyn.

   a   Ysgrifennwch y fformiwla ar gyfer cost y bwyd.

   b   Cyfrifwch gost y bwyd ar gyfer 40 o blant.

   c   Ysgrifennwch wrthdro'r fformiwla.

   ch Mae'r bwyd yn costio £78.

      Faint o blant sy'n dod i'r parti?

4 Ar gyfer pob un o'r dilyniannau yma darganfyddwch:
   a y tri therm nesaf
   b y rheol i ddarganfod y term nesaf
   c y fformiwla i ddarganfod pob term o'r rhif term.

   (1)   1   3   5   7   ...   .
   (2)   7   11   15   19   ...   .
   (3)   1   6   11   16   ...   .
   (4)   9   12   15   18   ...   .
   (5)   4   14   24   34   ...   .

5 Y fformiwla ar gyfer dilyniant yw $t = 8n - 7$
   a Darganfyddwch beth yw'r 26ed term.
   b Pa derm sy'n hafal i 65?

6 Datryswch yr hafaliadau yma.
   a $x + 6 = 11$ **dd** $8d + 11 = 35$

   b $y - 9 = 15$ **e** $\dfrac{x}{2} = 4$

   c $7x = 21$ **f** $\dfrac{y}{3} = 12$

   ch $2x + 3 = 15$ **ff** $\dfrac{t}{2} + 6 = 20$

   d $5y - 8 = 12$ **g** $\dfrac{y}{2} - 7 = 11$

7 Ysgrifennwch y rhain fel pwerau.
   a $t \times t$ **b** $s \times s \times s \times s$ **c** $y \times y \times y$

8 Darganfyddwch werth y canlynol:
   a 5^2 **b** 4^3 **c** 2^5 **d** 3^4

9 $a = 5$ $b = 3$ $c = 2$ $d = 10$
   Cyfrifwch y canlynol:
   a $4 + b$ **d** $2a + 3c$ **ff** b^2
   b $c + d$ **dd** $4d - 3a$ **g** $a^2 + c^2$
   c $3d$ **e** d^2 **ng** $5c^2$
   ch $5 + 3c$ **f** c^4 **h** $(5c)^2$

1 Y fformiwla ar gyfer dilyniant yw $5n^2 - 3$
  a Cyfrifwch 3 therm cyntaf y dilyniant yma.
  b Beth yw'r 10fed term?
  c Pa derm sy'n hafal i 177?

2 Datryswch yr hafaliadau yma.
  a $2y - 3 = y + 2$ **b** $7x - 8 = 4x + 4$

3 Llenwch y bylchau yn y dilyniannau yma.

  a $\frac{2}{11}$ ... $\frac{4}{11}$ ...   ... $\frac{7}{11}$

  b $\frac{7}{12}$ $\frac{1}{2}$ ... $\frac{1}{3}$ ...   ...

  c $2\frac{1}{3}$ 3   5   ...

  ch $\frac{3}{4}$ ...   . $\frac{1}{2}$

4 Darganfyddwch y fformiwla ar gyfer y dilyniant:
      15   13   11   9   7   5

5 Edrychwch ar y dilyniannau yma:

Rhif term	1	2	3	4	5
dilyniant A	2	4	6	8	10
dilyniant B	2	5	8	11	14
dilyniant C	2	6	10	14	18

  a Darganfyddwch y fformiwla ar gyfer pob dilyniant.
  b Ar bapur graff, lluniwch set o echelinau fel sy'n cael ei dangos.
  c Lluniwch graffiau o ddilyniannau A, B ac C ar yr un diagram.
  ch Ysgrifennwch beth a sylwch arno.
  Pa fath o graff fyddai'r dilyniant yng nghwestiwn **1** yn ei gynhyrchu?

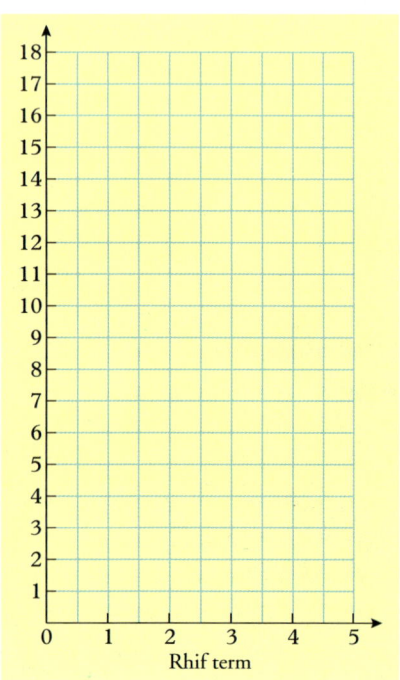

- **Dilyniant rhif** Patrwm o rifau yw **dilyniant rhif**.
  Term Gelwir pob rhif yn y dilyniant yn **derm**.

  Enghraifft

Rhif term	1	2	3	4	5	6
Term	4	7	10	13	16	19

  Y rheol i ddarganfod y term nesaf yw $+3$.

  Gellir cyfrifo pob term hefyd o fformiwla.
  Yn yr enghraifft yma y fformiwla yw: $t = 3n + 1$
  n yw'r rhif term a t yw'r term.

  Y 20fed term yw : $t = 3 \times 20 + 1$
  $\qquad\qquad\qquad = 61$

- Gallwch gael y dilyniant o'r fformiwla.

  Enghraifft
  Y fformiwla ar gyfer dilyniant yw $t = 4n + 3$
  3 therm cyntaf y dilyniant yw:

term 1af	2il derm	3ydd term
$t = 4 \times 1 + 3$	$t = 4 \times 2 + 3$	$t = 4 \times 3 + 3$
$\;= 7$	$\;= 11$	$\;= 15$

- ## *Datrys hafaliadau*
  Mae gan rai hafaliadau lythrennau ar y ddwy ochr.
  Newidiwch yr hafaliad fel bod x yn ymddangos ar un ochr yn unig.

  Enghraifft
  Datryswch yr hafaliad $\qquad\qquad$ $5x + 3 = 2x + 18$
  Tynnwch $2x$ o bob ochr $\qquad$ $5x - 2x + 3 = 2x - 2x + 18$
  $\qquad\qquad\qquad\qquad\qquad\qquad$ $3x + 3 = 18$

  Nawr tynnwch 3 o bob ochr $\qquad$ $3x + 3 - 3 = 18 - 3$
  $\qquad\qquad\qquad\qquad\qquad\qquad\qquad$ $3x = 15$
  Rhannwch â 3 $\qquad\qquad\qquad\qquad$ $x = 5$

- **Pŵer** a^2 Mae'r **pŵer** '2' yn dweud wrthych sawl 'a' sy'n cael eu lluosi â'i gilydd.
  $\qquad\qquad$ $a \times a = a^2$ $\qquad\qquad$ $a \times a \times a = a^3$

  Byddwch yn ofalus wrth amnewid mewn pwerau.
  Edrychwch ar y rhain pan yw $d = 3$.
  Maen nhw'n rhoi gwahanol atebion.

$4d^2 = 4 \times 3^2$	$(4d)^2 = (4 \times 3)^2$
$\quad = 4 \times 9$	$\quad = 12^2$
$\quad = 36$	$\quad = 144$

1 Mae Wil yn gosod teils yn ei ystafell ymolchi gan ddefnyddio patrwm fel yma:

 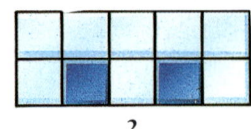 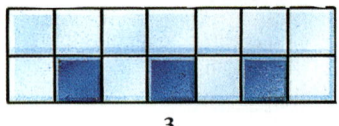

1   2   3

a Copïwch y tabl yma a'i gwblhau.

Nifer y teils glas	1	2	3	4	5
Nifer y teils llwyd	5	8			

b Faint o deils llwyd ydych chi'n eu hadio bob tro?

c Ysgrifennwch ran gyntaf y fformiwla.

ch Beth sydd raid i chi ei adio i gael y rhifau sydd yn eich tabl?

d Copïwch y fformiwla gyfan a'i chwblhau drwy lenwi'r bylchau:
nifer y teils *l*lwyd = … × nifer y teils *g*las + …

dd Mae Wil yn defnyddio 17 o deils glas.
Faint o deils llwyd mae o'n eu defnyddio?

e Ysgrifennwch eich fformiwla ar sgriniau robotiaid.

f Lluniwch y peiriant gwrthdro.

ff Defnyddiodd Wil 62 o deils llwyd.
Faint o deils glas wnaeth o eu defnyddio?

2 Y fformiwla ar gyfer dilyniant yw: $t = 4n + 3$
Beth yw 3 therm cyntaf y dilyniant?

3 $a = 2$ $b = 5$ $c = 7$
Cyfrifwch y canlynol:

  a $2a + 10$ **c** c^2 **d** $2b^2$

  b $2b + c$ **ch** b^3 **dd** $(2b)^2$

4 Datryswch yr hafaliadau yma.

  a $4x + 5 = 3x + 12$

  b $7x - 10 = 3x + 2$

5 Trawsffurfiadau

CWESTIYNAU

ESTYNIAD

CRYNODEB

PROFWCH EICH HUN

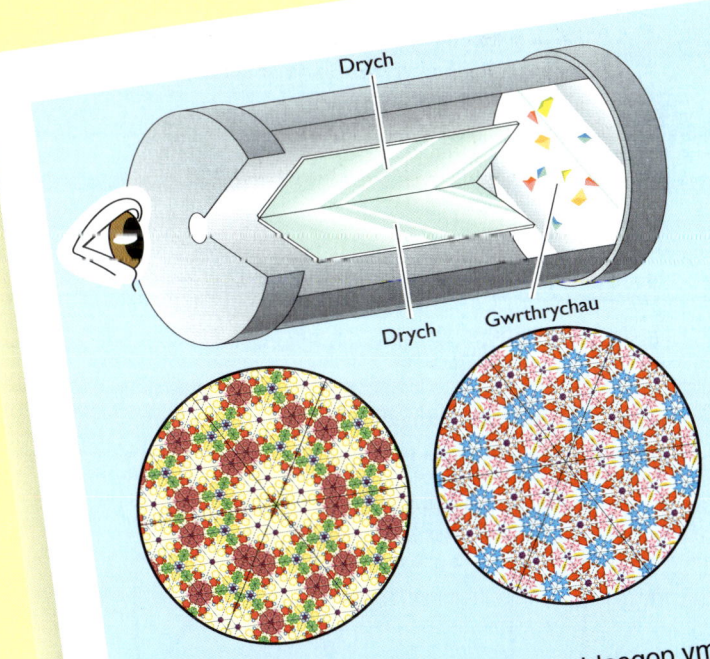

Drych

Drych

Gwrthrychau

David Brewster ddyfeisiodd y caleidosgop ym 1816. Mae'n cynnwys dau ddrych mewn tiwb. Gall yr ongl rhwng y drychau fod naill ai'n 45° neu'n 60°.

Pan fydd pen y tiwb yn cael ei gylchdroi, mae darnau o blastig lliw rhwng y ddau ddrych yn cael eu hadlewyrchu i ffurfio patrymau cymesur.

Pa onglau eraill fyddai'n gweithio? Pam?

1 Adlewyrchiad

Mae'r llyn yn gweithio fel drych.
Mae'r coed yn cael eu hadlewyrchu ynddo.
Mae'r llinell ddrych yn llinell cymesuredd.

◀◀AILCHWARAE▶

Ymarfer 5:1

Copïwch y diagramau yma ar bapur sgwariau.
Lluniwch eu hadlewyrchiadau yn y llinellau drych.

1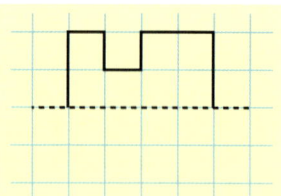

2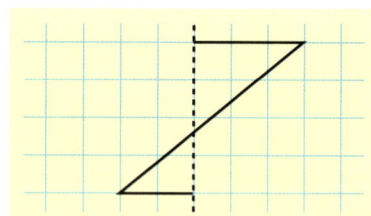

Nid oes raid i'r gwrthrych gyffwrdd â'r llinell ddrych.
Mae'r adlewyrchiad yr un pellter oddi wrth y llinell ddrych â'r gwrthrych ei hun.

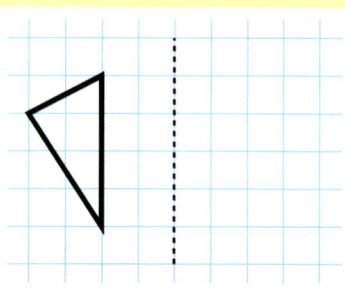

Gosodwch wrthrych 2 sgwâr
o flaen y llinell ddrych.

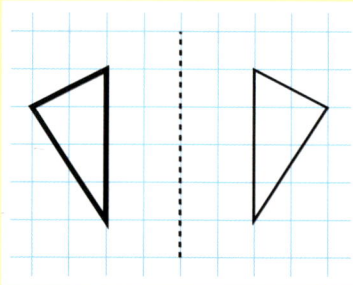

Mae ei adlewyrchiad 2 sgwâr
y tu ôl i'r llinell ddrych.

Copïwch y diagramau yma ar bapur sgwariau.
Lluniwch eu hadlewyrchiadau yn y llinellau drych.

3
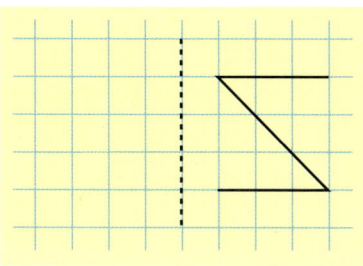

5
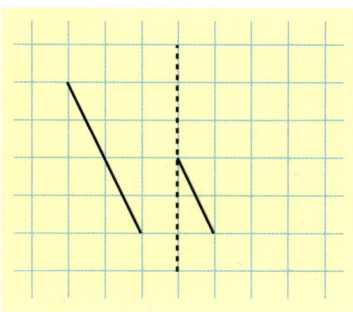

4
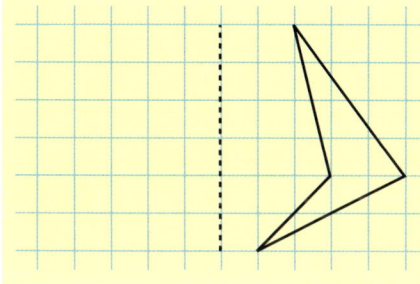

6
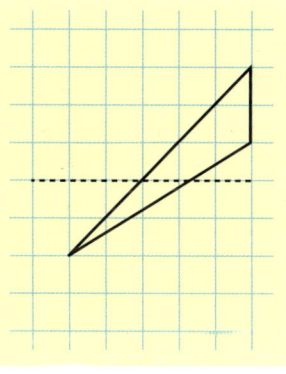

Nid yw'r llinell ddrych bob amser yn
llinell ar y grid.

Mae'r adlewyrchiad neu'r ddelwedd yn
parhau i fod yr un pellter oddi wrth y
llinell ddrych â'r gwrthrych ei hun.
Yma mae'r pellter yn groeslinol ar draws
dau sgwâr.

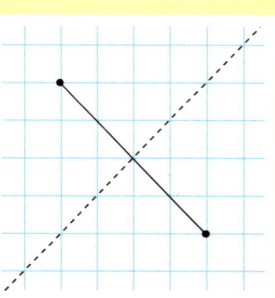

Delwedd   Y **ddelwedd** yw'r hyn a welir ar ôl
adlewyrchiad neu gylchdro.

Copïwch y diagramau yma ar bapur sgwariau.
Lluniwch eu hadlewyrchiadau yn y llinellau drych.

7

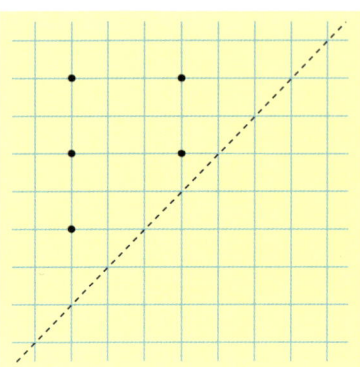

8

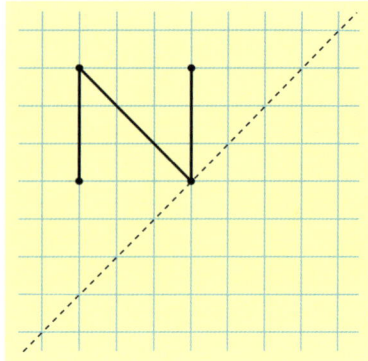

9 Dargopïwch y diagramau yma ar bapur dargopïo.
Plygwch y papur dargopïo ar hyd y llinell ddrych.
Dargopïwch y gwrthrych unwaith eto.

Agorwch eich papur dargopïo yn fflat a'i ddal at y golau.
Byddwch yn gweld y gwrthrych a'i adlewyrchiad.

a

b

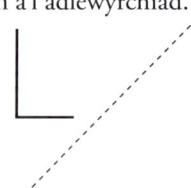

c

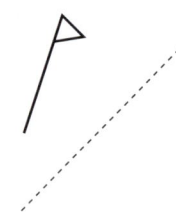

Ymarfer 5:2

1 Lluniwch echelinau fel y rhain ar bapur sgwariau.
   a Plotiwch y pwyntiau yma:
      A $(1, 2)$ B $(2, 4)$ C $(5, 1)$
      Labelwch bob pwynt â'i lythyren.
      Cysylltwch y pwyntiau i gael triongl ABC.
   b Adlewyrchwch y triongl ABC yn yr echelin
      y i gael triongl newydd $A_1B_1C_1$.
      Adlewyrchiad A yw A_1, etc.

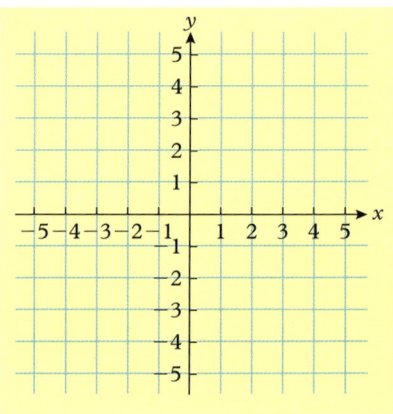

c Copïwch y tabl yma ar gyfer yr adlewyrchiad a'i gwblhau.

Cyfesurynnau ABC	$A(1, 2)$	$B(2, 4)$	$C(5, 1)$
Cyfesurynnau $A_1B_1C_1$	$A_1(-1, 2)$	B_1	C_1

ch Mae'r adlewyrchiad yn newid y cyfesurynnau.
Ysgrifennwch y rheol ar gyfer y newid yma.

d Adlewyrchwch y triongl ABC gwreiddiol yn yr echelin x i gael triongl $A_2B_2C_2$.

dd Gwnewch dabl ar gyfer yr adlewyrchiad fel yr un yn rhan **c**.

e Mae'r adlewyrchiad yn newid y cyfesurynnau.
Ysgrifennwch y rheol ar gyfer y newid yma.

f Er mwyn cwblhau'r patrwm gellid llunio triongl $A_3B_3C_3$ yn y trydydd pedrant.
Defnyddiwch eich rheolau o rannau **ch** ac **e** i ragfynegi beth fydd cyfesurynnau triongl $A_3B_3C_3$.
Lluniwch $A_3B_3C_3$ i weld a ydych chi'n gywir.

2 Copïwch yr echelinau o gwestiwn **1** unwaith eto.
a Mae'r tabl cyfesurynnau yma ar gyfer y llinell $y = x$.
Mae'r cyfesuryn y yn hafal i'r cyfesuryn x.
Copïwch y tabl a'i gwblhau.

x	-5	-4	-3	-2	-1	0	1	2	3	4	5
y	-5										

b Plotiwch y pwyntiau. Cysylltwch nhw â phren mesur.
Labelwch eich llinell yn $y = x$.

c Plotiwch y pwyntiau yma: $A(-2, 1)$ $B(-2, 5)$ $C(3, 5)$ $D(2, 3)$
Labelwch bob pwynt â'i lythyren.
Cysylltwch y pwyntiau i gael pedrochr ABCD.

ch Adlewyrchwch ABCD yn y llinell $y = x$.
Labelwch siâp yr adlewyrchiad yn $A_1B_1C_1D_1$.

d Copïwch y tabl yma ar gyfer yr adlewyrchiad a'i gwblhau.

Cyfesurynnau ABCD	$A(-2, 1)$	$B(-2, 5)$	$C(3, 5)$	$D(2, 3)$
Cyfesurynnau $A_1B_1C_1D_1$	A_1	B_1	C_1	D_1

dd Mae'r adlewyrchiad yn newid y cyfesurynnau.
Ysgrifennwch y rheol ar gyfer y newid yma.

Mae'r siâp yma sydd wedi ei wneud â chiwbiau yn cael ei adlewyrchu yn y drych.

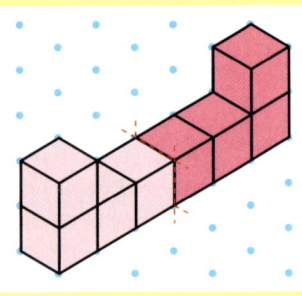

Ymarfer 5:3

Byddwch angen ciwbiau a phapur isomedrig dotiog i wneud yr ymarfer yma.

1 Gwnewch y siapiau yma â chiwbiau.
Gwnewch eu hadlewyrchiadau.
Lluniwch eich siapiau ar bapur isomedrig.

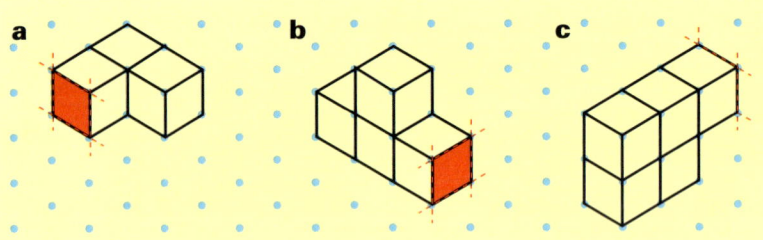

Mae'r parau yma o drefniannau o bedwar ciwb yn adlewyrchiadau o'i gilydd.

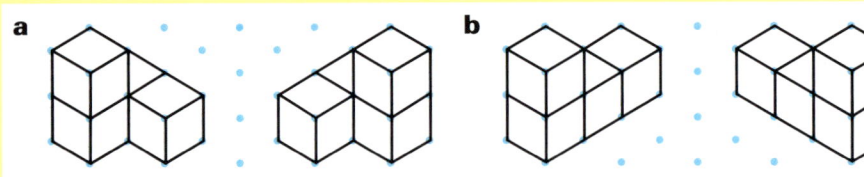

Ym mhâr **b** gellir cylchdroi'r trefniannau i fod yn unfath â'i gilydd.

2 Gwnewch barau o drefniannau o bum ciwb sy'n adlewyrchiadau o'i gilydd:
a fel y gellir cylchdroi'r pâr i fod yn unfath
b fel na ellir cylchdroi'r pâr i fod yn unfath
Lluniwch eich parau ar bapur isomedrig.

2 Trawsfudiad

Ceir gwahanol reidiau yn y ffair.
Gallwch fynd yn syth ar draws y cae ar y trên.
Gallwch droi rownd a rownd ar y ceffylau bach.

Trawsfudiad	**Trawsfudiad** yw symudiad mewn llinell syth.
Cylchdro	**Cylchdro** yw symudiad ar ffurf cylch.

Ymarfer 5:4

1 Ysgrifennwch pa un ai trawsfudiad ynteu cylchdro yw'r symudiadau yma.
 a agor drws cyffredin
 b rhedeg 100 metr
 c mynd i fyny mewn lifft
 ch agor llyfr
 d nofio hyd pwll nofio
 dd dadsgriwio topyn potel

2 Rhowch ddwy enghraifft eich hun o drawsfudiad.

3 Rhowch ddwy enghraifft eich hun o gylchdro.

Trawsfudiad

Enghraifft

Trawsfudwch y siâp L 4 sgwâr i'r dde.

Dewiswch un pwynt.
Symudwch y pwynt 4 sgwâr i'r dde.
Symudwch y pwyntiau eraill yn yr un modd.

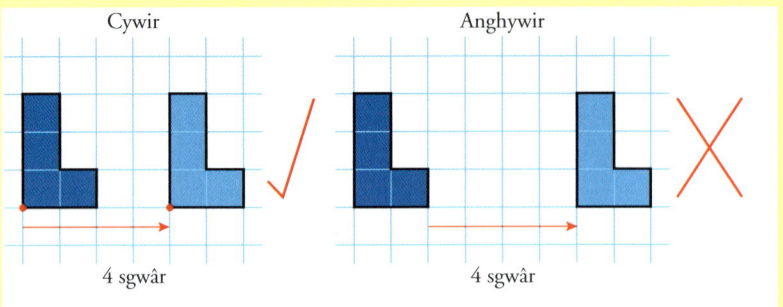

Ymarfer 5:5

Byddwch angen papur sgwariau ar gyfer yr ymarfer yma.

1 Copïwch y siâp L yma ar bapur sgwariau.
Byddwch angen copi newydd ar gyfer pob rhan o'r cwestiwn.
Labelwch bob copi gan nodi rhif y cwestiwn.

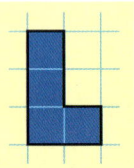

Trawsfudwch eich L:
a 5 sgwâr i'r dde
b 4 sgwâr i lawr
c 3 sgwâr i'r chwith
ch 5 sgwâr i fyny

2 Lluniwch bâr o echelinau o 0 i 10.
  a Plotiwch y pwyntiau yma: A (1, 1) B (4, 1) C (3, 3)
  Cysylltwch y pwyntiau i wneud triongl.
  b Trawsfudwch y triongl ABC 5 uned i'r dde a 2 uned i fyny.
  Labelwch ddelwedd y triongl yn $A_1B_1C_1$.
  c Trawsfudwch y triongl ABC 2 uned i'r dde a 6 uned i fyny.
  Labelwch ddelwedd y triongl yn $A_2B_2C_2$.
  ch Ysgrifennwch y trawsfudiad sy'n symud $A_1B_1C_1$ i $A_2B_2C_2$.
  d Ysgrifennwch y trawsfudiad sy'n symud $A_2B_2C_2$ i $A_1B_1C_1$.

Ymarfer 5:6

1 Lluniwch bâr o echelinau o −5 i 5.

a Plotiwch y pwyntiau yma ond peidiwch â'u cysylltu:
A(1, 1)   B(0, 0)   C(2, 2)   D(−2, 4)

b Trawsfudwch bob pwynt 3 uned i'r dde.
Labelwch y lleoliadau newydd yn A_1, B_1, C_1 a D_1.

c Gwnewch dabl ar gyfer y pwyntiau A, B, C, D.

ch Mae'r trawsfudiad yn newid y cyfesurynnau.
Ysgrifennwch y rheol ar gyfer trawsfudiad
3 uned i'r dde.

d Beth yw'r rheol ar gyfer trawsfudiad 3 uned
i'r chwith?

Pwynt	Delwedd yn dilyn trawsfudiad 3 uned i'r dde
A(1, 1)	A_1 …
B(0, 0)	

2 Defnyddiwch yr un diagram ag yng nghwestiwn **1**.

a Plotiwch E(4, 4)   F(0, 3)   G(−4, −1)   H(−2, 0)

b Trawsfudwch bob pwynt 2 uned i lawr.
Labelwch y lleoliadau newydd yn E_1, F_1, G_1 a H_1.

c Gwnewch dabl newydd ar gyfer y pwyntiau E, F, G, H.

ch Ysgrifennwch y rheol ar gyfer y newid yn y cyfesurynnau.

d Beth yw'r rheol ar gyfer trawsfudiad 2 uned i fyny?

3 Ysgrifennwch gyfesurynnau delweddau'r pwyntiau yma.
Peidiwch â llunio diagram.

a (2, 3) yn cael ei drawsfudo 4 uned i'r dde

b (1, 6) yn cael ei drawsfudo 5 uned i lawr

c (−4, 4) yn cael ei drawsfudo 3 uned i'r dde

ch (2, −3) yn cael ei drawsfudo 6 uned i fyny

d (0, −2) yn cael ei drawsfudo 4 uned i fyny

dd (−1, 2) yn cael ei drawsfudo 2 uned i'r chwith

e (4, 1) yn cael ei drawsfudo 4 uned i'r dde a 3 uned i fyny

f (5, −3) yn cael ei drawsfudo 6 uned i'r chwith a 2 uned i lawr

ff (a, b) yn cael ei drawsfudo p uned i'r dde a q uned i fyny

Gêm Trawsfudo ciwb

Dyma gêm i ddau chwaraewr.
Byddwch angen bwrdd (gweler y
tudalen nesaf), dis coch a dis glas a
chiwb bychan.
Gosodwch y ciwb ar 'Cychwyn'.

Mae'r chwaraewr cyntaf yn taflu'r ddau ddis.

Mae'r dis coch yn dweud sawl sgwâr ar draws fydd rhaid symud y ciwb.
Gallwch symud i'r chwith neu i'r dde.
Mae'r dis glas yn dweud sawl sgwâr i fyny neu i lawr fydd
rhaid symud y ciwb.
Mae'r chwaraewr cyntaf yn symud y ciwb.

Mae'r ail chwaraewr nawr yn taflu'r ddau ddis ac yn symud y ciwb.

Rydych yn sgorio pwyntiau os ydych yn glanio ar sgwâr lliw.

■ = 1 pwynt   ■ = 3 phwynt

Y cyntaf i sgorio 5 pwynt neu fwy sy'n ennill.

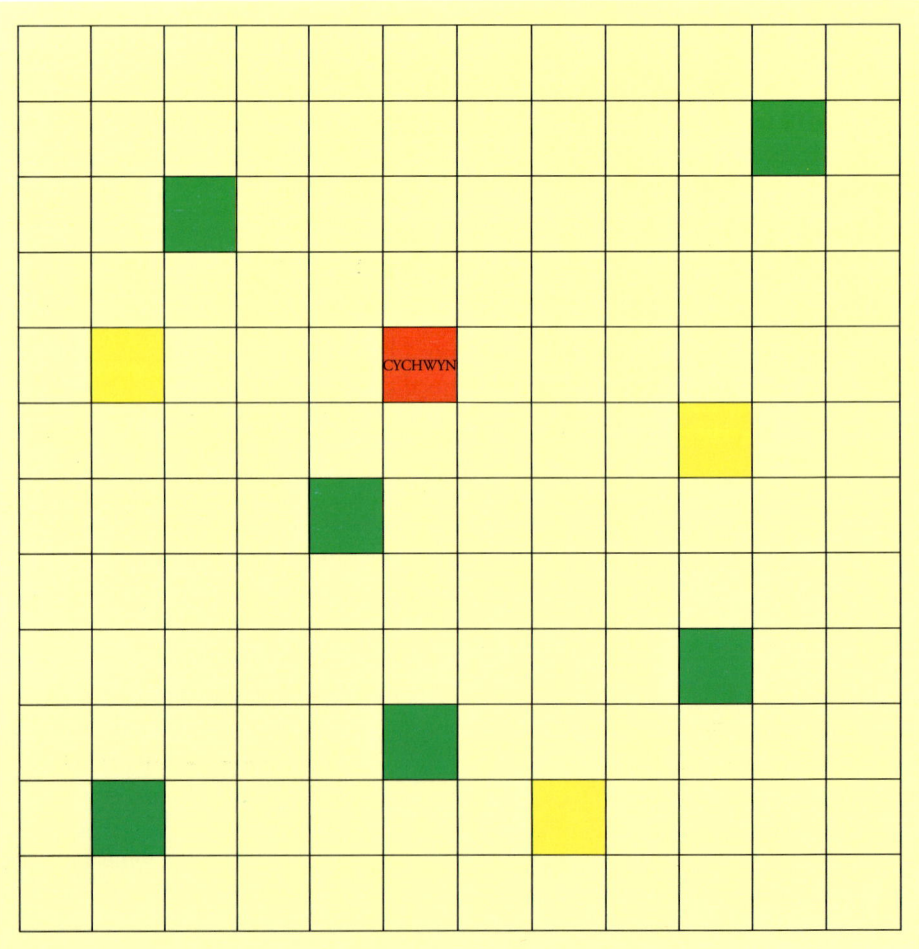

3 Cylchdro

Pan fydd y traffig ar y gylchfan mae'n symud mewn cylchoedd. Canol y cylchoedd yw canol y gylchfan.

Gall cylchdro neu droad fod yn glocwedd neu'n wrthglocwedd. Gall faint y troad amrywio.

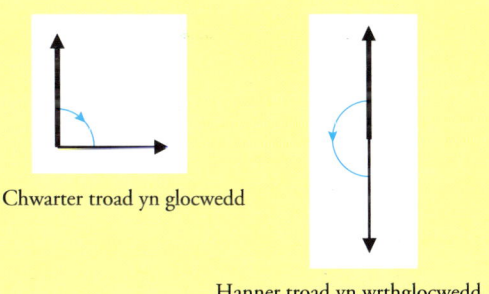

Chwarter troad yn glocwedd

Hanner troad yn wrthglocwedd

Ymarfer 5:7

1 A yw'r cylchdroeon yma'n glocwedd ynteu'n wrthglocwedd?
Beth yw maint pob troad?

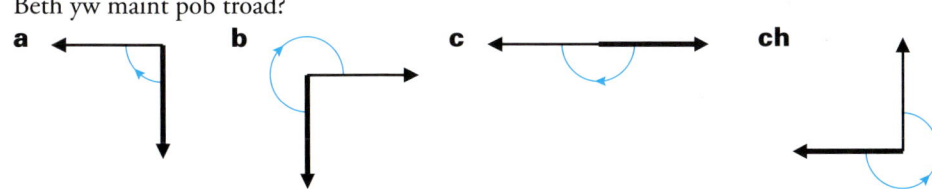

a   b   c   ch

Canol cylchdro

Pan fydd gwrthrych yn cylchdroi mae'n troi o amgylch y **canol cylchdro**. Yma dangosir y canolau cylchdro mewn coch.

Gall y canol cylchdro fod mewn gwahanol leoedd.

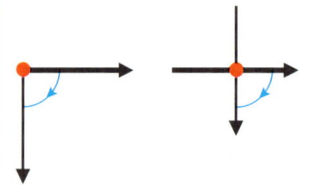

Nid oes raid i'r canol cylchdro fod ar y saeth.

Mae'r saeth wedi rhoi chwarter troad yn glocwedd o amgylch gwahanol ganolau. Nid oes angen llunio arc sy'n dangos y troad.

Yn yr ymarfer yma dangosir y canolau cylchdro mewn coch.

I ddechrau lluniwch saeth yn eich llyfr.
Defnyddiwch bapur dargopïo i ddargopïo'r saeth.
Rhowch flaen eich pensil ar y canol.
Cylchdrowch eich papur dargopïo.
Mae'r papur dargopïo yn dangos i chi beth yw lleoliad newydd y saeth yn eich llyfr.
Lluniwch leoliad newydd y saeth yn eich llyfr.

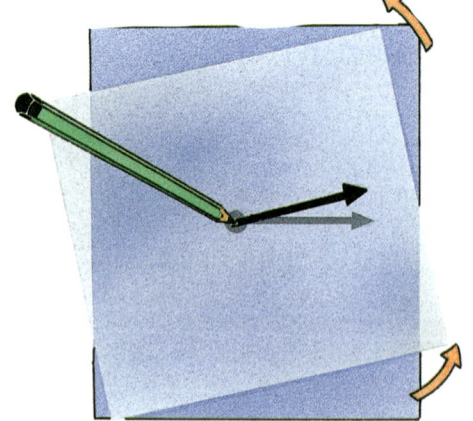

Cylchdrowch y papur dargopïo

2   Rhowch chwarter troad i'r saeth yn wrthglocwedd o amgylch y canol.
Mae'r canol bob amser yn cael ei farcio â ●

a   b   c

3   Rhowch hanner troad i'r saeth yn glocwedd o amgylch y canol.

a    b

◀◀ AILCHWARAE ▶

Cymesuredd cylchdro	Mae gan siâp **gymesuredd cylchdro** os yw'n dod i ffitio arno'i hun fwy nag unwaith wrth iddo wneud troad cyfan.
Trefn cymesuredd cylchdro	**Trefn cymesuredd cylchdro** yw'r nifer o weithiau mae siâp yn dod i ffitio arno'i hun wrth iddo wneud troad cyfan. Mae'n rhaid i hyn ddigwydd 2 waith o leiaf.

Mae gan y siâp yma gymesuredd cylchdro trefn 3.

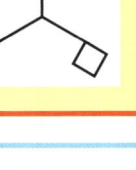

Ymarfer 5:8

Mae C yn nodi'r canol cylchdro.

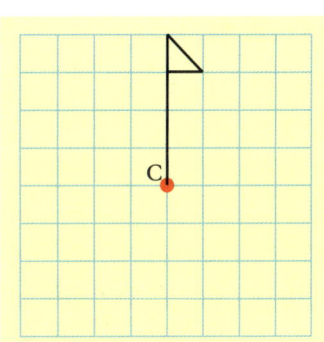

1 a Copïwch y diagram ar bapur sgwariau.
   b Rhowch hanner troad i'r faner o amgylch C. Lluniwch y lleoliad newydd.
   c Ysgrifennwch beth yw trefn cymesuredd cylchdro eich diagram.

2 a Copïwch y diagram ar bapur sgwariau.
   b Rhowch chwarter troad i'r faner yn glocwedd o amgylch C. Lluniwch y lleoliad newydd.
   c Rhowch ddau chwarter troad arall i'r faner yn glocwedd o amgylch C. Lluniwch bob lleoliad newydd.
   ch Ysgrifennwch beth yw trefn cymesuredd cylchdro y diagram gorffenedig.

Ymarfer 5:9

1 Lluniwch bâr o echelinau o −6 i 6.
   a Plotiwch y pwyntiau yma:
       A(2, 1)   B(6, 1)   C(6, 3)   D(4, 3)
       Cysylltwch y pwyntiau i lunio trapesiwm.
   b Cylchdrowch ABCD 180° (hanner troad) o amgylch y tarddbwynt. Labelwch y ddelwedd yn $A_1 B_1 C_1 D_1$.
   c Copïwch y tabl yma ar gyfer y cylchdro a'i gwblhau.

Cyfesurynnau ABCD		A(2, 1)	B(6, 1)	C(6, 3)	D(4, 3)
Cyfesurynnau $A_1 B_1 C_1 D_1$		A_1 (..., ...)	B_1	C_1	D_1

   ch Ysgrifennwch y rheol ar gyfer y newid yn y cyfesurynnau ar ôl y cylchdro.

2 Defnyddiwch y diagram o gwestiwn **1**.

   a Cylchdrowch ABCD 90° yn glocwedd o amgylch y tarddbwynt.
     Labelwch y ddelwedd yn A_2 B_2 C_2 D_2.

   b Gwnewch dabl ar gyfer cyfesurynnau ABCD ac A_2 B_2 C_2 D_2.

   c Ysgrifennwch y rheol ar gyfer y newid yn y cyfesurynnau.

   ch Cylchdrowch ABCD 90° yn wrthglocwedd o amgylch y tarddbwynt.
     Labelwch y ddelwedd yn A_3 B_3 C_3 D_3.
     Gwnewch dabl.
     Ysgrifennwch y rheol.

   d Cymharwch y rheolau ar gyfer cylchdroeon clocwedd a gwrthglocwedd.
     Ysgrifennwch beth a sylwch arno.

Patrymau yn cynnwys adlewyrchiadau, trawsfudiadau a chylchdroeon

Byddwch angen darn mawr o bapur sgwariau.
Torrwch grid 4 × 4 o sgwariau.

Lluniwch batrwm yn y gornel uchaf ar y chwith.

Trawsfudwch y patrwm i bob sgwâr i gael hyn:

Adlewyrchwch y patrwm ym mhob llinell o'r grid i gael hyn:

Mae'r patrwm yma wedi cael ei gylchdroi drwy chwarter troad yn glocwedd bob tro.

Rhowch gynnig ar wneud eich patrymau eich hun.

4 Helaethiad

Mae'r lluniau o ddrama Ysgol Abergwynant yn barod.

Mae'n bosibl cael maint safonol neu helaethiad.
Mae'r helaethiad ddwywaith lled a dwywaith hyd y
maint safonol.

Helaethiad	Mae **helaethiad** yn newid maint gwrthrych. Mae'r newid yr un fath ym mhob cyfeiriad.
Ffactor graddfa	Mae'r **ffactor graddfa** yn dweud wrthym sawl gwaith yn fwy yw'r helaethiad.
Enghraifft	Helaethwch y petryal gan ddefnyddio ffactor graddfa o 2.

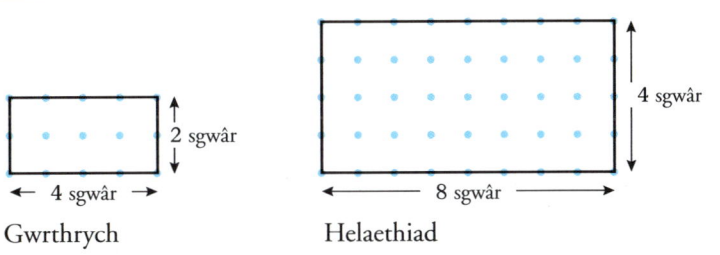

2 sgwâr

4 sgwâr

4 sgwâr

8 sgwâr

Gwrthrych   Helaethiad

Mae'r helaethiad 2 waith hyd a 2 waith lled y gwrthrych.

Ymarfer 5:10

1 Copïwch y siapiau yma ar bapur sgwariau.
Helaethwch bob siâp gan ddefnyddio ffactor graddfa o 2.

a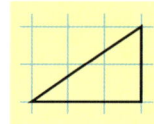

c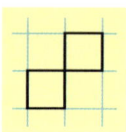

b

ch

2 Helaethwch y siapiau yng nghwestiwn **1** gan ddefnyddio ffactor graddfa o 3.

Ymarfer 5:11

1 Lluniwch echelin x o 0 i 9 ac echelin y o 0 i 12.
  a Plotiwch y pwyntiau yma mewn trefn.
    Cysylltwch nhw wrth fynd yn eich blaen.
    (2, 2) (2, 4) (1, 6) (3, 6) (3, 2) (2, 2)
  b Copïwch y tabl yma a'i lenwi.

Cyfesurynnau'r gwrthrych	(2, 2)	(2, 4)	(1, 6)	(3, 6)	(3, 2)	(2, 2)
Cyfesurynnau × 2		(4, 8)				

  c Plotiwch y cyfesurynnau newydd mewn trefn.
    Cysylltwch nhw wrth fynd yn eich blaen.
  ch Ysgrifennwch ffactor graddfa'r helaethiad.

2 Lluniwch echelin x o 0 i 9 ac echelin y o 0 i 12.
  a Plotiwch y pwyntiau yma mewn trefn.
    Cysylltwch nhw wrth fynd yn eich blaen.
    (1, 1) (1, 4) (2, 4) (3, 2) (3, 1) (1, 1)
  b Gwnewch dabl fel yr un yng nghwestiwn **1**.
    Ar yr ail linell rhowch 'Cyfesurynnau × 3'
  c Plotiwch y cyfesurynnau newydd mewn trefn.
    Cysylltwch nhw wrth fynd yn eich blaen.
  ch Ysgrifennwch ffactor graddfa'r helaethiad.

| Canol helaethiad | Gellir llunio helaethiad o **ganol**. |

Mesurwch bellteroedd pwyntiau ar y gwrthrych o'r canol.
Lluoswch y pellteroedd yma â'r ffactor graddfa.
Mae hyn yn rhoi pellteroedd y pwyntiau ar y ddelwedd o'r canol.

Enghraifft   Helaethwch y trionglau gan ddefnyddio ffactor graddfa o 2.
Defnyddiwch C fel canol yr helaethiad.

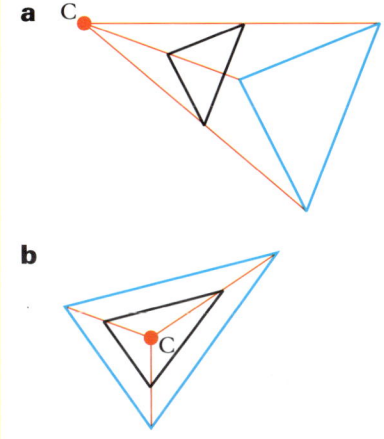

Ymarfer 5:12

1 Copïwch y diagramau yma.
Defnyddiwch C fel canol yr helaethiad.
Helaethwch y triongl gan ddefnyddio ffactor graddfa o 2.

a 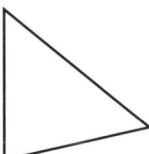   **b**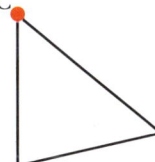

c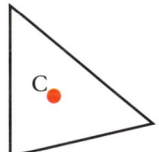

2   Copïwch y diagramau yma.
Defnyddiwch C fel canol yr helaethiad.
Helaethwch y pedrochr gan ddefnyddio ffactor graddfa o 3.

a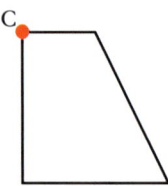

c

b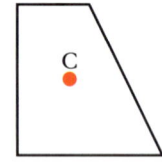

---

3   Lluniwch bâr o echelinau o −6 i 6.

a   Plotiwch y pwyntiau yma:
A(−2, 4)   B(0, 2)   C(1, 4)
Cysylltwch nhw i wneud triongl ABC.

b   Plotiwch y pwyntiau yma:
$A_1(−6, 6)$ $B_1(0, 0)$ $C_1(3, 6)$
Cysylltwch nhw i wneud triongl $A_1B_1C_1$.

c   Ysgrifennwch y ffactor graddfa ar gyfer yr helaethiad.

ch Tynnwch linellau ar y diagram i ddarganfod canol yr helaethiad.
Ysgrifennwch beth yw ei gyfesurynnau.

4   Defnyddiwch yr un diagram â'r un a ddefnyddiwyd yng nghwestiwn **3**.

a   Plotiwch y pwyntiau yma:
D(−2, −1)   E(−3, −3)   F(0, −3)   G(0, −1)
Cysylltwch nhw i wneud trapesiwm DEFG.

b   Plotiwch y pwyntiau yma:
$D_1(1, −1)$ $E_1(−1, −5)$ $F_1(5, −5)$ $G_1(5, −1)$
Cysylltwch nhw i wneud trapesiwm $D_1E_1F_1G_1$.

c   Ysgrifennwch y ffactor graddfa ar gyfer yr helaethiad.

ch Tynnwch linellau ar y diagram i ddarganfod canol yr helaethiad.
Ysgrifennwch beth yw ei gyfesurynnau.

5   Ysgrifennwch y canol ar gyfer y ddau helaethiad yn Ymarfer **5:11**.

1 Copïwch y diagramau yma ar bapur sgwariau.
Lluniwch eu hadlewyrchiadau yn y llinellau drych.

a

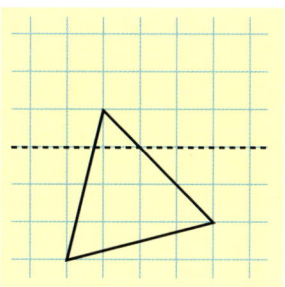

b

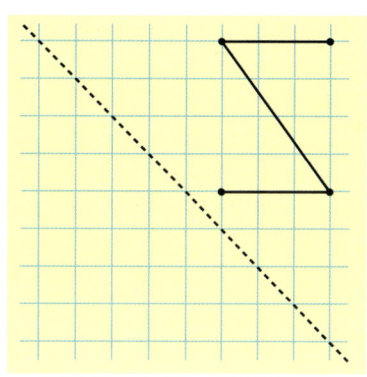

2 Copïwch y diagram.
Lluniwch yr adlewyrchiad yn y
llinell ddrych.

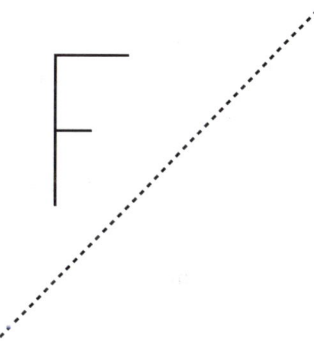

3 Lluniwch echelin x o 0 i 10 ac echelin y o 0 i 16.

a Plotiwch y pwyntiau yma:
$(4, 1)$ $(9, 1)$ $(9, 3)$ $(4, 3)$
Cysylltwch y pwyntiau i wneud petryal.
Trawsfudwch y petryal 5 uned i fyny.

b Plotiwch y pwyntiau yma:
$(2, 13)$ $(4, 13)$ $(4, 16)$
Cysylltwch y pwyntiau i wneud triongl.
Trawsfudwch y triongl 5 uned i lawr.

c Plotiwch y pwyntiau yma: $(0, 8)$ $(1, 10)$
Cysylltwch y pwyntiau i wneud llinell.
Trawsfudwch y llinell 9 uned i'r dde.

ch Plotiwch y pwyntiau yma: $(0, 5)$ $(0, 6)$ $(1, 6)$
Cysylltwch y pwyntiau i wneud triongl.
Trawsfudwch y triongl 4 sgwâr i'r dde.
Trawsfudwch y triongl 4 sgwâr i'r dde eto.

d Plotiwch y pwynt $(1, 4)$.
Trawsfudwch y pwynt 2 uned i'r dde a 5 uned i fyny.

4 a Gwnewch y trefniannau yma o giwbiau.
Dychmygwch fod drych ar ochr dde pob siâp.
Lluniwch adlewyrchiad pob siâp yn y drych.
Mae'r un cyntaf wedi cael ei wneud i chi.

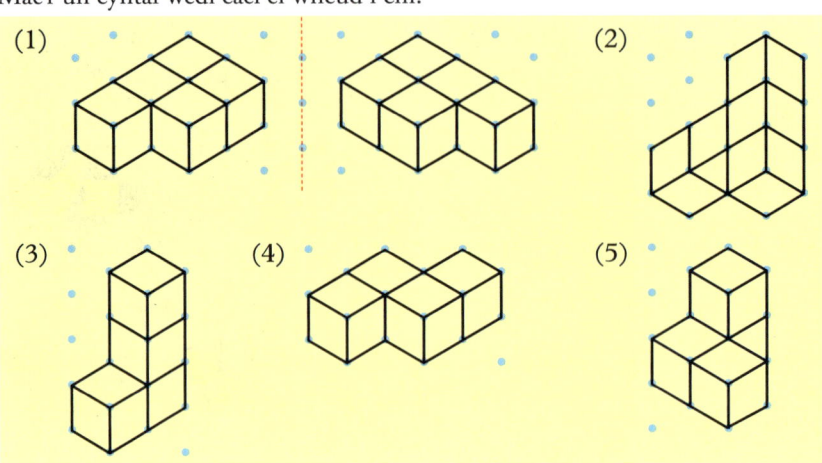

b Lluniwch adlewyrchiadau'r rhain ar bapur isomedrig dotiog.

5 Copïwch bob diagram ar bapur sgwariau.
Cylchdrowch o amgylch C bob tro.

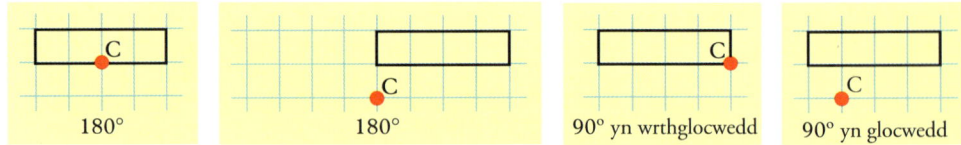

6 Copïwch y diagram ar bapur sgwariau.
a Rhowch chwarter troad i'r saeth yn wrthglocwedd
o amgylch C.
Lluniwch y lleoliad newydd.
b Rhowch ddau chwarter troad arall i'r saeth
yn wrthglocwedd.
Lluniwch bob un.
c Ysgrifennwch drefn cymesuredd cylchdro'r
diagram gorffenedig.

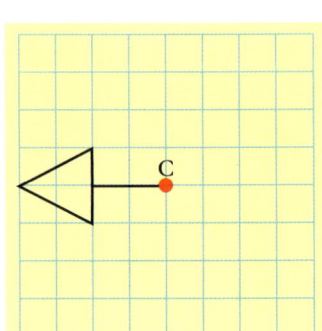

7 Copïwch y siapau yma ar bapur sgwariau.
Helaethwch nhw gan ddefnyddio ffactor graddfa o 3.

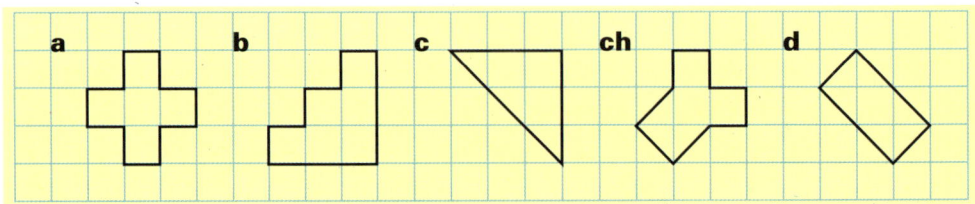

1 Mae patrymau traddodiadol Islamaidd yn cael eu gwneud fel hyn:

Gwnewch batrwm mewn sgwâr

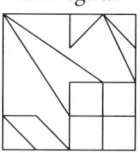

Adlewyrchwch y patrwm ar draws ac i lawr.

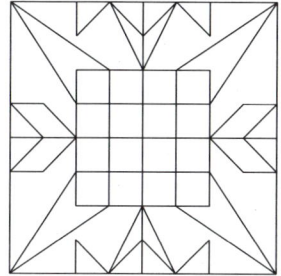

Lliwiwch y patrwm.

Gwnewch eich patrwm eich hun yn y ffordd yma.

2 Dechreuwch â siâp syml y gellir ei ddefnyddio i wneud brithwaith.
Gallwch wneud siapiau mwy diddorol gan ddefnyddio cylchdroeon a thrawsfudiadau.

Torrwch hanner cylch o'r siâp.
Rhowch hanner troad i'r hanner cylch.

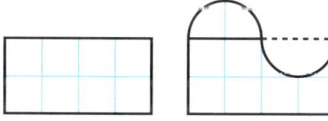

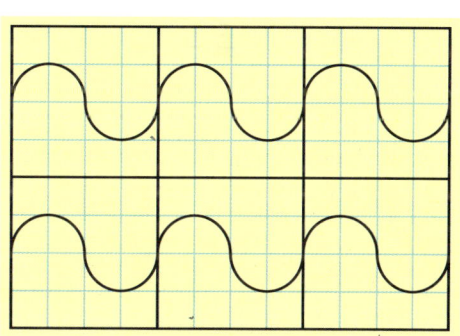

Torrwch driongl o'r siâp.
Trawsfudwch y triongl i'r ochr gyferbyn.

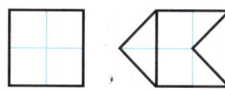

Rhowch gynnig ar wneud eich patrymau eich hun.

3 Cafodd y triongl yma hanner
troad o amgylch canolbwynt
un o'i ochrau.

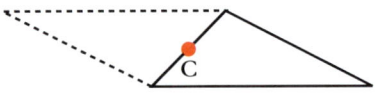

Mae'r triongl a'i ddelwedd yn gwneud paralelogram.

a Â pha siâp triongl fyddech chi'n cychwyn i gael y pedrochrau yma?

(1) rhombws (2) petryal (3) sgwâr

b Mae'n amhosibl gwneud barcud neu drapesiwm yn y ffordd yma.
Eglurwch pam.

4 Ar bapur sgwariau, lluniwch bâr o echelinau −5 i 5.

a Plotiwch y pwyntiau yma.
Cysylltwch nhw mewn trefn wrth fynd yn eich blaen.
(1, 1) (1, 4) (3, 4) (3, 2) (1, 2)
Labelwch eich siâp yn P.

b Adlewyrchwch P yn yr echelin *x*.
Labelwch yr adlewyrchiad yn Q.

c Adlewyrchwch Q yn yr echelin *y*.
Labelwch yr adlewyrchiad yn R.

ch Disgrifiwch y trawsffurfiad sengl sy'n mynd â P i R.

d Cylchdrowch P 90° yn wrthglocwedd o amgylch y tarddbwynt.
Labelwch y ddelwedd yn S.

dd Disgrifiwch y trawsffurfiad sengl sy'n mynd ag S i Q.

5 Mae gan yr helaethiad sy'n mynd â'r siâp
P i'r siâp Q ffactor graddfa o 2.
Er mwyn mynd o Q i P mae arnom angen
helaethiad gan ddefnyddio ffactor graddfa o $\frac{1}{2}$.
Copïwch y diagramau yma ar bapur sgwariau.
Helaethwch y siapiau gan ddefnyddio ffactor
graddfa o $\frac{1}{2}$.

Defnyddiwch C fel canol yr helaethiad.

a

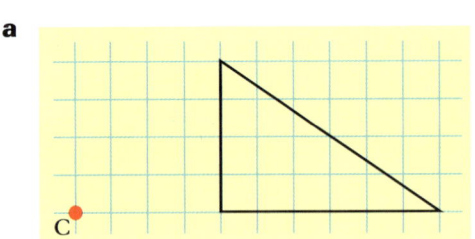

b

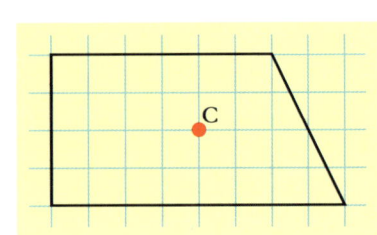

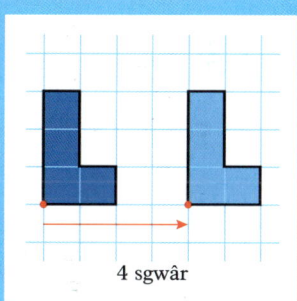

Gosodwch wrthrych 2 sgwâr
o flaen y llinell ddrych.

Mae ei adlewyrchiad 2 sgwâr
y tu ôl i'r llinell ddrych.

- **Trawsfudiad**   **Trawsfudiad** yw symudiad mewn llinell syth.
  Cylchdro   **Cylchdro** yw symudiad ar ffurf cylch.

- *Enghraifft*   Trawsfudwch y siâp L 4 sgwâr i'r dde.

  Dewiswch un pwynt.
  Symudwch y pwynt 4 sgwâr
  i'r dde.
  Symudwch y pwyntiau eraill
  yn yr un modd.

  4 sgwâr

- Gall y canol cylchdro fod mewn
  gwahanol leoedd.

  Mae'r saeth wedi rhoi chwarter troad
  yn glocwedd o amgylch gwahanol
  ganolau.

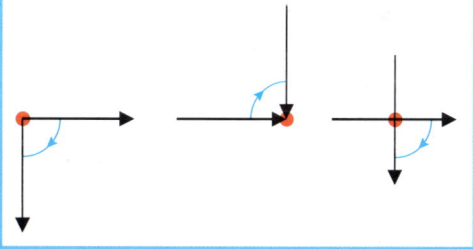

- **Helaethiad**   Mae **helaethiad** yn newid maint gwrthrych.
  Ffactor graddfa   Mae'r **ffactor graddfa** yn dweud wrthym sawl gwaith yn fwy
              yw'r helaethiad.

  Enghraifft
  Helaethwch y petryal gan
  ddefnyddio ffactor graddfa o 2

  Mae'r helaethiad 2 waith hyd
  a 2 waith lled y gwrthrych.

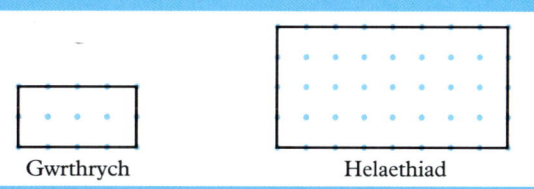

Gwrthrych   Helaethiad

1 Copïwch y diagramau yma ar bapur sgwariau.
Lluniwch eu hadlewyrchiadau yn y llinellau drych.

a 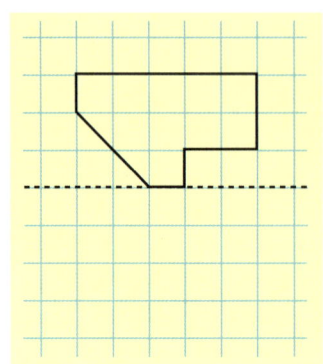　　　　**b**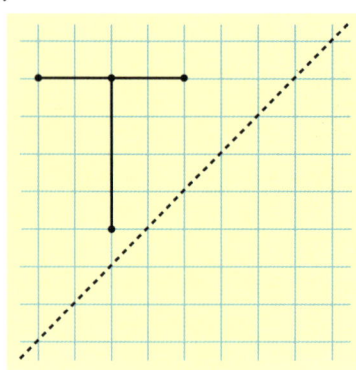

2 Ar gyfer pob rhan dechreuwch gan ddefnyddio copi
newydd o'r siâp L yma wedi ei lunio ar bapur sgwariau.
Labelwch bob copi gan nodi rhif y cwestiwn.

Trawsfudwch eich L:

a 3 sgwâr i'r dde
b 5 sgwâr i lawr
c 2 sgwâr i'r chwith a 4 sgwâr i fyny

3 a Copïwch y diagram.
Rhowch chwarter troad
i'r faner yn wrthglocwedd
o amgylch C.

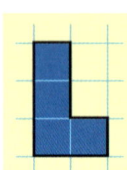

b Copïwch y diagram.
Rhowch hanner troad
i'r faner yn glocwedd o
amgylch C.

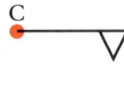

4 Copïwch y diagram ar bapur sgwariau.
Cylchdrowch y siâp o amgylch C chwarter troad
ar y tro.
Lluniwch siâp newydd a chanddo gymesuredd
cylchdro trefn 4.

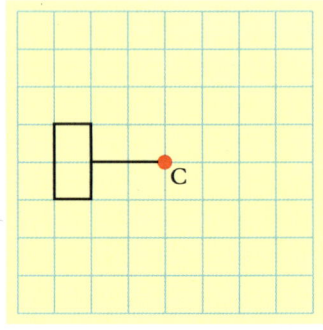

5 a Copïwch y siâp yma ar
bapur sgwariau.
Helaethwch y siâp gan ddefnyddio
ffactor graddfa o 2.

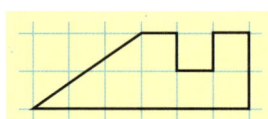

b Copïwch y siâp yma ar bapur sgwariau.
Helaethwch y siâp gan ddefnyddio ffactor
graddfa o 3.
Defnyddiwch C fel canol yr helaethiad.

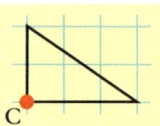

CWESTIYNAU

ESTYNIAD

CRYNODEB

PROFWCH EICH HUN

Y lle oeraf yn y byd yw'r "Pole of Inaccessibility" yn Antarctica. Yno mae'r tymheredd cymedrig blynyddol yn −58°C.

Braemar, yn yr Alban yw'r orsaf dywydd oeraf ym Mhrydain. Yno mae'r tymheredd cymedrig blynyddol yn 6.3°C. Ar nosweithiau oer mae Braemar wedi gweld tymereddau mor isel â −27°C.

Y tymheredd isaf posibl yw sero absoliwt, 0 K ar raddfa Kelvin neu −273.15°C. Y tymheredd isaf y llwyddwyd i'w gael ar y Ddaear oedd 0.000 000 000 28 K. Digwyddodd hyn yn y Labordy Tymereddau Isel ym Mhrifysgol Helsinki, yn y Ffindir ym mis Chwefror 1993.

1 ◀◀AILCHWARAE▶

Rydych chi wedi clywed eisoes am rifau negatif.

Rhifau **negatif**	Gelwir rhifau ag arwydd minws o'u blaen yn rhifau **negatif**.
Rhifau **positif**	Mae rhifau eraill ac eithrio "dim" yn rhifau **positif**. Weithiau ysgrifennir rhifau positif ag arwydd plws o'u blaen. Nid yw "dim" yn bositif nac yn negatif.
Llinell rif	Gallwn ddangos rhifau positif a negatif ar **linell rif**.

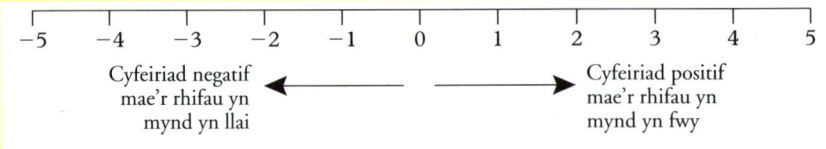

Cyfeiriad negatif
mae'r rhifau yn
mynd yn llai

Cyfeiriad positif
mae'r rhifau yn
mynd yn fwy

Enghreifftiau   Mae 1 yn llai na 4   Mae -2 yn llai nag 1   Mae -4 yn llai na -1
                 Mae 3 yn fwy na 2   Mae 1 yn fwy na -2 Mae -1 yn fwy na -3

Ymarfer 6:1

1 Rhowch y rhifau yma mewn trefn, y lleiaf yn gyntaf.
    a $-4, 5, -2, 3, -7$ **b** $5, -3, 0, -2, 7$ **c** $-6, 1, -1, -3, 0, 4$

2 Rhowch y rhifau yma mewn trefn, y mwyaf yn gyntaf.
    a $-5, 2, -1, 0, -3$ **b** $-2, 5, 1, -1, 2$ **c** $-11, 8, -5, -9, 2, -1$

3 Ysgrifennwch y ddau derm nesaf yn y patrymau rhif yma.

  a 4, 2, 0, −2, −4, …, …   **ch** −28, −25, −22, −19, …, …

  b 8, 5, 2, −1, −4, …, …   **d** 7, 1, −5, …, …

  c 13, 8, 3, −2, −7, …, …   **dd** 6, 5, 3, 0, −4, −9, …, …

4 Copïwch y patrymau rhif yma.
Llenwch y rhifau sydd ar goll.

  a 5, 3, 1, …, −3, …, −7

  b 9, 6, 3, …, −3, …, −9

  c 100, 50, …, −50, …, −150

Llai na <	Yn aml rydym yn defnyddio'r arwyddion < ac > gyda rhifau.
Mwy na >	Mae < yn golygu **'llai na'**. Mae > yn golygu **'mwy na'**.
Enghreifftiau	Mae −5 < −2 yn golygu fod −5 yn llai na −2
	Mae 2 > −4 yn golygu fod 2 yn fwy na −4

---

5 Copïwch y parau o rifau.
Ysgrifennwch < neu >

  a 4 2   **ch** 6 −6

  b 0 −3   **d** −2 1

  c −5 −1   **dd** −3 −8

6 Mae uchder arferol afon yn cael ei farcio yn 0 ar y raddfa.
Ddechrau'r mis roedd y lefel ar 4 metr.

  a Beth yw lefel yr afon nawr?

  b Beth yw'r gostyngiad yn lefel y dŵr?

7 Sawl gradd o wahaniaeth sydd rhwng y tymereddau dydd a nos yma?

  a 6 °C a 11 °C   **ch** −1 °C a 10 °C

  b −2 °C a 14 °C   **d** −5 °C a −1 °C

  c −5 °C a 0 °C   **dd** −10 °C a 20 °C

8 Mewn rhewgell mae'r tymheredd yn −18 °C.
Mae pizza sydd wedi ei rewi yn cael ei ddadrewi i dymheredd ystafell.
Mae tymheredd yr ystafell yn 21°C.
Trwy sawl gradd mae tymheredd y pizza yn codi?

Gallwn ddefnyddio cyfrifianellau i ateb cwestiynau sy'n cynnwys rhifau negatif.
Byddwn yn defnyddio'r botwm +/− .

Enghraifft

Un noson mae'r tymheredd yn −4 °C. Y diwrnod canlynol mae'r tymheredd yn codi i 9 °C.
Sawl gradd o wahaniaeth sydd rhwng y tymereddau dydd a nos?

Pwyswch y botymau yma: =

Ateb: 13 °C

9 Dyma rai tymereddau nos a dydd.
Defnyddiwch eich cyfrifiannell i ddarganfod beth yw'r gwahaniaeth rhwng pob pâr.

a −3 °C a 7 °C   **ch** 2 °C ac 17 °C
b −1 °C ac 13 °C   **d** −9 °C a −1 °C
c −5 °C a 10 °C   **dd** −9 °C a 0 °C

10 Mae Jên yn sefyll ar ben clogwyn.
Mae'r llun yma'n dangos beth sydd uwchben ac islaw lefel y môr.

a Beth sydd ar uchder o tua +60 m?
b Pa mor isel yw pen y sgerbwd cwch o dan y pysgodyn?
c Pa mor uchel yw'r wylan uwchben y pysgodyn?
ch Amcangyfrifwch bellter gwely'r môr o dan lefel y môr.

11 Ar raglen cwis mae cystadleuwyr yn sgorio 2 bwynt am ateb cywir.
Maen nhw'n colli pwynt pan fyddant yn ateb yn anghywir.
Beth yw'r sgôr terfynol ar gyfer y canlynol:
a 9 ateb cywir a 2 ateb anghywir?
b 4 ateb cywir ac 8 ateb anghywir?
c 2 ateb cywir a 11 ateb anghywir?
Yn yr un cwis sgoriodd pob un o'r cystadleuwyr yma 11 o bwyntiau.
ch Rhoddodd Marc 5 o atebion anghywir.
Faint o gwestiynau gafodd o'n gywir?
d Rhoddodd Jamilla 7 o atebion cywir.
Faint o gwestiynau gafodd hi'n anghywir?
dd Cafodd Luc yr un nifer o gwestiynau yn gywir ag yn anghywir.
Faint o gwestiynau wnaeth o eu hateb?

12 Gwnaeth Llio siart bar i
ddangos ei balans banc
ar ddiwedd pob mis, o fis
Medi hyd fis Chwefror y
llynedd.

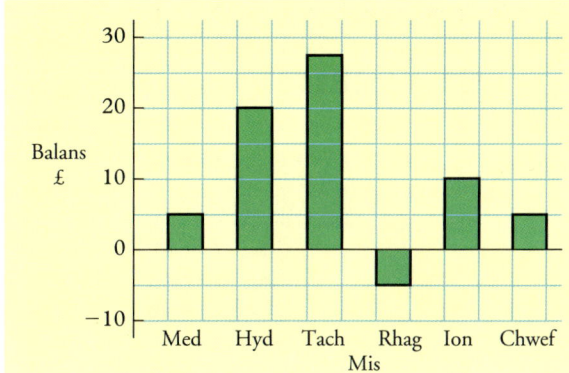

a Faint o arian:
  (1) roddodd Llio yn y
      banc ym mis Hydref?
  (2) dynnodd Llio o'r banc
      ym mis Rhagfyr?
b Beth oedd y newid
yn ei balans banc ym mis
Ionawr?

13 Mae'r tabl yn dangos y tymereddau misol cyfartalog ar gyfer St Petersburg.
  a Lluniwch siart bar i ddangos y tymereddau.
     Defnyddiwch bapur sgwariau neu bapur graff.

Mis	I	Ch	M	E	M	M	G	A	M	H	T	Rh
Tymheredd °C	−7	−8	−4	3	10	15	18	17	11	5	0	−4

  b Beth yw'r gwahaniaeth rhwng y tymereddau cyfartalog ar gyfer y mis
     cynhesaf a'r mis oeraf?

2 Rheolau rhifau cyfeiriol

Mae Sali a Pedr yn mwynhau sgwba-blymio.
Maen nhw'n siarad am eu hymdrechion wrth blymio.
Maen nhw'n galw lefel y môr yn 0.
Mae Sali'n dweud ei bod hi wedi plymio hyd at −5 m.
Mae Pedr yn dweud ei fod wedi plymio 4 m yn is na hi.
Mae Sali'n gwybod sut i gyfrifo hyn:
−5 − 4 = −9
Plymiodd Pedr hyd at −9 m.

Rhifau cyfeiriol	Rhifau ag arwyddion o'u blaen yw **rhifau cyfeiriol**, er enghraifft −3, +5, −7

Adio a thynnu rhifau cyfeiriol

Enghraifft

Defnyddiwch yr ysgol rifau i ateb y rhain:
a 7 − 4   **b** 3 − 6   **c** −5 − 2

Dechreuwch bob amser ar 0.
Rhifwch i fyny ar gyfer rhifau positif.
Rhifwch i lawr ar gyfer rhifau negatif.

a 7 − 4
Dechreuwch ar 0 ar y llinell.
Rhifwch 7 bwlch i fyny.
Rhifwch 4 bwlch i lawr.
Ateb: 3

b 3 − 6
Dechreuwch ar 0 ar y llinell.
Rhifwch 3 bwlch i fyny.
Rhifwch 6 bwlch i lawr.
Ateb: −3

c −5 − 2
Dechreuwch ar 0 ar y llinell.
Rhifwch 5 bwlch i lawr.
Rhifwch 2 fwlch i lawr.
Ateb: −7

```
10
 9
 8
 7
 6
 5
 4
 3
 2
 1
 0
−1
−2
−3
−4
−5
−6
−7
−8
−9
−10
```

Ymarfer 6:2

1 Copïwch yr ysgol rifau sydd yn yr Enghraifft i'ch llyfr. Trefnwch ei bod yn mynd i lawr ochr y tudalen.

Defnyddiwch yr ysgol rifau i ateb y canlynol:

a	$6-4$	**e**	$-6+7$	**i**	$9-10$
b	$3-5$	**f**	$-5+8$	**l**	$-1+3-4$
c	$5-7$	**ff**	$-3-4$	**ll**	$5-6+3$
ch	$2-8$	**g**	$-5+5$	**m**	$-2-3-1$
d	$6-10$	**ng**	$-3-3$	**n**	$-2+6-8$
dd	$-3+4$	**h**	$-6-2$	**o**	$-1-5-3$

2 a Copïwch y tabl adio yma ar bapur sgwariau.

b Llenwch y tabl.
Dechreuwch yn y rhan sydd wedi ei lliwio'n las.
Edrychwch ar y patrwm ym mhob llinell.
Defnyddiwch y patrwm i gwblhau'r tabl.

ail rif

rhif cyntaf

+	−3	−2	−1	0	1	2	3
3						5	6
2							5
1							
0							
−1							
−2							
−3							

3 Copïwch y rhain a'u cwblhau.

a Defnyddiwch eich tabl adio i'ch helpu.
(1) $3 + -2 = \ldots$
(2) $2 + -1 = \ldots$
(3) $1 + -3 = \ldots$
(4) $3 + -1 = \ldots$
(5) $2 + -3 = \ldots$
(6) $1 + -2 = \ldots$

b Defnyddiwch eich ysgol rifau i'ch helpu.
(1) $3 - 2 = \ldots$
(2) $2 - 1 = \ldots$
(3) $1 - 3 = \ldots$
(4) $3 - 1 = \ldots$
(5) $2 - 3 = \ldots$
(6) $1 - 2 = \ldots$

c Cymharwch y ddwy set o atebion.
Ysgrifennwch beth yr ydych yn sylwi arno.

ch Copïwch y rheol yma i'ch llyfr:

Mae $+\ -$ yr un fath â $-$

4 Defnyddiwch eich rheol a'r ysgol rifau i ateb y rhain:

a	$4 + -2 = 4 - 2 = \ldots$	**ch**	$-5 + -2$	**e**	$9 + -7$
b	$5 + -4 = 5 \ldots 4 = \ldots$	**d**	$-6 + 3$	**f**	$-8 + 1$
c	$2 + -7 = 2 \ldots 7 = \ldots$	**dd**	$-3 + -4$	**ff**	$-5 + -5$

5 **a** Copïwch y tabl tynnu yma ar bapur sgwariau.

b Llenwch y tabl.
Dechreuwch yn y rhan sydd wedi ei lliwio'n las.
Defnyddiwch batrymau rhif i'ch helpu i gwblhau'r tabl.

ail rif

−	−3	−2	−1	0	1	2	3
3					2	1	0
2							−1
1							−2
0							−3
−1							
−2							
−3							

rhif cyntaf

6 Copïwch y rhain a'u cwblhau.

a Defnyddiwch eich tabl tynnu i'ch helpu.
(1) $1 - -2 = \ldots$
(2) $3 - -1 = \ldots$
(3) $2 - -3 = \ldots$
(4) $3 - -3 = \ldots$

b
(1) $1 + 2 = \ldots$
(2) $3 + 1 = \ldots$
(3) $2 + 3 = \ldots$
(4) $3 + 3 = \ldots$

c Cymharwch y ddwy set o atebion.
Ysgrifennwch beth yr ydych yn sylwi arno.

ch Copïwch y rheol yma i'ch llyfr:
Mae $- -$ yr un fath â $+$

7 Defnyddiwch eich rheol a'r ysgol rifau i ateb y rhain:

a $6 - -4 = 6 + 4 = \ldots$ **ch** $-5 - -7$ **e** $-7 - -2$

b $3 - -7 = 3 \ldots 7 = \ldots$ **d** $1 - -6$ **f** $-6 - -3$

c $-9 - -8 = -9 \ldots 8 = \ldots$ **dd** $8 - -2$ **ff** $-1 - -5$

8 Defnyddiwch eich dwy reol a'r ysgol rifau i ateb y rhain:

a $5 - -4$ **c** $3 + -5$ **d** $-5 + 4$ **e** $-3 + 7$

b $4 + -2$ **ch** $7 - -1$ **dd** $-3 - -6$ **f** $-3 - 4$

Lluosi a rhannu rhifau cyfeiriol

Ymarfer 6:3

1 Copïwch y patrymau rhif yma.
Llenwch y rhifau sydd ar goll.

a $-3, \ldots, -1, 0, \ldots, 2, 3$

b $-6, -4, \ldots, 0, 2, \ldots, 6$

c $\ldots, -6, -3, 0, 3, 6, \ldots$

2 **a** Copïwch y tabl lluosi yma ar
   bapur sgwariau.
  b Llenwch y tabl.
   Dechreuwch yn y rhan sydd wedi
   ei lliwio'n las.
   Defnyddiwch y patrymau rhif
   sydd yng nghwestiwn **1** i'ch helpu.

ail rif

×	−3	−2	−1	0	1	2	3
3						6	9
2							
1							
0							
−1							
−2							
−3							

rhif cyntaf

3 Copïwch y rhain a'u cwblhau.
   Defnyddiwch eich sgwâr lluosi i'ch helpu.
  a (1) $3 \times 2 = \ldots$
   (2) $-2 \times 2 = \ldots$
   (3) $-1 \times 2 = \ldots$
   (4) $2 \times -3 = \ldots$
   (5) $3 \times -1 = \ldots$
  b (1) $-3 \times -2 = \ldots$
   (2) $-2 \times -1 = \ldots$
   (3) $-2 \times -2 = \ldots$
   (4) $-1 \times -3 = \ldots$
   (5) $-3 \times -1 = \ldots$

  c Copïwch y rheolau yma a llenwch y bwlch.
   Defnyddiwch eich atebion i ran **a** i'ch helpu.
     Mae + × − a − × + yr un fath â ...
   (Mae **+** yn cynrychioli rhif positif a **−** yn cynrychioli rhif negatif).
  ch Copïwch y rheol yma a llenwch y bwlch.
   Defnyddiwch eich atebion i ran **b** i'ch helpu:
     Mae − × − yr un fath â ...

4 Defnyddiwch eich rheolau i ateb y rhain:
  a -2×5 **d** 6×-4 **ff** -7×-6
  b -3×-6 **dd** -10×-9 **g** -6×-9
  c 4×-7 **e** -5×8 **ng** -7×5
  ch -5×-5 **f** 9×9 **h** -12×-12

Edrychwch ar y sym luosi: $-3 \times 4 = -12$
Gallwn ysgrifennu dwy sym rannu gan ddefnyddio'r un rhifau: $-12 \div -3 = 4$
$-12 \div 4 = -3$

5 Ysgrifennwch ddwy sym rannu ar gyfer pob un o'r rhain.
  a $-5 \times 3 = -15$ **c** $-3 \times -6 = 18$ **d** $-5 \times -10 = 50$
  b $4 \times -5 = -20$ **ch** $3 \times 11 = 33$ **dd** $5 \times -6 = -30$

6 Copïwch y rheolau yma a llenwch y bylchau.

Defnyddiwch eich atebion i gwestiwn **5** i'ch helpu.

Mae $+ \div +$ yr un fath â ...   Mae $- \div -$ yr un fath â ...

Mae $+ \div -$ yr un fath â ...   Mae $- \div +$ yr un fath â ...

7 Defnyddiwch eich rheolau i ateb y rhain:

a	$-16 \div 2$	**d**	$-30 \div 6$	**ff**	$45 \div -5$
b	$-20 \div -5$	**dd**	$-18 \div -6$	**g**	$70 \div -7$
c	$-24 \div -3$	**e**	$14 \div -7$	**ng**	$-24 \div -12$
ch	$44 \div -11$	**f**	$28 \div 4$	**h**	$-81 \div 9$

Gallwch ddefnyddio cyfrifiannell i gyfrifo gyda rhifau cyfeiriol.

Adio a thynnu

Cam 1: Defnyddiwch eich rheolau rhifau cyfeiriol i symleiddio'r cwestiwn.

Cam 2: Defnyddiwch **+/−** i fwydo unrhyw rifau negatif i'r cyfrifiannell.

Enghreifftiau

     a $15 + -19$ **b** $-13 - -9$

     a Symleiddiwch $15 + -19 = 15 - 19$

        Pwyswch y botymau: **1** **5** **−** **1** **9** **=**

        Ateb: -4

     b Symleiddiwch $-13 - -9 = -13 + 9$

        Pwyswch y botymau: **1** **3** **+/−** **+** **9** **=**

        Ateb: -4

Lluosi a rhannu

Cam 1: Defnyddiwch eich rheolau rhifau cyfeiriol i symleiddio'r cwestiwn.
Bydd y rheolau yn rhoi arwydd yr ateb i chi heb ddefnyddio **+/−** .

Enghreifftiau

     a 15×-14 **b** $-276 \div -12$

     a Symleiddiwch: $15 \times -14 = -210$

                     Arwydd yr   Mae 15×14 wedi ei
                     ateb yw $-$ gyfrifo ar gyfrifiannell
                     ($+ \times -$ yw $-$)

     b Symleiddiwch: $-276 \div -12 = 23$

                     Mae'r ateb yn bositif felly   Mae $276 \div 12$ wedi ei
                     nid oes angen arwydd   gyfrifo ar gyfrifiannell
                     ($- \div -$ yw $+$)

Ymarfer 6:4

1 Defnyddiwch gyfrifiannell i wneud y rhain.

a $17 + -14$

b $35 - -16$

c $24 - 38$

ch $27 + -42$

d $-21 - 28$

dd $-19 - -26$

e $-37 - -14$

f $-54 + -28$

ff $-36 + -43$

g $-57 - 44$

ng $56 - 97$

h $-45 - -174$

2 Defnyddiwch gyfrifiannell i wneud y rhain.

a 17×-12

b -13×23

c 27×-28

ch $-165 \div -15$

d -24×-6

dd $1700 \div 25$

e -43×-12

f $-279 \div 9$

ff 17×-26

g $-322 \div -23$

ng 43×-13

h $-306 \div 18$

3 Cyfrifwch yr atebion i'r canlynol.

a $-2 \times -6 \times -5$

b $-56 \div -7 \div 4$

c $32 \div -4 \div -4$

ch $24 \div -3 \div -4$

d $-40 \div -4 \div -5$

dd $-6 \times -3 \times 2$

e $-5 \times 6 \times -7$

f $-3 \times -3 \times -3$

ff $100 \div -5 \div -5$

g $(-2)^3$

ng $(-3)^4$

h $(-5)^3$

3   Defnyddio rhifau negatif

Mae dosbarth 8M yn cael gwers wyddoniaeth. Maen nhw'n dysgu am raddfa Kelvin i fesur tymheredd.
Y tymheredd oeraf posibl yw 0 K.
Mae hyn tua $-273\,°C$.
Dyma'r fformiwla i drawsnewid K yn °C:
$$C = K - 273$$

Ymarfer 6:5

1 Defnyddiwch y fformiwla $C = K - 273$ i drawsnewid y tymereddau yma'n °C.
   a 273 K   **b** 373 K   **c** 1000 K   **ch** 0 K   **d** 100 K

Dyma'r fformiwla i drawsnewid °C yn K: $K = C + 273$

Enghraifft   Defnyddiwch y fformiwla $K = C + 273$ i drawsnewid $-50\,°C$ yn K.

Amnewidiwch ar gyfer C $K = -50 + 273$

Pwyswch y botymau: **5** **0** **+/−** **+** **2** **7** **3** **=**

Ateb: 223 K

---

2 Defnyddiwch y fformiwla $K = C + 273$ i drawsnewid y tymereddau yma.
   a $-20\,°C$ **b** $-100\,°C$ **c** 200 °C   **ch** $-15\,°C$ **d** $-200\,°C$

3 Defnyddiwch y fformiwla $p = q + 10$ i ddarganfod p pan fydd gwerth q yn:
   a -5 **b** -10 **c** -30 **ch** 18   **d** -2

4 Defnyddiwch y fformiwla $r = s - 25$ i ddarganfod r pan fydd gwerth s yn:
   a -15 **b** 25   **c** 0   **ch** -6 **d** -10

5 Defnyddiwch y fformiwla $w = 50 + v$ i ddarganfod w pan fydd gwerth v yn:
   a 25   **b** -30 **c** -85 **ch** -5 **d** -100

6 Defnyddiwch y fformiwla $b = 75 - c$ i ddarganfod b pan fydd gwerth c yn:
   a 50   **b** -40 **c** -10 **ch** -25 **d** -100

Enghraifft 1   Defnyddiwch y fformiwla $g = 3h$ i ddarganfod g pan fydd h yn -5

Amnewidiwch ar gyfer h $g = 3 \times -5$
                                 Ateb: -15

Enghraifft 2   Defnyddiwch y fformiwla $n = \dfrac{m}{2}$ i ddarganfod n pan fydd $m = -8$

Amnewidiwch ar gyfer m $n = -8 \div 2$
                                 Ateb: -4

Ymarfer 6:6

1   Defnyddiwch y fformiwla $g = 3h$ i ddarganfod g pan fydd gwerth h yn:
    a -7 **b** -2 **c** 0 **ch** 5 **d** -20

2   Defnyddiwch y fformiwla $n = \dfrac{m}{2}$ i ddarganfod n pan fydd gwerth m yn:
    a -6 **b** -3 **c** 16 **ch** 0 **d** -50

3   Defnyddiwch y fformiwla $y = 4x$ i ddarganfod y pan fydd gwerth x yn:
    a -1 **b** 0 **c** 5 **ch** -0.5 **d** -6

4   Defnyddiwch y fformiwla $d = \dfrac{c}{10}$ i ddarganfod d pan fydd gwerth c yn:
    a -20 **b** -15 **c** -35 **ch** 5 **d** -150

5   Defnyddiwch y fformiwla $y = \dfrac{12}{x}$ i ddarganfod y pan fydd gwerth x yn:
    a -6 **b** -2 **c** -3 **ch** 10 **d** -4

Mae hi'n ddiwrnod oer iawn. Mae Gary yn clywed ar y radio fod y tymheredd yn $-6\,°C$.

Mae nain Gary yn hen ffasiwn. Mae hi'n hoffi defnyddio'r raddfa Fahrenheit wrth sôn am dymheredd.

Mae Gary yn gwybod am fformiwla sy'n trawsnewid Celsius yn Fahrenheit:
$$F = 1.8 \times C + 32$$

Mae Gary'n cyfrifo tymheredd ar ei gyfrifiannell fel hyn:

Amnewidiwch ar gyfer C $F = 1.8 \times -6 + 32$

Pwyswch y botymau yma: [1] [.] [8] [×] [6] [+/-] [+] [3] [2] [=]
                         Ateb: $21.2\,°F$

Ymarfer 6:7

1 Defnyddiwch fformiwla Gary F = 1.8C + 32 i drawsnewid y tymereddau yma yn Fahrenheit.
   a $-10\,°C$ **b** $-5\,°C$ **c** $15\,°C$ **ch** $-8\,°C$ **d** $-20\,°C$

2 Defnyddiwch y fformiwla $v = 5t + 20$ i ddarganfod v pan fydd gwerth t yn:
   a 7   **b** -4 **c** -10 **ch** -6 **d** -2.5

3 Defnyddiwch y fformiwla $p = 3q - 15$ i ddarganfod p pan fydd gwerth q yn:
   a -4 **b** -12 **c** 0   **ch** 5   **d** -1

4 Defnyddiwch y fformiwla $s = 4t - 6$ i ddarganfod s pan fydd gwerth t yn:
   a -2 **b** -6 **c** -20 **ch** 0   **d** 1.5

5 **a** Ysgrifennwch y fformiwla F = 1.8C + 32 ar sgriniau robotiaid.
    b Lluniwch y peiriant gwrthdro ar gyfer F = 1.8C + 32.
    c Defnyddiwch eich peiriant gwrthdro i drawsnewid y tymereddau yma'n Celsius.
       Talgrynnwch eich atebion yn gywir i un lle degol os oes angen.
       (1) $50\,°F$ (2) $-4\,°F$ (3) $-40\,°F$ (4) $0\,°F$ (5) $212\,°F$

Enghraifft 1   Darganfyddwch werth $3t^2$ pan yw $t = -4$

Amnewidiwch ar gyfer t $3 \times (-4)^2$

Heb gyfrifiannell: $3 \times -4 \times -4 = 48$

Gyda chyfrifiannell:
Pwyswch y botymau yma: `3` `×` `4` `+/-` `x²` `=`

Ateb: 48

Enghraifft 2   Darganfyddwch werth $4p^3$ pan yw $p = -2$

Amnewidiwch ar gyfer p $4 \times (-2)^3$

Heb gyfrifiannell: $4 \times -2 \times -2 \times -2 = -32$

Gyda chyfrifiannell:
Pwyswch y botymau yma: `4` `×` `2` `+/-` `xʸ` `3` `=`

Ateb: -32

Ymarfer 6:8

1 Darganfyddwch werth y rhain pan yw $t = -4$
   a t^2 **b** $2t^5$ **c** $5t^4$ **ch** $10t^2$ **d** $6t^3$

2 Darganfyddwch werth y rhain pan yw $s = -3$
   a s^2 **b** $4s^4$ **c** $5s^3$ **ch** $2s^5$ **d** $9s^2$

3   **a** Copïwch y tabl yma a'i gwblhau.

$y = 3x^2$

x	-3	-2	-1	-0.5	0	0.5	1	2	3
$3x^2$	27	...	...	...	...	...	...	12	...

b Copïwch yr echelinau ar bapur sgwariau.

c Plotiwch y pwyntiau ar eich tabl. Cysylltwch y pwyntiau â chromlin lefn.

ch Labelwch eich graff yn $y = 3x^2$.

d Pa linell yw llinell cymesuredd y gromlin?

dd Ysgrifennwch gyfesurynnau'r pwynt minimwm.

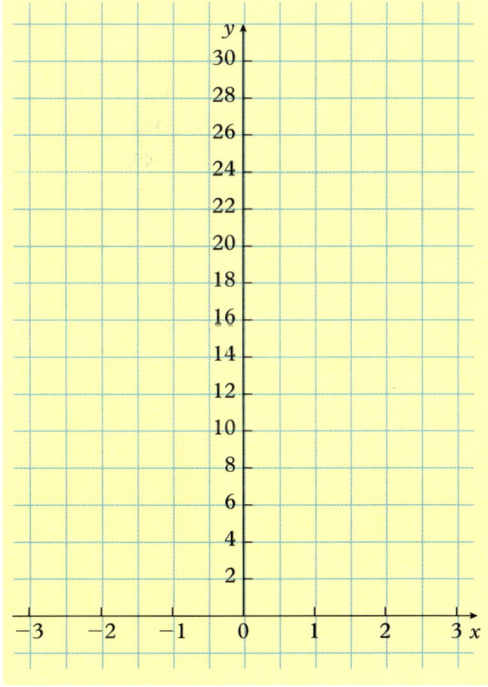

1 Defnyddiwch eich rheolau i ateb y rhain:

   a $6 - -2$ **c** $-6 + -2$ **d** $-4 - -4$ **e** $-5 - 4$

   b $4 + -5$ **ch** $-2 - 4$ **dd** $-2 + -3$ **f** $0 - -5$

2 Defnyddiwch eich rheolau i ateb y rhain.

   a -6×-4 **c** -7×7 **d** -9×-2 **e** -4×-4

   b -3×5 **ch** 4×-8 **dd** -10×-8 **f** -11×-6

3 Defnyddiwch eich rheolau i ateb y rhain.

   a $-20 \div 4$ **c** $-55 \div 11$ **d** $-56 \div 7$ **e** $27 \div -9$

   b $-32 \div -4$ **ch** $-36 \div -9$ **dd** $-42 \div 6$ **f** $-35 \div -7$

4 Defnyddiwch gyfrifiannell i ateb y rhain:

   a 14×-17 **ch** -45×-13 **e** $-570 \div -19$

   b $-37 + -16$ **d** $-55 - 34$ **f** 23×-16

   c $-1288 \div -56$ **dd** $67 - 86$ **ff** $-25 - -30$

5   **a** Defnyddiwch y fformiwla $e = 25 + f$ i ddarganfod e pan fydd gwerth f yn:

     (1) $f = 15$ (2) $f = -16$ (3) $f = -25$ (4) $f = -40$

  b Defnyddiwch y fformiwla $g = 80 - h$ i ddarganfod g pan fydd gwerth h yn:

     (1) $h = 55$ (2) $h = 85$ (3) $h = -20$ (4) $h = -35$

6   **a** Defnyddiwch y fformiwla $r = 6s$ i ddarganfod r pan fydd gwerth s yn:

     (1) $s = 5$ (2) $s = -4$ (3) $s = -10$ (4) $s = -50$

  b Defnyddiwch y fformiwla $m = \dfrac{n}{5}$ i ddarganfod m pan fydd gwerth n yn:

     (1) $n = 5$ (2) $n = -10$ (3) $n = -30$ (4) $n = -50$

7   **a** Defnyddiwch y fformiwla $p = 15 - 3q$ i ddarganfod p pan fydd gwerth q yn:

     (1) $q = 4$ (2) $q = -2$ (3) $q = -5$ (4) $q = -7$

  b Defnyddiwch y fformiwla $a = 3b + 12$ i ddarganfod a pan fydd gwerth b yn:

     (1) $b = -4$ (2) $b = -3$ (3) $b = 0$ (4) $b = -7$

8 Darganfyddwch werth $10t^2$ pan yw t yn:

   a $t = 1$ **b** $t = 0$ **c** $t = -2$ **ch** $t = -6$

9 Darganfyddwch werth y rhain pan yw $y = -5$.

   a y^2 **b** $2y^2$ **c** $5y^3$ **ch** $3y^4$

Gêm Mynd am y sero

Dyma gêm i ddau neu fwy o chwaraewyr.
Byddwch angen dis a darn o arian.

Mae Megan ac Andrew yn chwarae
'Mynd am y sero'.
Mae Megan yn taflu'r darn arian ac yn taflu'r dis.
Mae'r darn arian yn penderfynu beth fydd arwydd y
rhif: mae pen yn bositif ac mae cynffon yn negatif.
Mae Megan yn cael cynffon a 3. Mae'r ddau
chwaraewr yn ysgrifennu'r rhif −3.

Mae Megan yn taflu'r darn arian a'r dis bump o weithiau eto ac yn cael 2, −5, −1, 4, 3.

Dyma'r chwe rhif a gafodd Megan: −3, 2, −5, −1, 4, 3

Mae Megan ac Andrew yn gosod y rhifau mewn parau.
Yna maen nhw'n lluosi bob pâr.
Mae Megan yn adio'i hatebion ac mae Andrew yn adio'i atebion yntau.
Yr enillydd yw'r chwaraewr sy'n cael y cyfanswm agosaf at sero.

Dyma ganlyniadau Megan ac Andrew:

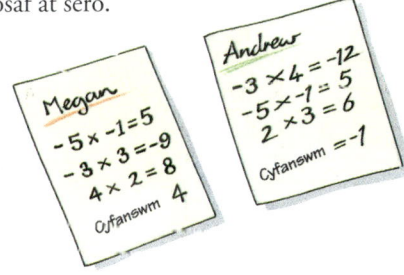

Andrew yw'r agosaf at sero, felly ef sydd wedi ennill.

Chwaraewch y gêm yma gyda rhai o'ch ffrindiau.

1 Mae gan Ynyr gar yn cael ei reoli o bell.
Mae o'n symud y car yn ôl ac ymlaen ac yn gwneud iddo gyflymu yn gyson.

Dyma ddau hafaliad sy'n disgrifio'r ffordd mae'r car yn symud:
$v = u + at$ u = y buanedd ar ddechrau taith mewn m/s.
$s = ut + \frac{1}{2}at^2$ v = y buanedd ar ddiwedd taith mewn m/s.
                 a = y cyflymiad mewn m/s².
                 s = y pellter a deithir mewn metrau.
                 t = yr amser a gymerir mewn eiliadau.

a Yn ystod taith car mae $u = 0$, $t = 4$ s, $a = 0.5$ m/s².
    Darganfyddwch:
    (1) y buanedd ar ddiwedd y daith.
    (2) y pellter a deithiwyd.

b Mae'r car yn gwneud taith arall lle mae $u = 1$ m/s, $t = 2.5$ s, $a = −0.4$ m/s².
    Darganfyddwch:
    (1) y buanedd ar ddiwedd y daith.
    (2) y pellter a deithiwyd.

2 Mae gan ddilyniant y fformiwla yma: $50 - 2n^2$.

    a Beth yw'r tri therm cyntaf yn y dilyniant?

    b Pa derm sy'n 0?

    c Beth yw'r:

       (1) 6ed term?

       (2) 10fed term?

3 Copïwch y dilyniannau yma.
Llenwch y rhifau sydd ar goll.

    a $-12, -7, ..., ..., 8, 13$ **c** $17, 8, ..., -10, ..., -28$

    b $9, 5, 1, ..., ..., -11$ **ch** $..., ..., -25, -19, -13, -7$

4 Datryswch yr hafaliadau yma.

    a $4x + 9 = 1$ **c** $5p - 2 = -12$

    b $\dfrac{y}{2} + 7 = 5$ **ch** $2 - x = -5$

5 $2 \times -6 = -12$
Mae 2 a -6 yn ffactorau o -12.
Ysgrifennwch holl ffactorau -12.

6 Cyfrifwch yr atebion i'r rhain.

    a $(-4)^4$ **b** $(-2)^7$ **c** $(-5)^4$ **ch** $(-3)^5$

7 Copïwch y rhain a'u cwblhau:

$10^3 = 1000$

$10^2 = ...$

$10^1 = ...$

$10^? = 1$

$10^{-1} = \frac{1}{10}$

$10^{-2} = ...$

8 **a** Cyfrifwch yr atebion i'r canlynol.

       (1) $(-2)^2$ (2) $(-5)^2$ (3) $(-8)^2$ (4) $(-10)^2$

    b Copïwch a llenwch y bylchau.

       (1) $(-?)^2 = 9$ (3) $(-?)^2 = 100$

       (2) $(-?)^2 = 36$ (4) $(-?)^2 = 49$

    c Eglurwch pam y mae'n amhosibl darganfod rhif fel bo $(?)^2 = -16$

9 **a** Ysgrifennwch y fformiwla $v = 50 + 10a$ ar sgriniau robotiaid.

    b Lluniwch y peiriant gwrthdro ar gyfer $v = 50 + 10a$

    c Defnyddiwch eich peiriant gwrthdro i ddarganfod a pan fydd gwerth v yn:

       (1) $v = 0$ (2) $v = -10$ (3) $v = 25$ (4) $v = 50$

- Rhifau **negatif**

  Gelwir rhifau ag arwydd minws o'u blaen yn rhifau **negatif**.

  Rhifau **positif**

  Mae rhifau eraill ac eithrio "dim" yn rhifau **positif**. Weithiau ysgrifennir rhifau positif ag arwydd plws o'u blaen. Nid yw "dim" yn bositif nac yn negatif.

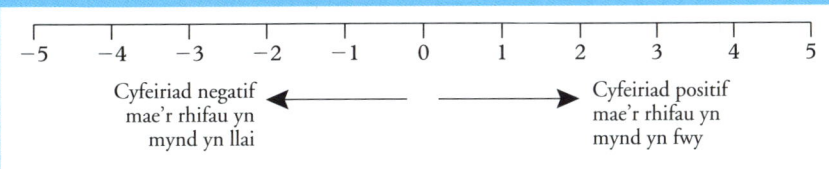

- Llai na **<**

  Mwy na **>**

  Yn aml rydym yn defnyddio'r arwyddion < a > gyda rhifau.

  Golyga $-5 < -2$ fod -5 yn llai na -2

  Golyga $2 > -4$ fod 2 yn fwy na -4

- **Rhifau cyfeiriol**

  Rhifau ag arwyddion o'u blaen yw **rhifau cyfeiriol**, er enghraifft $-3, +5, -7$.

- **Adio a thynnu rhifau cyfeiriol**

  Enghraifft

  Defnyddiwch yr ysgol rifau i ateb $3 - 5$

  Dechreuwch bob amser ar 0.
  Rhifwch i fyny ar gyfer rhifau positif.
  Rhifwch i lawr ar gyfer rhifau negatif.

  $3 - 5$

  Dechreuwch ar 0 ar y llinell.
  Rhifwch 3 bwlch i fyny.
  Rhifwch 5 bwlch i lawr.
  Ateb: -2

  ```
   4
   3
   2
   1
   0
  -1
  -2
  -3
  ```

- **Rheolau rhifau cyfeiriol**

  Mae $+ \times -$ a $- \times +$ yr un fath â $-$

  Mae $+ \div -$ a $- \div +$ yr un fath â $-$

  Mae $+ -$ yr un fath â $-$

  Mae $- -$ yr un fath â $+$

- **Lluosi a rhannu rhifau cyfeiriol**

  Enghreifftiau

  $5 \times -4 = -20$

  $-3 \times -2 = 6$

  $-10 \div 2 = -5$

  $-6 \div -2 = 3$

- *Enghreifftiau*

  1 Defnyddiwch y fformiwla $g = 3h$ i ddarganfod g pan yw $h = -5$

  Amnewidiwch ar gyfer h $g = 3 \times -5$

  Ateb: -15

  2 Defnyddiwch y fformiwla $n = \dfrac{m}{2}$ i ddarganfod n pan yw $m = -8$

  Amnewidiwch ar gyfer m $n = -8 \div 2$

  Ateb: -4

1 Rhowch y tymereddau yma mewn trefn, yr isaf yn gyntaf.
$6\,°C$, $-5\,°C$, $-3\,°C$, $2\,°C$, $1\,°C$, $-1\,°C$, $0\,°C$

2 Copïwch bob pâr o dymereddau.
Ysgrifennwch < neu >.
a $5\,°C$ $3\,°C$ **b** $-6\,°C$ $-8\,°C$ **c** $-4\,°C$ $0\,°C$

3 Mewn anialwch mae'r tymheredd yn y nos yn $-9\,°C$.
Yn ystod y dydd mae'n cyrraedd $43\,°C$.
Trwy sawl gradd mae'r tymheredd yn codi?

4 Defnyddiwch yr ysgol rifau i ateb y rhain:
a $8 - 2$ **b** $3 - 9$ **c** $-4 - 5$ **ch** $3 - 5 + 4 - 1$

5 Cyfrifwch y canlynol:
a $4 - -6$ **c** $-7 - -3$ **d** -3×5 **e** 6×-10
b $-5 + -2$ **ch** $-5 - 3$ **dd** -4×-2 **f** $-10 \div -2$

6 Defnyddiwch gyfrifiannell i ateb y canlynol:
a 31×-56 **c** $19 + -36$ **d** $-280 \div -14$
b $175 \div -25$ **ch** $-25 - -48$ **dd** -45×-23

7 Defnyddiwch y fformiwla $r = s - 25$ i ddarganfod r pan fydd gwerth s yn:
a 68 **b** 12 **c** -35

8 Defnyddiwch y fformiwla $v = 5t - 12$ i ddarganfod v pan fydd gwerth t yn:
a 6 **b** 2 **c** -4

9 Darganfyddwch werth y rhain pan fydd $t = -2$.
a t^2 **b** $5t^2$ **c** $8t^3$

10 Defnyddiwch y fformiwla $E = 5v^2$ i ddarganfod E pan fydd gwerth v yn:
a 3 **b** 1 **c** -5

7 Onglau

CWESTIYNAU

ESTYNIAD

CRYNODEB

PROFWCH EICH HUN

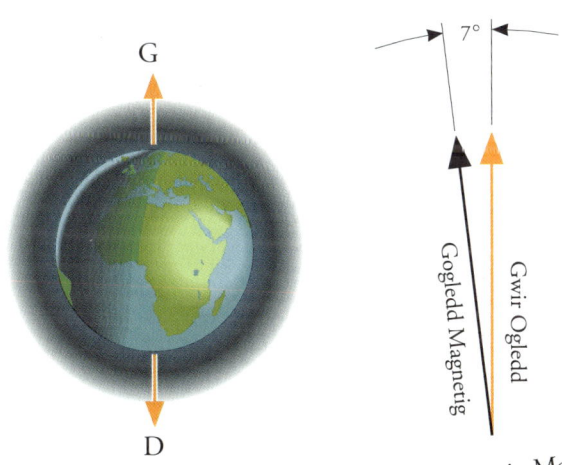

G

D

7°

Gogledd Magnetig

Gwir Ogledd

Mae bys cwmpawd yn pwyntio i'r *Gogledd magnetig*. Mae hyn fymryn yn wahanol i'r gwir Ogledd.

Yn aml mae gan fapiau ddwy saeth i ddangos y Gogledd. Mae un saeth yn dangos y gwir Ogledd a'r llall yn dangos y Gogledd magnetig. Dylid cael dyddiad gyferbyn â'r Gogledd magnetig gan ei fod yn amrywio o flwyddyn i flwyddyn!

Mae'r ongl sydd rhwng y gwir Ogledd a'r Gogledd magnetig tua 7°.

1 ◄◄AILCHWARAE►

40°

Mae'r caban codi yn cario'r twristiaid i fyny ac i lawr y mynydd.
Mae'r cebl ar ongl o 40° â'r llinell lorweddol. Mae hi'n beryglus i'r ongl yma fod yn rhy fawr.

Gradd

Rydym yn defnyddio **graddau** (wedi eu hysgrifennu °) i fesur onglau.

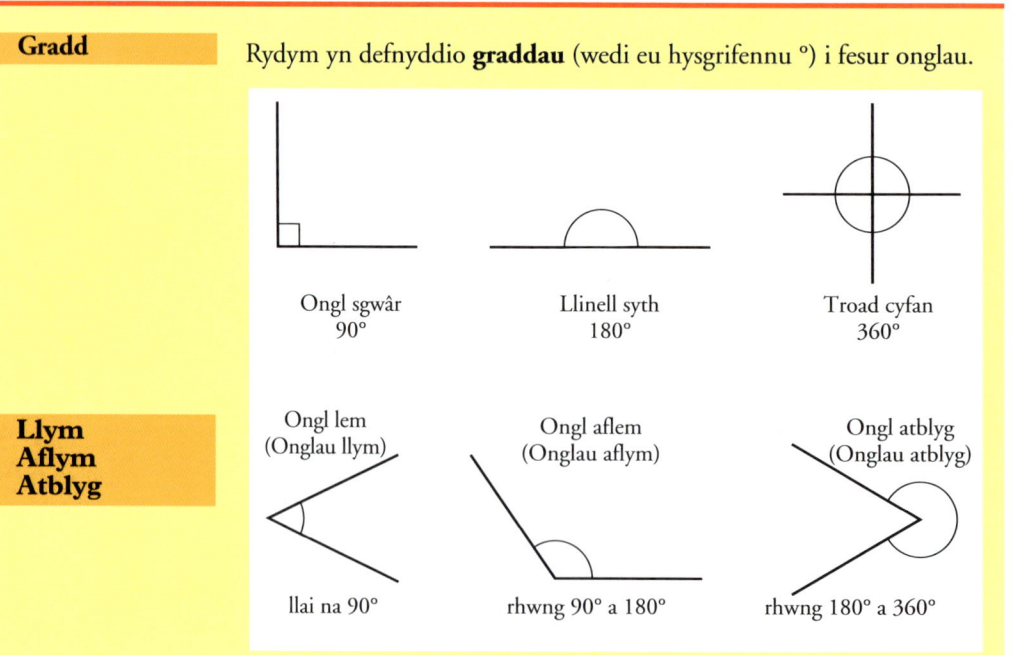

Ongl sgwâr
90°

Llinell syth
180°

Troad cyfan
360°

Llym
Aflym
Atblyg

Ongl lem
(Onglau llym)

Ongl aflem
(Onglau aflym)

Ongl atblyg
(Onglau atblyg)

llai na 90°

rhwng 90° a 180°

rhwng 180° a 360°

Ymarfer 7:1

1 Ysgrifennwch pa ongl sy'n:
   a ongl lem   **b** ongl aflem   **c** ongl atblyg   **ch** ongl sgwâr

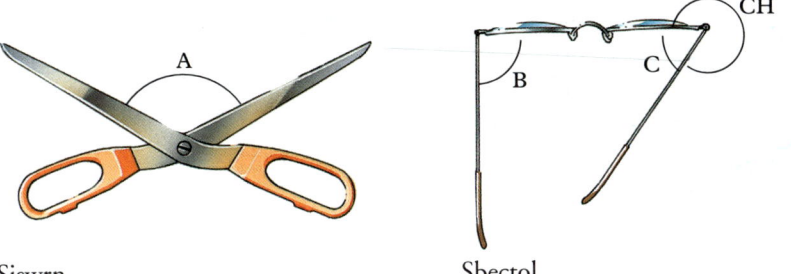

Siswrn   Sbectol

2 Ysgrifennwch enw pob un o'r onglau yma.
Dyma'r dewis sydd gennych:
llinell syth, ongl lem, ongl atblyg, ongl sgwâr, ongl aflem.

a 30°	**c** 270°	**d** 45°	**e** 320°	**ff** 116°
b 125°	**ch** 180°	**dd** 90°	**f** 170°	**g** 6°

Ymarfer 7:2

1 Cymerwch ddarn o bapur sgrap.
  a Plygwch o i wneud llinell syth.
  b Plygwch o unwaith eto i wneud
     ongl sgwâr.
Cadwch eich ongl sgwâr yn ofalus er
mwyn ei defnyddio yn y cwestiwn nesaf.

Enghraifft

Plygwch 90° yn ei
hanner i gael 45°.

Amcangyfrifwch feintiau'r onglau yma:

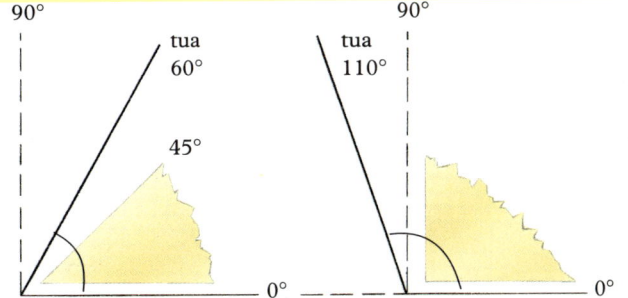

2 Amcangyfrifwch faint pob un o'r onglau
yma mewn graddau.
Defnyddiwch yr ongl sgwâr a wnaethoch
chi'n gynharach i'ch helpu.
Copïwch y tabl yma a'i ddefnyddio i
nodi eich amcangyfrifon.
Byddwch angen y golofn 'Union gywir'
ar gyfer cwestiwn **3**.

	Amcangyfrif	Union gywir
a		
b		
c		
...		

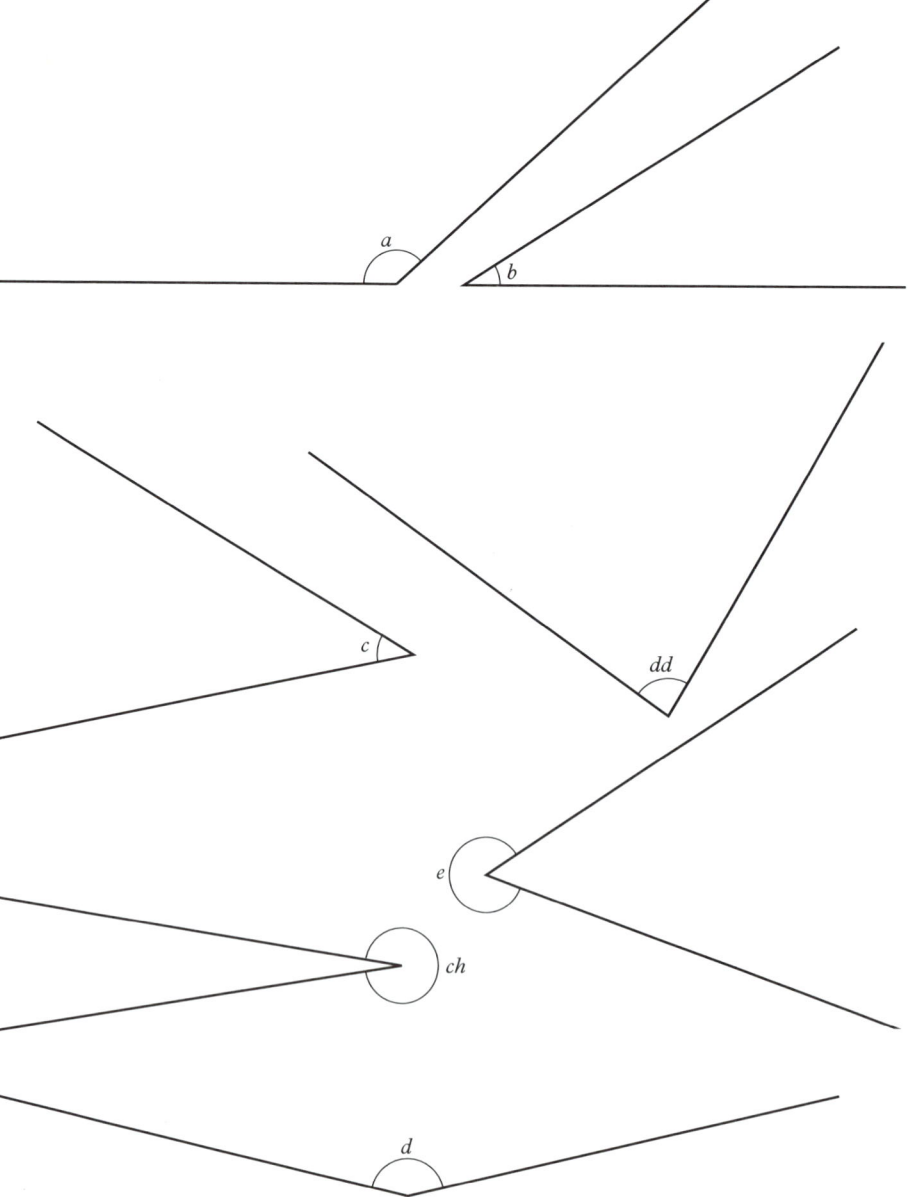

3 Mesurwch yr onglau yng nghwestiwn **2**.
Os oes gennych onglydd 180°, mesurwch yr onglau lleiaf ar gyfer onglau atblyg.
Yna tynnwch yr ateb o 360°.
Ysgrifennwch eich atebion yng ngholofn 'Union gywir' eich tabl.

4 Lluniwch a labelwch yr onglau yma:

   a 67°   **c** 113°   **d** 165°   **e** 96°   **ff** 198°
   b 42°   **ch** 270°   **dd** 18°   **f** 154°   **g** 315°

Enghreifftiau   Cyfrifwch yr onglau sydd wedi eu marcio â llythrennau.

1 Mae **onglau ar linell syth** yn adio i 180°
$a = 180° - 55° - 30°$
$a = 95°$

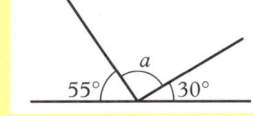

2 Mae **onglau ar bwynt** yn adio i 360°
$b = 360° - 140° - 135°$
$b = 85°$

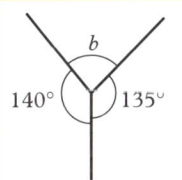

3 Mae **onglau cyferbyn** yn hafal.
Mae p gyferbyn â 120°
ac mae q gyferbyn â 60°
$p = 120°$ $q = 60°$
(Mae p a q yn adio i 180°)

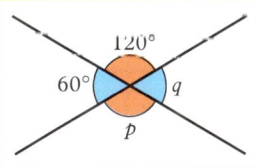

Ymarfer 7:3

Cyfrifwch yr onglau sydd wedi eu marcio â llythrennau.
Ysgrifennwch y rheswm ar gyfer pob un.

1

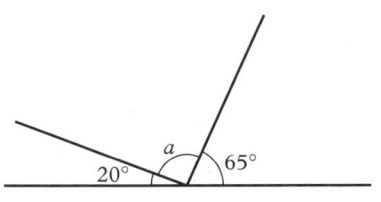

2

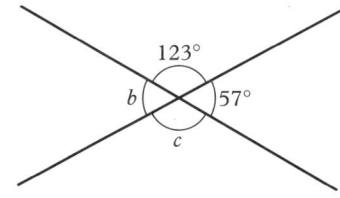

3

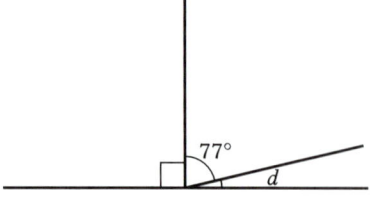

77°
d

7

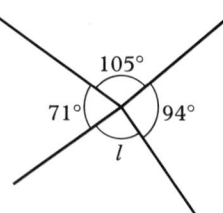

105°
71°   94°
l

4

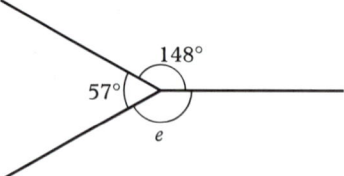

148°
57°
e

8

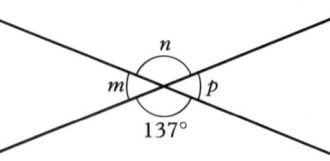

n
m   p
137°

5

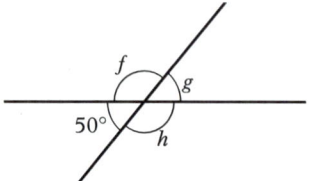

f
g
50°
h

9

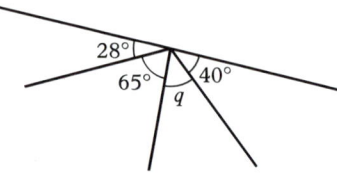

28°
65°   40°
q

6

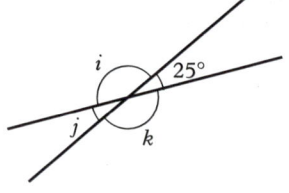

i   25°
j
k

10

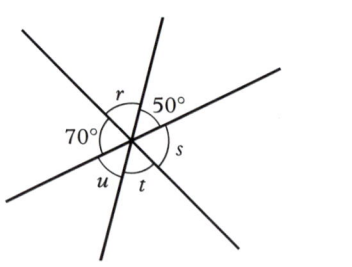

r   50°
70°
s
u   t

Enghraifft

Cyfrifwch ongl *c*.

Mae onglau triongl
yn adio i 180°.
$c = 180° - 30° - 40°$
$c = 110°$

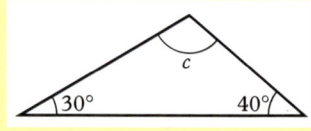

c
30°   40°

Ymarfer 7:4

Cyfrifwch yr onglau sydd wedi eu marcio â llythrennau.

1

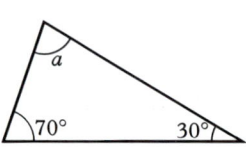

a
70°   30°

2

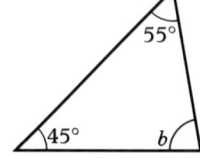

55°
45°   b

3

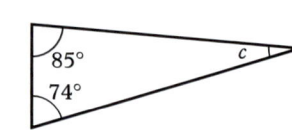

85°   c
74°

Nid oes gan **driongl anghyfochrog** onglau hafal nac ochrau hafal.

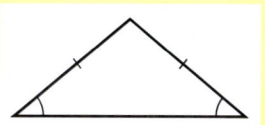

Mae gan **driongl isosgeles** ddwy ongl hafal a dwy ochr hafal.

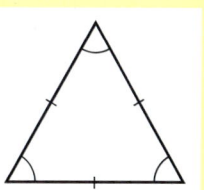

Mae gan **driongl hafalochrog** dair ongl hafal a thair ochr hafal.

Cyfrifwch yr onglau sydd wedi eu marcio â llythrennau.

4

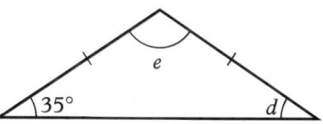

5

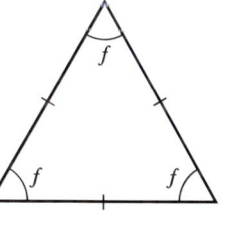

6

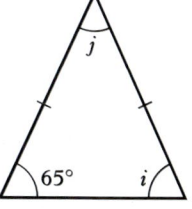

7

8 Copïwch a chwblhewch:
$2k = 180° - 30°$
$2k = \ldots$
$k = \ldots$

9

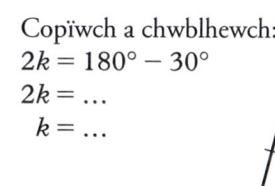

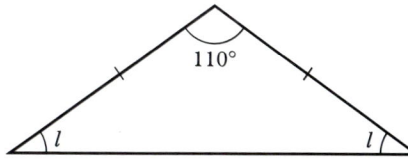

● 10

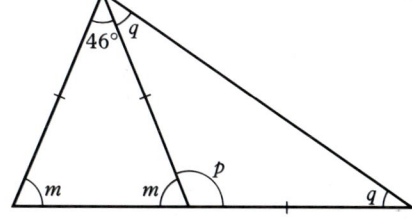

2 Llinellau paralel

Mae parau o gledrau rheilffordd yn baralel.
Nid yw'r ddwy gledren byth yn cyfarfod.
Maen nhw bob amser yn aros yr un pellter
oddi wrth ei gilydd.

Gall gwahanol barau o gledrau rheilffordd
groesi.
Weithiau gall trên symud o un pâr o gledrau i
bâr arall.
Defnyddir system o ddarnau o gledrau
symudol. Gelwir y rhain yn bwyntiau.

Ymarfer 7:5

1 a Tynnwch bâr o linellau paralel.
Marciwch nhw â saethau.

b Tynnwch linell sy'n croestorri'r
ddwy linell baralel.

c Mesurwch a labelwch bob un
o'r wyth ongl.

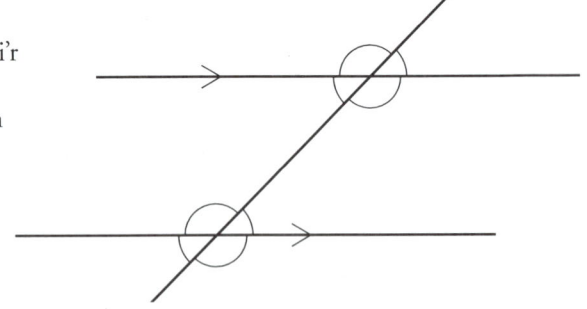

2 a Tynnwch bâr arall o linellau paralel.
Marciwch nhw â saethau.

b Tynnwch linell sy'n croestorri'r ddwy
linell baralel ar ongl wahanol.

c Mesurwch a labelwch bob un
o'r wyth ongl.

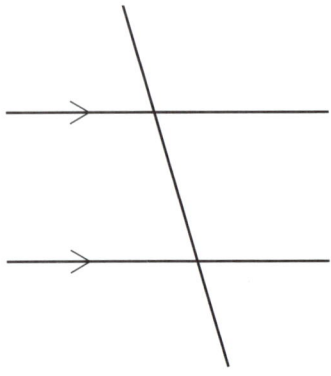

3 a Edrychwch ar yr onglau y gwnaethoch chi eu mesur yng nghwestiynau **1** a **2**. Ar beth yr ydych yn sylwi?

b Copïwch y diagram yma. Lliwiwch y pedair ongl aflem hafal yn goch. Lliwiwch y pedair ongl lem hafal yn las.

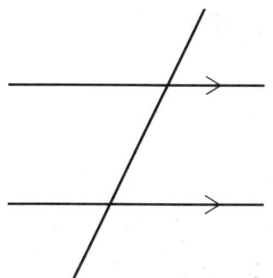

Enghraifft

Darganfyddwch faint yr onglau sydd wedi eu marcio â llythrennau.

Mae p gyferbyn â $130°$
mae q gyferbyn â $50°$
$p = 130°$ $q = 50°$

Mae'r set 'isaf' o bedair ongl yr un fath â'r set 'uchaf'.
$r = 130°$ a $t = 130°$
$s = 50°$ ac $u = 50°$

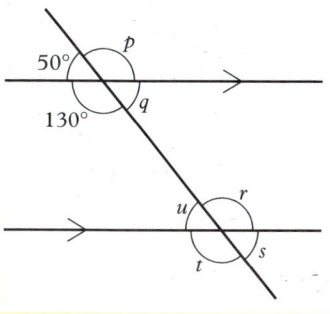

Ymarter 7:6

Darganfyddwch faint yr onglau sydd wedi eu marcio â llythrennau.

1

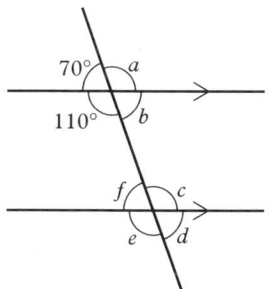

3

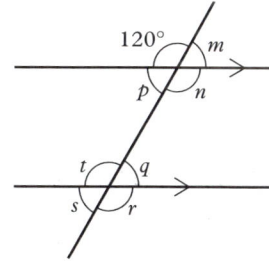

2

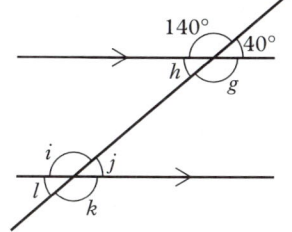

4

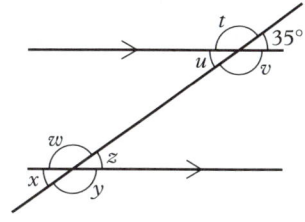

5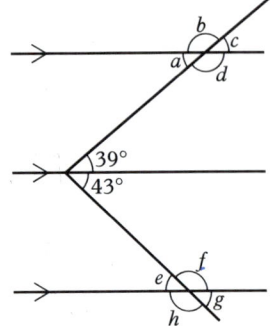

• 6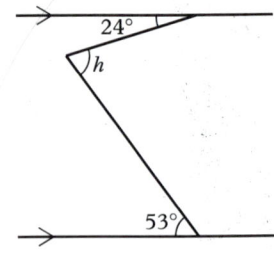

Onglau eiledol	Gelwir onglau ar ochrau cyferbyn y llinell sy'n croestorri yn **onglau eiledol**. Ceir yr onglau yma mewn siapiau **Z**. **Mae onglau eiledol yn hafal.**	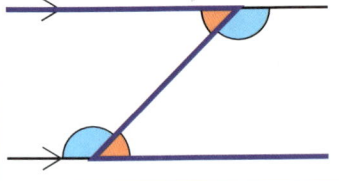
Onglau cyfatebol	Gelwir onglau sydd yn yr un lleoliad yn y setiau 'uchaf' ac 'isaf' o onglau yn **onglau cyfatebol.** Ceir yr onglau yma mewn siapiau **F**. **Mae onglau cyfatebol yn hafal.**	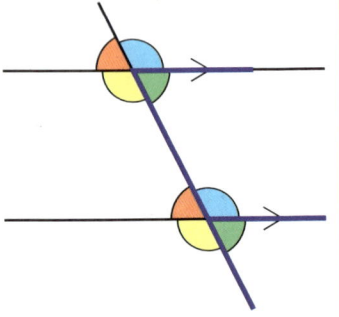
Onglau mewnol	Gelwir onglau sydd rhwng llinellau paralel yn **onglau mewnol.** **Mae onglau mewnol yn adio i 180°.**	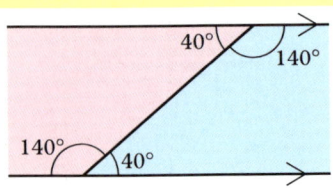

Ymarfer 7:7

1 **a** Copïwch y diagram.
  b Lliwiwch un pâr o onglau eiledol yn goch.
    Lliwiwch y pâr arall yn las.
  c Labelwch eich diagram yn 'Onglau eiledol'.

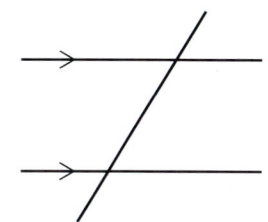

2 **a** Gwnewch gopi arall o'r diagram.
  b Dewiswch bedwar lliw.
    Lliwiwch bob pâr o onglau cyfatebol mewn gwahanol liw.
  c Labelwch eich diagram yn 'Onglau cyfatebol'.

3 **a** Copïwch y diagram.
  b Cyfrifwch yr onglau sydd ar goll.
  c Labelwch eich diagram yn 'Onglau mewnol'.

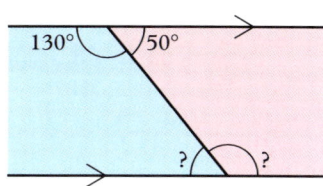

4 Darganfyddwch yr onglau sydd wedi eu marcio â llythrennau.
  Ysgrifennwch pa fath o onglau yw pob pâr o onglau: onglau eiledol, onglau
  cyfatebol ynteu onglau mewnol.

a

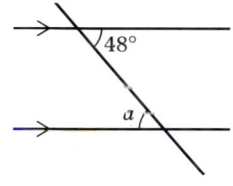

ch

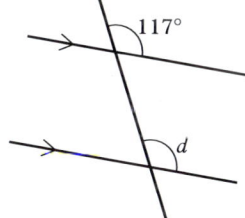

b

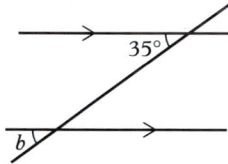

d

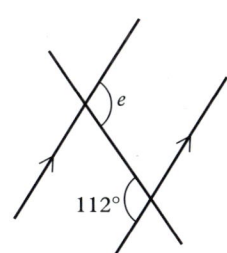

c

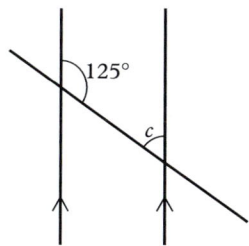

dd

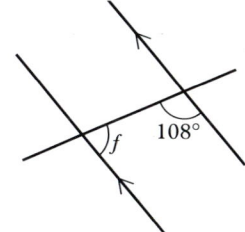

145

Enghraifft Darganfyddwch yr onglau sydd wedi eu marcio â llythrennau.

Mae p a 130° yn onglau mewnol
(gan ddefnyddio'r llinellau paralel
sydd wedi eu marcio ag un saeth)
$p = 180° − 130°$ $p = 50°$

Mae r a 130° yn onglau mewnol
(gan ddefnyddio'r llinellau paralel
sydd wedi eu marcio â dwy saeth)
$r = 180° − 130°$ $r = 50°$

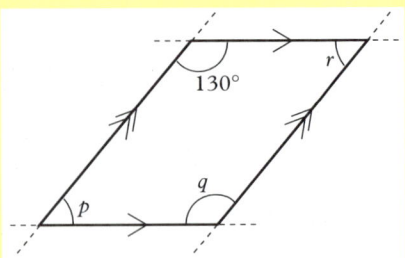

Mae p a q yn onglau mewnol
(gan ddefnyddio'r llinellau paralel sydd wedi eu marcio â dwy saeth)
$q = 180° − 50°$ $q = 130°$

Ymarfer 7:8

Darganfyddwch yr onglau sydd wedi eu marcio â llythrennau.

1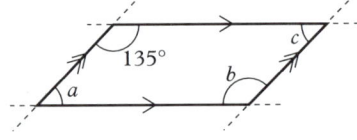

2

3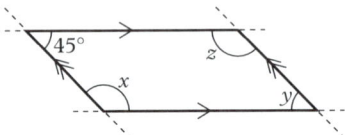

4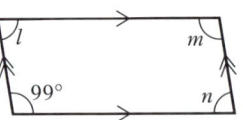

5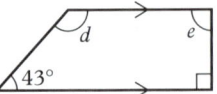

6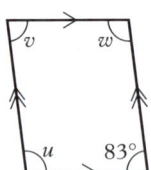

7

8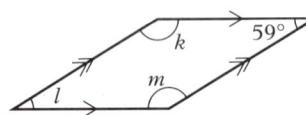

9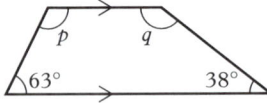

10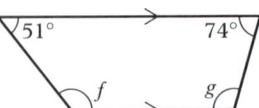

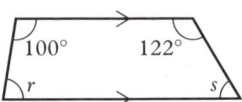

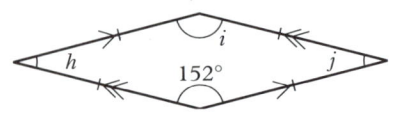

3 Polygonau

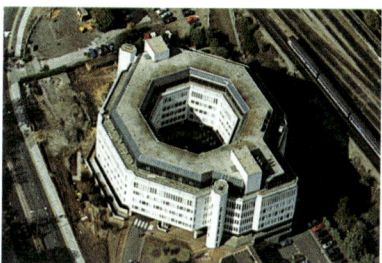

Petryal yw siâp y rhan fwyaf o adeiladau. Weithiau ceir adeiladau ar ffurfiau gwahanol bolygonau. Allwch chi weld pam y gelwir yr adeilad yma'n Octagon?

◀◀AILCHWARAE▶

Polygon

Siâp ag ochrau syth yw **polygon**.

Nifer yr ochrau	Enw'r polygon
3	triongl
4	pedrochr
5	pentagon
6	hecsagon
7	heptagon
8	octagon

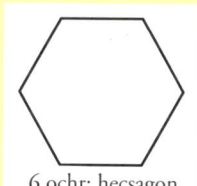

6 ochr: hecsagon

Ymarfer 7:9

1 Ysgrifennwch swm onglau triongl.

2 **a** Lluniwch unrhyw bedrochr.
   b Rhannwch y pedrochr yn ddau driongl gan ddefnyddio croeslin.
   c Gellir rhannu pedrochr yn ddau driongl.
      Beth yw swm ei onglau?

3 **a** Lluniwch bentagon.
   b Tynnwch groesliniau o un fertig i bob un o'r fertigau eraill.
   c Gellir rhannu pentagon yn dri thriongl.
      Beth yw swm ei onglau?

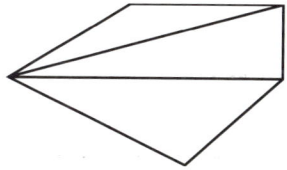

4 Gwnewch gwestiwn **3** unwaith eto ar gyfer hecsagon.

5 **a** Copïwch y tabl yma:

Nifer yr ochrau	Enw'r polygon	Nifer y trionglau	Swm onglau'r polygon
3	triongl	1	180°
4	pedrochr	…	…
…			

b Defnyddiwch eich atebion i gwestiynau **1–4** i lenwi'r tabl hyd at hecsagonau.

c (1) Edrychwch ar y patrymau rhif yn eich tabl.
Defnyddiwch eich patrymau i lenwi'r tabl hyd at octagonau.

(2) Lluniwch heptagon ac octagon.
Rhannwch nhw yn drionglau.
Gwiriwch eich bod wedi llenwi'ch tabl yn gywir.

6 **a** (1) Sawl triongl y gellir ei ffurfio wrth rannu polygon 20 ochr?

(2) Beth yw swm onglau polygon 20 ochr?

b Gwnewch ran **a** unwaith eto ar gyfer polygon 100 ochr.

c (1) Copïwch a llenwch y bylchau:
Mae nifer y trionglau y gellir eu ffurfio wrth rannu polygon yr
un fath â nifer .... y polygon tynnu ...
Mae onglau'r polygon yn adio i nifer y .... wedi ei
luosi â .... °

(2) Ysgrifennwch eich rheol i ddarganfod swm onglau polygon mewn algebra.
Defnyddiwch n ar gyfer $n$ifer ochrau'r polygon.

● **ch** Mae onglau polygon yn adio i 2700°.
Defnyddiwch wrthdro eich rheol i ddarganfod sawl ochr sydd gan y polygon.

Polygon rheolaidd	Mae ochrau **polygonau rheolaidd** i gyd o'r un hyd. Mae eu honglau i gyd hefyd yn hafal.
	Mae trionglau hafalochrog a sgwariau yn bolygonau rheolaidd.
Enghraifft	Cyfrifwch ongl pentagon rheolaidd.

Gellir rhannu pentagon yn
dri triongl.
Mae swm onglau pentagon yn:
$3 \times 180° = 540°$
Mae un ongl pentagon rheolaidd yn:
$540° \div 5 = 108°$
Ateb: 108°

Ymarfer 7:10

1 Cyfrifwch onglau polygonau rheolaidd sydd â'r nifer canlynol o ochrau:
    a 6   **b** 7   **c** 8   **ch** 10   **d** 12   **dd** 20

2 **a** (1) Lluniwch driongl ag ochrau estynedig fel hyn.
        (2) Mesurwch bob un o'r onglau sydd wedi eu marcio.
        (3) Adiwch y tair ongl.

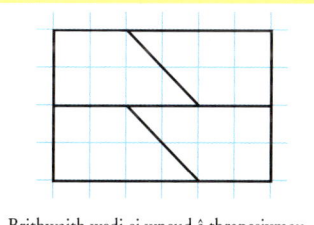

  b Lluniwch bedrochr â'i ochrau wedi eu hestyn yn yr un modd.
      Gwnewch ran **a** (2) a (3) unwaith eto.

  c Lluniwch bentagon ag ochrau estynedig.
      Gwnewch ran **a** (2) a (3) unwaith eto.

  ch Gelwir yr onglau yr ydych chi wedi eu mesur yn **onglau allanol**.
      Mae onglau allanol unrhyw bolygon bob amser yn adio i roi'r un rhif.
      Beth yw'r rhif yma?

3 Mae ongl allanol polygon rheolaidd yn 15°.
    Sawl ochr sydd gan y polygon?

◀◀AILCHWARAE▶

Brithwaith

Patrwm yw **brithwaith** sy'n cael ei wneud drwy ailadrodd yr un siâp drosodd a throsodd.
Does yna ddim bylchau mewn brithwaith.

Brithwaith wedi ei wneud â thrapesiymau.

Ymchwil i siapiau y gellir eu defnyddio i wneud brithwaith

Byddwch angen set o deils siapiau polygonau rheolaidd.
Defnyddiwch y teils i weld pa bolygonau rheolaidd y gellir eu defnyddio i wneud brithwaith.
Beth sy'n arbennig ynglŷn ag onglau polygonau rheolaidd y gellir eu defnyddio i wneud brithwaith?
Allwch chi ddarganfod unrhyw bolygonau afreolaidd y gellir eu defnyddio i wneud brithwaith?
A yw eu honglau yn arbennig mewn unrhyw ffordd?

4 Cyfeiriannau

Mae Seimon yn cyfeiriannu. Mae ganddo fap cyfeiriannu lle mae'r pwyntiau rheoli wedi eu marcio. Mae Seimon yn defnyddio cwmpawd i ddarganfod cyfeiriad neu gyfeiriant y pwynt rheoli nesaf.

Cyfeiriant

Mae cwmpawd yn rhoi **cyfeiriant** gwrthrych. Dyma'r cyfeiriad yr ydych chi'n teithio iddo i fynd yn unionsyth at y gwrthrych.
Mae cyfeiriannau yn cael eu mesur yn glocwedd o'r gogledd mewn graddau.
Mae cyfeiriannau bob amser yn cynnwys tri ffigur.

Enghreifftiau

Darganfyddwch gyfeiriant B o A ym mhob achos.

1

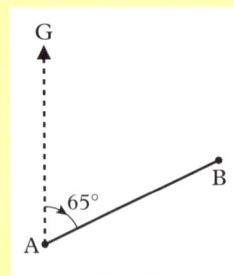

Mae cyfeiriant B o A yn 065°

2

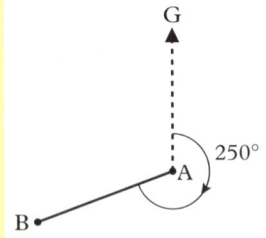

Mae cyfeiriant B o A yn 250°

Ymarfer 7:11

Darganfyddwch gyfeiriant B o A ym mhob achos.

1

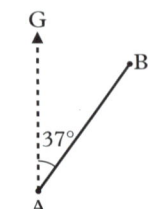

2

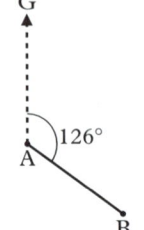

3

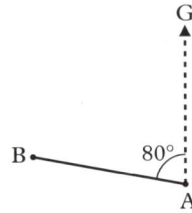

4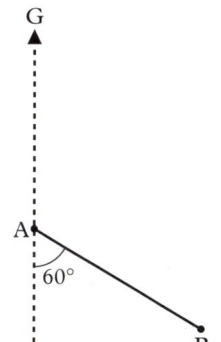

5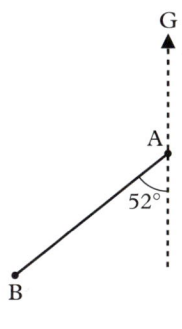

6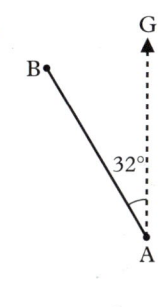

Mae Seimon yn sefyll ar y llwybr.
Mae o am deithio allan at y pwynt
rheoli cyfeiriannu sydd ar gyfeiriant
070°.

Mae Seimon yn defnyddio'i gwmpawd
ac yn cyrraedd y pwynt rheoli.

Yna mae Seimon am deithio'n ôl o'r
pwynt rheoli i'r llwybr. Mae'n rhoi
hanner troad i wynebu'r ffordd y
daeth.
Rhaid i Seimon wybod beth yw
cyfeiriant y daith yn ôl.

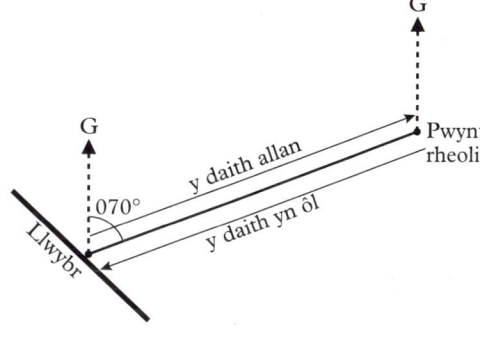

Ymarfer 7:12

1 Dyma ddiagram sy'n dangos taith Seimon.
   a Ysgrifennwch pa liw yw cyfeiriant
      070° y daith allan.
   b Ysgrifennwch pa liw yw cyfeiriant
      y daith yn ôl.
   c Copïwch a llenwch y bwlch:
      Cyfeiriant y daith yn ôl yw 070° + 180° = ...°

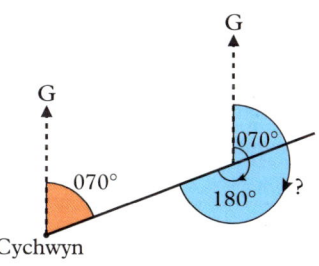

2 Mae'r diagram yn dangos taith
   Seimon i bwynt rheoli arall sydd ar
   gyfeiriant 120°.
   a Gwnewch fraslun o'r diagram.
   b Lliwiwch gyfeiriant y daith allan yn goch.
      Lliwiwch gyfeiriant y daith yn ôl yn las.
   c Copïwch a llenwch y bwlch:
      Cyfeiriant y daith yn ôl yw: 120° + ...° = ...°

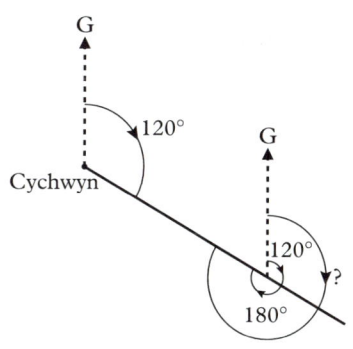

151

3 Mae Nerys yn gadael y llwybr ar gyfeiriant 240°.

   a Gwnewch fraslun o'r diagram yma o daith Nerys.

   b Lliwiwch gyfeiriant 240° y daith allan yn goch.
Lliwiwch gyfeiriant y daith yn ôl yn las.

   c Copïwch a llenwch y bwlch:
Cyfeiriant y daith yn ôl yw: 240° − 180° = ...°

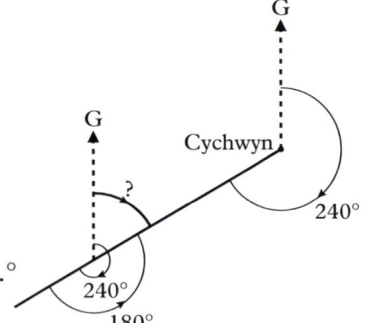

Darganfyddwch gyfeiriannau taith yn ôl ar gyfer y rhain:

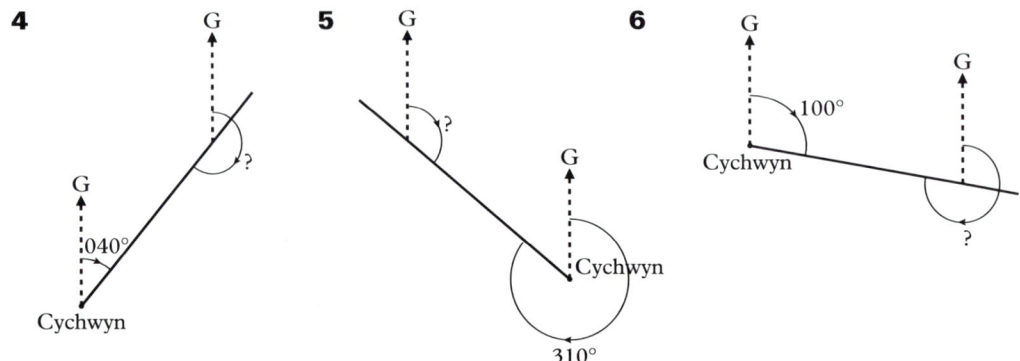

Mae gwahaniaeth o 180° bob amser rhwng cyfeiriant y daith allan a chyfeiriant y daith yn ôl.

Cyfeiriant y daith allan	Rheol i ddarganfod cyfeiriant y daith yn ôl
llai na 180°	cyfeiriant y daith allan + 180°
mwy na 180°	cyfeiriant y daith allan − 180°

Mae'r diagramau yn rhoi cyfeiriannau pwynt B o bwynt A.
Darganfyddwch gyfeiriant A o B (cyfeiriant y daith yn ôl).

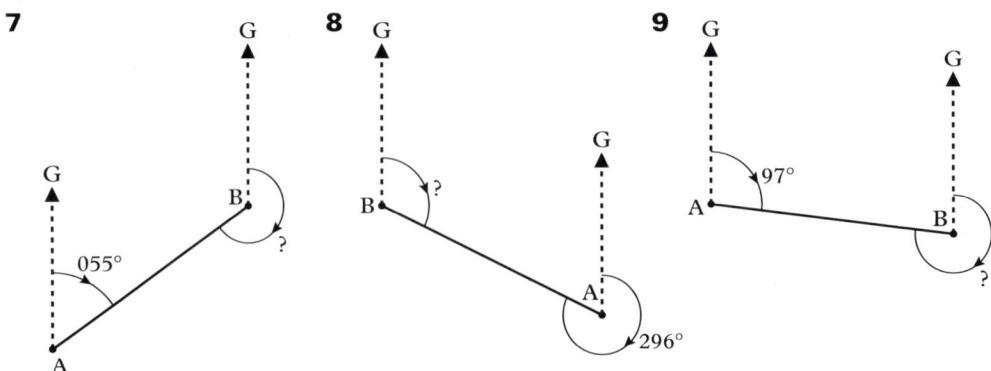

10 Mae'r diagram yn lluniad wrth raddfa o ran o arfordir.

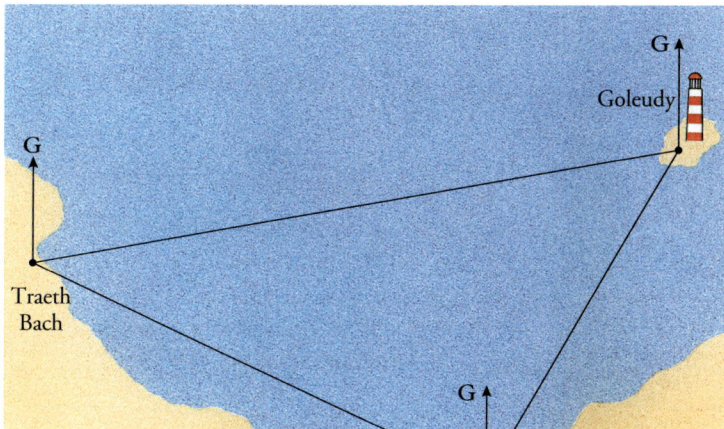

Darganfyddwch yr atebion yma drwy fesur yn fanwl gywir.

a Mae cwch yn hwylio o Draeth Bach i'r Graig Ddu.
Beth yw'r cyfeiriant a'r pellter mae'r cwch yn hwylio?

b Yna mae'r cwch yn hwylio o'r Graig Ddu i'r goleudy.
Beth yw'r cyfeiriant a'r pellter mae'r cwch yn hwylio?

c Yna mae'r cwch yn hwylio'n unionsyth o'r goleudy i Draeth Bach.
Beth yw cyfeiriant y daith yma a'r pellter mae'r llong yn hwylio?

ch Mae'r cwch yn gwneud ail daith i'r goleudy. Y tro hwn mae'n mynd yn syth
yno.
Eglurwch sut y gallwch gyfrifo cyfeiriant y goleudy o Draeth Bach gan
ddefnyddio'r cyfeiriant y gwnaethoch ei ddarganfod yn rhan **c**.

11 Mae llong yn hwylio 120 milltir ar gyfeiriant 245°
Yna mae hi'n hwylio 80 milltir ar gyfeiriant 328°

a Gwnewch fraslun o daith y llong.

b Gwnewch luniad wrth raddfa gan ddefnyddio graddfa o 1 cm i 20 milltir.

c Ar y daith yn ôl, mae'r llong yn hwylio yn syth yn ôl i'w man cychwyn.
Defnyddiwch eich lluniad wrth raddfa i ddarganfod y cyfeiriant ar gyfer y
daith yn ôl.
Darganfyddwch y pellter mae'r llong yn ei deithio ar ei thaith yn ôl.

1 Darganfyddwch yr onglau sydd wedi eu marcio â llythrennau.

a

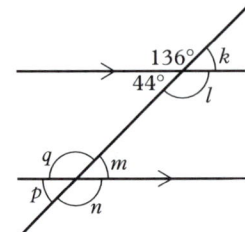

b

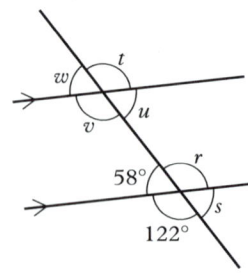

2 Darganfyddwch yr onglau sydd wedi eu marcio â llythrennau.
Ysgrifennwch a yw'r onglau yn onglau eiledol, onglau cyfatebol ynteu onglau mewnol.

a

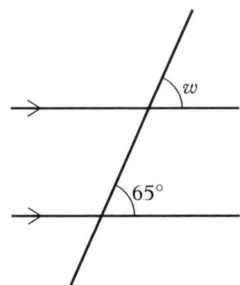

b

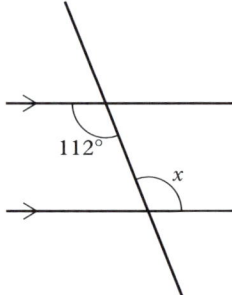

c

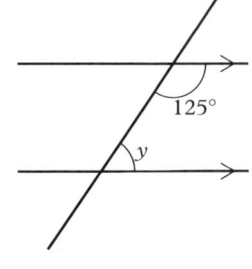

3 Darganfyddwch yr onglau sydd wedi eu marcio â llythrennau.

a

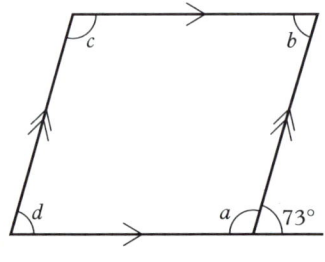

b

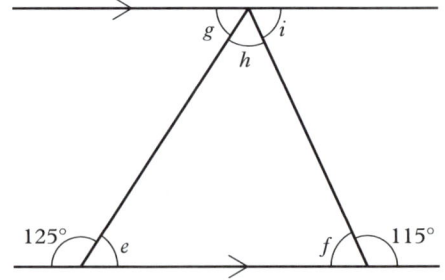

4 Byddwn yn defnyddio pwyntiau'r cwmpawd i
ddisgrifio cyfeiriad.
Nid yw'r dull yma'n gywir iawn.
Byddwn yn ei ddefnyddio, er enghraifft, i
ddisgrifio cyfeiriad gwyntoedd.

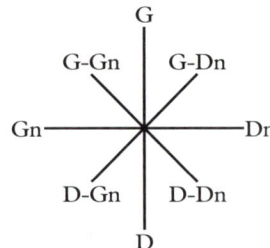

Ysgrifennwch y pwyntiau cwmpawd hyn fel cyfeiriannau mewn graddau.

a Dn	**c** D	**d** G-Gn	**e** D-Gn
b Gn	**ch** D-Dn	**dd** G-Dn	**f** G

5 Darganfyddwch beth yw cyfeiriant A o B ym mhob achos.

a

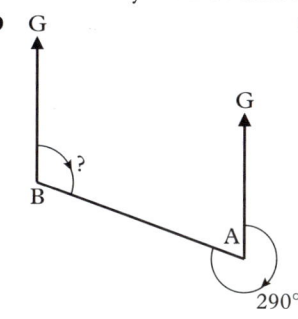

b

c

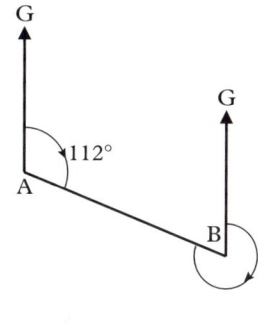

6 **a** Ysgrifennwch swm onglau **allanol** unrhyw bolygon.

b Mae gan bolygon rheolaidd ongl allanol o 36°.

(1) Faint o weithiau mae 36° yn rhannu i mewn i 360°?

(2) Faint o ochrau sydd gan y polygon?

c Defnyddiwch 180° − 36° i gyfrifo ongl fewnol y polygon yma.

ch Gwnewch rannau **b** ac **c** eto ar gyfer yr onglau allanol yma.

(1) 30° (2) 24° (3) 20° (4) 18°

7 **a** Mae cwch yn hwylio o'r Pier Coch i Fae'r Tywysog.
Beth yw'r cyfeiriant a'r pellter mae'r cwch yn hwylio?

b Yna mae'r cwch yn hwylio o Fae'r Tywysog i Ogof y Wrach.
Beth yw'r cyfeiriant a'r pellter mae'r cwch yn hwylio?

c Ar y daith yn ôl mae'r cwch yn hwylio yn unionsyth o Ogof y Wrach i'r Pier Coch.
Beth yw cyfeiriant y daith yn ôl, a'r pellter y mae'r cwch yn hwylio?

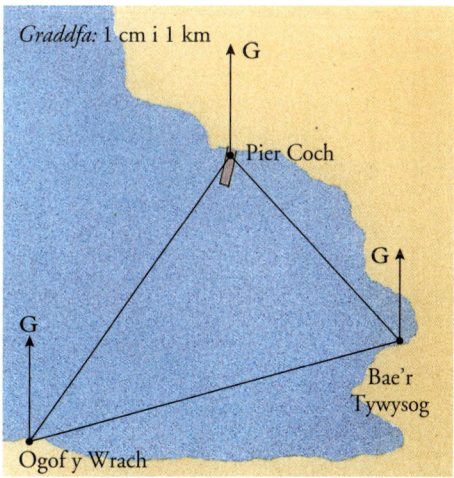

155

1   Darganfyddwch yr onglau sydd wedi eu marcio â llythrennau.

a

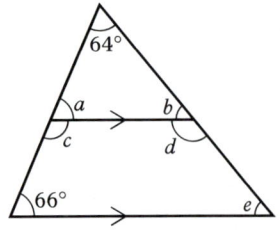

c

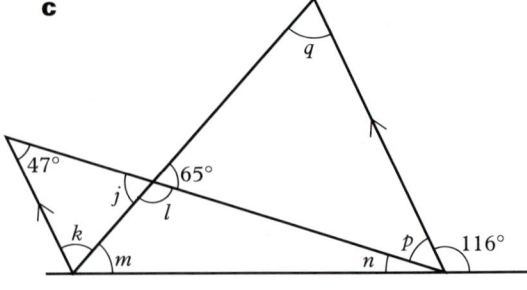

b

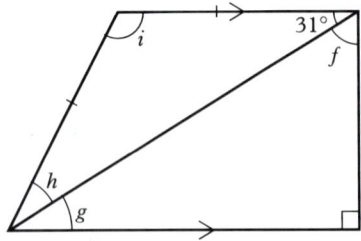

ch

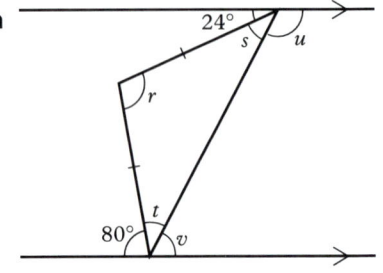

2   **a**   Ysgrifennwch y fformiwla i ddarganfod swm onglau
mewnol polygon ag *n* ochr.

      b   Cyfrifwch swm onglau mewnol polygon ag
14 ochr.

      c   Mae swm onglau mewnol polygon yn 2520°
Sawl ochr sydd ganddo?

3   Mae'r diagram yn dangos llong yn C, ger darn syth o arfordir.
Mae'r capten yn cymryd cyfeiriant dau oleudy ar yr arfordir.
Mae cyfeiriant goleudy A yn 220°. Mae cyfeiriant goleudy B yn 150°.
Mae'r pellter rhwng y goleudai yn 8 km.

      a   Cyfrifwch beth yw: (1) cyfeiriant C o A
                              (2) cyfeiriant C o B

      b   Gwnewch luniad manwl gywir o'r triongl ABC.
Defnyddiwch raddfa o 1 cm i 1 km.

      c   Drwy fesur, darganfyddwch pa mor bell yw'r llong o'r lan.

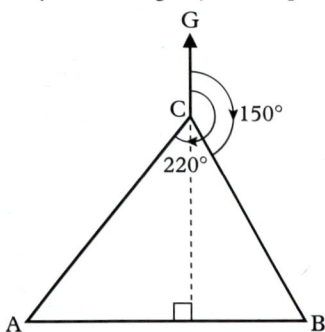

- *Enghraifft*

  Darganfyddwch yr onglau sydd wedi eu marcio â llythrennau.

  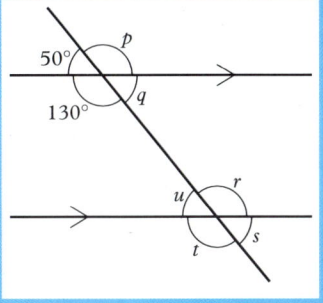

  Mae *p* gyferbyn â 130°
  Mae *q* gyferbyn â 50°
  $p = 130°$ $q = 50°$

  Mae'r set 'isaf' o bedair ongl yn hafal i'r set 'uchaf'.
  $r = 130°$ a $t = 130°$
  $s = 50°$ ac $u = 50°$

Onglau eiledol
: Gelwir onglau ar ochrau cyferbyn y llinell sy'n croestorri, fel *q* ac *u*, yn **onglau eiledol**.
Mae onglau eiledol yn hafal.

Onglau cyfatebol
: Gelwir onglau sydd yn yr un lleoliad yn y setiau 'uchaf' ac 'isaf' o onglau, fel *p* ac *r*, yn **onglau cyfatebol**.
Mae onglau cyfatebol yn hafal.

Onglau mewnol
: Gelwir onglau sydd rhwng y llinellau paralel, fel *q* ac *r*, yn **onglau mewnol**. Mae onglau mewnol yn adio i 180°.

- *Enghraifft*

  Cyfrifwch ongl fewnol pentagon rheolaidd.

  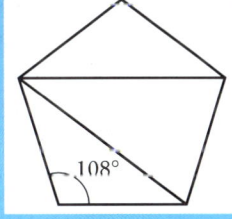

  Gellir rhannu pentagon rheolaidd yn dri thriongl.
  Swm onglau pentagon $3 \times 180° = 540°$
  Un ongl pentagon rheolaidd $540° \div 5 = 108°$
  Ateb: 108°

- **Onglau allanol**

  Mae **onglau allanol** unrhyw bolygon yn adio i 360°.

  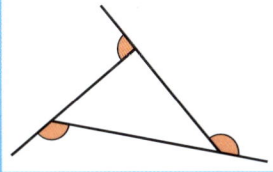

- Mae trionglau hafalochrog, sgwariau a hecsagonau rheolaidd yn bolygonau rheolaidd y gellir eu defnyddio i wneud brithwaith.

- **Cyfeiriant**

  Mae cwmpawd yn rhoi **cyfeiriant** gwrthrych. Dyma'r cyfeiriad yr ydych chi'n teithio iddo i fynd yn unionsyth at y gwrthrych.
  Mae cyfeiriannau yn cael eu mesur yn glocwedd o'r gogledd mewn graddau.
  Mae cyfeiriannau bob amser yn cynnwys tri ffigur.

1 Darganfyddwch faint yr onglau sydd wedi eu marcio â llythrennau.

a

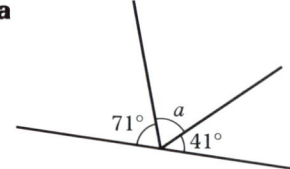

c

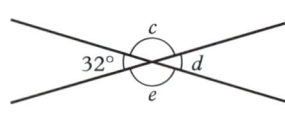

b

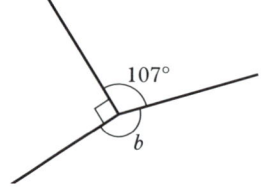

ch

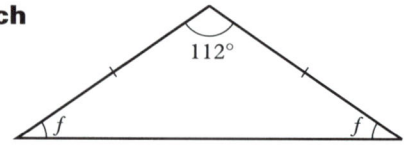

2 Darganfyddwch faint yr onglau sydd wedi eu marcio â llythrennau.

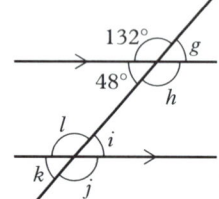

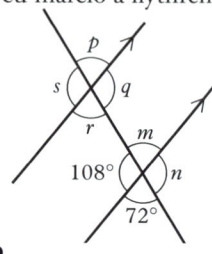

a **b**

3 Darganfyddwch faint yr onglau sydd wedi eu marcio â llythrennau.
Ysgrifennwch a yw'r onglau yn onglau eiledol, onglau cyfatebol ynteu onglau mewnol.

a **b** **c**

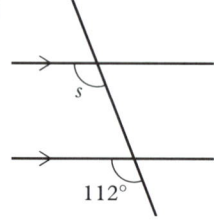

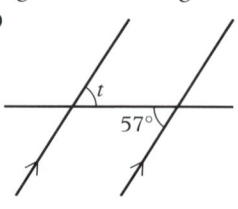

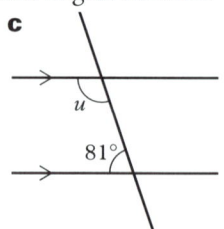

4 **a** Cyfrifwch swm onglau mewnol octagon.
   b Cyfrifwch faint ongl fewnol octagon rheolaidd.

5 Darganfyddwch gyfeiriant A o B ym mhob achos.

a **b** **c**

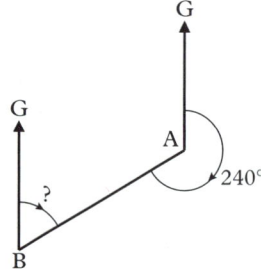

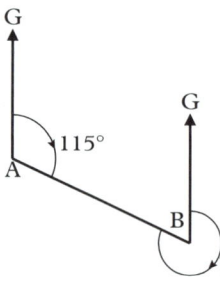

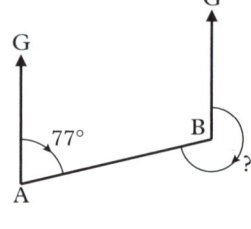

8 Tebygolrwydd

Bob blwyddyn mae ERNIE yn talu tua £385 miliwn mewn gwobrau.

Ystyr ERNIE yw 'Electronic Random Number Indicating Equipment'.

Mae ERNIE yn dewis rhifau'r Bondiau Premiwm buddugol bob mis.

Mae pob Bond Premiwm yn costio £1 ac mae gan bob Bond siawns 1 mewn 19 000 o ennill gwobr.

Mae'r rhan fwyaf o'r gwobrau yn £50 neu £100 ond ceir gwobr fisol o £1 miliwn.

Mae'r siawns y bydd unrhyw Fond yn ennill y wobr o £1 miliwn mewn unrhyw fis tua 1 mewn 8 biliwn!

1 ◄◄AILCHWARAE►

Y llynedd cawsoch gyfle i ddefnyddio tebygolrwydd i'ch helpu i benderfynu beth i'w ddweud yn y gêm gardiau Uwch neu Is.

Tebygolrwydd

Mae **tebygolrwydd** yn dweud wrthym pa mor debygol yw rhywbeth o ddigwydd. Gallwn ddangos hyn ar raddfa tebygolrwydd:

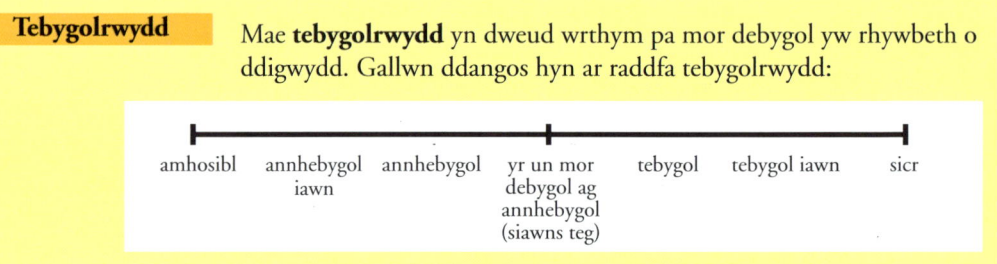

amhosibl · annhebygol iawn · annhebygol · yr un mor debygol ag annhebygol (siawns teg) · tebygol · tebygol iawn · sicr

Ymarfer 8:1

1 Lluniwch raddfa tebygolrwydd.
Marciwch y pwyntiau **a**, **b** ac **c** i ddangos pa mor debygol, yn eich tyb chi, yw pob un.
a Bydd y disgybl nesaf y byddwch yn ei weld dros 2 fetr o daldra.
b Bydd o leiaf un diwrnod heulog ym mis Mehefin yn Llundain.
c Byddwch yn llwyddo yn eich prawf gyrru cyn bod yn 18 mlwydd oed.

Ysgrifennir tebygolrwydd fel rhif.
Rydym yn ysgrifennu 0 ar gyfer amhosibl ac 1 ar gyfer sicr.

Gallwn lunio ein graddfa tebygolrwydd ein hunain fel hyn:

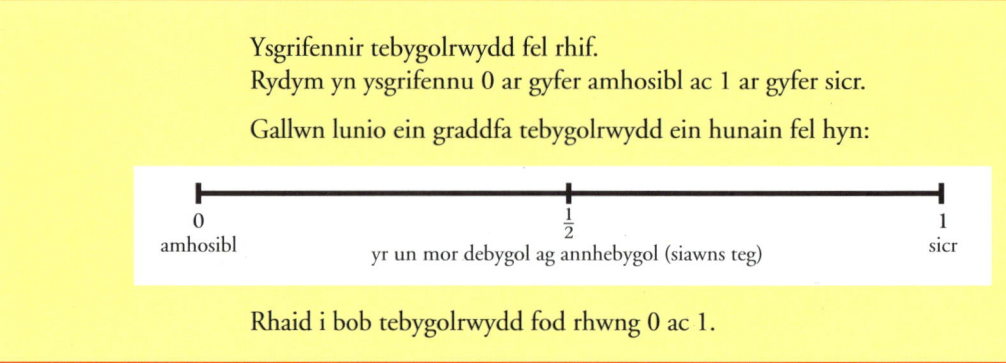

0 amhosibl · $\frac{1}{2}$ yr un mor debygol ag annhebygol (siawns teg) · 1 sicr

Rhaid i bob tebygolrwydd fod rhwng 0 ac 1.

2 Lluniwch raddfa tebygolrwydd fel hyn:

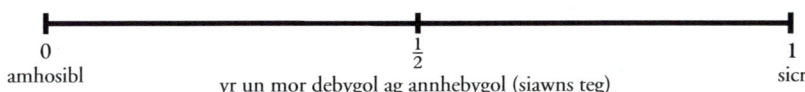

0 — amhosibl
$\frac{1}{2}$ — yr un mor debygol ag annhebygol (siawns teg)
1 — sicr

Marciwch y pwyntiau **a**, **b** ac **c** i ddangos pa mor debygol, yn eich tyb chi, yw pob un.

a Bydd y disgybl nesaf y byddwch chi'n ei gyfarfod/ei chyfarfod yn hŷn na chi.

b Bydd y disgybl nesaf y byddwch chi'n ei gyfarfod/ei chyfarfod yn un o efeilliaid.

c Bydd y disgybl nesaf y byddwch chi'n ei gyfarfod/ei chyfarfod yn llaw dde.

3 Ar gyfer pob llythyren wnaethoch chi ei marcio yng nghwestiwn **2**, rhowch amcangyfrif o'r tebygolrwydd.

Ysgrifennwch eich ateb fel degolyn neu fel ffracsiwn.

Fel arfer ysgrifennir tebygolrwydd fel ffracsiwn.

Prynodd Sali 3 o docynnau raffl.

Gwerthwyd 100 o docynnau.

Mae'r tebygolrwydd y bydd Sali yn ennill y raffl yn $\frac{3}{100}$.

Ymarfer 8:2

1 Mae bag yn cynnwys 6 chownter melyn a 5 cownter gwyrdd.

Mae un cownter yn cael ei dynnu ar hap.

Ysgrifennwch y tebygolrwydd y bydd y cownter yn un

a melyn **b** gwyrdd **c** glas

2 Mae cadw-mi-gei Patricia yn cynnwys pedwar darn £1, tri darn 50c a phum darn 20c.

Mae hi'n ysgwyd darn arian allan ohono ar hap.

Ysgrifennwch y tebygolrwydd y bydd y darn arian yn un:

a 50c **b** £1 **c** gwerth llai na £1

3 Mae'r tabl yn dangos aelodau clwb ieuenctid.

	Dan 13 oed	13 a throsodd
bechgyn	20	15
merched	18	22

a Faint o aelodau sy'n y clwb?

Mae aelod o'r clwb yn cael ei ddewis ar hap.

Ysgrifennwch y tebygolrwydd y bydd yr aelod fydd yn cael ei ddewis:

b yn fachgen

c yn yr arddegau (13 neu hŷn)

ch yn ferch dan 13 oed

4 Dewisir cerdyn ar hap o becyn cyffredin o 52 o gardiau chwarae.
Beth yw'r tebygolrwydd y bydd y cerdyn yn un

a coch **b** rhawiau **c** naw **ch** llun?

Cofiwch: y cardiau llun yw'r Jac, y Frenhines, y Brenin a'r Âs.

Mae bocs yn cynnwys 12 cownter.
Mae 8 cownter coch a 4 cownter glas.

Mae Meredydd yn tynnu cownter o'r
bocs heb edrych.
Mae o'n ysgrifennu beth yw'r lliw ac
yn ei roi yn ôl yn y bocs.

Mae o'n gwneud hyn 12 o weithiau.

Mae Meredydd yn *disgwyl* cael 8 cownter
coch a 4 cownter glas.

Ymarfer 8:3

1 Mae Meredydd yn tynnu cownter 24 o weithiau.
  a Sawl gwaith y mae o'n disgwyl tynnu cownter coch?
  b Sawl gwaith y mae o'n disgwyl tynnu cownter glas?

2 Mae bag yn cynnwys 5 pêl las, 4 pêl felen ac 1 bêl ddu.
Mae Malcom yn tynnu pêl ar hap ac yn ysgrifennu'r lliw.
Yna mae o'n rhoi'r bêl yn ôl yn y bag.
  a Mae o'n gwneud hyn 10 o weithiau.
    Ysgrifennwch faint o beli fydd Malcom yn disgwyl fydd yn:
    (1) las   (2) ddu   (3) felyn
  b Mae o'n gwneud hyn 50 o weithiau.
    Ysgrifennwch faint o beli fydd Malcom yn disgwyl fydd yn:
    (1) las   (2) ddu   (3) felyn

3 Mae dis teg yn cael ei daflu 300 o weithiau.
Ysgrifennwch faint o weithiau fyddech chi'n disgwyl cael
  a 6   **b** 2 neu 3   **c** odrif

4 Mewn arolwg o ddisgyblion Ysgol Abergwynant, gwelodd Siwsan fod 1 o bob
10 disgybl yn llaw chwith.
Ysgrifennwch faint o ddisgyblion llaw chwith fyddech chi'n disgwyl mewn:
  a grŵp o 10 o ddisgyblion   **b** dosbarth o 30 o ddisgyblion

5   Mae ffatri sy'n cynhyrchu cyfrifiannellau yn disgwyl i 1 cyfrifiannell o bob 100 fod yn ddiffygiol.

   a   Faint o gyfrifiannellau diffygiol fyddech chi'n disgwyl eu canfod mewn set o 1000?

   b   Mewn set o 3420 o gyfrifiannellau, mae 41 yn ddiffygiol.
A yw hyn yn fwy neu'n llai na'r nifer o gyfrifiannellau diffygiol fyddech chi'n disgwyl?

6   Mae bag yn cynnwys 12 o beli. Mae rhai ohonynt yn goch a rhai yn las.
Mae un bêl yn cael ei thynnu ar hap o'r bag a'r lliw yn cael ei gofnodi.
Yna mae'r bêl yn cael ei rhoi yn ôl yn y bag.
Mae hyn yn cael ei wneud 360 o weithiau ac mae pêl goch yn ymddangos 150 o weithiau.

Faint o beli o bob lliw sydd yn y bag yn eich tyb chi?
Eglurwch eich ateb.

Gêm   *Perchennog y bocs*

Byddwch angen bocs a chownteri o 3 lliw gwahanol.
Mae hon yn gêm ar gyfer 3-5 o chwaraewyr.

Mae un chwaraewr yn 'Berchennog y bocs'.
Mae'r chwaraewr yma'n dewis 12 cownter o dri lliw gwahanol ac yn eu rhoi yn y bocs.
Rhaid cael o leiaf un cownter o bob lliw.
Nid yw'r chwaraewyr eraill yn cael gweld y cownteri.

Mae'r chwaraewyr eraill, pob un yn ei dro, yn dewis cownter o'r bocs ar hap, yn nodi'r lliw ac yn rhoi'r cownter yn ôl yn y bocs.
Yn union wedi i'r chwaraewr roi'r cownter yn ôl yn y bocs gall ef/hi ddyfalu sawl cownter o bob lliw sydd yn y bocs.

Dim ond yn union ar ôl eich tro chi y byddwch yn cael dyfalu.
Mae'n debyg na fyddwch am ddyfalu nes bydd pob un wedi cael rhai troeon.

Y chwaraewr cyntaf i ddyfalu'n gywir sy'n ennill.
Yr enillydd fydd 'Perchennog y bocs' yn y gêm nesaf.

Unwaith y byddwch chi wedi chwarae'r gêm yma ychydig o weithiau efallai y byddech chi'n hoffi gwneud gêm newydd eich hun.
Ysgrifennwch y rheolau gan egluro sut mae chwarae'r gêm.

2 Mae'r cyfanswm bob amser yn 1

Mae Pedr a Jên yn mynd i'r ffair. Mae'r rhagolygon tywydd yn dweud fod y tebygolrwydd y bydd hi'n glawio yn 60%.

Nid yw Pedr eisiau gwlychu.
Mae Jên yn fwy siriol.
Mae hi'n dweud fod y tebygolrwydd na fydd hi'n glawio yn 40%.

Fel arfer byddwn yn ysgrifennu tebygolrwydd fel ffracsiwn.
Mae 60% yn $\frac{60}{100}$ ac mae 40% yn $\frac{40}{100}$.
$\frac{60}{100} + \frac{40}{100} = \frac{100}{100} = 1$

Mae tebygolrwyddau bob amser yn rhoi cyfanswm o 1.
Gallwn ddangos hyn ar raddfa tebygolrwydd.

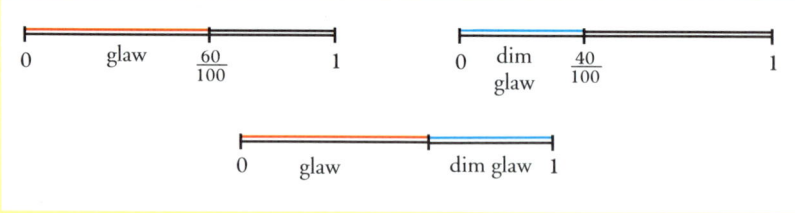

Ymarfer 8:4

1   Mae'r raddfa'n dangos y tebygolrwydd y bydd Siobahn yn mynd â'i chi am dro ar ôl ysgol.

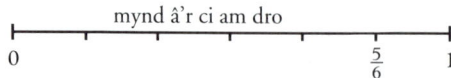

Lluniwch raddfa i ddangos y tebygolrwydd na fydd Siobahn yn mynd â'i chi am dro.

2   Mae'r raddfa'n dangos y tebygolrwydd y bydd Guto yn cyrraedd yr ysgol ar amser.

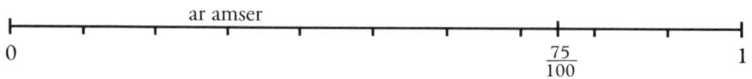

Lluniwch raddfa i ddangos y tebygolrwydd y bydd Guto'n cyrraedd yr ysgol yn hwyr.

3   Mae'r tebygolrwydd y bydd Llŷr yn coginio amser swper yn $\frac{5}{8}$.
Beth yw'r tebygolrwydd na fydd o'n coginio amser swper?
Lluniwch raddfa tebygolrwydd i'ch helpu.

4   Mae Gemma yn hoffi siarad gyda'i ffrind Siwan ar y ffôn.
Yr unig adeg y bydd Gemma yn gallu defnyddio'r ffôn yw pan fydd ei thad
mewn hwyliau da.
Mae'r tebygolrwydd y bydd ei thad mewn hwyliau da yn $\frac{4}{11}$.

Beth yw'r tebygolrwydd na fydd Gemma'n gallu ffonio Siwan heno?

Enghraifft

Mae bocs yn cynnwys cownteri coch, glas a gwyrdd.
Mae un cownter yn cael ei dynnu ar hap.
Mae'r tebygolrwydd y bydd yn goch yn $\frac{5}{10}$ a'r
tebygolrwydd y bydd yn las yn $\frac{3}{10}$.
Beth yw'r tebygolrwydd y bydd yn wyrdd?

Y tro yma rydym yn rhannu'r raddfa tebygolrwydd yn ddegfedau.
Rhaid i ni liwio'r 3 gwahanol ran i ddangos tebygolrwydd
y 3 lliw.

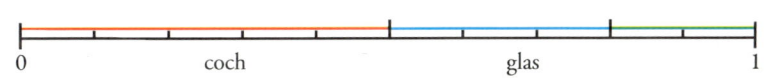

0	coch	glas 1

Mae'r rhan sydd ar ôl yn dangos y tebygolrwydd o dynnu cownter
gwyrdd.
Mae'r tebygolrwydd o gael gwyrdd yn $\frac{2}{10}$.

5   Bydd Llinos yn mynd ar y bws i'r ysgol bob bore.
Mae'r tebygolrwydd y bydd y bws yn gynnar yn $\frac{3}{10}$.
Mae'r tebygolrwydd y bydd y bws yn union ar amser yn $\frac{1}{10}$.
  a Lluniwch raddfa tebygolrwydd i ddangos y tebygolrwydd y bydd y bws yn
gynnar ac ar amser.
  b Beth yw'r tebygolrwydd y bydd y bws yn hwyr?
Dangoswch y tebygolrwydd yma ar eich graddfa.

6   Mae bocs yn cynnwys cownteri melyn, gwyrdd a choch.
Mae un cownter yn cael ei dynnu ar hap.
Mae'r tebygolrwydd y bydd yn felyn yn $\frac{7}{20}$ a'r
tebygolrwydd y bydd yn wyrdd yn $\frac{11}{20}$.
Beth yw'r tebygolrwydd y bydd y cownter yn un coch?

3 Tebygolrwydd: sut mae gwneud iddo ymddangos yn anodd

Yn aml rydym yn sôn am ddigwyddiad pwysig mewn chwaraeon.
Rydym yn defnyddio'r gair digwyddiad mewn tebygolrwydd hefyd.

Digwyddiad	**Digwyddiad** yw rhywbeth sy'n gallu digwydd mewn cwestiwn tebygolrwydd.
	Pan fyddwch yn taflu dis ceir llawer o ddigwyddiadau. Un digwyddiad yw 'cael 6'. Digwyddiad arall yw 'cael odrif'.
	Weithiau byddwn yn defnyddio llythyren i nodi digwyddiad. Byddwn yn ysgrifennu $P(A)$ ar gyfer y tebygolrwydd *(probability)* y bydd A yn digwydd.
Tebygolrwydd	**Tebygolrwydd** y digwyddiad A yw'r nifer o ffyrdd y gall y digwyddiad A ddigwydd wedi ei rannu â chyfanswm pob digwyddiad posibl.
Enghraifft	Mae un cerdyn yn cael ei ddewis o becyn cyffredin o gardiau chwarae. Dyweder mai A yw'r digwyddiad 'cael cerdyn calonnau'.
	Gall digwyddiad A ddigwydd mewn 13 o ffyrdd gan fod 13 o galonnau mewn pecyn. Gall 52 o bethau ddigwydd i gyd gan fod 52 o gardiau mewn pecyn.
	Felly $P(A) = \frac{13}{52}$

Ymarfer 8:5

1 Darganfyddwch $P(A)$ os digwyddiad A yw cael:
  a 1 ar ddis teg
  b cerdyn coch o becyn o gardiau cyffredin
  c brenin o becyn o gardiau cyffredin
  ch hosan las o ddrôr sy'n cynnwys 6 hosan las a 4 hosan lwyd
  d eilrif ar ddis â 20 o wynebau, wedi ei rifo o 1 i 20

◄◄**AILCHWARAE**►

Canslo ffracsiynau

Pan fyddwn yn ysgrifennu tebygolrwydd fel ffracsiwn, dylem **ganslo'r ffracsiwn** i'w ffurf symlaf.

Gallwn wneud hyn drwy ddefnyddio'r botwm $a\frac{b}{c}$ ar y cyfrifiannell.

Enghraifft

Er mwyn canslo'r ffracsiwn $\frac{13}{52}$ rydym yn pwyso:

[1] [3] [$a\frac{b}{c}$] [5] [2] [=]

Dyma a geir ar y dangosydd 1 ⌐ 4 . Mae hyn yn golygu $\frac{1}{4}$.

Yng ngweddill yr ymarfer yma rhowch bob tebygolrwydd fel ffracsiwn yn ei ffurf symlaf.

2 Mae gan Owain fag sy'n cynnwys 15 o siocledi. Mae 8 ohonynt yn siocledi llaeth, mae 4 yn siocledi tywyll a 3 yn siocledi gwyn.
Mae o'n tynnu un o'r siocledi ar hap.
Beth yw'r tebygolrwydd y bydd y siocled yn
  a siocled llaeth?
  b siocled tywyll?
  c siocled gwyn?

Fel mae'n digwydd mae Owain yn tynnu siocled tywyll ac yn ei fwyta.
Yna mae o'n cynnig y bag i Mari ac mae hi'n cymryd siocled ar hap.
Beth yw'r tebygolrwydd y bydd Mari'n cael
  ch siocled llaeth?
  d siocled tywyll?
  dd siocled gwyn?

3 Nid yw Sioned yn ferch daclus. Mae hi'n cadw ei llyfrau ysgrifennu i gyd mewn pentwr yn ei hystafell.
Pan fydd hi'n gwneud ei gwaith cartref bydd yn gafael ynddynt ar hap nes bydd hi'n cael y llyfr cywir.
Yn y pentwr yma o lyfrau sydd ganddi ceir 3 llyfr Mathemateg, 4 llyfr Saesneg, 4 llyfr Gwyddoniaeth, 3 llyfr Ffrangeg, 2 lyfr Hanes, 2 lyfr Daearyddiaeth a 2 lyfr Cerddoriaeth.

Beth yw'r tebygolrwydd y bydd y llyfr cyntaf fydd hi'n ei ddewis yn:

a llyfr Mathemateg   **b** llyfr Saesneg   **c** llyfr Cerddoriaeth?

Tebygolrwydd na fydd rhywbeth yn digwydd	Mae'r **tebygolrwydd na fydd rhywbeth yn digwydd** yn 1 minws y tebygolrwydd y bydd yn digwydd. Ar gyfer digwyddiad A, mae'r digwyddiad 'nid A' yn cael ei ysgrifennu A' ac mae $$P(A') = 1 - P(A)$$
Enghraifft	Mae'r tebygolrwydd o gael 6 ar ddis yn $\frac{1}{6}$. Mae'r tebygolrwydd o beidio â chael 6 yn $\frac{5}{6}$. Rydym yn gwybod hyn gan fod 5 ffordd o beidio â chael 6. Os A yw'r digwyddiad 'cael 6', A' yw'r digwyddiad 'peidio â chael 6' ac mae $P(A') = 1 - P(A) = 1 - \frac{1}{6} = \frac{5}{6}$

---

4 Darganfyddwch $P(A')$ ar gyfer y digwyddiadau a roddir yng nghwestiwn **1**.

5 Mae'r tebygolrwydd y bydd Carys yn gweld ei ffrind heno yn $\frac{7}{12}$.
Beth yw'r tebygolrwydd na fydd Carys yn gweld ei ffrind heno?

6 Mae bag yn cynnwys set gyfan o 22 o beli snwcer.
Mae 15 o beli coch, ac un o bob un o'r lliwiau canlynol: gwyn, melyn, gwyrdd, brown, glas, pinc a du.
Dewisir un bêl ar hap.
Ysgrifennwch y tebygolrwydd:

  a y bydd hon yn bêl ddu
  b y bydd hon yn bêl goch
  c y bydd hon yn bêl lwyd
 ch na fydd hon yn bêl ddu
  d na fydd hon yn bêl goch
 dd na fydd hon yn bêl lwyd

4   Diagramau gofod sampl

Mae Manon a Dewi yn dewis pryd o fwyd.

Mae Manon eisiau gwybod faint o wahanol brydau y gall hi eu dewis. Gall ddewis cawl a darnau pysgod, cawl a selsig, cawl a byrgyr llysieuol, sudd ffrwythau a darnau pysgod, sudd ffrwythau a selsig neu sudd ffrwythau a byrgyr llysieuol.

Mae 6 o bosibiliadau. Gellir dangos y rhain mewn tabl fel hyn:

Cwrs cyntaf	Prif gwrs
cawl	darnau pysgod
cawl	selsig
cawl	byrgyr llysieuol
sudd ffrwythau	darnau pysgod
sudd ffrwythau	selsig
sudd ffrwythau	byrgyr llysieuol

Ymarfer 8:6

1   Mae Philippa wedi mynd ar wyliau antur.
Yn y bore mae ganddi hi'r dewis o Hwylio, Bordhwylio a Chanwio.
Yn y prynhawn mae ganddi hi'r dewis o Ddringo, Marchogaeth a Saethu â Bwa.

Lluniwch dabl i ddangos yr holl ffyrdd y gall Philippa dreulio'i diwrnod.

2   Ysgrifennwch sawl gwahanol frecwast y gallwch chi ei ddewis o'r fwydlen yma.

Mae Bil, Rheon a Carwyn yn penderfynu taflu darn arian i weld pwy fydd yn golchi llestri. Gan fod 3 ohonynt mae angen 3 chanlyniad posibl arnynt.
Maen nhw'n penderfynu defnyddio 2 ddarn arian.

Os 2 ben fydd y canlyniad Bil fydd yn golchi llestri.

Os 2 gynffon fydd y canlyniad Carwyn fydd yn golchi llestri.

Os 1 pen ac 1 gynffon fydd y canlyniad Rheon fydd yn golchi llestri.

A yw hyn yn deg?

Dyma'r canlyniadau posibl. Mae pedwar ohonynt.

Gallwn ddefnyddio tabl i ddangos y rhain.

		Darn 20c	
		P	C
Darn 2c	P	P, P	P, C
	C	C, P	C, C

Mae 1 canlyniad yn rhoi 2 ben.
Mae 1 canlyniad yn rhoi 2 gynffon.
Mae 2 ganlyniad yn rhoi 1 pen ac 1 gynffon.

Y tebygolrwydd o 2 ben = $\frac{1}{4}$

Y tebygolrwydd o 2 gynffon = $\frac{1}{4}$

Y tebygolrwydd o 1 pen ac 1 gynffon = $\frac{2}{4} = \frac{1}{2}$

Felly nid yw hyn yn deg. Bydd 1 pen ac 1 gynffon yn digwydd amlaf.

Ymarfer 8:7

1 Mae Dafydd yn taflu'r darn arian wrth i Cari droi'r troellwr.

a Copïwch y tabl i ddangos y canlyniadau posibl.
Llenwch y tabl.

		Troellwr		
		1	2	3
Darn arian	P	P, 1		
	C			C, 3

b Ysgrifennwch nifer y canlyniadau posibl.

c Sawl ffordd sydd o gael cynffon ar y darn arian a 3 ar y troellwr?

ch Beth yw'r tebygolrwydd o gael cynffon ar y darn arian a 3 ar y troellwr?

d Beth yw'r tebygolrwydd o gael odrif a phen?

Gofod sampl	Rhestr o'r holl ganlyniadau posibl yw **gofod sampl**.
Diagram gofod sampl	Yr enw ar y tabl sy'n dangos yr holl ganlyniadau posibl yw **diagram gofod sampl.**

2 Mae Rhodri'n taflu darn o arian ac yn taflu dis.

a Copïwch y diagram gofod sampl.
Llenwch y tabl.

		Dis					
		1	2	3	4	5	6
Darn arian	P						
	C						

b Beth yw nifer y canlyniadau posibl?

c Beth yw'r tebygolrwydd o gael pen a 6?

ch Beth yw'r tebygolrwydd o gael cynffon a rhif sy'n llai na 3?

d Beth yw'r tebygolrwydd o gael cynffon a lluosrif o 3?

dd Beth yw'r tebygolrwydd o gael pen a rhif cysefin?

3 Mae'r llun yn dangos dau ddis tetrahedrol.
Mae gan y ddau ohonynt bedwar o wynebau.
Mae'r wynebau wedi eu rhifo 1, 2, 3 a 4.
Mae'r sgôr ar yr wyneb y bydd y dis yn glanio
arno.

Copïwch y diagram gofod sampl yma.
Llenwch y diagram.

		Ail ddis			
		1	2	3	4
Dis cyntaf	1			1, 3	
	2				
	3		3, 2		
	4				

a Beth yw nifer y canlyniadau posibl?
b Beth yw'r tebygolrwydd o gael 1 ar y ddau ddis?
c Beth yw'r tebygolrwydd o gael yr un rhif ar y ddau ddis?

Mae Gwyn yn penderfynu adio'r ddau rif mae'r disiau yn glanio arnynt.
Mae o'n galw hyn yn sgôr.
Yn y llun uchod mae'r sgôr yn $1 + 3 = 4$
ch Lluniwch ddiagram gofod sampl newydd i ddangos y sgôr.
d Beth yw'r tebygolrwydd o sgorio 2?
dd Beth yw'r tebygolrwydd o sgorio 5?

4 Mae gan bob dosbarth yn Ysgol
Abergwynant dîm cwis.
Y timau gorau ym Mlwyddyn 8 yw
8S ac 8H.
Mae gan 8S dîm sy'n cynnwys 3 bachgen
ac 1 ferch.
Mae gan 8H dîm sy'n cynnwys 2 fachgen a 2 ferch.
Dewisir un o bob tîm i gynrychioli'r flwyddyn.

Copïwch y diagram gofod sampl i ddangos y parau posibl o ddisgyblion.
Llenwch y diagram.

		Tîm 8S			
		B	B	B	M
Tîm 8H	B				
	B				
	M				
	M				

Ysgrifennwch y tebygolrwydd y bydd y pâr a ddewisir yn
a fachgen a merch
b ddau ddisgybl o'r un rhyw

5 Mae bag yn cynnwys 3 pêl las, 1 bêl goch ac un bêl wen.

Mae bag arall yn cynnwys 1 bêl las a 4 pêl goch.

Mae pêl yn cael ei dewis ar hap o bob bag.

a Lluniwch ddiagram gofod sampl i ddangos y canlyniadau posibl.

b Beth yw'r tebygolrwydd y bydd y 2 bêl yn wyn?

c Beth yw'r tebygolrwydd y bydd y 2 bêl yr un lliw?

ch Beth yw'r tebygolrwydd y bydd o leiaf un bêl yn las?

Gêm   Ddim yn deg!

Dyma gêm i ddau o chwaraewyr, A a B.

Taflwch y dis bob yn ail. Lluoswch y ddau rif sy'n cael eu sgorio.

Yn y llun y lluoswm yw $4 \times 3 = 12$

Ar gyfer pob tafliad:

mae chwaraewr A yn cael pwynt os yw'r lluoswm yn eilrif

mae chwaraewr B yn cael pwynt os yw'r lluoswm yn odrif

Y chwaraewr cyntaf i gael 10 o bwyntiau sy'n ennill.

Chwaraewch y gêm gyda phartner.

Pwy ddylai ennill? Eglurwch eich ateb gan ddefnyddio diagram gofod sampl.

Allwch chi newid rheolau'r gêm i'w gwneud yn gêm deg?

Dis Tsieineaidd

Byddwch angen 3 dis ar gyfer yr ymchwil yma.

Mae wynebau dis A wedi eu labelu fel hyn	2	2	2	2	6	6
Mae wynebau dis B wedi eu labelu fel hyn	1	1	5	5	5	5
Mae wynebau dis C wedi eu labelu fel hyn	3	3	3	4	4	4

Dyma sut mae dau chwaraewr yn chwarae'r gêm.

Mae'r chwaraewr cyntaf yn dewis dis.

Mae'r ail chwaraewr yn dewis dis o'r ddau sydd ar ôl.

Mae pob chwaraewr yn taflu ei ddis ac mae'r chwaraewr sy'n taflu'r rhif uchaf yn sgorio 1 pwynt.

Gwneir hyn 12 o weithiau. Y chwaraewr â'r nifer mwyaf o bwyntiau sy'n ennill.

Gan ddefnyddio'r rheolau hyn mae hi'n bosibl i un chwaraewr ennill bron bob tro. Sut?

1 Mae Enfys yn cymryd un cerdyn ar hap o'r 13 o galonnau o becyn o gardiau.
Beth yw'r tebygolrwydd y bydd hi'n cael
   a 4   **b** cerdyn llun   **c** cerdyn calonnau   **ch** cerdyn rhawiau?

2 Ceir y rhifau 1 i 12 ar wynebau dis 12 ochr.
Mae Alwyn yn taflu'r dis unwaith.
Ysgrifennwch y tebygolrwydd y bydd o'n cael
   a 6   **c** rhif cysefin
   b eilrif   **ch** rhif sy'n fwy na 7

3 Mae ffermwr yn mynd â thatws i'w gwerthu i siop.
Mae 6 taten o bob 10 yn rhai mawr.
   a Faint o datws mawr fyddech chi'n disgwyl eu cael mewn bag o 30 o datws?
   b Mewn bag o 25 o datws, mae 12 taten fawr.
      A yw hyn yn fwy neu'n llai na'r hyn fyddech chi'n ei ddisgwyl?

4 Mae 200 o docynnau yn cael eu gwerthu at raffl.
Mae'r tebygolrwydd y bydd John yn ennill y wobr gyntaf yn $\frac{7}{100}$.
Faint o docynnau raffl brynodd John?

5 Mae gan Jean 2 ddis. Mae un yn deg a'r llall yn dueddol.
Mae hi wedi taflu'r ddau ddis 60 o weithiau.
Dyma'i chanlyniadau.

Dis A

Sgôr	1	2	3	4	5	6
Amlder	9	7	18	8	9	9

Dis B

Sgôr	1	2	3	4	5	6
Amlder	9	11	12	10	9	9

Yn eich tyb chi pa un yw'r dis teg?
Eglurwch eich ateb.

6 Mae bocs yn cynnwys 20 o gownteri. Mae rhai yn las a rhai yn wyn.
Mae cownter yn cael ei dynnu ar hap o'r bocs ac mae'r lliw yn cael ei gofnodi.
Yna rhoddir y cownter yn ôl yn y bocs.
Mae hyn yn cael ei ailadrodd 240 o weithiau.

Mae cownter gwyn yn cael ei ddewis 84 o weithiau.
Yn eich tyb chi faint o gownteri o bob lliw sydd yn y bocs?

7 Mae dau droellwr yn cael eu defnyddio mewn gêm.
Mae'r ddau rif y mae'r troellwyr yn glanio arnynt yn cael eu hadio i roi'r sgôr.

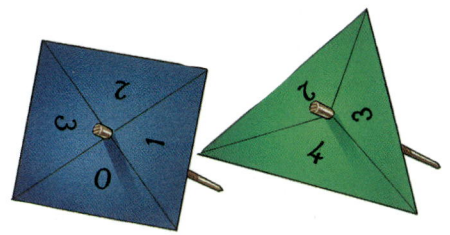

a Copïwch y tabl yma i ddangos y sgôr.
Llenwch y tabl.

		Troellwr glas			
		0	1	2	3
Troellwr	2				
gwyrdd	3				
	4				

Beth yw'r tebygolrwydd y bydd y sgôr yn:
b 4   **c** llai na 6   **ch** 6 neu fwy?

8 Copïwch a chwblhewch y diagram gofod sampl yma i ddangos y canlyniadau posibl wrth daflu tri darn o arian.

Darn arian cyntaf	Ail ddarn arian	Trydydd darn arian
P	P	P
P	P	C

Beth yw'r tebygolrwydd o gael
a 3 phen
b pen pen cynffon, yn y drefn yma.
c dau ben ac un gynffon?

9 Mae'r tebygolrwydd y bydd Sioned yn hwyr i'r ysgol yn $\frac{3}{5}$.
Mae'r tebygolrwydd y bydd hi'n cyrraedd ar amser yn $\frac{1}{10}$.
Beth yw'r tebygolrwydd y bydd hi'n gynnar?

10 Darganfyddwch $P(A)$ os A yw
a taflu eilrif ar ddis teg cyffredin
b taflu lluosrif o 4 ar ddis teg 20 ochr wedi ei rifo o 1 i 20
c cael eilrif a phen wrth daflu dis teg cyffredin a thaflu darn arian teg.

11 Darganfyddwch $P(A')$ ar gyfer y digwyddiadau yng nghwestiwn **10**.

1 Mae bag yn cynnwys 16 o beli. Mae'r peli yn goch, glas neu felyn.
Mae pêl yn cael ei dewis ar hap ac mae'r lliw yn cael ei gofnodi.
Yna mae'r bêl yn cael ei rhoi yn ôl yn y bag.
Pan fydd hyn yn cael ei wneud 160 o weithiau, mae pêl felen yn ymddangos 20 o weithiau.
Pan fydd hyn yn cael ei wneud 320 o weithiau, mae pêl las yn ymddangos 120 o weithiau.

Yn eich tyb chi, faint o beli coch sydd yn y bag?

2 Mae gan Ifan bedwar pâr o hosanau wedi eu gwasgaru yn ei ddrôr. Mae lliw gwahanol ar
bob pâr.
Mae o'n tynnu un hosan o'r drôr ac yn ei chadw.
Beth yw'r tebygolrwydd y bydd yr hosan nesaf fydd o'n dynnu o'r drôr yr un lliw â'r un
gyntaf?

3 Mae bocs yn cynnwys 30 o beli. Mae'r peli yn wyn, glas neu binc.
Mae'r tebygolrwydd o ddewis pêl binc ar hap yn $\frac{1}{3}$.
Mae yna 5 yn fwy o beli glas nag o beli pinc.

Darganfyddwch y tebygolrwydd o ddewis y canlynol ar hap
a pêl wen
b pêl wen neu bêl las

4 Mae Mair a Sian yn chwarae gêm gan
ddefnyddio'r troellwr yma.

Os bydd y troellwr yn aros ar goch, bydd
Mair yn sgorio 4 pwynt.
Os bydd y troellwr yn aros ar wyrdd, bydd
Sian yn sgorio 2 bwynt.

Maen nhw'n adio eu sgorau a'r cyntaf i gyrraedd 40 pwynt sy'n ennill.
a Pwy yw'r mwyaf tebygol o ennill?
b Eglurwch sut y byddech yn newid y rheolau i wneud y gêm yn gêm deg.

5 Mae yna 2 fag o gownteri.
Mae'r bag cyntaf yn cynnwys 2 gownter glas, 1 cownter coch ac 1 cownter du.
Mae'r ail fag yn cynnwys 1 cownter glas, 3 chownter coch a 2 gownter du.
Rydych yn tynnu cownter o bob bag ar hap.

Lluniwch ddiagram gofod sampl i ddangos y canlyniadau posibl.
Darganfyddwch y tebygolrwydd y byddwch yn cael
a 2 gownter coch
b cownter glas a chownter du
c 2 gownter o'r un lliw

- Mae **tebygolrwydd** yn dweud wrthym pa mor debygol yw rhywbeth o ddigwydd.
  Ysgrifennir tebygolrwydd fel rhif.
  Rydym yn ysgrifennu 0 ar gyfer amhosibl ac 1 ar gyfer sicr.
  Gallwn ddangos tebygolrwydd ar raddfa tebygolrwydd:

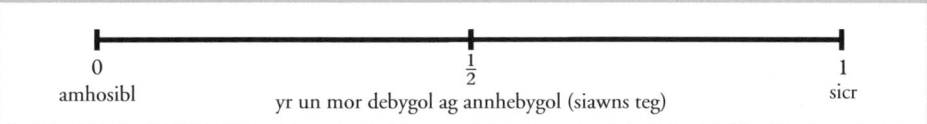

Rhaid i bob tebygolrwydd fod rhwng 0 ac 1.

- Fel arfer ysgrifennir tebygolrwydd fel ffracsiwn.

  Enghraifft Prynodd Sali 3 o docynnau raffl.
  Gwerthwyd 100 o docynnau.
  Mae'r tebygolrwydd y bydd Sali yn ennill y raffl yn $\frac{3}{100}$.

- Mae tebygolrwyddau bob amser yn rhoi cyfanswm o 1.
  Gallwn ddangos hyn ar raddfa tebygolrwydd.

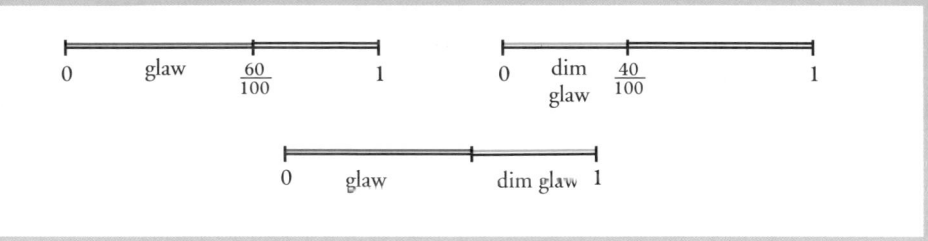

- **Digwyddiad** yw rhywbeth sy'n gallu digwydd mewn cwestiwn tebygolrwydd.
  Weithiau byddwn yn defnyddio llythyren i nodi digwyddiad.
  Gellir galw'r digwyddiad 'cael chwech' yn ddigwyddiad A.
  Byddwn yn ysgrifennu $P(A)$ ar gyfer y tebygolrwydd *(probability)* y bydd A yn digwydd.

- Mae'r **tebygolrwydd na fydd rhywbeth yn digwyd**d yn 1 minws y tebygolrwydd y bydd
  yn digwydd.
  Ar gyfer digwyddiad A, mae'r digwyddiad 'nid A' yn cael ei ysgrifennu A' ac mae $P(A') = 1 - P(A)$

  Enghraifft Os A yw'r digwyddiad 'cael chwech ar ddis'
  A' yw'r digwyddiad 'peidio â chael chwech'.
  $P(A') = 1 - P(A) = 1 - \frac{1}{6} = \frac{5}{6}$

- Rhestr o'r holl ganlyniadau posibl yw **gofod sampl**.
  Yr enw ar y tabl sy'n dangos yr holl ganlyniadau posibl
  yw **diagram gofod sampl.**

1 Mae bag yn cynnwys 4 taffi melyn a 10 taffi triog.
Mae Ianto yn tynnu 1 taffi ar hap o'r bag.
Beth yw'r tebygolrwydd y bydd y taffi yn
   a daffi melyn?   **b** daffi triog?

2 Mae gan Ceinwen 3 pensil goch, 5 pensil werdd a 7 pensil ddu yn ei chas pensiliau.
Mae hi'n tynnu 1 bensil o'r cas ar hap.
Mae hi'n ysgrifennu beth yw lliw'r bensil ac yn ei rhoi yn ôl yn y cas.
   a Mae hi'n gwneud hyn 30 o weithiau.
Ysgrifennwch sawl gwaith y bydd hi'n disgwyl tynnu pensil
     (1) goch   (2) werdd   (3) ddu
   b Mae hi'n gwneud hyn 90 o weithiau.
     Ysgrifennwch sawl gwaith y bydd hi'n disgwyl tynnu pensil
     (1) goch   (2) werdd   (3) ddu

3 Mae'r tebygolrwydd y bydd Gwyndaf yn cael ei waith cartref i gyd yn gywir yn $\frac{2}{5}$.
Beth yw'r tebygolrwydd y bydd yn cael rhywbeth yn anghywir?

4 Mae Luned yn ffonio'i ffrind Falmai.
Y tebygolrwydd y bydd yr alwad ffôn yn para llai na 10 munud yw $\frac{1}{6}$.
Y tebygolrwydd y bydd yn para rhwng 10 a 20 munud yw $\frac{7}{12}$.
Beth yw'r tebygolrwydd y bydd yr alwad ffôn yn para mwy na 20 munud?

5 Y digwyddiad A yw 'cael odrif' ar ddis cyffredin.
Ysgrifennwch werth
   a $P(A)$ **b** $P(A')$

6 Mae bag yn cynnwys 3 pêl goch, 1 bêl las ac 1 bêl felen.
Mae bag arall yn cynnwys 2 bêl goch, 3 pêl las a 2 bêl felen.
Mae Ingrid yn tynnu un bêl o bob bag.
   a Lluniwch ddiagram gofod sampl i ddangos yr holl ganlyniadau posibl.
   b Ysgrifennwch y tebygolrwydd y bydd Ingrid yn cael
     (1) 2 bêl felen
     (2) 2 bêl o'r un lliw
     (3) o leiaf un bêl las

9 Canrannau a ffracsiynau

Mae gan Eirian gyfranddaliadau gwerth £200.

Mae gwerth y cyfranddaliadau yn codi 10%.

Yna mae'r gwerth yn disgyn 10%.

Cywir ynteu anghywir?

Mae gwerth cyfranddaliadau Eirlan nawr yn £200.

1 Canrannau syml

Mae gan 82 o'r 100 o blant yma lygaid glas.

Mae hyn yr un fath â dweud fod gan 82% ohonynt lygaid glas.

Mae 8 o'r 50 o blant yma yn llaw chwith.
Mae hyn yr un fath â 16 o bob 100.

Golyga hyn fod 16% ohonynt yn llaw chwith.

Ymarfer 9:1

1 Mae'r disgyblion sy'n llaw dde wedi eu lliwio'n las.
Pa ganran ohonynt sy'n llaw dde?

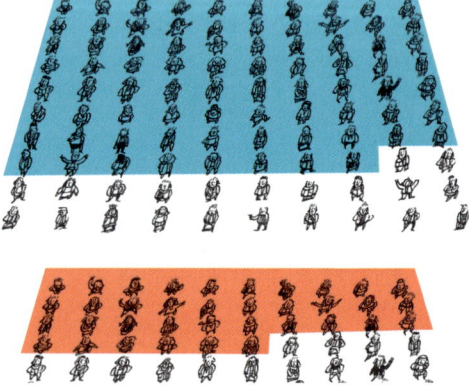

2 Mae'r disgyblion sy'n mynd â brechdanau i'r ysgol wedi eu lliwio'n goch.
Pa ganran ohonynt sy'n mynd â brechdanau i'r ysgol?

3 Mae'r disgyblion sydd heb wneud eu gwaith cartref wedi eu lliwio'n wyrdd.

   a Pa ganran ohonynt sydd heb wneud eu gwaith cartref?

   b Pa ganran ohonynt sydd *wedi gwneud* eu gwaith cartref?

4 Mae'r disgyblion sy'n chwarae mewn tîm chwaraeon dros yr ysgol wedi eu lliwio'n binc.

   a Pa ganran o'r disgyblion sy'n chwarae mewn tîm ysgol?

   b Pa ganran o'r disgyblion sydd *ddim* yn chwarae mewn tîm ysgol?

5 Mae'r disgyblion a chanddynt system gyfrifiadur wedi eu lliwio'n felyn. Pa ganran o'r disgyblion sydd *heb* gyfrifiadur?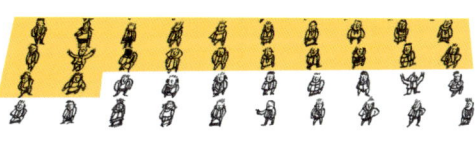

6 Mae disgyblion sy'n mynd i nofio yn rheolaidd wedi eu lliwio'n las.

   a Pa ganran ohonynt sy'n mynd i nofio?

   b Pa ganran ohonynt sydd *ddim* yn mynd i nofio?

7 Mae disgyblion sy'n cefnogi Clwb Pêl-droed Lerpwl wedi eu lliwio'n oren.

   a Pa ganran sy'n cefnogi Lerpwl?

   b Pa ganran sydd *ddim* yn cefnogi Lerpwl?

Yn aml bydd gan siopau ddyddiau sêl arbennig. Maen nhw'n marcio rhai eitemau â chroes las. Golyga hyn fod 10% oddi ar y pris.

Nid ydynt yn newid y pris ar y ticed gan mai dim ond am ychydig o ddyddiau mae'r sêl yn para.

Rhaid i chi gyfrifo'r pris sêl eich hun.

Mae'n hawdd darganfod 10% o swm o arian.
Rydych yn rhannu'r swm â 10.

Er mwyn rhannu â 10, symudwch bob rhif un lle degol i'r dde.

Enghraifft   Mae crys-T sy'n costio £6.50 yn cael ei gynnwys yn y sêl croes las. Cyfrifwch faint o arian fyddech chi'n ei arbed.

$$10\% \text{ o } £6.50 = £6 \;.\; 5 \quad 0 \;\div\; 10$$

$$= £0 \;.\; 6 \quad 5$$
$$= 65\,c$$

Byddech yn arbed **65 c**

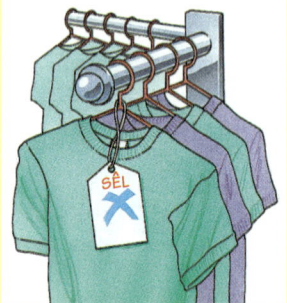

Unwaith y byddwch wedi cyfrifo 10% mae hi'n eithaf hawdd darganfod canrannau eraill.

Er mwyn darganfod 20% o swm o arian:
    Yn gyntaf cyfrifwch 10% o'r swm.
   Yna lluoswch â 2.
      $10\% \times 2 = 20\%$

Ymarfer 9:2

1 Mae'r holl eitemau yma yn y sêl croes las.
Ar gyfer pob eitem cyfrifwch faint o arian
fyddech chi'n ei arbed.
  a Crys-T sy'n costio £7.50
  b Trowsus cwta sy'n costio £9.50
  c Sanau sy'n costio £3.50
  ch Crys chwys sy'n costio £8.50

2 Cyfrifwch faint fyddai'r canlynol yn ei
gostio yn y sêl croes las.
  a Crys-T sy'n costio £5.20
  b Gêm fwrdd sy'n costio £7.40
  c Pen ysgrifennu sy'n costio £1.20
  ch Dyddiadur sy'n costio £4.90

3 Mae stereo personol yn costio £24.90
  a Faint o arian fyddech chi'n ei arbed pe
  byddai gostyngiad o 10%?
  b Faint fyddai'r stereo yn ei gostio?

Enghraifft   Mae jîns yn costio £35.90
Cyfrifwch beth yw pris y jîns pan fydd gostyngiad o 20%.

  10% o £35.90 = £3.59
  20% o £35.90 = £3.59 × 2 = £7.18

Byddai'r jîns yn costio £35.90 − £7.18 = £28.72

---

4 Mae jîns yn costio £27.90.
  a Faint o arian fyddech chi'n ei arbed pe byddai gostyngiad o 20%?
  b Cyfrifwch beth fyddai pris y jîns pe byddai gostyngiad o 20%.

5 Mae bocs o ddisgiau cyfrifiadur yn costio £8.50.
  a Faint o arian fyddech chi'n ei arbed pe byddai gostyngiad o 20%?
  b Faint mae'r bocs o ddisgiau yn ei gostio yn y sêl?

6 Mae siaced sgïo yn costio £120.
Mae'r pris yn cael ei ostwng 20% yn y sêl.
Cyfrifwch faint yw cost y siaced yn y sêl.

Gallwch ddarganfod canrannau eraill o wybod faint yw 10%.

Os ydych eisiau darganfod 40%, cyfrifwch 10% ac yna lluoswch â 4. 70% yw 10% wedi ei luosi â 7.

50% o rywbeth yw ei hanner. Gallwch rannu â 2 i ddarganfod 50%. Mae hyn yn haws na darganfod 10% ac yna lluosi â 5.

Gallwch ddarganfod 25% drwy gyfrifo 50% ac yna rhannu'r ateb â 2.

Enghreifftiau

1 Darganfyddwch 40% o £24

10% o £24 = £2.40
40% o £24 = £2.40 × 4 = £9.60

2 Darganfyddwch 25% o £130

50% o £130 = £130 ÷ 2 = £65
25% o £130 = £65 ÷ 2 = £32.50

Ymarfer 9:3

1 Darganfyddwch y canrannau yma. Bydd angen i chi ddarganfod 10% yn gyntaf.
  a 30% o £24
  c 40% o £45
  b 40% o £30
  ch 60% o £150

2 Darganfyddwch:
  a 50% o £60
  c 25% o £40
  b 50% o £46
  ch 25% o £170

3 Mae jîns yn cael ei ostwng 30% mewn sêl.
Y pris arferol yw £33
Cyfrifwch faint mae'r jîns yn ei gostio yn y sêl.

4 Mae 225 o ddisgyblion ym Mlwyddyn 9.
Mae gan 20% ohonynt lygaid brown.
Faint o'r disgyblion sydd â llygaid brown?

5 Mewn etholiad pleidleisiodd 22 000 o bobl.
Pleidleisiodd 35% ohonynt dros y Ceidwadwyr.
  a Darganfyddwch 10% o 22 000
  b Defnyddiwch eich ateb i **a** i ddarganfod 5% o 22 000
  c Darganfyddwch faint o bobl bleidleisiodd
    dros y Ceidwadwyr.

6 Mewn prawf ar 2300 o gŵn, roedd 65% ohonynt
yn hoffi Bow Wow fwyaf.
  a Faint o gŵn oedd yn hoffi Bow Wow fwyaf?
  b Pa ganran oedd yn hoffi math arall fwyaf?

Gallwch ddarganfod 1% o swm hefyd yn hawdd iawn.
Er mwyn darganfod 1%, rhannwch â 100. Mae hyn yn symud yr holl rifau 2 le degol i'r dde.

Enghraifft   1% o £27.00 = £2 7 . 0 0 ÷ 100

= £ 0 . 2 7

= 27 c

Unwaith y byddwch wedi darganfod 1% a 10% byddwch yn gallu adeiladu unrhyw ganran arall.
Weithiau gallwch wneud hyn yn eich pen.

Mae Jâms eisiau cyfrifo 43% o £200
Yn ei ben, mae o'n cyfrifo 10% o £200
Mae o'n lluosi hyn â 4 i gael 40%.
Mae'n ysgrifennu'r rhan yma o'r ateb.

Yna, mae o'n cyfrifo 1% o £200 yn ei ben.
Mae o'n lluosi hyn â 3 i gael 3%.

$$80 + 6 = £86$$

Er mwyn darganfod 43% mae Jâms yn adio'r ddwy ran at ei gilydd.

Ymarfer 9:4

1 Darganfyddwch y canrannau yma. Cyfrifwch 10% ac 1% yn gyntaf.
   a 23% o 700   **c** 82% o 600   **d** 68% o 900
   b 32% o 200   **ch** 51% o 400   ● **dd** 42% o 750

2 Mae Cerys yn mynd i siop i brynu dillad newydd. Mae sêl 14-diwrnod arbennig. Mae gostyngiad o 14% ar bopeth.
Cyfrifwch beth yw prisiau'r dillad yma mae hi'n eu prynu yn y sêl.
Dyma restr o'r prisiau arferol:
        Jîns £30   Crys-T £5   Esgidiau ymarfer £45

3 Mae 700 o ddisgyblion yn Ysgol y Felin.
Mae 58% yn cael cinio ysgol.
Mae 23% yn dod â brechdanau.
Mae 19% yn mynd adref i gael cinio.
   a Faint o ddisgyblion sy'n cael cinio ysgol?
   b Faint o ddisgyblion sy'n dod â brechdanau?

4 Mae'r siart cylch yma yn dangos y mathau o anafiadau a achoswyd mewn damweiniau ffyrdd mewn un flwyddyn yn Swydd Derby.

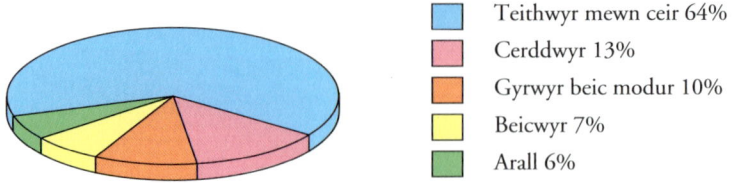

- Teithwyr mewn ceir 64%
- Cerddwyr 13%
- Gyrwyr beic modur 10%
- Beicwyr 7%
- Arall 6%

Roedd 1100 o anafiadau i gyd.
Cyfrifwch y nifer o anafiadau ym mhob grŵp.

5 Dyma 6 o gardiau cwestiynau a 6 o gardiau atebion.
Amcangyfrifwch yr ateb i bob cwestiwn.
Penderfynwch pa ateb sy'n perthyn i bob cwestiwn.
Ysgrifennwch y cwestiynau a'r atebion yn eich llyfr.

23% o 300	**53% o 450**	**61% o 820**
35% o 400	**69**	**23% o 160**
42% o 710	**140**	**238.5**
36.8	**500.2**	**298.2**

2 Cyfrifo canrannau

NEWYDDION

30c

AROLWG DIWEDDARAF:

1200 O BOBL WEDI EU HOLI
38% EISIAU FFORDD OSGOI NEWYDD
47% YN ERBYN
15% DDIM YN GWYBOD
Y STORI'N LLAWN: TUD 8

Rhoddir canlyniadau'r arolwg barn yma fel canrannau.
Gallwn eu cyfrifo gan ddefnyddio cyfrifiannell.

I ddarganfod canran ar gyfrifiannell:

(1) Trowch y canran yn ddegolyn.
I wneud hyn, rhannwch â 100.

(2) Lluoswch y swm â'r degolyn.

Enghreifftiau

1 Darganfyddwch 38% o 1200 o bobl.

$$38\% = \frac{38}{100} = 38 \div 100 = 0.38$$

38% o 1200 = 0.38×1200 = 456 o bobl.

2 Darganfyddwch 47% o 1200 o bobl.

$$47\% = \frac{47}{100} = 47 \div 100 = 0.47$$

47% o 1200 = 0.47×1200 = 564 o bobl.

Ymarfer 9:5

1 Copïwch a chwblhewch:

   a $56\% = \dfrac{?}{100} = 0.56$ **ch** $98\% = \dfrac{?}{100} = \ldots$

   b $76\% = \dfrac{76}{100} = \ldots$ **d** $9\% = \dfrac{?}{100} = 0.09$

   c $32\% = \dfrac{?}{100} = \ldots$ **dd** $\ldots\% = \dfrac{8}{100} = \ldots$

2 Mae 1200 o bobl yn cymryd rhan mewn arolwg ar fanciau.
Gofynnir iddynt pa fanc maen nhw'n ei ddefnyddio.
      Mae 23% yn dweud Nat West   Mae 15% yn dweud HSBC
      Mae 17% yn dweud Lloyds   Mae 9% yn dweud Yorkshire
      Mae 18% yn dweud Barclays   Mae 18% yn dweud banc arall

  Cyfrifwch faint o bobl sy'n defnyddio pob banc.

3 Mae gan ddosbarth 8J brawf Mathemateg. Mae cyfanswm y marciau yn 40.
Mae'r athro yn rhoi marciau'r dosbarth fel canrannau.
      Teri 35%   Siân 65%   Eleri 95%
Maen nhw eisiau gwybod beth yw eu marciau.
Cyfrifwch farc pob un ohonynt.

4 Edrychwch ar yr hysbyseb yma.
  a Mae Gwenan yn prynu cryno ddisg y siartiau.
     Fel arfer mae'n costio £13
     Faint mae'r gryno ddisg yn ei gostio yn y sêl?
  b Mae Gruffydd hefyd yn prynu cryno ddisg y
     siartiau. Fel arfer mae'n costio £13.80
     Faint mae'r gryno ddisg yn ei gostio yn y sêl?
  c Mae Melangell yn prynu cryno ddisg roc.
     Fel arfer mae'r gryno ddisg yn costio £11
     Ceir gostyngiad o 26% yn y sêl.
     Faint mae'r gryno ddisg yn ei gostio?
 ch Mae Branwen yn prynu cryno ddisg glasurol.
     Fel arfer mae'n costio £15
     Faint mae'r gryno ddisg yn ei gostio yn y sêl?

**Disgiau
Dyfnallt**

Sêl Cryno Ddisgiau

15% oddi ar gryno ddisgiau'r siartiau

Hyd at 33% oddi ar gryno ddisgiau roc

12% oddi ar y cryno ddisgiau clasurol

5 Mae gan Bedwyr swydd ran amser mewn siop. Mae o'n ennill £2.50 yr awr.
  a Mae Bedwyr yn cael 8% o godiad cyflog.
     Faint o arian fydd o'n ei gael yn ychwanegol bob awr?
  b Faint o arian fydd o'n ei ennill yr awr ar ôl cael codiad cyflog?

Gallwch ddarganfod ffracsiynau o 1%.

Enghreifftiau **1** $17\frac{1}{2}\% = 17.5 \div 100 = 0.175$

2 $12\frac{1}{4}\% = 12.25 \div 100 = 0.1225$

3 $33\frac{1}{3}\% = 33.\dot{3} \div 100 = 0.\dot{3}$ (Mae hyn yr un fath ag un rhan o dair (traean))

6 Mae TAW yn golygu Treth ar Werth. Rydych yn ei thalu ar lawer o bethau yr ydych yn eu prynu.

Codir TAW o $17\frac{1}{2}$ % ar y rhan fwyaf o bethau.

Mae $17\frac{1}{2}$ % yn 0.175 fel degolyn.

Cyfrifwch y TAW ar bob un o'r eitemau yma.

a Jîns yn costio £30 heb TAW.

b Stereo yn costio £290 heb TAW.

c Car yn costio £9950 heb TAW.

7 Mae Elen yn ennill £3.20 yr awr fel gweinyddes.

Mae hi'n cael codiad cyflog o $12\frac{1}{4}\%$.

Darganfyddwch beth yw ei chyflog newydd yr awr i'r geiniog agosaf.

8 Mae prisiau bws ysgol yn cael eu codi $3\frac{1}{3}\%$ yn dilyn cynnydd mewn costau tanwydd.

Darganfyddwch y prisiau newydd fydd y plant yma'n eu talu, i'r geiniog agosaf:

a Linda sydd fel arfer yn talu £1.30.

b Emyr sydd fel arfer yn talu 95c.

c Edward sydd fel arfer yn talu £1.25.

Ymarfer 9:6 Pedwar mewn rhes

Dyma gêm i ddau chwaraewr.

Byddwch angen cownteri dau liw.

Mae pob chwaraewr yn defnyddio lliw gwahanol.

Byddwch angen un cyfrifiannell rhwng dau.

O dan y rhif 650 ceir rhestr o 36 o ganrannau.

Os byddwch yn cyfrifo unrhyw un o'r canrannau yma o 650 byddwch yn cael un o'r atebion sydd ar y bwrdd yn y gwaelod.

Chwaraewr 1:

(1) Dewiswch sgwâr ar y bwrdd.

(2) Bydd un o'r canrannau sydd ar y rhestr yn rhoi y rhif sydd yn y sgwâr rydych chi wedi ei ddewis.

Dewiswch y canran rydych chi'n feddwl sy'n gywir.

(3) Cyfrifwch y canran hwn â chyfrifiannell.

(4) Chwiliwch am ateb y cyfrifiannell ar y bwrdd a chuddiwch hwn â chownter.

Chwaraewr 2:

Rydych chithau yn gwneud yr un peth gan ddefnyddio'ch cownteri.

Y chwaraewr cyntaf i gael pedwar cownter mewn llinell syth sy'n ennill.
Gall y llinell fod mewn unrhyw gyfeiriad.
Po orau yn y byd fyddwch am ragfynegi'r atebion, y mwyaf tebygol fyddwch chi o ennill!

$$650$$

23%	57%	68%	24%	12%	45%	97%	81%	27%
39%	42%	17%	15%	47%	25%	84%	71%	55%
66%	10%	13%	54%	93%	61%	49%	60%	80%
22%	43%	74%	99%	24%	33%	58%	17%	75%

149.5	110.5	305.5	214.5	357.5	442
390	162.5	156	292.5	110.5	396.5
526.5	643.5	604.5	461.5	175.5	520
97.5	429	370.5	143	318.5	630.5
78	481	253.5	65	487.5	546
84.5	396.5	279.5	273	377	351

I ddarganfod pa ganran yw un rhif o rif arall:

(1) Ysgrifennwch y rhifau fel ffracsiwn.

(2) Newidiwch y ffracsiwn yn ddegolyn.

(3) Newidiwch y degolyn yn ganran.

Enghraifft

Mae Illtud yn cael £80 ar ei ben-blwydd. Mae o'n cynilo £15.
Pa ganran mae o'n gynilo?
Mae arnom angen 15 fel canran o 80

$$\frac{15}{80} = 15 \div 80 = 0.1875$$

Er mwyn newid degolyn yn ganran, lluoswch â 100

$$0.1875 = 18.75\%$$

Ymarfer 9:7

1 Copïwch y tabl yma. Mae'n dangos y marciau mewn prawf sydd wedi ei farcio allan o 40.
Llenwch weddill y tabl.

Disgybl	Marc	Ffracsiwn	Degolyn	Canran
Siôn	34	$\frac{34}{10}$	0.85	
Greta	19			
Gwyneth	27		0.675	
Mari	37			
Emma	21			

2 Mae'r tabl yma yn dangos nifer y bobl sy'n byw yn Awstralia na chawsant eu geni yno.
Mae'r ffigurau mewn miloedd.

Blwyddyn	Nifer y bobl a anwyd dramor	Cyfanswm y boblogaeth
1947	744.2	7518.6
1954	1286.5	8900.3
1966	2130.9	11 500.6
1976	2718.8	14 033.1
1986	3427.4	16 018.4

a Cyfrifwch pa ganran o'r boblogaeth a anwyd dramor ym mhob blwyddyn.
Talgrynnwch eich atebion i 1 lle degol.

b A yw ymfudo i Awstralia wedi dod yn fwy ynteu'n llai poblogaidd?

3 Yn y cwestiwn yma talgrynnwch eich atebion i 2 le degol pan fydd angen.

Mae Jonathan yn cadw siop recordiau.

Mae'n cofnodi sawl cryno ddisg, sawl tâp a sawl record mae o'n eu gwerthu bob dydd.

	Llun	Maw	Merch	Gwen	Sad	Cyfanswm
Cryno ddisgiau	34	38	42	41	95	250
Tapiau	35	29	20	48	68	200
Recordiau	11	3	18	21	27	80
Cyfanswm	80	70	80	110	190	530

a Sawl eitem werthodd o ddydd Llun?

b (1) Pa ganran o werthiant dydd Llun oedd y cryno ddisgiau?

   (2) Pa ganrannau o werthiant dydd Llun oedd y tapiau a'r recordiau?

c Edrychwch ar golofn dydd Sadwrn.

   (1) Pa ganran o werthiant dydd Sadwrn oedd y tapiau?

   (2) Pa ganrannau o werthiant dydd Sadwrn oedd y cryno ddisgiau a'r recordiau?

ch Sawl cryno ddisg werthodd o yn ystod yr wythnos?

d Pa ganran o'r rhain werthodd o ddydd Gwener?

dd Pa ganran o'r holl dapiau a werthwyd a werthodd o ddydd Gwener?

e Edrychwch ar y golofn olaf.

   (1) Pa ganran o werthiant yr wythnos oedd y cryno ddisgiau?

   (2) Pa ganrannau o werthiant yr wythnos oedd y tapiau a'r recordiau?

4 Mae'r tabl yma'n dangos y nifer o bobl oedd yn gwrando ar orsafoedd radio yn 1994 a 1995.

Mae'r ffigurau mewn miliynau yr wythnos.

Gorsaf	1994	1995
Radio 1	11.2	11.2
Radio 2	8.4	8.6
Radio 3	2.6	2.6
Radio 4	8.4	8.7
Radio 5 Live	4.4	4.8
BBC lleol	9.5	9.1
Atlantic 252	4.9	4.7
Classic FM	4.9	4.6
Talk Radio UK	Amherthnasol	2.3
Virgin	3.9	4.3
Radio leol annibynnol	22.1	23.2

a Darganfyddwch beth oedd canran pob gorsaf o'r holl wrandawyr yn 1994 a 1995. Talgrynnwch eich atebion i'r rhif cyfan agosaf.

b Defnyddiwch eich canrannau i lunio siart cylch ar gyfer pob blwyddyn.

c Ysgrifennwch am unrhyw wahaniaethau yn ffigurau'r ddwy flynedd.

3   Ffracsiynau

Mae Caradog yn archebu stoc newydd.
Mae tri chwarter yr hufen iâ mae o'n ei werthu yn gornedau.
Mae eu chwarter yn lolis rhew.

Mae Caradog wedi gwerthu 1200 hufen iâ yr wythnos yma.
Mae o eisiau darganfod faint o bob math mae o wedi ei werthu.

Enghraifft

Darganfyddwch chwarter o 1200.

1200 ÷ 4 = 300
Mae o wedi gwerthu 300 loli rhew.

Darganfyddwch dri chwarter o 1200.

1200 ÷ 4 × 3 = 900
Mae o wedi gwerthu 900 o gornedau.

Ymarfer 9:8

1 Darganfyddwch:

   a $\frac{1}{4}$ o 240

   b $\frac{3}{4}$ o 240

2 Darganfyddwch:

   a $\frac{1}{5}$ o 240

   b $\frac{2}{5}$ o 240

   c $\frac{3}{5}$ o 240

3 Darganfyddwch:

   a $\frac{1}{7}$ o 168

   b $\frac{2}{7}$ o 168

   c $\frac{5}{7}$ o 168

4 Darganfyddwch:

   a $\frac{1}{8}$ o 192

   b $\frac{3}{8}$ o 192

   c $\frac{7}{8}$ o 192

5 Mewn bocs o afalau mae $\frac{2}{7}$ ohonynt wedi mynd yn ddrwg.
Mae 35 o afalau yn y bocs.
Faint o afalau sydd wedi mynd yn ddrwg?

6 Mae $\frac{2}{5}$ o'r ceir sy'n cael eu gwerthu yn y garej yn geir cefn-codi.
Mae'r garej yn gwerthu 45 o geir ym mis Awst.
   a Faint o geir cefn-codi maen nhw'n eu gwerthu?
   b Faint o geir eraill maen nhw'n eu gwerthu?

Enghreifftiau **1** Newidiwch $\frac{3}{5}$ yn ddegolyn ac yn ganran.

$$\frac{3}{5} = 3 \div 5 = 0.6$$
$$0.6 = 60\%$$

2 Newidiwch 80% yn ffracsiwn.

$$80\% = \frac{80}{100}$$

Canslwch y ffracsiwn yma i'w ffurf symlaf.

| 8 | 0 | a^b_c | 1 | 0 | 0 | = | ᔕ ⌐ ᔕ

Ateb: $\frac{4}{5}$

Ymarfer 9:9

Byddwch angen set o rodenni Cuisenaire.
Mae pob llun yn dangos pâr o rodenni Cuisenaire. Mae'r tabl yn dangos pa
ffracsiwn o'r rhoden fwyaf yw'r rhoden leiaf.

1 Copïwch y tabl yma a'i lenwi.

Llun		Ffracsiwn	Degolyn	Canran
a 		$\frac{1}{2}$		
b 			0.25	
c 		$\frac{1}{3}$		
ch 				20%
d 			0.4	
dd 		$\frac{3}{4}$		

2   Nawr dewiswch bâr o rodenni eich hun.
Gwnewch dabl fel yr un yng nghwestiwn **1** i ddangos y rhodenni rydych chi'n eu dewis.
Llenwch y colofnau ffracsiwn, degolyn a chanran ar gyfer pob pâr.

Bydd rhai parau yn rhoi'r un atebion i chi â'r rhai sydd yng nghwestiwn **1**.
Nid oes raid i chi wneud y rhain eto.

Faint o wahanol setiau o ganlyniadau allwch chi eu darganfod?

Ymarfer 9:10

1   Edrychwch ar y setiau teledu yma:

a    **b**

Pa deledu yw'r rhataf yn y sêl?

2   Mae Brenda yn cael 40% mewn prawf Mathemateg.
Mae ei ffrind sydd mewn dosbarth arall yn cael $\frac{26}{70}$ yn yr un prawf.
Pwy sydd wedi cael y marc mwyaf?

3   Ym Mlwyddyn 8 yn Ysgol Abergwynant mae 54% o'r disgyblion yn ferched.
Ym Mlwyddyn 9 mae 121 o ferched a 99 o fechgyn.
Ym mha flwyddyn mae'r canran uchaf o ferched?

4 **a** Copïwch y tabl yma.

$\frac{3}{8}$	39%
$\frac{4}{11}$	36%
$\frac{5}{8}$	64%
$\frac{8}{13}$	64%
$\frac{6}{7}$	87%
$\frac{3}{20}$	14%
$\frac{15}{28}$	51%

b Rhowch gylch o amgylch y mwyaf ym mhob rhes.

1 Cyfrifwch faint o arian fyddech chi'n ei arbed ar bob un o'r rhain yn y sêl?

   a Crys yn costio £15.

   b Côt yn costio £25.

   c Llyfr yn costio £9.50.

   ch Cryno ddisg yn costio £13.50.

   d Oriawr yn costio £14.80.

2 Mae 220 o ddisgyblion ym Mlwyddyn 9 Ysgol Abergwynant.

   a Mae 65% ohonynt yn cael sglodion bob dydd.
     Faint o ddisgyblion sy'n cael sglodion bob dydd?

   b Mae gan 35% ohonynt frawd.
     Gan faint o ddisgyblion mae brawd?

   c Mae gan 40% ohonynt chwaer.
     Gan faint o ddisgyblion mae chwaer?

   ch Mae 45% yn cerdded i'r ysgol bob dydd.
     Faint o ddisgyblion sy'n cerdded i'r ysgol bob dydd?

   d Pa ganran o'r disgyblion *nad ydynt* yn cerdded i'r ysgol bob dydd?

3 Mae Mrs Morus yn cael ennill £4500 cyn talu treth.
Yna mae hi'n talu 20% ar y £3200 nesaf a 25% ar weddill ei henillion.
Mewn blwyddyn mae Mrs Morus yn ennill £12 500.
Copïwch a chwblhewch y canlynol:

   a Mae Mrs Morus yn talu treth ar £12 500 − £4500 = £…

   b Mae Mrs Morus yn talu 20% o dreth ar £…

   c Mae Mrs Morus yn talu 25% o dreth ar £… − £… = £…

   ch Maint y dreth

       20% o £…   = £…

       25% o £…   = £…

       Cyfanswm treth = £…

   d Mae Mrs Morus yn cael cadw £12 500 − £… = £…

4 Cyfrifwch y canlynol.

   a 35% o 340 merch   **c** 27% o £500   **d** 78% o 5 metr

   b 65% o 8 awr   **ch** 49% o £600   **dd** 85% o 15 cilogram

5 Cyfrifwch y TAW yn ôl $17\frac{1}{2}$% ar yr eitemau yma:
Rhowch eich ateb yn gywir i'r geiniog agosaf.

   a Fideo sy'n costio £9.99 heb TAW.

   b Ffrâm llun sy'n costio £29.99 heb TAW.

   c Esgidiau ymarfer sy'n costio £44.99 heb TAW.

6 Cyfrifwch y canlynol:

a $64\frac{1}{2}\%$ o 4600 cilogram

c $17\frac{3}{4}\%$ o 3500 litr

b $29\frac{1}{4}\%$ o 2400 person

ch $37\frac{1}{2}\%$ o £2480

7 Mae Camilla yn gwneud arolwg o hoff flas hufen iâ.
Mae hi'n defnyddio ei chanlyniadau i ysgrifennu adroddiad.
Dyma ran o'i hadroddiad.

Hoff flas hufen iâ 200 o bobl

Fanila	57.5%
Siocled	23%
Mefus	12.5%
Arall	7%

Hoff flas faint o bobl yw Fanila, Siocled, Mefus, Arall?

8 Mae bag yn cynnwys 20 o gownteri.
Mae $\frac{1}{4}$ ohonynt yn las, mae $\frac{2}{5}$ yn wyrdd ac mae'r gweddill yn felyn.

a Sawl cownter o bob lliw sydd yn y bag?

b Pa ganran o'r cownteri sy'n felyn?

9 Mae bag yn cynnwys 36 o fwclis.
Mae $\frac{1}{12}$ ohonynt yn oren, mae $\frac{2}{9}$ yn ddu a'r gweddill yn wyn.

a Faint o fwclis o bob lliw sydd yn y bag?

b Pa ffracsiwn o'r mwclis sy'n wyn?

10 Ceir 32 o ddannedd mewn set gyfan o ddannedd parhaol.
Mae $\frac{1}{8}$ yn ddannedd llygad, $\frac{3}{8}$ yn gilddannedd a $\frac{1}{4}$ ohonynt yn flaenddannedd.
Gelwir y gweddill yn gogilddannedd.

a Sawl dant llygad sydd yna?

b Sawl cilddant sydd yna?

c Pa ganran o'r dannedd sy'n gogilddannedd?

1   Mae cwmni ymchwil marchnata yn gofyn i 1024 o bobl mewn dinas pa archfarchnad maen nhw'n ei defnyddio. Dyma'r canlyniadau.

Asda 24.8%   Tesco 34.8%   Sainsbury's 30.5%   Arall 9.9 %

Faint o bobl sy'n siopa ym mhob archfarchnad?

Byddwch yn ofalus, mae'r cwestiwn yma'n ymwneud â phobl – byddwch angen atebion synhwyrol.

2   Mae warws cyfanwerthwyr yn arddangos pob un o'r prisiau heb TAW.

Mae Dei yn prynu:

cryno ddisg sy'n costio £9.98

siwmper sy'n costio £19.98

esgidiau sy'n costio £24.98

a   Cyfrifwch faint o TAW sydd ar bob eitem.
Rhowch eich atebion yn gywir i'r geiniog agosaf.
Mae TAW yn 17.5%

b   Cyfrifwch beth yw cost pob eitem
i'r geiniog agosaf.

c   Yn y warws, mae cyfanswm y gost yn cael ei gyfrifo drwy adio'r holl brisiau heb TAW ac yna adio'r TAW ar y diwedd.
A yw'r dull yma'n rhoi'r un cyfanswm ar gyfer y gost?

3   Mae'r gair 'carat' yn disgrifio pa mor bur yw aur.
Mae aur 9 carat yn golygu fod 9 rhan o bob 24 yn aur.

a   Pa ffracsiwn o freichled aur 9 carat sy'n aur?

b   Pa ganran o freichled aur 9 carat sy'n aur?

Mae aur yn cael ei werthu hefyd fel 18 carat a 22 carat. Mae'r rhain yn llawer drutach nag aur 9 carat gan eu bod yn cynnwys mwy o aur.

c   Pa ffracsiwn o aur 18 carat sy'n aur?

ch Pa ganran o aur 18 carat sy'n aur?

d   Pa ganran o aur 22 carat *nad* yw'n aur?

4   Mae Ms Ifans yn cael ennill £4500 cyn talu treth.
Yna mae hi'n talu 20% ar y £3200 nesaf a 25% ar weddill ei henillion.
Mewn blwyddyn mae Ms Ifans yn ennill £19 500.

a   Faint o dreth mae Ms Ifans yn ei dalu?

b   Pa ganran o'i hincwm mae hi'n ei gadw?

5   Cyfrifwch y rhain.
Rhowch eich atebion yn gywir i 2 le degol.

a $\frac{4}{7}$ o 354   **b** $\frac{5}{8}$ o 649   **c** $\frac{7}{12}$ o 2560   **ch** $\frac{5}{11}$ o 287

●   Er mwyn darganfod 10% o swm rhannwch y swm â 10.

Enghraifft   10% o £6.50 = £6 . 5   0 ÷ 10

                  = £0 . 6   5

                  = 65 c

●   Gallwch ddarganfod canrannau eraill o wybod faint yw 10%.
Os ydych eisiau darganfod 40%, cyfrifwch 10% ac yna lluoswch â 4.
Mae 70% yn 10% wedi ei luosi â 7.
50% o rywbeth yw ei hanner. Gallwch rannu â 2 i ddarganfod 50%.
Mae hyn yn haws na darganfod 10% ac yna lluosi â 5.
Gallwch ddarganfod 25% drwy gyfrifo 50% ac yna rhannu'r ateb â 2.

Enghraifft   Darganfyddwch 40% o £24.

10% o £24 = £2.40
40% o £24 = £2.40 × 4 = £9.60

●   I gyfrifo canran ar gyfrifianell

(1) Trowch y canran yn ddegolyn.

(2) Lluoswch â'r degolyn.

Enghraifft   Darganfyddwch 38% o 1200 person.

$$38\% = \frac{38}{100} = 38 \div 100 = 0.38$$

38% o 1200 = 0.38 × 1200 = 456 person

●   I ddarganfod pa ganran yw un rhif o rif arall:

(1) Ysgrifennwch y rhifau fel ffracsiwn.

(2) Newidiwch y ffracsiwn yn ddegolyn.

(3) Newidiwch y degolyn yn ganran.

Enghraifft   Pa ganran yw 15 o 80?

$$\frac{15}{80} = 15 \div 80 = 0.1875 = 18.75\%$$

●   *Enghraifft*   **1**   Newidiwch $\frac{3}{5}$ yn ddegolyn ac yn ganran.

$\frac{3}{5} = 3 \div 5 = 0.6$

0.6 = 60%

               2   Newidiwch 80% yn ffracsiwn.

$$80\% = \frac{80}{100} = \frac{4}{5}$$

---

1 Mae 50 o fananas ar silff archfarchnad.
Mae 12 ohonynt yn aeddfed iawn.
Pa ganran o'r bananas sy'n aeddfed iawn?

2 Mewn sêl mae pris popeth yn cael ei ostwng 10%.
Cyfrifwch faint mae'n bosibl ei arbed ar bob un o'r canlynol yn y sêl.
 a Tâp sy'n costio £9.50
 b Cryno ddisg sy'n costio £12.50

3 Cyfrifwch y rhain:
 a 10% o £400
 b 40% o £400
 c 25% o £340

4 Cyfrifwch y rhain.
 a 48% o 6700 person
 b 7% o £1327
 c $67\frac{1}{2}$% o 750 gram
 ch $38\frac{1}{4}$% o 1200 centimetr

5 Darganfyddwch faint yw TAW o $17\frac{1}{2}$% ar yr eitemau yma.
 a Gêm gyfrifiadurol sy'n costio £30 heb TAW.
 b Tracwisg sy'n costio £40 heb TAW.

6 Mae Tania yn sgorio 26 allan o 40 mewn prawf.
Pa ganran yw hyn?

7 Mae garej yn gwerthu 2400 o geir ym mis Awst.
Yn ystod gweddill y flwyddyn maen nhw'n gwerthu 3600 o geir.
 a Faint o geir maen nhw'n eu gwerthu i gyd yn ystod y flwyddyn?
 b Pa ganran o'u ceir maen nhw'n eu gwerthu ym mis Awst?

8 Mae Paul yn bwyta llawer o felysion. Mae ganddo lenwadau mewn $\frac{2}{7}$ o'i 28 dant.
 a Sawl llenwad sydd gan Paul?
 b Pa ffracsiwn o'i ddannedd sydd *heb* lenwad?

9 Mae'r tabl yn dangos faint o deisennau mae Hefin yn eu gwerthu mewn wythnos.

Llun	Mawrth	Mercher	Iau	Gwener
24	28	28	36	44

 a Pa ffracsiwn o'r teisennau werthodd o bob dydd?
 b Pa ganran o'r teisennau werthodd o bob dydd?

10 Llinellau syth

Gelwir y cyfesurynnau yr ydym yn eu defnyddio i lunio graffiau yn gyfesurynnau Cartesaidd. Cawsant eu henwi ar ôl Ffrancwr o'r enw René Descartes (1596-1650). Ym 1619 cafodd Descartes freuddwyd lle sylweddolodd fod cysylltiad rhwng yr holl wyddorau a'i bod yn bosibl mynegi ffiseg drwy ddefnyddio iaith geometreg. Un o ddywediadau enwog Descartes oedd: 'Cogito ergo sum' sef y Lladin am 'Je pense, donc je suis' ('Rwy'n meddwl, felly rwy'n bod').

1 Llinellau grid

Mae Caradog ar ei wyliau yn Efrog Newydd.
Mae o eisiau ymweld ag adeilad y 'World Trade Center'.
Mae'r adeilad yma ar groesffordd Liberty Street a West Street.

◀◀AILCHWARAE▶

Ymarfer 10:1

1 Edrychwch ar y llinell goch.
Cyfesurynnau'r pwynt P yw (2, 3).

a Ysgrifennwch gyfesurynnau'r pwyntiau A, B, C, ac CH.

Cyfesuryn x yr holl bwyntiau yma yw **2**
Mewn algebra mae hyn yn $x = 2$
Rheol y llinell yw $x = 2$

b Ysgrifennwch gyfesurynnau'r pwyntiau D, DD, E, F ac FF sydd ar y llinell las.

Cyfesuryn y yr holl bwyntiau yma yw **3**
Rheol y llinell yw $y = 3$

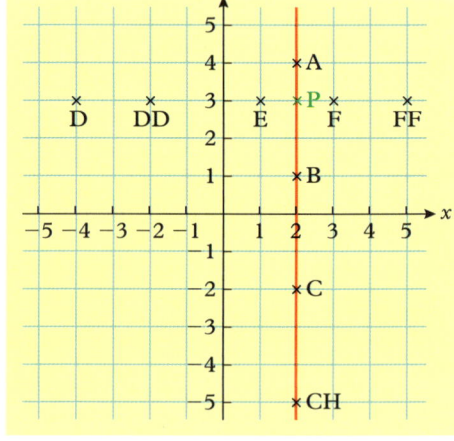

2 Ysgrifennwch reolau'r llinellau yma.

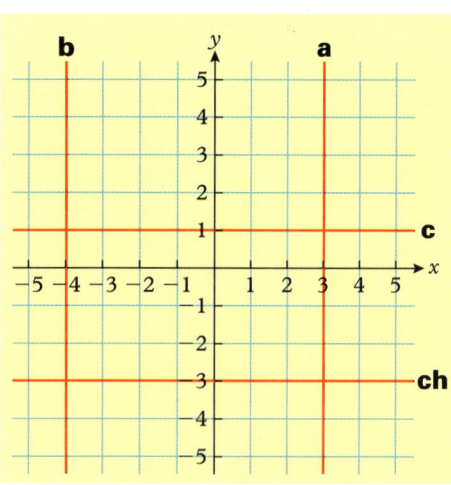

3 Ysgrifennwch reolau'r llinellau yma.

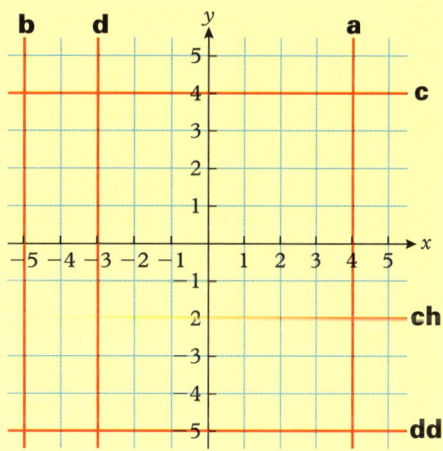

4 **a** Copïwch y diagram ar bapur sgwariau.
 b Labelwch bob llinell â'i rheol.
 c Mae'r llinellau yn croesi mewn pwynt.
  Ysgrifennwch gyfesurynnau'r pwynt yma.
  Cofiwch ddefnyddio cromfachau
  (...., ...)

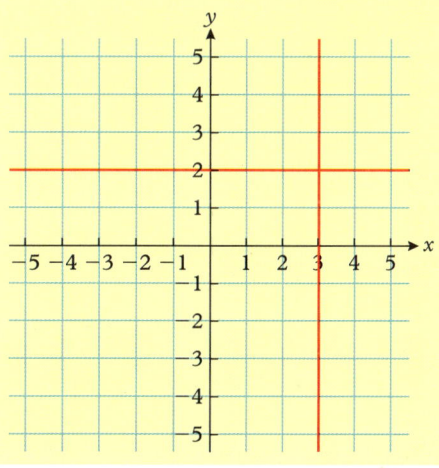

5 **a** Tynnwch set newydd o echelinau fel y rhai sydd yng nghwestiwn **4**.

   b Tynnwch linell fertigol a llinell lorweddol.

   Rhaid iddynt groesi yn y pwynt $(2, 5)$

   c Copïwch a llenwch y rheolau ar gyfer y ddwy linell yma.

   $x = \ldots$ $y = \ldots$

6 Pa linellau fertigol a llorweddol sy'n croesi ym mhob un o'r pwyntiau yma?

   a $(3, 6)$ **b** $(5, 2)$ **c** $(6, 1)$

● ●

Croestorfan	Gelwir y pwynt lle mae dwy linell yn croesi yn **groestorfan**.

Ymarfer 10:2

1 Ysgrifennwch gyfesurynnau croestorfan y llinellau yma.

   a $x = 1$ ac $y = 6$ **c** $x = 5$ ac $y = -7$

   b $x = -4$ ac $y = 3$ **ch** $x = 0$ ac $y = 1$

2 Croestorfannau pa linellau fertigol a llorweddol yw'r canlynol?

   a $(8, 0)$ **c** $(-3, -4)$ **d** $(5, 0)$

   b $(-2, 1)$ **ch** $(5, -1)$ **dd** $(0, 3)$

3 Ysgrifennwch y rheol ar gyfer:

   a yr echelin x

   b yr echelin y

   c Ysgrifennwch gyfesurynnau croestorfan y ddwy linell yma.

   ch Beth ydym yn galw'r pwynt yma?

4 Mae'r diagram yn dangos sgwâr.
Ysgrifennwch y rheol ar gyfer
pob un o ochrau'r sgwâr.

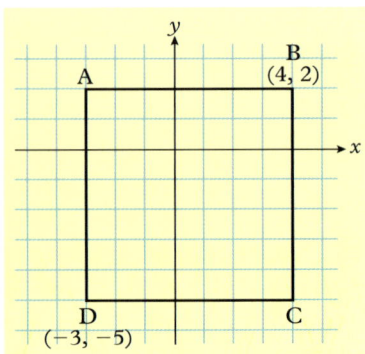

2 Patrymau llinellau

Mae Mathew a Catrin yn chwilio am batrymau ar grid.

Ymarfer 10:3

Byddwch angen cownteri a grid.

1 a Copïwch yr echelinau ar y grid.
Defnyddiwch y grid ar gyfer pob cwestiwn yn yr Ymarfer yma.

b Mae Mathew wedi gosod cownteri ar bwyntiau ar y grid.
Mae o eisiau i gyfesuryn y fod yr un fath â chyfesuryn x.
Mae Catrin yn gweld eu bod mewn llinell syth.

Marciwch y pwyntiau ar eich grid lle mae cyfesuryn y = cyfesuryn x.
Mewn algebra mae hyn yn $y = x$
Cysylltwch y pwyntiau â llinell syth.
Rheol y llinell yw $y = x$

c Labelwch y llinell â'i rheol $y = x$

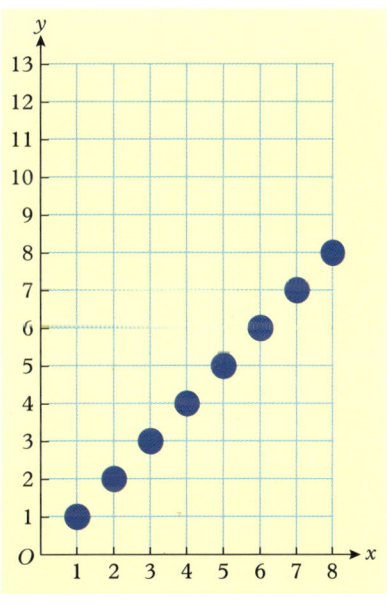

| Hafaliad | Gelwir rheol llinell yn **hafaliad** y llinell.
Hafaliad y llinell yma yw $y = x$ |

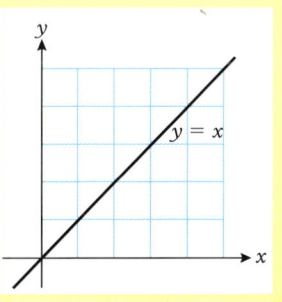

2 Mae Catrin yn gosod cownteri ar y grid lle mae
cyfesuryn **y** yn 2 × cyfesuryn **x**.
Mae hi'n marcio'r pwyntiau ar ei grid.
Mae hi'n cysylltu'r pwyntiau â llinell syth.

  a Marciwch y pwyntiau ar eich grid.
    Cysylltwch nhw â llinell syth.

  b Copïwch:
      Hafaliad y llinell yw $y = 2 \times x$
      Mewn algebra mae hyn yn $y = 2x$

  c Labelwch y llinell â'i hafaliad.

3 **a** Gosodwch gownteri ar eich grid lle mae
    cyfesuryn **y** yn 3 × cyfesuryn **x**.

  b Marciwch y pwyntiau.
    Cysylltwch nhw â llinell syth.

  c Copïwch a chwblhewch hafaliad y llinell.
      $y = \ldots x$

  ch Labelwch y llinell â'i hafaliad.

4 Rydych wedi tynnu'r llinellau $y = x$
                             $y = 2x$
                             $y = 3x$

  a Pa linell yw'r fwyaf serth?
  b Pa linell yw'r leiaf serth?
  c Pa ran o'r hafaliad sy'n dweud wrthych pa mor serth yw'r llinell?

Enghraifft   Pa linell yw'r fwyaf serth $y = 3x$ ynteu $y = 4x$?

Er mwyn tynnu'r llinell $y = 4x$ rydym
yn defnyddio'r robot
'×4'.

Rhowch y
cyfesuryn x i
mewn ynddo.

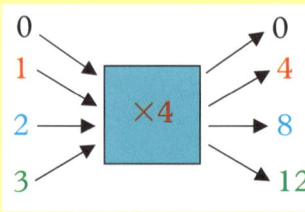

Mae'r cyfesuryn
y yn dod allan
ohono.

Nawr rydym yn plotio'r pwyntiau
(0, 0) (1, 4) (2, 8) (3, 12)
Rydym yn cysylltu'r pwyntiau â llinell syth.
Rydym yn labelu'r llinell â'i hafaliad
$y = 4x$

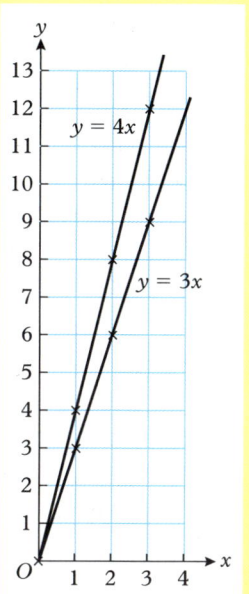

Y llinell $y = 4x$ yw'r fwyaf serth.

5 Pa linell yw'r fwyaf serth ym mhob un o'r parau yma?

a $y = x$ ynteu $y = 4x$ **d** $y = x$ ynteu $y = 2\frac{1}{2}x$

b $y = 2x$ ynteu $y = 6x$ **dd** $y = 5x$ ynteu $y = 3\frac{1}{2}x$

c $y = 5x$ ynteu $y = 4x$ **e** $y = 4\frac{1}{2}x$ ynteu $y = 7\frac{1}{2}x$

ch $y = 3x$ ynteu $y = 7x$ **f** $y = 3\frac{1}{2}x$ ynteu $y = 3\frac{1}{4}x$

6 Mae'r diagram yn dangos tri graff.
Ysgrifennwch hafaliad pob graff.
Dyma'r dewis sydd gennych:
$y = 3x$ $y = \frac{1}{2}x$ $y = 5x$

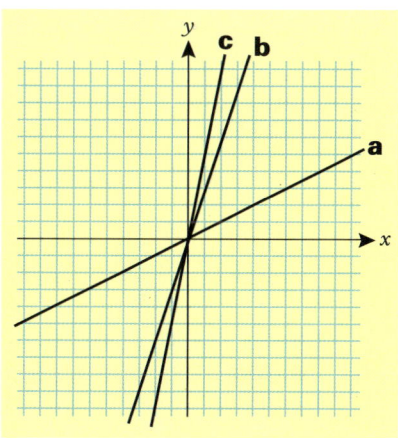

Mae Marc yn edrych ar batrymau ar grid.
Mae o wedi gosod cownteri ar y grid lle mae
    cyfesuryn **y** = cyfesuryn **x** + **1**
Yr hafaliad yw:
    y = x + 1

Ymarfer 10:4

Byddwch angen cownteri.

1 a Gwnewch grid newydd fel yr un a wnaethoch ei ddefnyddio yn Ymarfer **10.3**.
Defnyddiwch y grid ar gyfer pob cwestiwn yn yr Ymarfer yma.
b Tynnwch y llinell $y = x$
Labelwch y llinell â'i hafaliad.
c Nawr gosodwch eich cownteri ar y grid fel y gwnaeth Marc.
Cofiwch: cyfesuryn **y** = cyfesuryn **x** + 1
Dylai eich cownteri fod mewn llinell syth.
ch Marciwch y pwyntiau.
Cysylltwch nhw â llinell syth.
d Copïwch a llenwch y bylchau yn hafaliad y llinell.
    $y = \ldots + \ldots$
dd Labelwch y llinell â'i hafaliad.

2 a Gosodwch gownteri ar eich grid lle mae
    cyfesuryn **y** = cyfesuryn **x** + 2
b Marciwch y pwyntiau.
Cysylltwch nhw â llinell syth.
c Copïwch a chwblhewch hafaliad y llinell.
    $y = \ldots + \ldots$
ch Labelwch y llinell â'i hafaliad.

3 Rydych wedi tynnu'r llinellau $y = x$
    $y = x + 1$
    $y = x + 2$
a Copïwch a gorffennwch:
    Mae'r llinellau i gyd yn llinellau p……………
b Pa linell yw'r uchaf ar y grid?
c Yn eich barn chi, ble bydd y llinell $y = x + 3$?
ch Defnyddiwch gownteri i'ch helpu i dynnu'r llinell $y = x + 3$ ar eich grid.
Labelwch y llinell â'i hafaliad.
A oedd eich ateb i **c** yn gywir?

4 Edrychwch ar eich grid. Rydych wedi tynnu pedair llinell arno.

a Copïwch a chwblhewch y brawddegau yma.

Mae'r llinell $y = x$ yn croesi'r echelin y yn y pwynt $(0, 0)$.

Mae'r llinell $y = x + 1$ yn croesi'r echelin y yn y pwynt $(0, 1)$.

Mae'r llinell $y = x + 2$ yn croesi'r echelin y yn y pwynt $(0, …)$.

Mae'r llinell $y = x + 3$ yn croesi'r echelin y yn y pwynt $(0, …)$.

b Ble bydd y llinell $y = x + 4$ yn croesi'r echelin y?

c Defnyddiwch gownteri i'ch helpu i dynnu'r llinell $y = x + 4$ ar eich grid. Labelwch y llinell â'i hafaliad.

ch A oedd eich ateb i **b** yn gywir?

5 Ble bydd y llinellau yma'n croesi'r echelin y?

a $y = x + 5$ **c** $y = x + 8$ **d** $y = x + \frac{1}{2}$

b $y = x + 7$ **ch** $y = x + 12$ **dd** $y = x + 3\frac{1}{2}$

6 **a** Ble bydd y llinell $y = x - 2$ yn croesi'r echelin y?

b Copïwch yr echelinau ar bapur sgwariau.

c Tynnwch y llinell $y = x - 2$

Defnyddiwch y robot yma i'ch helpu.

Copïwch a llenwch y bwlch:

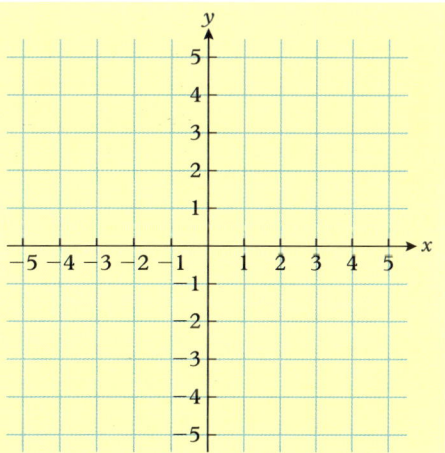

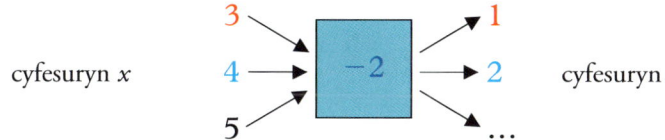

cyfesuryn x -2 cyfesuryn y

Y pwyntiau i'w plotio yw

$(3, 1)$ $(4, 2)$ $(5, …)$

Cysylltwch nhw â llinell syth.

Labelwch y llinell â'i hafaliad

$y = x - 2$

ch A oedd eich ateb i **a** yn gywir?

209

7 Ble bydd y llinellau yma'n croesi'r echelin y ?

   a $y = x - 3$ **ch** $y = x + 6$

   b $y = x - 7$ **d** $y = x - 6$

   c $y = x - 4$ **dd** $y = x$

8 Mae Mathew yn gwybod fod y llinell $y = x + 3$ yn croesi'r echelin y yn y pwynt $(0, 3)$.
Mae o eisiau gwybod a yw'r rheol yn dal i weithio ar gyfer $y = 2x + 3$.
Mae o'n defnyddio sgriniau robotiaid i'w helpu i dynnu'r llinell.

   a   Copïwch a llenwch y bylchau:

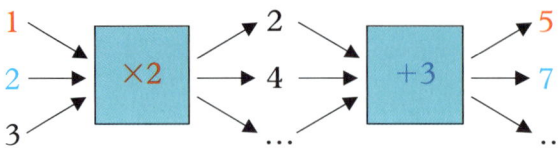

   b   Copïwch yr echelinau ar bapur sgwariau.

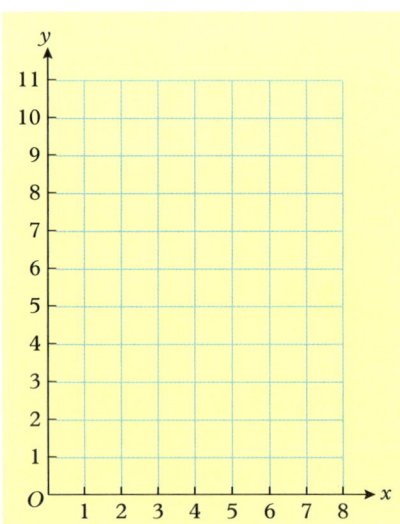

        Plotiwch y pwyntiau $(1, 5)$ $(2, 7)$ $(3, \ldots)$
        Cysylltwch nhw â llinell syth.
        Labelwch y llinell â'r hafaliad.
        $y = 2x + 3$

        A yw'r rheol yn dal i weithio?

9 Ble bydd y llinellau yma'n croesi'r echelin y ?

   a $y = 2x - 4$ **c** $y = 3x - 5$

   b $y = 3x + 7$ **ch** $y = 5x + 2$

10 Mae Catrin yn gwybod fod y llinellau $y = x + 1$ ac $y = x + 2$ yn baralel.
Mae hi eisiau gwybod a fydd y llinellau $y = 2x + 1$ ac $y = 2x + 2$ yn baralel.

   a   Copïwch yr echelinau o gwestiwn **8** eto.

   b   Tynnwch a labelwch y llinell $y = 2x + 1$
        Defnyddiwch sgriniau robotiaid i'ch helpu.

   c   Tynnwch a labelwch y llinell $y = 2x + 2$
        Defnyddiwch sgriniau robotiaid i'ch helpu.

   ch A yw'r llinellau yn baralel?

11 Edrychwch ar bob set o dair llinell.
Ysgrifennwch pa ddwy linell sy'n baralel.

a $y = 3x + 5$ $y = 4x - 3$ $y = 3x - 1$

b $y = 2x + 8$ $y = 3x - 5$ $y = 3x + 8$

c $y = 5x - 4$ $y = 4x - 5$ $y = 4x - 4$

ch $y = 7x + 5$ $y = 5x - 3$ $y = 7x - 8$

Gallwn ddefnyddio robotiaid i weld a yw pwynt ar linell.

Enghraifft 1   A yw'r pwynt (3, 7) yn gorwedd ar y llinell $y = 2x$?

Rydym yn rhoi'r cyfesuryn x i mewn yn y robot '×2'

$$3 \longrightarrow \boxed{\times 2} \longrightarrow 6$$

cyfesuryn x cyfesuryn y

Mae'r robot yn dweud wrthym fod y cyfesuryn y yn 6.
Mae'r pwynt (3, 6) yn gorwedd ar y llinell.
Felly nid yw'r pwynt (3, 7) yn gorwedd ar y llinell.

Enghraifft 2   A yw'r pwynt (6, 19) yn gorwedd ar y llinell $y = 3x + 1$?

Rydym yn rhoi'r cyfesuryn x i mewn yn y robot:

$$6 \longrightarrow \boxed{\times 3} \xrightarrow{18} \boxed{+ 1} \longrightarrow 19$$

Mae'r robot yn dweud wrthym fod y cyfesuryn y yn 19.
Mae'r pwynt (6, 19) yn gorwedd ar y llinell.

Ymarfer 10:5

Mae gan bob un o'r cwestiynau yma bwynt a llinell.
Darganfyddwch a yw'r pwynt yn gorwedd ar y llinell.

1 (3, 5) $y = x + 1$

2 (4, 3) $y = x - 1$

3 (3, 7) $y = 3x - 1$

4 (5, 8) $y = 2x - 2$

5 (3, 1) $y = 3x - 8$

6 (4, 11) $y = 4x - 6$

Mae gan bob un o'r cwestiynau yma linell a phwyntiau.
Mae'r pwyntiau'n gorwedd ar y llinell.
Darganfyddwch y cyfesurynnau sydd ar goll.

7 $y = x + 3$ (5, ...)   (3, ...)   (..., 5)

8 $y = 2x + 5$ (4, ...)   (7, ...)   (..., 25)

9 $y = 3x - 2$ (2, ...)   (8, ...)   (..., 7)

10 $y = 5x - 4$ (6, ...)   (9, ...)   (..., 16)

Gallwn ddefnyddio tablau i blotio graffiau yn hytrach na robotiaid.

Enghraifft 1   Lluniwch graff $y = -2x + 3$

Gallwn ddarganfod gwerth y pan yw $x = 1$

$$y = -2 \times 1 + 3$$
$$= -2 \quad + 3$$
$$= 1$$

Yn yr un modd pan yw $x = 2$

$$y = -2 \times 2 + 3$$
$$= -4 \quad + 3$$
$$= -1$$

pan yw $x = 3$

$$y = -2 \times 3 + 3$$
$$= -6 \quad + 3$$
$$= -3$$

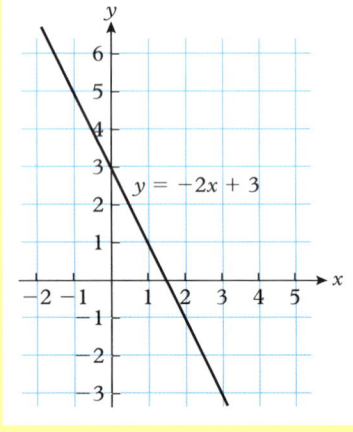

Er mwyn arbed yr holl ysgrifennu yma gallwn wneud tabl:

x	1	2	3
y	1	−1	−3

Nawr gallwn lunio'r graff.
Y pwyntiau i'w plotio yw (1, 1) (2, −1) (3, −3)

Enghraifft 2   Plotiwch graff $y = 3x - 2$

Dyma'r tabl:

x	1	2	3
y	1	4	7

Nawr gallwn lunio'r graff.
Y pwyntiau i'w plotio yw
(1, 1) (2, 4) (3, 7)

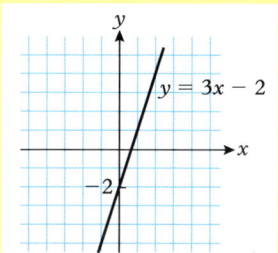

Ymarfer 10:6

1 Lluniwch graff $y = -x + 7$
  a Copïwch a llenwch y tabl.

x	1	2	3
y	6		

  b Copïwch yr echelinau yma ar bapur sgwariau.
    Lluniwch eich graff a'i labelu.

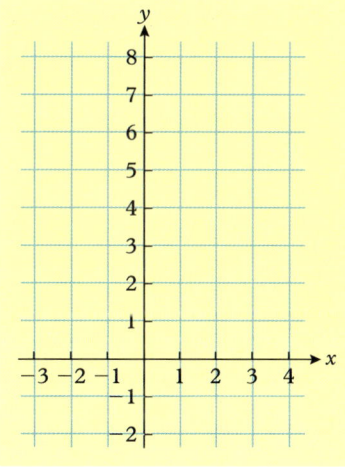

2 Lluniwch graff $y = -2x + 6$
    Defnyddiwch dabl.
    Labelwch eich graff.

3 Lluniwch graff $y = -3x + 8$
    Defnyddiwch dabl.
    Labelwch eich graff.

4 Mae'r llinellau wnaethoch chi eu tynnu yn yr Ymarfer yma yn wahanol i'r
    llinellau wnaethoch eu tynnu cyn hyn.
    a Ysgrifennwch beth sydd yn wahanol ynglŷn â'r llinellau.
    b Beth sy'n wahanol ynglŷn â'r hafaliadau?

Ymarfer 10:7

1 Copïwch yr echelinau ar bapur sgwariau.
Tynnwch y dair llinell yma ar yr echelinau.
Cofiwch labelu eich llinellau.

a $y = -x$

b $y = -2x$

c $y = -3x$

ch A yw'r rheol ar gyfer y llinell fwyaf serth yn
dal i weithio?

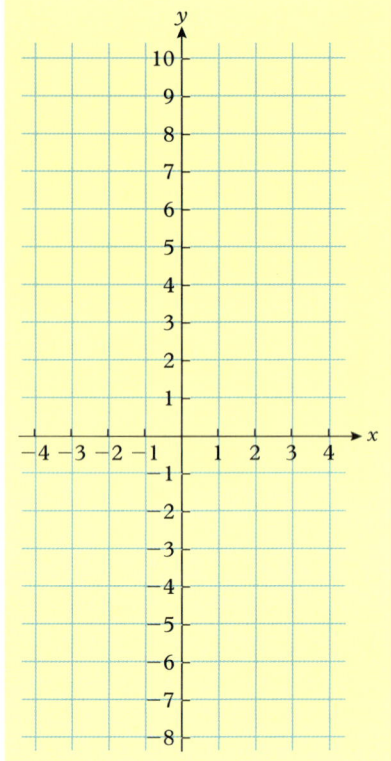

2 Copïwch yr echelinau o gwestiwn **1** unwaith eto.
Tynnwch y dair llinell yma ar yr echelinau.
Cofiwch labelu eich llinellau.

a $y = -x + 1$

b $y = -x + 2$

c $y = -x + 3$

ch A yw'r rheol ar gyfer croesi'r echelin y yn dal i weithio?

3 Pa linell yw'r fwyaf serth ym mhob un o'r parau yma?

a $y = -3x$ ac $y = -5x$ **c** $y = -3x + 5$ ac $y = -4x$

b $y = -2x$ ac $y = -x$ **ch** $y = -5x + 7$ ac $y = -3x - 5$

4 Ble bydd y llinellau yma yn croesi'r echelin y ?

a $y = -x + 7$ **c** $y = -6x + 2$

b $y = -4x - 8$ **ch** $y = -3x - 1$

3 Darganfod yr hafaliad

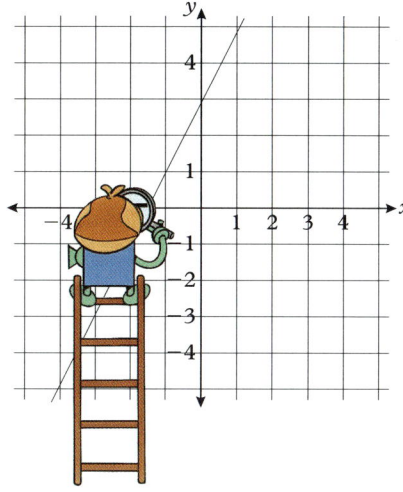

Dyma'r llinell $y = 2x + 3$

Mae'r 2 yn dweud wrthym pa mor serth yw'r llinell.
Mae'r 3 yn dweud wrthym bod y llinell yn croesi'r echelin y yn y pwynt $(0, 3)$.

Dyma'r linell $y = 3x - 4$

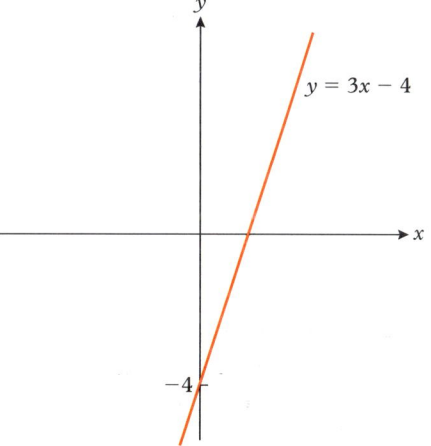

Mae'r 3 yn dweud wrthym pa mor serth yw'r llinell.
Mae'r -4 yn dweud wrthym bod y llinell yn croesi'r echelin y yn y pwynt $(0, -4)$.

Dyma'r llinell $y = x + 7$
Mewn algebra mae x yn golygu $1x$
Felly yr hafaliad yw $y = 1x + 7$

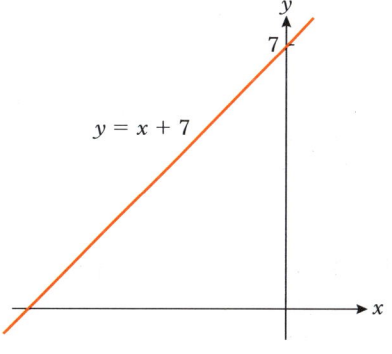

Mae'r 1 yn dweud wrthym pa mor serth yw'r llinell.
Mae'r $+7$ yn dweud wrthym bod y llinell yn croesi'r echelin y yn y pwynt $(0, 7)$.

Edrychwch ar y ddau hafaliad yma $y = 2x + 3$
$y = 2x + 5$

Mae'r ddau hafaliad yn cynnwys 2 sy'n dweud wrthym pa mor serth ydynt.
Mae'r llinellau yn baralel.

Enghraifft   Mae Robot eisiau darganfod hafaliad y llinell goch.

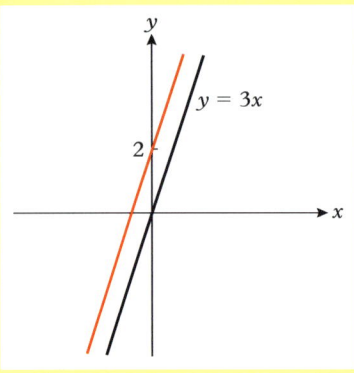

Mae hi'n baralel i'r llinell $y = 3x$
Mae Robot yn gwybod mai rhan o'r hafaliad yw $y = 3x + ...$

Mae'r llinell goch yn croesi'r echelin y yn y pwynt (0, 2).
Mae'n rhaid mai $y = 3x + 2$ yw'r hafaliad.

Ymarfer 10:8

Ysgrifennwch hafaliad pob llinell goch.

1
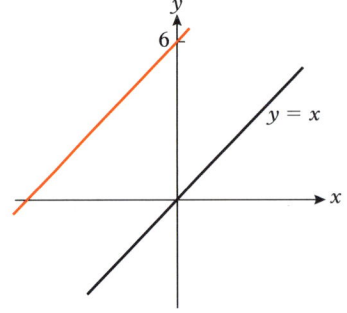

2
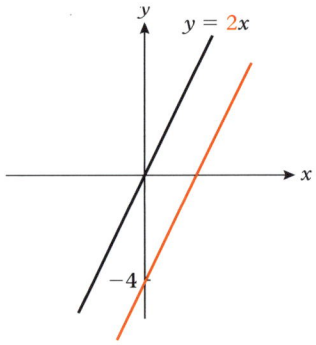

3

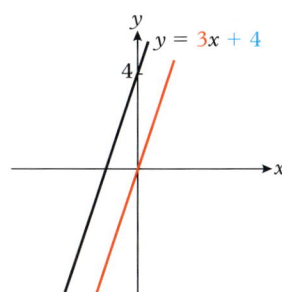

$y = 3x + 4$

6

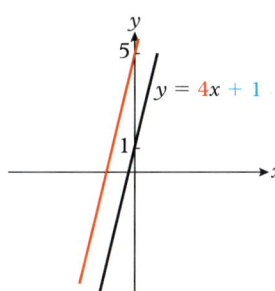

$y = 4x + 1$

4

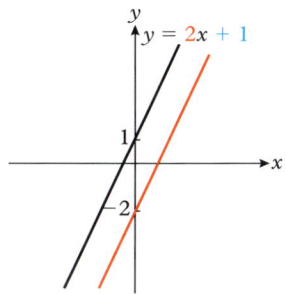

$y = 2x + 1$

7

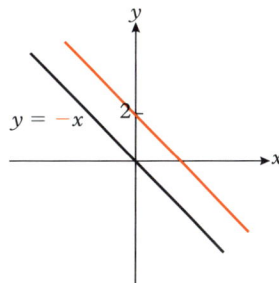

$y = -x$

5

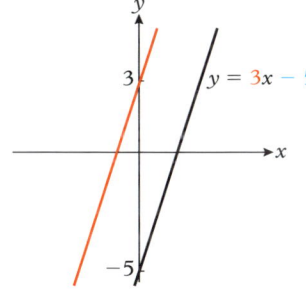

$y = 3x - 5$

8

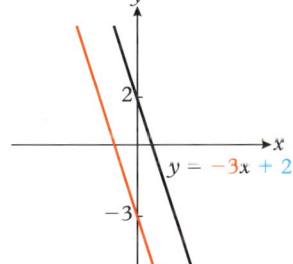

$y = -3x + 2$

9 Edrychwch ar y diagramau yma.
Bydd y llinell goch yn cael ei hadlewyrchu yn yr echelin y.
Beth fydd hafaliad y llinell newydd?

a

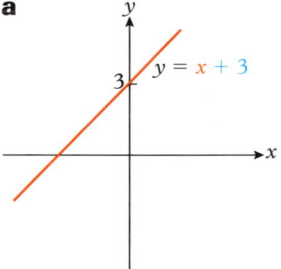

$y = x + 3$

b

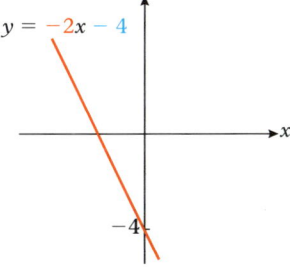

$y = -2x - 4$

Yn y cwestiynau yma ceir 4 graff a 4 hafaliad.
Rhowch yr hafaliad sy'n cyd-fynd â phob graff.

10 a

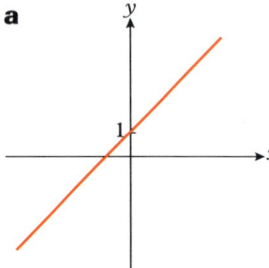

c

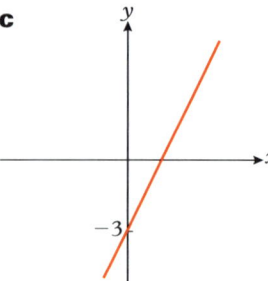

b

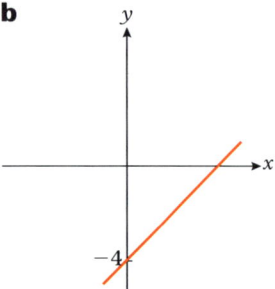

ch

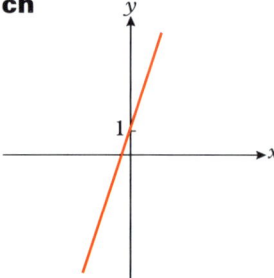

$$y = 3x + 1 \qquad y = x + 1 \qquad y = 2x - 3 \qquad y = x - 4$$

11 a

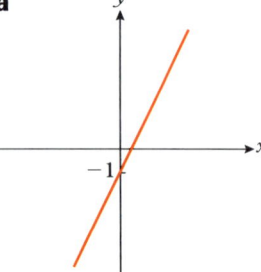

c

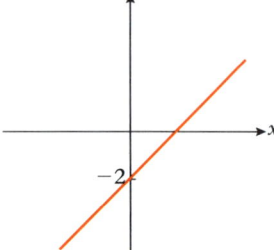

b

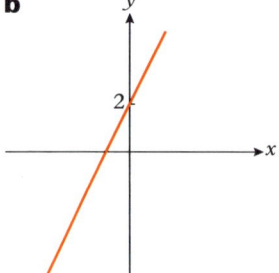

ch

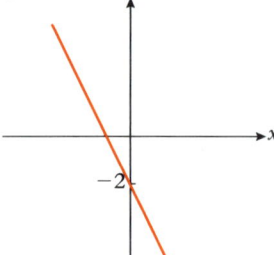

$$y = -2x - 2 \qquad y = 2x + 2 \qquad y = 2x - 1 \qquad y = x - 2$$

Methu â gweld pob coeden

Mae'r Comisiwn Coedwigaeth wedi plannu fforest newydd.
Mae coeden wedi ei phlannu ym mhob un o'r pwyntiau croesi ar grid.

Edrychwch ar y diagram sy'n dangos rhan o'r fforest. Mae'n dangos 25 o goed ar grid 5 wrth 5.
Mae Alun yn sefyll yn y tarddbwynt.
Mae'n gallu gweld y goeden sydd yn (1,1)
Nid yw'n gallu gweld y coed yn (2,2), (3,3), (4,4) a (5,5) gan eu bod yn union yn yr un llinell â (1,1).

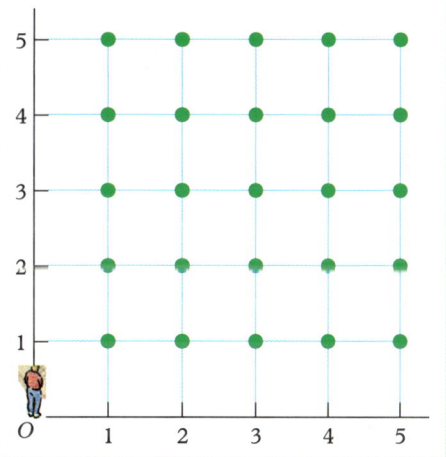

1 **a** Pa goed eraill nad yw'n gallu eu gweld?
   b Sawl coeden y mae o'n methu ei gweld?

2 **a** Lluniwch grid 6 wrth 6.
   b Ar y grid marciwch pa goed na all Alun eu gweld.
   c Sawl coeden y mae o'n methu ei gweld?

3 **a** Ceisiwch ragfynegi sawl coeden na all Alun ei gweld ar grid 7 wrth 7.
         Eglurwch sut y cawsoch y rhif yma.
   b Lluniwch y grid 7 wrth 7 i wirio'r ateb.

4 Ymchwiliwch gan ddefnyddio gridiau eraill. Ysgrifennwch adroddiad ar yr hyn rydych yn ei ddarganfod.

1 Ysgrifennwch gyfesurynnau croestorfan y llinellau yma.
   a $x = 5$ ac $y = 7$ **c** $x = -5$ ac $y = -1$
   b $x = 4$ ac $y = -5$ **ch** $x = -2$ ac $y = 0$

2 Croestorfannau pa linellau fertigol a llorweddol yw'r canlynol?
   a $(5, 8)$ **b** $(0, 4)$ **c** $(-5, 5)$ **ch** $(7, -1)$

3 Cyfesurynnau fertigau petryal yw:
   $(-1, -2)$ $(-1, 6)$ $(3, 6)$ $(3, -2)$
   Ysgrifennwch reolau pedair ochr y petryal.

4 Dyma reolau tair ochr sgwâr:
   $x = -1$ $y = 3$ $x = 6$
   Mae dau sgwâr posibl.
   a Ysgrifennwch y rheol ar gyfer yr ochr sydd ar goll ar gyfer pob sgwâr.
   b Ysgrifennwch gyfesurynnau fertigau pob sgwâr.

5 **a** Copïwch yr echelinau ar bapur sgwariau.
   b Plotiwch y pwyntiau yma mewn trefn:
   $(1, 4)$ $(3, 6)$ $(6, 6)$ $(6, 5)$ $(4, 5)$ $(4, 4)$
   Cysylltwch nhw â phren mesur wrth fynd
   yn eich blaen.
   c Tynnwch y llinell $y = 4$ ar eich echelinau.
   ch Adlewyrchwch y siâp yn y llinell $y = 4$
   d Ysgrifennwch gyfesurynnau fertigau'r siâp
   newydd.

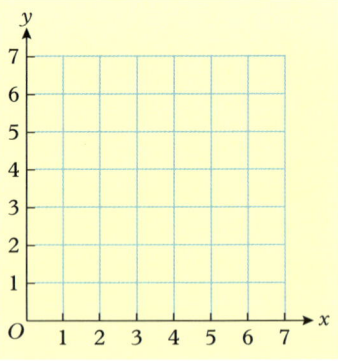

6 Pa linell yw'r fwyaf serth ym mhob un o'r parau yma?
   a $y = 7x$ ynteu $y = 4x$ **b** $y = x$ ynteu $y = 3x$

7 Ble bydd y llinellau yma'n croesi'r echelin y ?
   a $y = x + 3$ **c** $y = x + 1$ **d** $y = 2x + 5$
   b $y = x + 6$ **ch** $y = x - 9$ **dd** $y = 5x - 3$

8 Edrychwch ar bob set o dair llinell.
   Ysgrifennwch pa ddwy linell sy'n baralel.
   a $y = 2x + 1$ $y = x - 1$ $y = 2x - 1$
   b $y = 7x + 3$ $y = 4x + 3$ $y = 4x - 7$
   c $y = 8x + 9$ $y = 9x - 8$ $y = 8x + 8$
   ch $y = 4x - 7$ $y = 7x - 4$ $y = 4x + 7$

9 Edrychwch ar bob set o dair llinell.
Pa linell yw'r eithriad?
Eglurwch pam.

  a $y = 3x - 1$ $y = 7x - 1$ $y = 6x + 1$
  b $y = 4x - 5$ $y = 5x + 4$ $y = 4x + 5$
  c $y = 7x - 1$ $y = x - 7$ $y = 7x + 7$

10 Mae gan bob un o'r cwestiynau yma bwynt a llinell.
Darganfyddwch a yw'r pwynt yn gorwedd ar y llinell.

  a $(2, 3)$ $y = x - 1$ **ch** $(4, 12)$ $y = 2x + 3$
  b $(5, 13)$ $y = 2x + 3$ **d** $(6, 24)$ $y = 5x - 4$
  c $(3, 7)$ $y = 4x - 5$ **dd** $(8, 31)$ $y = 3x + 7$

11 Mae gan bob un o'r cwestiynau yma linell a phwyntiau.
Mae'r pwyntiau'n gorwedd ar y llinell.
Darganfyddwch y cyfesurynnau sydd ar goll.

  a $y = x - 2$ $(4, \ldots)$ $(\ldots, 6)$ $(\ldots, 0)$
  b $y = 3x + 4$ $(5, \ldots)$ $(2, \ldots)$ $(\ldots, 22)$
  c $y = 6x - 5$ $(3, \ldots)$ $(\ldots, 7)$ $(\ldots, 1)$
  ch $y = 2x - 8$ $(4, \ldots)$ $(0, \ldots)$ $(\ldots, -10)$

Ysgrifennwch hafaliad pob llinell goch.

12

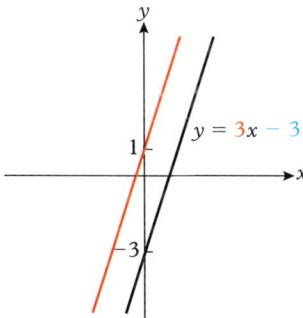

$y = 3x - 3$

14

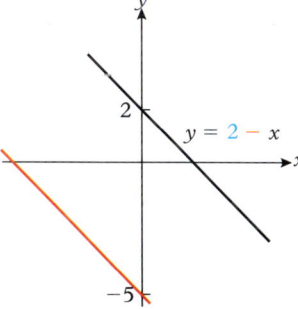

$y = 2 - x$

13

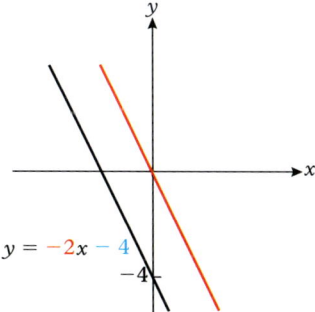

$y = -2x - 4$

15

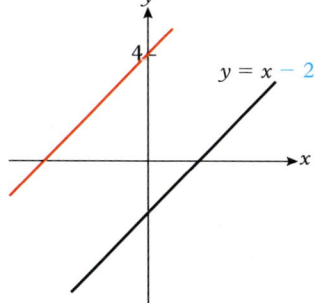

$y = x - 2$

1 **a** Lluniwch set o echelinau lle mae x ac y yn mynd o -6 i $+6$.

 b Tynnwch a labelwch y tair llinell

 $y = x + 1$ $y = 2x - 1$ $y = -3$

 c Mae'r tair llinell yn ffurfio triongl.

 Ysgrifennwch gyfesurynnau fertigau'r triongl.

 ch Darganfyddwch arwynebedd y triongl.

2 Mae'r tair llinell yma yn croesi yn yr un pwynt.

 $y = 2x - 9$ $y = 3 - x$ $y = x - a$

 Darganfyddwch werth a.

3 Mae'r pwynt $(3, -1)$ yn gorwedd ar rai o'r llinellau yma.

 Ar ba linellau mae'n gorwedd?

 $y = 2x + 5$ $y = x - 4$ $y = 4x - 17$ $y = 11 - 4x$

4 Darganfyddwch hafaliad llinell sy'n:

 a baralel i'r llinell $y = 3x - 5$ ac yn croesi'r echelin y yn y pwynt $(0, 6)$.

 b baralel i'r llinell $y = 4x + 2$ ac yn mynd drwy'r tarddbwynt.

 c baralel i'r llinell $y = 12 - 6x$ ac yn croesi'r echelin y yn y pwynt $(0, 7)$.

5 Ysgrifennwch hafaliad y llinell sy'n baralel i $y = 4x - 5$ ac yn mynd drwy'r pwynt:

 a $(0, 3)$ **b** $(0, -7)$ **c** $(0, 0)$

6 **a** Lluniwch set o echelinau lle mae x ac y yn mynd o -6 i $+6$.

 b Tynnwch y llinell $y = 5 - x$

 c Plotiwch y pwyntiau $(-3, 5)$ a $(4, -2)$

 Cysylltwch nhw â llinell syth.

 ch Ysgrifennwch hafaliad y llinell sy'n cysylltu'r ddau bwynt.

7 **a** Lluniwch set o echelinau lle mae x ac y yn mynd o -6 i $+6$.

 b Plotiwch graff $y + x = 4$

 c Plotiwch graff $y = 5x - 2$

 ch Ysgrifennwch gyfesurynnau'r croestorfan.

- **Croestorfan**

  Gelwir y pwynt lle mae dwy linell yn croesi yn **groestorfan**.

  Croestorfan y llinellau $x = 3$ ac $y = 1$ yw (3, 1).

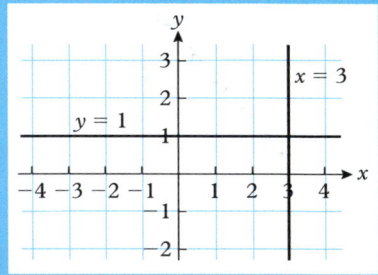

- **Hafaliad**

  Gelwir rheol llinell yn **hafaliad** y llinell.

  Hafaliad y llinell yma yw $y = x$

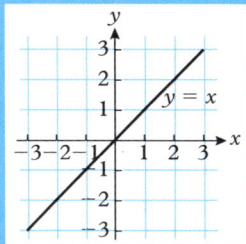

- Edrychwch ar yr hafaliadau yma.

  $y = 1x$ $y = 2x - 1$ $y = 3x + 5$ $y = 4x + 2$ $y = 5x$

  Mae'r rhif coch yn dweud wrthym pa mor serth yw'r llinell.
  Po fwyaf y rhif serthaf yn y byd yw'r llinell.

  Os oes gan ddwy linell yr un rhif coch maen nhw'n baralel.
  Mae'r llinellau $y = 2x + 3$ ac $y = 2x + 5$ yn baralel

  Edrychwch ar yr hafaliadau yma.

  $y = x + 1$ $y = 3x - 2$ $y = 5x + 3$ $y = x + 4$ $y = 2x + 5$

  Mae'r rhif glas yn dweud wrthym lle mae'r llinell yn croesi'r echelin y.
  Mae'r llinell $y = 5x + 2$ yn croesi'r echelin y yn y pwynt (0, 2)
  Mae'r llinell $y = x + 5$ yn croesi'r echelin y yn y pwynt (0, 5)

- Gallwn ddefnyddio robotiaid i weld a yw pwynt yn gorwedd ar linell.

  Enghraifft   A yw'r pwynt (3, 7) yn gorwedd ar y llinell $y = 2x$?

  Rydym yn rhoi'r cyfesuryn x i mewn yn y robot '×2'.

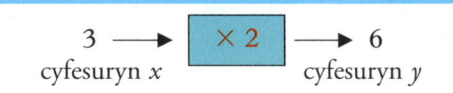

  Mae'r robot yn dweud wrthym fod y cyfesuryn y yn 6.
  Mae'r pwynt (3, 6) yn gorwedd ar y llinell.
  Felly nid yw'r pwynt (3, 7) yn gorwedd ar y llinell.

1   Ysgrifennwch reolau'r llinellau yma.

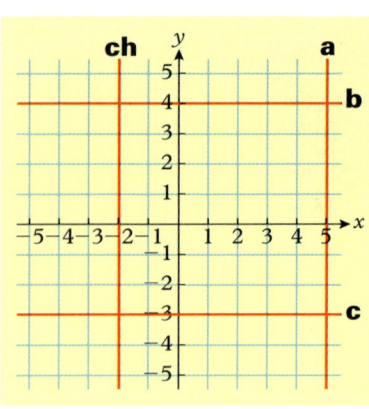

2   Pa linellau fertigol a llorweddol sy'n croesi yn y pwynt (5, 3)?

3   Edrychwch ar hafaliadau y llinellau yma.
$$y = 3x - 3 \qquad y = x + 7 \qquad y = 5x + 1$$
     a   Pa linell yw'r fwyaf serth?
     b   Pa linell yw'r leiaf serth?

4   Edrychwch ar y tair llinell yma.
$$y = x + 4 \qquad y = x + 7 \qquad y = x$$
     a   Beth allwch chi ei ddweud am y llinellau yma?
     b   Ble mae'r llinell $y = x + 7$ yn croesi'r echelin y?
     c   Pa linell yw'r uchaf ar y grid?
     ch Pa linell yw'r isaf ar y grid?
     d   Rhwng pa ddwy linell y byddai'r llinell $y = x + 2$?

5   A yw'r pwynt (4, 6) yn gorwedd ar y llinell $y = 2x - 2$?

6   Mae'r pwyntiau yma'n gorwedd ar y llinell $y = 3x - 2$
     Llenwch y cyfesurynnau sydd ar goll.
     (4, …)   (0, …)   (…, 16)

7   Ysgrifennwch hafaliad pob llinell goch.

     a 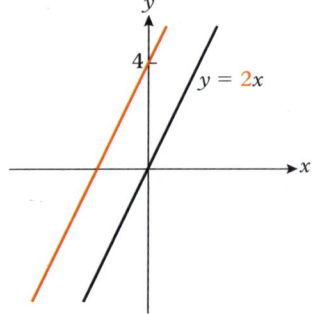   **b**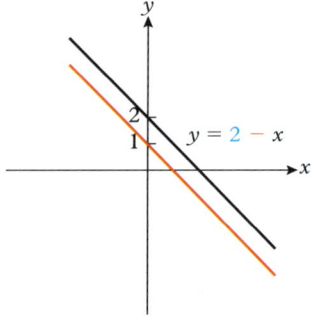

11 Cymarebau

CWESTIYNAU

ESTYNIAD

CRYNODEB

PROFWCH
EICH HUN

Yr Arolwg Ordnans sy'n cynhyrchu'r rhan fwyaf o fapiau o Wledydd Prydain. Arferai Bwrdd yr Ordnans fod yn gyfrifol am amddiffyn Prydain. (Ystyr 'Ordnans' yw 'cyflenwadau milwrol').
Roedd arnynt angen mapiau da i filwyr felly cychwynnwyd yr Arolwg Ordnans.

Byddai'r Arolwg Ordnans yn rhoi 'meincnodau' mewn mannau fel cerrig pontydd neu ar ben bryniau. Defnyddir y pwyntiau yma fel cyfeirbwyntiau ar gyfer mesur.

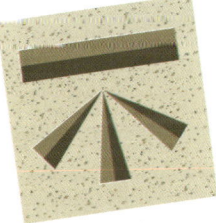

Meincnod

Map Arolwg Ordnans ar raddfa fawr

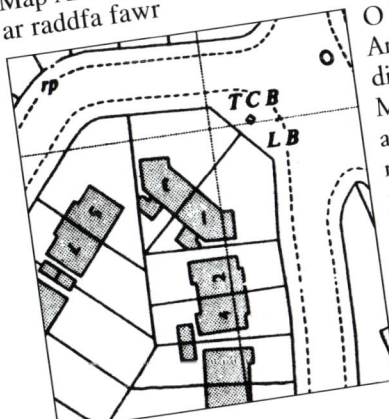

O bryd i'w gilydd mae'r Arolwg Ordnans yn diweddaru mapiau. Maen nhw'n marcio adeiladau a ffyrdd newydd.

Maen nhw'n cynhyrchu mapiau graddfeydd mawr a graddfeydd llai.

1 Y system fetrig

Mae Jên ac Aled wedi torri ffenestr.
Mae eu tad yn mesur i weld beth yw maint y gwydr sydd ei angen i drwsio'r ffenestr.
Ar un ochr mae ei dâp mesur wedi ei farcio mewn troedfeddi a modfeddi.
Mae'r ochr arall wedi ei marcio mewn unedau metrig.

Mae gan Jên bensil a phapur i ysgrifennu'r mesuriadau.
Mae Jên yn gofyn i'w thad pa unedau mae o'n eu defnyddio.
Mae o'n dweud ei fod yn defnyddio milimetrau.

◄◄AILCHWARAE►

Unedau mesur hyd

10 milimetr (mm) = 1 centimetr (cm)
100 centimetr = 1 metr (m)
1000 metr = 1 cilometr (km)

Enghraifft

| 0mm 10 | 20 | 30 | 40 | 50 | 60 | 70 | 80 |
| 0cm 1 | 2 | 3 | 4 | 5 | 6 | 7 | 8 |

Mae'r llinell yma'n mesur 5.7 cm (neu 57 mm).

Trawsnewid unedau o fewn y system fetrig

Enghreifftiau

1 Trawsnewidiwch 6.75 m yn cm

$$6.75\,m = 6.75 \times 100\,cm$$
$$= 675\,cm$$

2 Trawsnewidiwch 6400 m yn km

$$6400\,m = (6400 \div 1000)\,km$$
$$= 6.4\,km$$

Ymarfer 11:1

1 Trawsnewidiwch yr unedau ym mhob un o'r canlynol.
- **a** 4 km yn m
- **ch** 6 cm yn mm
- **e** 30 mm yn cm
- **b** 400 cm yn m
- **d** 15 km yn m
- **f** 5000 m yn km
- **c** 20 mm yn cm
- **dd** 2 m yn cm
- **ff** 5 m yn mm

2 Trawsnewidiwch yr unedau ym mhob un o'r canlynol.
- **a** 285 cm yn m
- **ch** 0.6 cm yn mm
- **e** 65 mm yn cm
- **b** 5500 m yn km
- **d** 7.4 km yn m
- **f** 0.9 km yn m
- **c** 8.7 cm yn mm
- **dd** 3.75 m yn cm
- **ff** 0.15 m yn mm

3 Ysgrifennwch pa uned sy'n cwblhau pob brawddeg.
Dewiswch un o'r unedau yma: mm, cm, m, km.
- **a** Mae clip papurau tua 30 ... o hyd.
- **b** Mae drws tua 2 ..... o uchder.
- **c** Mae llwy de tua 13 .... o hyd.
- **ch** Mae'r pellter o Lundain i Gaerdydd tua 240 ....
- **d** Mae cwpwrdd ffeilio tua 45 ..... o led.
- **dd** Mae cae pêl-droed tua 70 .... o led.
- **e** Mae ewin bys tua 10 ... o led.
- **f** Mae lled y Sianel rhwng Lloegr a Ffrainc tua 33 .....

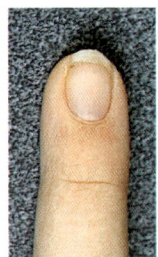

Trawsnewid unedau hyd Imperial yn unedau metrig

1 fodfedd = 2.5 cm   1 llathen = 0.9 m   1 filltir = 1.6 km

Enghreifftiau

1 Trawsnewidiwch 3 modfedd yn cm
1 fodfedd = 2.5 cm
3 modfedd = 3 × 2.5 cm
= 7.5 cm

2 Trawsnewidiwch 3.5 llath yn m
1 llathen = 0.9 m
3.5 llath = 3.5 × 0.9 m
= 3.15 m

3 Trawsnewidiwch 4 milltir yn km
1 filltir = 1.6 km
4 milltir = 4 × 1.6 km
= 6.4 km

Ymarfer 11:2

1 Trawsnewidiwch yr unedau ym mhob un o'r canlynol.
- **a** 2 fodfedd yn cm
- **c** 7 milltir yn km
- **d** 20 milltir yn km
- **b** 6 llath yn m
- **ch** 10 llath yn m
- **dd** 12 modfedd (1 droedfedd) yn cm

2 Trawsnewidiwch yr hydoedd coch yn unedau metrig.

6.5 modfedd

llyfr ysgrifennu

8 modfedd

  a Mae llyfr Julie yn 8 modfedd wrth 6.5 modfedd.

  b Mae drws ystafell wely Emrys yn 30 modfedd o led.

  c Mae hyd cae criced yn 22 llath.

  ch Mae gan Alison bren mesur 1 droedfedd. Mae ganddi hi hefyd bren mesur llai sy'n 6 modfedd o hyd.

  d Mae Tudur yn rhedeg y marathon yn Llundain, sy'n 26.2 o filltiroedd.

  dd Mae cwrt tennis Ysgol Abergwynant yn 26 llath wrth 12 llath.

Mae 1 fodfedd tua $2\frac{1}{2}$ cm.

Mae 1 llathen fymryn yn llai nag 1 metr.

Mae 1 filltir fymryn yn fwy nag $1\frac{1}{2}$ km.

---

3 Rhowch amcangyfrif o'r canlynol mewn unedau metrig.

a 6 modfedd	**d** 2 lath	**ff** 2 filltir	**i** 15 modfedd
b 8 modfedd	**dd** 12 llath	**g** 30 milltir	**l** 27 modfedd
c 10 modfedd	**e** 25 llath	**ng** 1000 milltir	**ll** 17 milltir
ch 20 modfedd	**f** 100 llath	**h** 16 milltir	**m** 55 milltir

4 a 1 fodfedd = 2.5 cm, 1 llathen = 0.9 m, 1 filltir = 1.6 km

  Defnyddiwch y rhain a lluosi i newid yr hydoedd yng nghwestiwn **3** yn unedau metrig.

  b Defnyddiwch eich atebion i **a** i wirio eich amcangyfrifon yng nghwestiwn **3**.

Unedau mesur màs

Mae enwau unedau mesur màs yn debyg i unedau mesur hyd.

1000 miligram (mg) = 1 gram (g)

1000 gram = 1 cilogram (kg)

1000 kg = 1 dunnell fetrig (t)

1 kg

1 g

Mae chwarter llwy de o siwgr yn pwyso tua 1 gram.

Mae bag cyffredin o siwgr yn pwyso 1 cilogram.

Trawsnewid unedau o fewn y system fetrig

Enghreifftiau

1 Trawsnewidiwch 2.5 kg yn g

$$2.5\,kg = 2.5 \times 1000\,g$$
$$= 2500\,g$$

2 Trawsnewidiwch 5000 g yn kg

$$5000\,g = (5000 \div 1000)\,kg$$
$$= 5\,kg$$

Ymarfer 11:3

1 Trawsnewidiwch yr unedau ym mhob un o'r canlynol.

a 4 kg yn g   **d** 6 kg yn g   **ff** 125 mg yn g

b 7000 mg yn g   **dd** 55 kg yn g   **g** 0.3 g yn mg

c 2000 g yn kg   **e** 85 mg yn g   **ng** 650 g yn kg

ch 8000 kg yn t   **f** 0.6 kg yn g   **h** 1.5 t yn kg

Trawsnewid unedau mesur màs Imperial yn unedau metrig

Mae 1 owns tua 30 gram.   (16 owns = 1 pwys)

Mae 1 pwys fymryn yn llai na hanner cilogram.   (14 pwys = 1 stôn)

Mae 1 dunnell fymryn yn fwy nag 1 dunnell fetrig.

2 Amcangyfrifwch werth y meintiau coch mewn unedau metrig.

a Mae babi newydd ei eni yn pwyso tua 8 pwys.

b Mae wy yn pwyso tua 2 owns.

c Mae gwraig yn pwyso tua 140 pwys.

ch Mae car bychan yn pwyso tua 2 dunnell.

d Mae oren yn pwyso tua 6 owns.

dd Mae twrci mawr wedi ei rostio yn pwyso tua 20 pwys.

Weithiau mae'n rhaid i ni fod yn fwy cywir.

1 owns (oz) = 28 g   1 pwys (lb) = 450 g = 0.45 kg   1 kg = 2.2 lb

Enghreifftiau   **1** Trawsnewidiwch 3 owns yn g

1 owns = 28 g
3 owns = 3 × 28 g
       = 84 g

2 Trawsnewidiwch 5 pwys yn kg

1 pwys = 0.45 kg
5 pwys = 5 × 0.45 kg
       = 2.25 kg

3 Trawsnewidiwch yr unedau ym mhob un o'r rhain.

a 4 owns yn g
b 0.5 owns yn g
c 3 phwys yn kg

ch 6.5 pwys yn kg
d 8 owns yn g
dd 14 pwys yn kg

e 100 pwys yn kg
f 12 owns yn g
ff 7 pwys yn kg

4 Mae un dunnell Imperial yn hafal i 2240 pwys.

a Trawsnewidiwch un dunnell Imperial yn gilogramau gan ddefnyddio
1 pwys = 0.4536 kg
Rhowch eich ateb yn gywir i'r rhif cyfan agosaf.

b Mae tunnell Imperial yn fwy na thunnell fetrig.
Faint y cant yw'r ychwanegiad sydd mewn tunnell Imperial?

Unedau mesur cynhwysedd

Mae enwau unedau mesur cynhwysedd yn debyg i unedau mesur hyd.
1000 mililitr (m*l*) = 1 litr (*l*)
100 centilitr (c*l*) = 1 litr

5 m*l*

75 c*l*

1 litr

Mae'r llwy ffisig blastig yn dal 5 m*l*.
Mae'r botel yn dal 75 c*l*.
Mae'r carton sudd oren yn dal 1 litr.

Gallwn drawsnewid unedau cynhwysedd yn yr un modd ag unedau mesur hyd neu fàs.

Ymarfer 11:4

1 Trawsnewidiwch yr unedau ym mhob un o'r rhain.

a 3000 m*l* yn *l*   **ch** 4.5 *l* yn m*l*   **e** 800 m*l* yn *l*

b 75 c*l* yn *l*   **d** 0.5 *l* yn m*l*   **f** 5600 m*l* yn *l*

c 7 *l* yn m*l*   **dd** 9000 m*l* yn *l*   **ff** 0.25 *l* yn m*l*

Trawsnewid unedau mesur cynhwysedd Imperial yn unedau metrig

> Mae un peint fymryn yn fwy na hanner litr.
> Mae un galwyn tua $4\frac{1}{2}$ litr.

2 Amcangyfrifwch werth y meintiau coch mewn unedau metrig.

a Mae dysgl golchi llestri yn dal tua 12 peint o ddŵr.

b Mae bwced cyffredin yn dal tua 2 alwyn o ddŵr.

c Byddai bin lludw yn dal tua 20 galwyn o ddŵr.

ch Byddai basged ysbwriel y dosbarth yn dal tua 7 galwyn o ddŵr.

> Weithiau mae'n rhaid i ni fod yn fwy cywir.
> 1 peint = 0.57 *l*   1 galwyn = 4.5 *l*   (8 peint = 1 galwyn)
>
> *Enghreifftiau*   **1** Trawsnewidiwch 4 peint yn litrau.   **2** Trawsnewidiwch 3 galwyn yn litrau.
>
>   1 peint = 0.57 *l*   1 galwyn = 4.5 *l*
>   4 peint = 4 × 0.57 *l*   3 galwyn = 3 × 4.5 *l*
>   = 2.28 *l*   = 13.5 *l*

3 Trawsnewidiwch bob un o'r canlynol yn litrau.

a 7 peint   **c** 0.5 peint   **d** 5 peint   **e** 3.5 peint

b 15 galwyn   **ch** 5.6 galwyn   **dd** 9 galwyn   **f** 1.4 galwyn

4 Mae galwyn Imperial yn 4.546 litr.
Mae galwyn Americanaidd yn llai. Mae'n 3.785 litr.

a Beth yw'r gwahaniaeth rhwng galwyn Imperial a galwyn Americanaidd mewn mililitrau?

b Faint y cant yn fwy yw galwyn Imperial na galwyn Americanaidd?

2 Cyflwyno cymarebau

4 cm

8 cm

3 cm

6 cm

Mae Blwyddyn 8 wedi cael tynnu eu lluniau.
Mae Sonia wedi prynu'r maint mwyaf i'w mam.
Mae'r maint lleiaf yn cael ei gadw ar gyfer cofnodion yr ysgol.

Mae lled y llun bychan yn hanner lled y llun mawr.
Mae hyd y llun bychan hefyd yn hanner hyd y llun mawr.

Gallwn ysgrifennu'r ffracsiwn yma mewn ffordd arall: **1 : 2** (sy'n cael ei ddweud 'un *i* ddau').

Cymhareb	**Cymhareb** yw'r ffordd o fesur maint cymharol dau beth.
Enghraifft	Mae cymhareb lled y llun bychan i led y llun mawr yn 3 cm : 6 cm (sy'n cael ei ddweud 3 cm *i* 6 cm).
	Gallwn ysgrifennu cymarebau heb unedau. **3 cm : 6 cm = 3 : 6** Gallwn symleiddio cymarebau fel ffracsiynau. $\frac{3}{6} = \frac{1}{2}$ felly **3 : 6 = 1 : 2**

Ymarfer 11:5

1 **a** Mesurwch y sgwâr yma.
Copïwch y sgwâr yn eich llyfr.
b Lluniwch sgwâr newydd â'i ochrau'n hanner mor hir.
c Ysgrifennwch y cymarebau yma.
Rhowch eich atebion yn eu ffurfiau symlaf.
   (1) Cymhareb ochrau'r sgwâr *bach* i ochrau'r sgwâr *mawr*.
   (2) Cymhareb ochrau'r sgwâr *mawr* i ochrau'r sgwâr *bach*.

2 **a** Mesurwch y petryal yma.
Copïwch y petryal yn eich llyfr.
b Lluniwch betryal newydd â'i ochrau'n deirgwaith mor hir.
c Ysgrifennwch y cymarebau yma.
Rhowch eich atebion yn eu ffurfiau symlaf.
   (1) Cymhareb lled y petryal *bach* i led y petryal *mawr*.
   (2) Cymhareb hyd y petryal *mawr* i hyd y petryal *bach*.

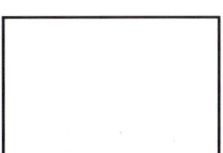

3 **a** Mesurwch hyd a lled pob petryal

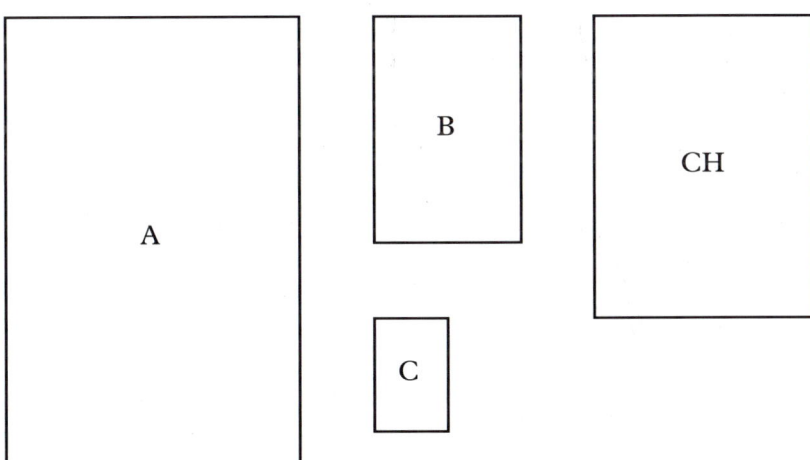

b Cymhareb lled a hyd pa betryal sy'n wahanol i'r gweddill?

Enghraifft

Mae gan gwmni llogi ceir 8 o geir a 4 o faniau i'w llogi.

Beth yw'r gymhareb:

a ceir i faniau?

b faniau i geir?

Rhowch eich atebion yn eu ffurf symlaf.

a ceir : faniau = 8 : 4

= 2 : 1

b faniau : ceir = 4 : 8 (symleiddiwch fel sy'n cael

= 1 : 2 ei wneud gyda'r ffracsiwn $\frac{4}{8} = \frac{1}{2}$)

Ymarfer 11:6

Rhowch bob cymhareb yn yr ymarfer yma yn ei ffurf symlaf.

1 Mae Laura yn gweithio 4 awr yr wythnos. Mae Nansi yn gweithio 3 awr.
  a Beth yw cymhareb oriau gwaith Nansi i oriau gwaith Laura?
  b Beth yw cymhareb oriau gwaith Laura i oriau gwaith Nansi?

2 Mae Alan yn 12 oed. Mae ei chwaer fach Ceridwen yn 6 oed.
  a Beth yw cymhareb oed Alan i oed Ceridwen?
  b Beth yw cymhareb oed Ceridwen i oed Alan?

3 Mae Gethin yn cael £8 o arian poced. Mae ei ffrind Dyfan yn cael £6.
  a Beth yw cymhareb arian poced Gethin i arian poced Dyfan?
  b Beth yw cymhareb arian poced Dyfan i arian poced Gethin?

4 Mae 30 o ddisgyblion yn nosbarth 8L. Mae 10 ohonynt yn ferched.
  a Beth yw'r gymhareb merched i fechgyn?
  b Beth yw'r gymhareb bechgyn i ferched?

5 **a** Beth yw'r gymhareb merched i fechgyn?
  b Beth yw'r gymhareb bechgyn i ferched?
  c Pa ffracsiwn o'r plant sy'n ferched?
  ch Pa ffracsiwn o'r plant sy'n fechgyn?

6 Dyma rai patrymau wedi eu gwneud â chiwbiau coch a chiwbiau glas.
Ar gyfer pob patrwm ysgrifennwch y gymhareb ciwbiau coch i giwbiau glas.
Rhowch eich atebion yn eu ffurfiau symlaf.

a

b

c

ch Gwnewch batrymau eich hun.
Ysgrifennwch y gymhareb ciwbiau coch i giwbiau glas bob tro.

7 a 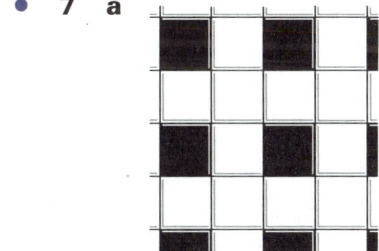　　**b**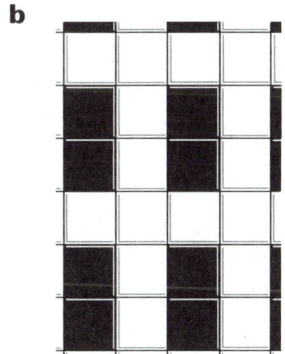

Mae'r diagramau yn dangos dau batrwm sy'n cael eu hailadrodd yn y teils
sydd ar lawr.
Ym mhob achos, ysgrifennwch beth yw'r gymhareb teils du i deils gwyn.
c Gwnewch batrwm eich hun.
Ysgrifennwch y gymhareb ar gyfer eich patrwm.

3   Cyfrannedd

Mae Robert yn gwneud teisennau ffrwythau.
Mae'r rysáit yn gwneud 20 o deisennau ond dim ond 10 sydd eu hangen ar Robert. Mae'n rhaid iddo newid y mesurau yn y rysáit.

Ymarfer 11:7

1   Dyma'r cynhwysion i wneud 20 o deisennau ffrwythau.

       14 owns blawd codi
       4 owns syltanas
       2 owns resins
       6 owns siwgr
       7 owns margarîn
       1 llwy de o sbeis cymysg
       2 wy bychan

   a   Rhestrwch y cynhwysion fydd eu hangen arnoch i wneud 10 teisen.

   b   Beth yw cymhareb mesurau'r cynhwysion ar gyfer 10 teisen i fesurau'r cynhwysion ar gyfer 20 teisen? Rhowch y gymhareb yn ei ffurf symlaf.

   c   Rhestrwch y cynhwysion sydd eu hangen i wneud 30 teisen.

  ch   Beth yw cymhareb mesurau'r cynhwysion ar gyfer 30 teisen i'r mesurau ar gyfer 20 teisen? Rhowch y gymhareb yn ei ffurf symlaf.

2   Mae'r cyfarwyddiadau ar botelaid o ddiod oren yn dweud
'Un rhan o ddiod oren i bum rhan o ddŵr'.
Mae Llio yn gwneud llond jwg o ddiod oren wan.

   a   Ysgrifennwch, mewn ffigurau, beth yw'r gymhareb diod oren i ddŵr yn y ddiod wan.

   b   Mae Llio yn gwanhau 200 m*l* o'r ddiod oren.
Faint o ddŵr mae hi'n ei ddefnyddio?

   c   Faint o ddiod oren wan sydd gan Llio yn ei jwg?

3 Mae'r cyfarwyddiadau ar botel o siampŵ carpedi yn dweud
'Un rhan o siampŵ i 30 rhan o ddŵr'.

   a Ysgrifennwch, mewn ffigurau, beth yw'r gymhareb siampŵ i ddŵr.

   b Mae'r botel siampŵ yn cynnwys 500 m*l*. Faint o ddŵr fyddech chi'n ei
     ychwanegu petaech chi'n defnyddio potelaid gyfan?

   c Faint o siampŵ gwan fydd gennych i gyd?

4 Mae Mr Ffrancon yn defnyddio tair rhan o dywod i un rhan o sment i
wneud morter.

   a Ysgrifennwch beth yw'r gymhareb tywod i sment mewn ffigurau.

   b (1) Faint o dywod mae Mr Ffrancon yn ei gymysgu â 6 kg o sment?

      (2) Faint o forter mae hyn yn ei wneud i gyd?

   c (1) Faint o sment mae Mr Ffrancon yn ei gymysgu â 30 kg o dywod?

      (2) Faint o forter mae hyn yn ei wneud i gyd?

5 Dyma'r cyfarwyddiadau ar botel ffisig: 'Ychwanegwch ddwy ran o ddŵr.'

   a Ysgrifennwch y gymhareb ffisig i ddŵr.

   b (1) Faint o ddŵr sydd ei angen i wanhau 5 m*l* o ffisig?

      (2) Faint o ffisig gwan sydd i gyd?

   c Mae nyrs yn mesur 30 m*l* o ddŵr i'w gymysgu â rhywfaint o'r ffisig.
     Faint o'r ffisig mae hi'n ei ddefnyddio?

6 Mae llun yn 7 cm o hyd a 4.5 cm o led.
Mae'n cael ei helaethu i roi llun sy'n
21 cm o hyd.

   a Ysgrifennwch gymhareb hyd y llun
     bychan i hyd y llun mawr.

   b Cyfrifwch led y llun mawr.

7 cm

4.5 cm

21 cm

7 Mae llun yn 5 cm o led ac 8 cm o hyd.
Mae'n cael ei helaethu i roi llun sy'n 20 cm o hyd.
Cyfrifwch led y llun sydd wedi ei helaethu.

?

Mwy o symleiddio cymarebau

Enghraifft   Symleiddiwch y cymarebau yma. **a** 8:12   **b** 24:6

                   a Mae 4 yn mynd i mewn i 8 a 12 $8:12 = \dfrac{8}{4} : \dfrac{12}{4} = 2:3$

                   b Mae 6 yn mynd i mewn i 24 a 6 $24:6 = \dfrac{24}{6} : \dfrac{6}{6} = 4:1$

Ymarfer 11:8

1 Symleiddiwch y cymarebau yma.

a 5 : 15	**ch** 18 : 30	**e** 100 : 20	**g** 9 : 27
b 14 : 21	**d** 25 : 10	**f** 88 : 55	**ng** 36 : 24
c 16 : 20	**dd** 30 : 20	**ff** 12 : 18	**h** 30 : 25

Rhannu gan ddefnyddio cymarebau

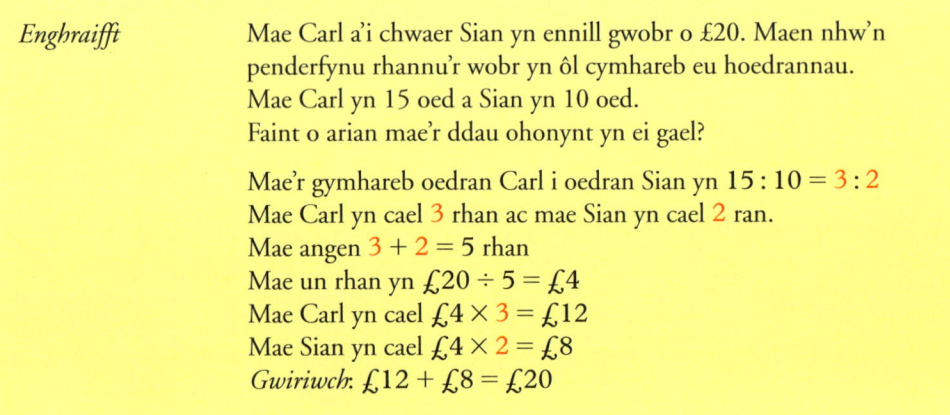

Enghraifft

Mae Carl a'i chwaer Sian yn ennill gwobr o £20. Maen nhw'n penderfynu rhannu'r wobr yn ôl cymhareb eu hoedrannau.
Mae Carl yn 15 oed a Sian yn 10 oed.
Faint o arian mae'r ddau ohonynt yn ei gael?

Mae'r gymhareb oedran Carl i oedran Sian yn 15 : 10 = 3 : 2
Mae Carl yn cael 3 rhan ac mae Sian yn cael 2 ran.
Mae angen 3 + 2 = 5 rhan
Mae un rhan yn £20 ÷ 5 = £4
Mae Carl yn cael £4 × 3 = £12
Mae Sian yn cael £4 × 2 = £8
Gwiriwch. £12 + £8 = £20

2 Rhannwch y symiau yma o arian yn ôl y cymarebau a roddir.
Gwiriwch eich ateb bob tro.

a £12	2 : 1	**d** £18	5 : 4	**ff** £27	20 : 4
b £15	1 : 4	**dd** £30	7 : 3	**g** £24	2 : 1 : 1
c £24	3 : 5	**e** £100	15 : 35	**ng** £36	3 : 2 : 1
ch £28	3 : 4	**f** £30	10 : 14	**h** £40	5 : 2 : 3

3 Mae Caren yn gwneud diod lemon wan.
Mae hi'n defnyddio pum rhan o ddŵr i un rhan o ddiod lemon.
Faint o ddŵr a faint o ddiod lemon sydd mewn 3 litr o'r ddiod wan?

4 Mae cymysgedd concrit yn cynnwys un rhan o sment, dwy ran o dywod a thair rhan o gerrig mân.
Faint o bob un sydd mewn 60 kg o'r gymysgedd?

Mae'r ddau gerflun yma wedi eu gwneud o efydd. Mae'r llewpard yn cynnwys dwy ran o dun i bymtheg rhan o gopr, felly mae'r gymhareb tun i gopr yn 2 : 15.
Mae'r ceffyl yn cynnwys tair rhan o dun i ugain rhan o gopr, felly mae'r gymhareb tun i gopr yn 3 : 20.
Pa gerflun sy'n cynnwys y gyfrannedd fwyaf o gopr?

Enghraifft

Trawsnewidiwch y cymarebau yma i'r ffurf 1 : n

a 2 : 15   **b** 3 : 20

a Er mwyn trawsnewid 2 : 15 i'r ffurf 1 : n mae angen i ni rannu â 2.

$$2 : 15 = \frac{2}{2} : \frac{15}{2} = 1 : 7.5$$

b Er mwyn trawsnewid 3 : 20 i'r ffurf 1 : n mae angen i ni rannu â 3.

$$3 : 20 = \frac{3}{3} : \frac{20}{3} = 1 : 6.67 \text{ (yn gywir i 2 le degol)}$$

Cymhareb tun i gopr yn y llewpard yw 1 : 7.5
Cymhareb tun i gopr yn y ceffyl yw 1 : 6.67
Mae 7.5 yn fwy na 6.67
Y cerflun o'r llewpard sy'n cynnwys y gyfrannedd fwyaf o gopr.

Ymarfer 11:9

1 Trawsnewidiwch y cymarebau yma i'r ffurf 1 : n
Talgrynnwch i 2 le degol os bydd angen.

a 2 : 8	**ch** 3 : 18	**e** 2.5 : 5	**g** 7 : 25	**i** 4 : 2
b 2 : 11	**d** 3 : 25	**f** 1.5 : 6	**ng** 0.2 : 0.72	**l** 5.6 : 2.8
c 4 : 14	**dd** 5 : 16	**ff** 0.8 : 22	**h** 0.6 : 0.39	**ll** 10.8 : 2.4

2 Ar label potel o ddiheintydd mae'r geiriau 'Elfen actif 12.5%'. Dŵr yw'r gweddill.
  a Ysgrifennwch beth yw canran y dŵr.
  b Ysgrifennwch beth yw'r gymhareb elfen actif i ddŵr.
  c Trawsnewidiwch y gymhareb i'r ffurf 1 : n
  ch Pa ffracsiwn o'r diheintydd yw'r elfen actif?

3 Nid yw Peredur yn hoffi bwyta gormod o fraster.
Mae cymysgedd teisen A yn defnyddio saith rhan o fraster i unarddeg rhan o flawd.
Mae cymysgedd teisen B yn defnyddio pum rhan o fraster i wyth rhan o flawd.
Defnyddiwch gymarebau i benderfynu pa gymysgedd teisen ddylai Peredur ei dewis.

4 Mapiau a graddfeydd

Mae Toni eisiau gwneud cynllun o'i ystafell.
Mae Euros yn ei helpu i fesur yr ystafell.
Mae'n rhaid i Toni ddewis graddfa cyn gwneud ei gynllun.

◀◀AILCHWARAE▶

Graddfa	Mae **graddfa** lluniad yn nodi'r gwir hyd o'i gymharu â'r hyd sydd yn y lluniad.

Ymarfer 11:10

1 Mae Toni yn gwneud lluniad wrth raddfa o'i ystafell. Mae o'n defnyddio graddfa 1 cm i 1 metr.

  a (1) Mesurwch hyd y lluniad mewn centimetrau.

     (2) Ysgrifennwch beth yw gwir hyd yr ystafell mewn metrau.

  b (1) Mesurwch led y lluniad mewn centimetrau.

     (2) Ysgrifennwch beth yw gwir led yr ystafell mewn metrau.

Graddfa: 1 cm i 1 m

2 Mae Toni yn penderfynu fod ei luniad yn rhy fychan.
Mae o'n tynnu llun petryal newydd ag ochrau sydd ddwywaith mor hir.

  a Ysgrifennwch beth yw hyd a lled y petryal newydd mewn centimetrau.

  b Sawl centimetr sy'n cynrychioli 1 metr ar y raddfa newydd?

Gallwn ddarganfod hyd llinell grom drwy ddefnyddio darn o linyn.
Gosodwch y llinyn ar y llinell grom.
Marciwch hyd y llinell grom ar y llinyn.
Mesurwch yr hyd sydd wedi ei farcio gan ddefnyddio pren mesur.

Gallwn ddefnyddio'r dull yma i ddarganfod pellteroedd ar fapiau.

Mae Meinir ac Emlyn yn cynllunio taith gerdded. Byddant yn cychwyn tua'r de o orsaf Cark & Cartmel ar hyd y ffordd i West Plain Farm. Yna byddant yn troi i'r gorllewin i Cowpren Point gan ddilyn y llwybr. Oddi yno byddant yn cerdded yn ôl i'r orsaf drwy Canon Winder, Sand Gate a Flookburgh.
Gallant ddarganfod y pellter maen nhw wedi ei gerdded drwy ddefnyddio'r raddfa.

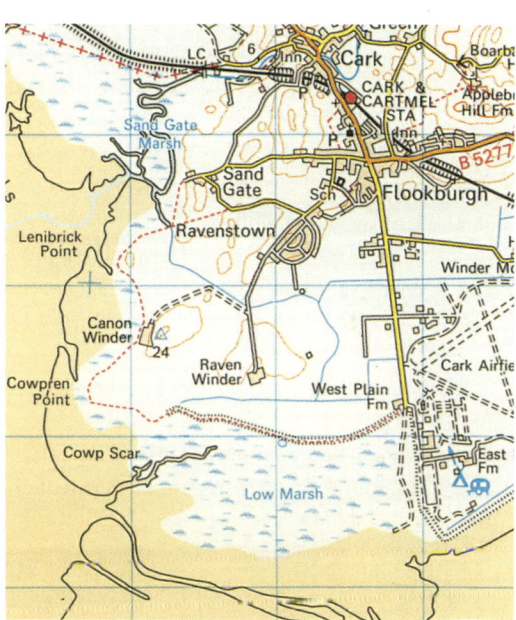

Graddfa: 2 cm i 1 km

3 **a** (1) Ar y map mesurwch hyd y rhedfa lydan ym Maes Awyr Cark.
   (2) Ysgrifennwch y pellter yma mewn cilometrau.
b (1) Ar y map mesurwch y pellter o orsaf Cark & Cartmel i West Plain Farm.
   (2) Ysgrifennwch y pellter yma mewn cilometrau.
c (1) Ar y map mesurwch y pellter mae gwylan yn hedfan o Cowpren Point i groesffordd Flookburgh.
   (2) Ysgrifennwch y pellter yma mewn cilometrau.
ch (1) Amcangyfrifwch hyd taith Meinir ac Emlyn ar y map. Defnyddiwch ddarn o linyn i'ch helpu.
   (2) Rhowch hyd y daith mewn cilometrau.

Gallwn ysgrifennu graddfeydd mapiau fel cymhareb o rifau.

Enghraifft   Mynegwch y raddfa 2 cm i 1 km fel cymhareb yn y ffurf 1 : n

Bydd angen i ni drawsnewid 1 km yn cm.   1 km = 1000 m
$$1000\,m = 1000 \times 100\,cm$$
$$= 100\,000\,cm$$

Mae'r raddfa yn 2 cm i 100 000 cm neu 2 : 100 000 = 1 : 50 000
Ateb: Gellir ysgrifennu 2 cm i 1 km fel 1 : 50 000

Ymarfer 11:11

1   Copïwch a chwblhewch:
Mae graddfa o 1 cm i 1 km = 1 : ?
Mae graddfa o 2 cm i 1 km = 2 : ? = 1 : ?
Mae graddfa o 4 cm i 1 km = 4 : ? = 1 : ?

2   Mynegwch y raddfa 1 cm i 2 km fel cymhareb yn y ffurf 1: ?

3   Mynegwch y raddfa 1 fodfedd i 1 filltir fel cymhareb yn y ffurf 1 : n
12 modfedd = 1 droedfedd, 3 troedfedd = 1 llathen, 1760 llath = 1 filltir.

Enghraifft   Mae Sharon yn gwneud cynllun o gae'r ysgol.
Mae hi'n defnyddio graddfa o 1 : 500
   a   Beth yw'r gwir hyd mae 4 cm ar ei chynllun hi yn ei gynrychioli?
   b   Mae'r cae pêl-droed yn 90 m o hyd.
        Beth fydd hyd y cae ar gynllun Sharon?

   a   Mae 4 cm yn cynrychioli 4×500 cm = 2000 cm
$$2000\,cm = (2000 \div 100)\,m$$
$$= 20\,m$$

   b   Mae gwir hyd o 90 m yn 90×100 cm = 9000 cm
$$9000\,cm \div 500 = 18\,cm$$
Bydd hyd y cae yn 18 cm ar gynllun Sharon.

Cofiwch. Gwiriwch bob amser fod eich atebion yn gwneud synnwyr.

4   Mae John wedi gwneud cynllun o'i ystafell ddosbarth. Mae o wedi defnyddio graddfa o 1 : 100.
   a   Mae'r cynllun yn 7 cm o led.
        Beth yw lled ystafell ddosbarth John?
   b   Mae hyd ystafell ddosbarth John yn 9 m.
        Beth yw hyd y cynllun?

5 Mae Mr Ifans yn gwneud tŷ bach twt i'w ferch ar ei phen-blwydd yn bedair oed.
Mae hwn yn gopi o dŷ Mr Ifans ei hun. Mae'r raddfa yn 1 : 5
   a Mae tŷ Mr Ifans yn 10 m o uchder.
   Pa mor uchel yw'r tŷ bach twt?
   b Mae'r tŷ bach twt yn 3 m o hyd.
   Pa mor hir yw tŷ Mr Ifans?

6 Mae Medwyn yn gwneud model wrth
raddfa o awyren.
Mae cymhareb hydoedd y model
i hydoedd yr awyren wreiddiol
yn 1 : 10
Copïwch y tabl.
Llenwch y bylchau.

Rhan o'r awyren	Model o'r awyren	Awyren wreiddiol
hyd adain	1 m	
uchder drws	20 cm	
lled drws		90 cm
uchder y gynffon	15 cm	
hyd yr awyren i gyd		20 m
nifer y seddau		60

7 Dyma fap stryd yn dangos rhan
o Runcorn yn Swydd Gaer.
Mae'r raddfa yn 1 : 12 000
   a Mesurwch hyd Park Road ar
   y map.
   b Cyfrifwch beth yw hyd Park
   Road mewn gwirionedd.
   c Mae rhan o Heath Road yn cael ei
   dangos ar y map.
   Mae hyd Heath Road mewn
   gwirionedd yn 2.4 km.
   Cyfrifwch beth yw hyd Heath Road
   fel y mae i'w weld ar y map yma.

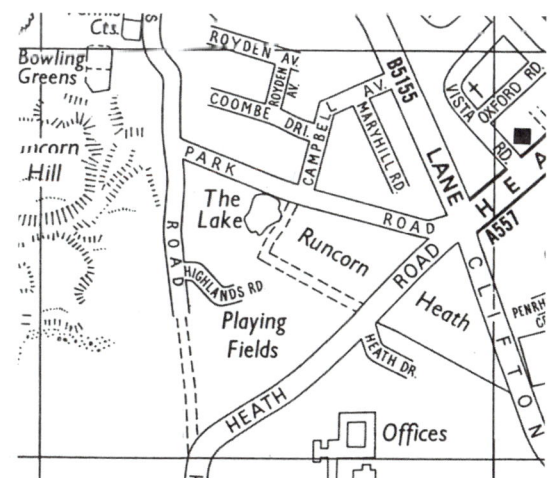

8 Mae gan Mr Harris fap ffordd â graddfa o 1 : 300 000
   a Mae dwy dref 8 cm ar wahân ar y map.
   Beth yw'r pellter rhyngddynt mewn gwirionedd?
   b Mae dwy dref arall 60 km ar wahân mewn gwirionedd.
   Faint o gentimetrau sydd rhyngddynt ar fap Mr Harris?

1 Trawsnewidiwch yr unedau ym mhob un o'r canlynol.

   a 380 cm yn m   **d** 7250 g yn kg   **ff** 17.9 cm yn mm

   b 1.7 kg yn g   **dd** 8.6 km yn m   **g** 0.35 g yn mg

   c 0.6 l yn ml **e** 50 000 ml yn l **ng** 95 cm yn m

  ch 1900 mg yn g   **f** 14.7 m yn cm   **h** 0.25 m yn mm

2 Rhowch amcangyfrif o'r mesurau Imperial yma.
Defnyddiwch yr uned fetrig a roddir.

   a 12 modfedd neu 1 droedfedd (cm)   **ch** 4 owns (g)   **e** 4 peint (l)

   b 5 milltir (km)   **d** 2 bwys (kg)   **f** 2 alwyn (l)

   c 20 llath (m)   **dd** 1 pwys (g)

3 **a** Mesurwch ochrau'r petryal yma.

   b Lluniwch betryal mwy fel bo cymhareb
     ochrau'r petryal bychan i ochrau'r petryal
     mawr yn 1 : 4

4 Rhowch bob ateb yn ei ffurf symlaf.

   a Beth yw'r gymhareb cŵn i gathod?

   b Beth yw'r gymhareb cathod i gŵn?

   c Pa ffracsiwn o'r anifeiliaid sy'n gathod?

 ch Pa ffracsiwn o'r anifeiliaid sy'n gŵn?

5 Defnyddir un rhan o siwgr i bedair rhan o flawd mewn rysáit teisen.

   a Faint o flawd fydd ei angen arnoch pan fyddwch yn defnyddio 150 g o siwgr?

   b Faint o siwgr fydd ei angen arnoch pan fyddwch yn defnyddio 1 kg o flawd?

6 Trawsnewidiwch y cymarebau yma i'r ffurf 1 : n
Os bydd angen talgrynnwch i 2 le degol.

   a 2 : 3.4   **b** 9 : 25   **c** 14 : 8   **ch** 0.77 : 0.35

7 Rhannwch y symiau yma o arian yn ôl y cymarebau a roddir.
Gwiriwch eich ateb bob tro.

   a £50 3 : 7   **b** £15 15 : 10   **c** £240 16 : 8   **ch** £90 2 : 3 : 4

8 Mynegwch y graddfeydd yma fel cymarebau yn y ffurf 1 : n

   a 1 cm i 1 m   **b** 1 cm i 2 m   **c** 2 cm i 1 m

9 Mae gan Mr Jenkins yr adeiladydd gynllun ar gyfer ystad newydd o dai.
Mae'r raddfa yn 1 : 1000

   a Mae gwir hyd y ffordd sy'n mynd drwy'r ystad yn 500 m.
     Beth yw hyd y ffordd ar y cynllun?

   b Mae byngalo yn 1.2 cm o led ar y cynllun.
     Beth yw gwir led y byngalo?

1 Dysgwch y canlynol i'ch helpu i gofio maint rhai unedau Imperial.
- Mae dau a chwarter pwys o jam yn pwyso tua chilogram.
- Mae peint a thri chwarter o ddŵr run faint ag un litr yn siŵr.
- "Tair troedfedd tair modfedd yw metr," medd Glyn,
  "mae'n hirach na llathen, wel cofiwch chi hyn."

Fedrwch chi feddwl am ragor o rigymau defnyddiol?

2 Dyma rai dywediadau, cymalau ac enwau pobl yn Saesneg.
Mae'r geiriau sy'n cwblau'r dywediadau wedi'u trawsnewid yn unedau metrig.
Ysgrifennwch y geiriau cywir yn Saesneg. Mae **a** wedi'i wneud: *A foot in the grave.*

  a 30 cm in the grave
  b 45 *l* hat
  c Sharon 6.4 kg
 ch New Scotland 0.9 metres
  d 0.57 *l* sized
 dd 0.45 kg of flesh
  e Give him 2.5 cm and he will take 1.6 km
  f A miss is as good as 1.6 km
 ff It went down like 1016 kg of bricks
  g She hasn't got 28 g of common sense
 ng Full 183 cm five thy father lies …
  h Pooh wandered into the 0.405 km^2 Wood
  i Spare the 5.03 m and spoil the child
  l A 20 m gang
 ll Jack and 0.14 *l* went up the …

Dyma ddywediad Cymraeg. Ysgrifennwch y gair cywir. "Wyddoch chi dydy o ddim yn llawn 90 cm." Fedrwch chi feddwl am ragor?

3 Dyma gyfarwyddiau ar botel o ddiod lemon:
'Ychwanegwch chwe rhan o ddŵr'.
  a (1) Mae Gemma yn gwneud llond jwg o ddiod wan. Mae hi'n mesur 150 m*l* o ddiod lemon. Faint o ddŵr fydd ei angen arni?
     (2) Faint o ddiod wan sydd gan Gemma i gyd?
  b Mae Gemma yn gwneud llond jwg arall o ddiod wan. Mae hi'n gwanhau'r ddiod lemon gan ddefnyddio'r un gymhareb ag o'r blaen i gael 1.575 *l* o ddiod wan i gyd. Faint o ddŵr sydd yn y ddiod wan?

4 Pa un yw'r gymhareb fwyaf 1.4 : 1.8 ynteu 8 : 11?

5 Beth yw x ac y?   **a** $2 : 9 = 11 : x$ **b** $4 : y + 3 = 5 : 17$

6 Mae onglau pedrochr yn y gymhareb 3 : 4 : 5 : 6
Cyfrifwch beth yw onglau'r pedrochr.

7 Mae teisen yn pwyso 550 g.
Mae dwywaith cymaint o flawd ag o siwgr ac un a hanner gwaith cymaint o siwgr ag o fenyn. Nid oes cynhwysion eraill yn y deisen.
Faint o bob un o'r cynhwysion sydd yn y deisen?

8 Edrychwch ar y patrymau yma o gownteri.

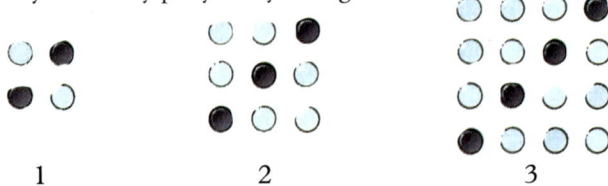

1   2   3

a Ysgrifennwch beth yw cymhareb y cownteri gwyn i gownteri du ym mhob patrwm.
Rhowch eich atebion yn eu ffurfiau symlaf.

b Rhagfynegwch yr ateb ar gyfer y pedwerydd patrwm.
Gwnewch y pedwerydd patrwm i weld a ydych chi'n gywir.

c Copïwch y tabl yma.
Defnyddiwch y patrwm i'w lenwi.

Rhif y patrwm		1	2	3	4	5	6
Nifer y cownteri du							
Nifer y cownteri gwyn							

ch Ysgrifennwch gymhareb cownteri gwyn i gownteri du yn yr $n$fed patrwm (n yw rhif y patrwm).

d (1) Faint o gownteri gwyn fydd yn y 20fed patrwm?
(2) Eglurwch mewn geiriau sut y cawsoch yr ateb yma.

dd Ysgrifennwch reol mewn algebra i ddarganfod nifer y cownteri **g**wyn os ydych yn gwybod beth yw rhif y patrwm (n).

9 Mae'r gyfres A ar gyfer meintiau papurau yn cael ei defnyddio ar gyfer argraffu llyfrau a phapur ysgrifennu. Dyma ran o'r gyfres.
Rhoddir y mesuriadau mewn milimetrau.

A2	420×594
A3	297×420
A4	210×297
A5	148×210

a (1) Ar gyfer papur A2, ysgrifennwch y gymhareb lled i hyd
(2) Trawsnewidiwch y gymhareb i'r ffurf $1 : n$
Ysgrifennwch yr holl ffigurau sydd ar ddangosydd y cyfrifiannell ar gyfer n.

b Gwnewch ran **a** eto ar gyfer papur A3, A4 ac A5.

c Ysgrifennwch yr holl ffigurau sydd ar ddangosydd y cyfrifiannell ar gyfer $\sqrt{2}$
Cymharwch eich ateb ar gyfer $\sqrt{2}$ â gwerthoedd n yn rhannau **a** a **b**.
Yn eich tyb chi, pam y mae'r gymhareb yn amrywio ychydig?

ch Darganfyddwch beth yw maint papur A6.

10 Mae graddfa map o Ogledd America yn $1 : 7\,500\,000$

a Ar y map yma mae Efrog Newydd a Pittsburgh 7 cm oddi wrth ei gilydd.
Amcangyfrifwch pa mor bell oddi wrth ei gilydd ydynt mewn gwirionedd.

b Mae Detroit tua 825 km o Efrog Newydd.
Beth yw'r pellter sydd rhyngddynt ar y map mewn centimetrau?

- **Hyd**
  Mae 1 fodfedd tua $2\frac{1}{2}$ cm.　　　　Mae 1 fodfedd $= 2.5$ cm
  Mae 1 llathen fymryn yn llai nag 1 metr.　1 llathen $= 0.9$ m
  Mae 1 filltir fymryn yn fwy nag $1\frac{1}{2}$ km.　1 filltir $= 1.6$ km

- **Màs**
  $1000\,\text{mg} = 1\,\text{g}$　　$1000\,\text{g} = 1\,\text{kg}$　　$1000\,\text{kg} = 1\,\text{t}$
  Mae 1 owns tua 30 gram.　　　　　　　　1 owns (oz) $= 28$ g
  Mae 1 pwys fymryn yn llai na hanner cilogram.　1 pwys (lb) $= 450$ g $= 0.45$ kg
  Mae 1 dunnell fymryn yn fwy nag 1 dunnell fetrig.　1 kg $= 2.2$ pwys

- **Cynhwysedd**
  $1000\,\text{m}l = 1\,l$　　$100\,\text{c}l = 1\,l$
  Mae un peint fymryn yn fwy na hanner litr.　1 peint $= 0.57\,l$
  Mae un galwyn tua $4\frac{1}{2}$ litr.　　　　　1 galwyn $= 4.5\,l$

- **Cymhareb**
  Cymhareb yw'r ffordd o fesur maint cymharol dau beth.

  Enghraifft
  Symleiddiwch y gymhareb $8 : 12$

  Mae 4 yn rhannu i mewn i 8 a 12　$8 : 12 = \dfrac{8}{4} : \dfrac{12}{4} = 2 : 3$

- *Enghraifft*
  Mae Carl a'i chwaer Sian yn ennill gwobr o £20. Maen nhw'n penderfynu rhannu'r wobr yn ôl cymhareb eu hoedrannau.
  Mae Carl yn 15 oed a Sian yn 10 oed.
  Faint o arian mae'r ddau ohonynt yn ei gael?

  Mae'r gymhareb oedran Carl i oedran Sian yn $15 : 10 = 3 : 2$
  Mae Carl yn cael 3 rhan ac mae Sian yn cael 2 ran.
  Mae angen $3 + 2 = 5$ rhan
  Mae un rhan yn £$20 \div 5 = $ £4
  Mae Carl yn cael £$4 \times 3 = $ £12
  Mae Sian yn cael £$4 \times 2 = $ £8　　*Gwiriwch:* £$12 + $ £$8 = $ £20

- *Enghraifft*
  Trawsnewidiwch y gymhareb $2 : 15$ i'r ffurf $1 : n$

  Mae angen rhannu â 2.　　$2 : 15 = \dfrac{2}{2} : \dfrac{15}{2} = 1 : 7.5$

- *Enghraifft*
  Mynegwch y raddfa 2 cm i 1 km fel cymhareb yn y ffurf $1 : n$
  Bydd angen i ni newid 1 km yn cm.　　1 km $= 1000$ m
  　　　　　　　　　　　　　1000 m $= 1000 \times 100$ cm
  　　　　　　　　　　　　　　　　　　$= 100\,000$ cm
  Y raddfa yw 2 cm i $100\,000$ cm neu $2 : 100\,000 = 1 : 50\,000$

- *Enghraifft*
  Mae Sharon yn gwneud cynllun o gae'r ysgol.
  Mae hi'n defnyddio graddfa o $1 : 500$
  Beth yw'r gwir hyd mae 4 cm ar ei chynllun hi yn ei gynrychioli?

  Mae 4 cm yn cynrychioli 4×500 cm $= 2000$ cm
  　　　　　　　　　　2000 cm $= (2000 \div 100)$ m $= 20$ m

1 Trawsnewidiwch yr unedau ym mhob un o'r rhain:
a 300 cm yn m   **c** 8.6 m yn cm   **d** 7.2 kg yn g   **e** 3000 ml yn l
b 7 km yn m   **ch** 4500 g yn kg   **dd** 0.4 t yn kg   **f** 4.8 l yn ml

2 Rhowch amcangyfrif o'r mesurau coch gan ddefnyddio'r unedau metrig a roddir mewn cromfachau.
a Mae eich bys canol tua 3 modfedd o hyd. (cm)
b Mae Pont Tyne yn Newcastle yn 177 llath o hyd. (m)
c Mae'r cyfyngiad cyflymder mewn trefi yn 30 milltir yr awr (km)
ch Mae afal canolig yn pwyso tua 4 owns (g)
d Mae dyn yn pwyso tua 165 pwys. (kg)
dd Mae can dyfrio mawr yn dal tua 3 galwyn (l).
e Mae dau lond mwg o goffi yn gwneud tua un peint (l).

3 **a** Lluoswch i drawsnewid y mesurau coch yn fanwl gywir yn unedau metrig yng nghwestiwn **2**.
b Defnyddiwch yr atebion i wirio eich amcangyfrifon yng nghwestiwn **2**.

4 Mae Melangell yn 6 oed. Mae ei brawd Cefin yn 18 oed.
a Beth yw cymhareb oedran Melangell i oedran Cefin?
Rhowch eich ateb yn ei ffurf symlaf.
b Rhannwch wobr o £60 rhwng Melangell a Cefin yn ôl cymhareb eu hoedrannau.

5 Dyma gyfarwyddiadau sydd ar dun o sudd oren crynodedig.
'Ychwanegwch dair rhan o ddŵr i un rhan o sudd oren'.
a Mae tun yn dal 250 ml o sudd.
Faint o ddŵr ydych chi'n ei ychwanegu?
b Faint o ddiod oren mae hyn yn ei wneud i gyd?

6 Symleiddiwch y cymarebau yma.
a 12 : 20   **b** 15 : 10   **c** 50 : 45   **ch** 10 : 1000

7 Mynegwch rhain fel cymarebau yn y ffurf 1 : n
a Graddfa map o 5 cm i 1 km   **b** 7 : 20 (yn gywir i 2 le degol)

8 Mae gan fap raddfa o 4 cm i 1 km.
a Mae ffordd ar y map yn 24 cm o hyd.
Pa mor hir yw'r ffordd mewn gwirionedd?
b Mae llyn yn 2.5 km o led.
Pa mor llydan yw'r llyn ar y map?

9 Mae Helen yn gwneud model o long awyrennau yn ôl graddfa o 1 : 500.
a Mae'r llong awyrennau yn 300 m o hyd.
Pa mor hir yw'r model?
b Mae'r model yn 15 cm o led.
Pa mor llydan yw'r llong?

12 Arwynebedd

Mae arwynebedd arwyneb yr ysgyfaint dynol tua'r un maint ag arwynebedd cwrt tennis.

1   Perimedr ac arwynebedd

◀◀**AILCHWARAE**▶

Dyma lun o Efrog.
Mae'n dangos yr hen wal berimedr.
Mae hon yn mynd yr holl ffordd o
amgylch yr hen ddinas.

Perimedr

Gelwir y pellter yr holl ffordd
o amgylch ymyl allanol siâp
yn **berimedr** y siâp.

Y llinell goch yw perimedr
y siâp yma.
Mae'r perimedr yn
$2 + 2 + 1 + 1 + 1 + 3 = 10$ cm

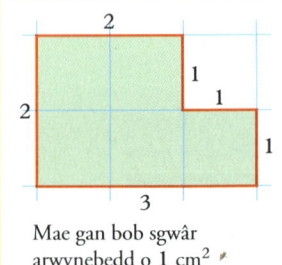

Mae gan bob sgwâr
arwynebedd o 1 cm^2

Arwynebedd

Gelwir maint y gofod oddi mewn i'r siâp yn **arwynebedd** y siâp.

Mae arwynebedd y siâp yma wedi ei liwio'n wyrdd.
Rydym yn defnyddio sgwariau i fesur arwynebedd.

Mae arwynebedd y siâp yma yn 5 cm^2.

Ymarfer 12:1

Copïwch y siapiau yma ar bapur sgwariau.
Darganfyddwch berimedr ac arwynebedd pob un.

1

2
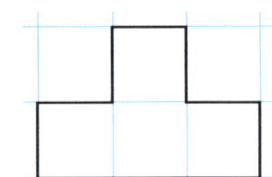

3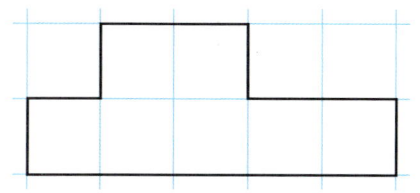

4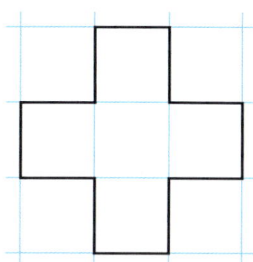

| **Arwynebedd petryal** | **Arwynebedd petryal** $= h\text{yd} \times l\text{led}$
 $= hl$ |

Enghraifft

Cyfrifwch arwynebedd y petryal yma.

$$\text{Arwynebedd} = hl$$
$$= 4 \times 3$$
$$= 12 \, \text{cm}^2$$

3 cm

4 cm

Ymarfer 12:2

Darganfyddwch beth yw perimedr ac arwynebedd pob petryal.

1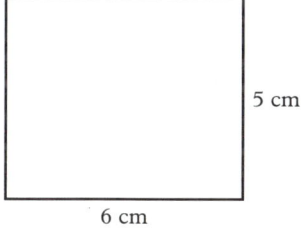

5 cm

6 cm

2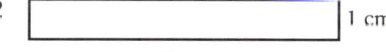

1 cm

8 cm

3 Mae llun yn mesur 30 cm wrth 25 cm.
Beth yw perimedr y llun?

4 Mae blaen bocs Creision Da yn mesur
190 cm wrth 270 cm.
Beth yw ei arwynebedd?

5 Mae Pedr eisiau gorchuddio ei ardd gefn
â glaswellt.

  a Beth yw arwynebedd ei ardd gefn?

  b Mae hadau glaswellt yn costio 25c am bob m².
    Faint fydd yr hadau glaswellt yn ei gostio?

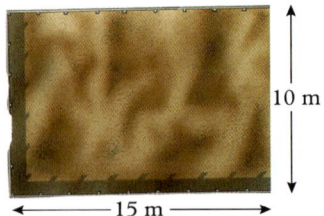

10 m

15 m

6 Mae Seiriol yn gwneud llenni newydd
i'w hystafell wely.
Mae'r defnydd yn 2 metr o led.
Mae hi'n prynu darn 6 metr o hyd.

  a Beth yw arwynebedd y defnydd mae hi'n ei brynu?

  b Mae'r defnydd yn costio £5 y m².
    Faint mae defnydd Seiriol yn ei gostio?

7 Mae arwynebedd petryal yn 65 cm².
Mae'r hyd yn 13 cm.
Beth yw'r lled?

8 Mae arwynebedd wal yn 48 m².
Mae uchder y wal yn 1.5 m.
Beth yw lled y wal?

9 Mae arwynebedd sgwâr yn 256 cm².

  a Beth yw hyd un ochr?

  b Beth yw perimedr y sgwâr?

10 Mae arwynebedd sgwâr yn 625 cm².
Beth yw ei berimedr?

11 Mae perimedr sgwâr yn 60 cm.
Beth yw ei arwynebedd?

12 Mae cae pêl-droed yn 100 m wrth 72 m.
Beth yw perimedr ac arwynebedd y cae?

13 Mewn petryal mae'r hyd 8 cm yn fwy na'r lled.
Mae'r perimedr yn 80 cm.
Beth yw'r arwynebedd?

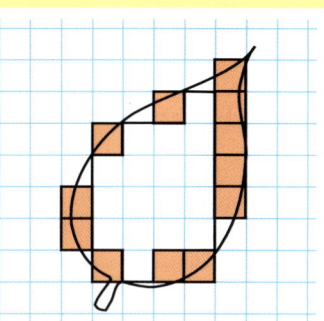

Enghraifft   Amcangyfrifwch arwynebedd y ddeilen yma.

Rhifwch y sgwariau cyfan yn gyntaf.
Mae yna 17 o sgwariau cyfan.

Nawr, rhifwch y sgwariau y mae
mwy na hanner pob un o fewn
yr amlinelliad.
Mae yna 12 o'r rhain.

Mae'r amcangyfrif o arwynebedd y ddeilen
yn 29 o sgwariau.

14   Rhowch amcangyfrif o arwynebedd pob deilen.

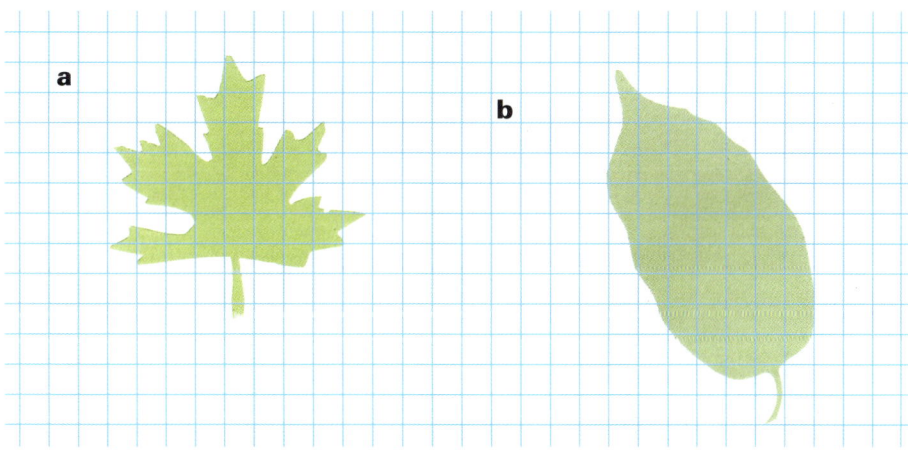

a

b

| **Arwynebedd triongl** | **Arwynebedd triongl** = $\dfrac{\text{sail} \times \text{uchder}}{2}$ = $\dfrac{su}{2}$ |

Enghraifft   Darganfyddwch arwynebedd y triongl yma.

$$\text{Arwynebedd y triongl} = \frac{\text{sail} \times \text{uchder}}{2}$$

$$= \frac{10 \times 8}{2}$$

$$= 40 \text{ cm}^2$$

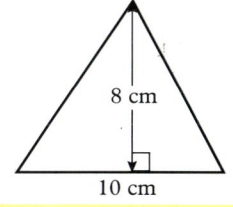

8 cm

10 cm

Ymarfer 12:3

Darganfyddwch arwynebedd y trionglau yma.

1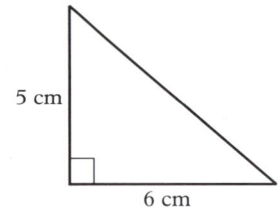
5 cm
6 cm

3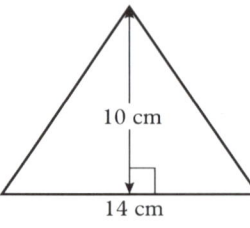
10 cm
14 cm

5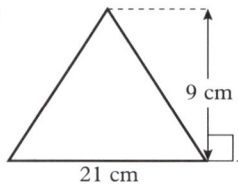
9 cm
21 cm

2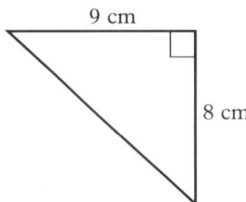
9 cm
8 cm

4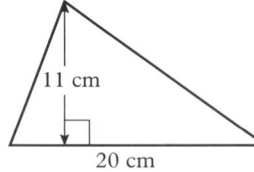
11 cm
20 cm

6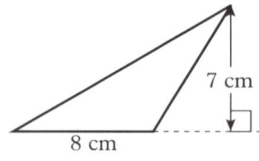
7 cm
8 cm

| **Arwynebedd paralelogram** | **Arwynebedd paralelogram** = *s*ail × *u*chder
 = *su*
 = 8 × 5
 = 40 cm² | 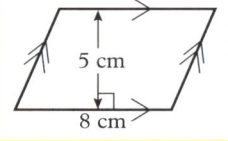
 5 cm
 8 cm |

Darganfyddwch arwynebedd pob paralelogram.

7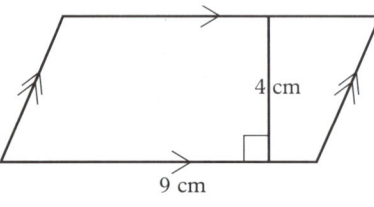
4 cm
9 cm

9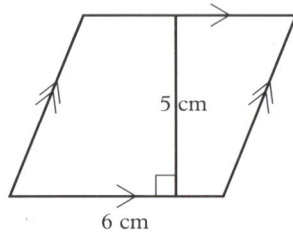
5 cm
6 cm

8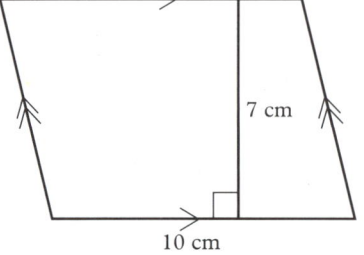
7 cm
10 cm

10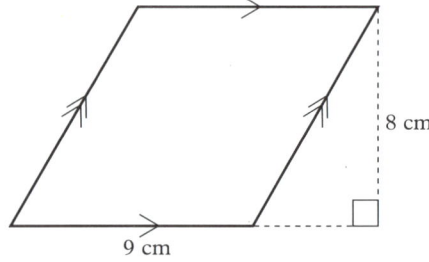
8 cm
9 cm

2 Mwy am arwynebedd

Mae Mr Williams a'i deulu wedi symud i'w tŷ newydd.
Maen nhw'n mynd i osod glaswellt yn yr ardd gefn sydd ar ffurf trapesiwm.
Mae angen iddynt ddarganfod beth yw arwynebedd y lawnt er mwyn gwybod faint o laswellt i'w brynu.

Ymarfer 12:4

Byddwch angen papur sgwariau 1 cm.

1 Dyma luniad wrth raddfa o lawnt gefn Mr Williams.

  a Copïwch y lluniad ar bapur sgwariau 1 cm.

  Rydych yn mynd i ddarganfod arwynebedd lawnt Mr Williams.

  b Marciwch ganolbwynt bob un o'r ymylon sy'n goleddu.
  Lluniwch y petryal coch.

  c Ysgrifennwch hyd y petryal.
  Ysgrifennwch led y petryal.
  Darganfyddwch arwynebedd y petryal.

  ch Eglurwch pam fod arwynebedd y petryal yr un fath ag arwynebedd y trapesiwm.

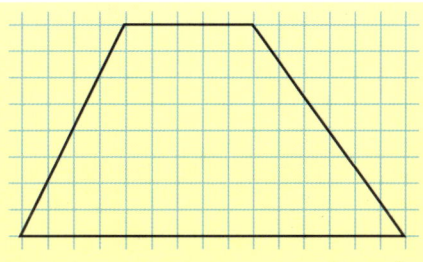

Graddfa: 1 sgwâr yn cynrychioli 1 m²

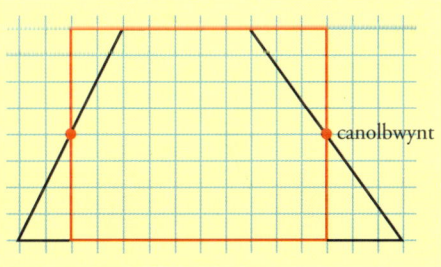

canolbwynt

Nid oes gennym luniad wrth raddfa bob amser.
Byddwn angen fformiwla i ddarganfod arwynebedd trapesiwm.

Hyd y petryal $= $ cymedr (cyfartaledd) ochr a ac ochr b.

$$= \frac{a+b}{2}$$

Arwynebedd trapesiwm

Arwynebedd y trapesiwm $=$ Arwynebedd y petryal

$$= \frac{a+b}{2} \times u$$

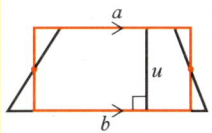

Enghraifft

Cyfrifwch arwynebedd y trapesiwm yma.

$a = 4\,cm \quad b = 12\,cm \quad u = 6\,cm$

Arwynebedd y trapesiwm $= \dfrac{a + b}{2} \times u$

$$= \dfrac{4 + 12}{2} \times 6$$

$$= 48\,cm^2$$

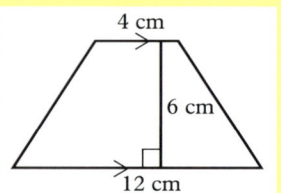

Defnyddiwch y fformiwla i ddarganfod arwynebedd pob trapesiwm:

2

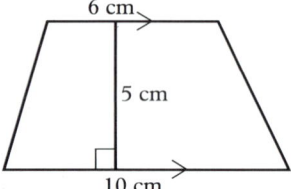

5

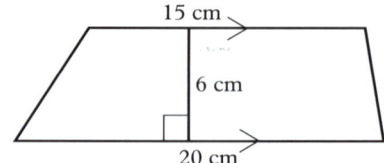

3

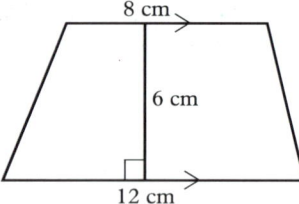

6

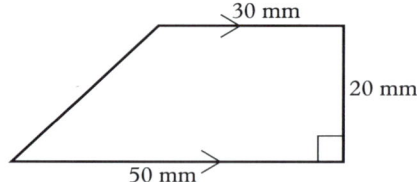

4

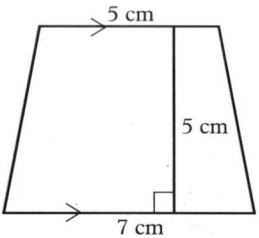

7

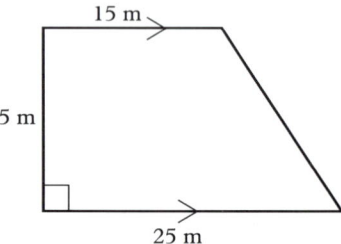

Mae'r ddau drapesiwm yma wedi eu llunio'n fanwl gywir.
Beth yw arwynebedd pob un?

8

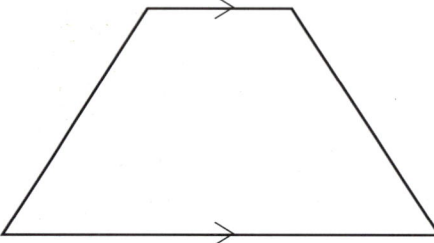

9

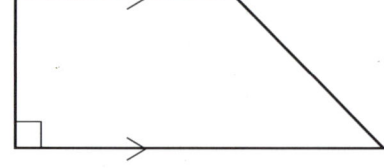

10 Darganfyddwch ochr *a* y trapesiwm yma.

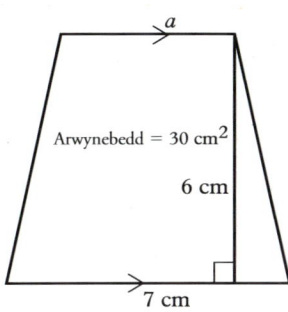

Arwynebedd = 30 cm²

6 cm

7 cm

Ymarfer 12:5

1 Mae pen y cafn dŵr yma ar ffurf trapesiwm.
Beth yw ei arwynebedd?

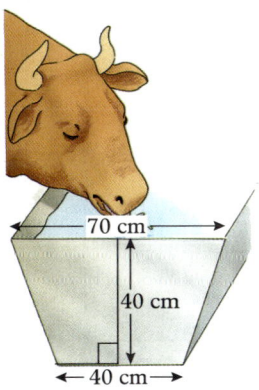

70 cm

40 cm

40 cm

3 Mae wal ochr y pwll nofio yma ar ffurf trapesiwm.
Beth yw arwynebedd y wal?

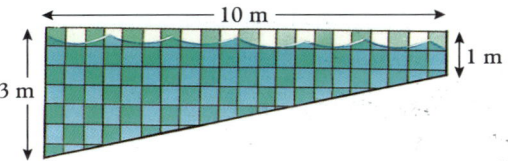

10 m

3 m

1 m

2 Mae wal dalcen y sied yma ar ffurf trapesiwm.
Beth yw arwynebedd y wal?

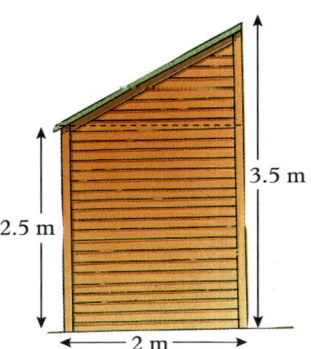

3.5 m

2.5 m

2 m

4 Mae'r fwtres yma'n dal wal eglwys.
Beth yw ei harwynebedd?

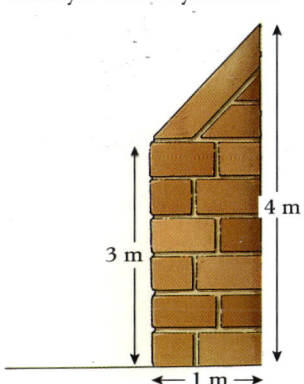

4 m

3 m

1 m

Er mwyn darganfod arwynebedd siâp cymhleth, rhannwch y siâp yn siapiau syml.

    (1) Penderfynwch sut byddwch yn rhannu'r siâp.

    (2) Darganfyddwch unrhyw hydoedd sydd ar goll.

    (3) Cyfrifwch arwynebedd pob rhan o'r siâp.

    (4) Adiwch arwynebeddau'r rhannau at ei gilydd.

Gofalwch eich bod yn dangos eich gwaith yn glir.

Ymarfer 12:6

1 Darganfyddwch arwynebedd y siâp yma drwy ei rannu yn drapesiwm a phetryal.
Copïwch a llenwch y bylchau:
Lled y petryal
$$8\,m - 2\,m = \ldots m$$

Arwynebedd y petryal $= hl$
$$= \ldots \times \ldots$$
$$= \ldots m^2$$

Arwynebedd y trapesiwm $= \dfrac{a + b}{2} \times u$

$$= \dfrac{\ldots + \ldots}{2} \times \ldots$$

$$= \ldots m^2$$

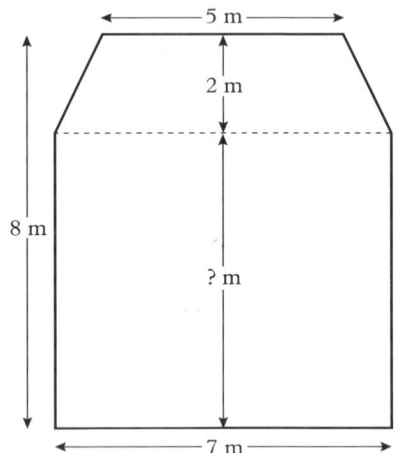

Cyfanswm arwynebedd y siâp $= \ldots m^2 + \ldots m^2$
$$= \ldots m^2$$

Darganfyddwch arwynebeddau'r siapiau yma yn yr un modd.

2

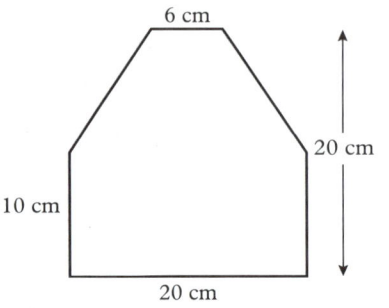

3

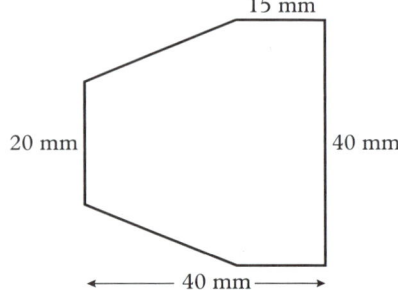

4 Dyma fathodyn ar ffurf cwch hwylio. Beth yw arwynebedd y bathodyn?

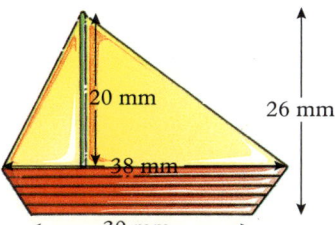

20 mm

26 mm

38 mm

30 mm

5 Gellir rhannu'r top gweithio cegin yma yn ddau drapesiwm.

   a Beth yw ei arwynebedd mewn mm²?

   b Trawsnewidiwch yr arwynebedd yn m².

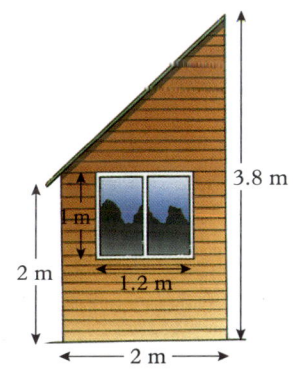

600 mm

1400 mm

2000 mm

800 mm

600 mm

2000 mm

6 Mae'r twˆr bychan yma yn rhan o olygfa ar lwyfan. Beth yw ei arwynebedd?

0.8 m

1.5 m

3 m

1 m

2.5 m

7 Mae'r llun yn dangos ochr sied bren â ffenestr betryal.
Darganfyddwch arwynebedd y pren sydd ar ochr y sied.

3.8 m

1 m

2 m

1.2 m

2 m

8 Mae Tudur wedi gwneud pyramid trychedig o gerdyn.
Mae gan y solid sylfaen sgwâr a thop sgwâr ac mae pob un o'i bedair ochr yn drapesiymau cyfath.

   a Gwnewch fraslun o rwyd y solid.

   b Beth yw cyfanswm arwynebedd y cerdyn a ddefnyddir i wneud y solid?

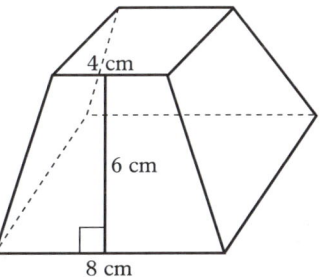

4 cm

6 cm

8 cm

Gallwn ddarganfod arwynebedd rhombws a barcud drwy eu rhannu'n drionglau.
Weithiau mae hi'n gynt defnyddio'r croesliniau.

Mae'r barcud a'r rhombws ill dau yn hanner arwynebedd petryal.
Mae hyd a lled pob petryal yn hafal i'r croesliniau.

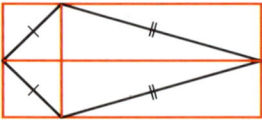 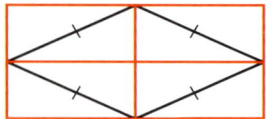

$$\text{Arwynebedd barcud neu rombws} = \frac{\text{arwynebedd y petryal amgylchynol}}{2}$$

$$= \frac{\text{lluoswm y croesliniau}}{2}$$

Cofiwch: lluoswm dau rif yw'r ateb pan fyddwch yn lluosi'r rhifau.

Enghraifft   Cyfrifwch arwynebedd y barcud yma.

$$\text{Arwynebedd y barcud} = \frac{\text{lluoswm y croesliniau}}{2}$$

$$\text{Arwynebedd} = \frac{8 \times 3}{2}$$

$$= 12 \text{ cm}^2$$

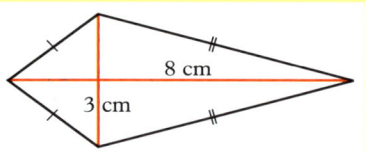

Ymarfer 12:7

Cyfrifwch arwynebedd pob un o'r siapiau yma.

1
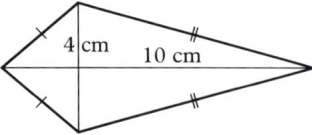

3
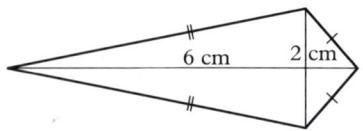

2
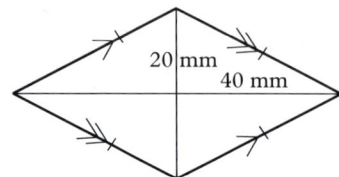

4
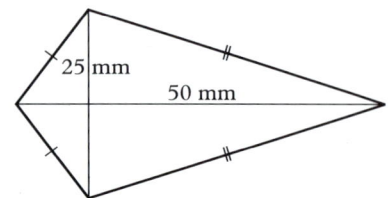

5

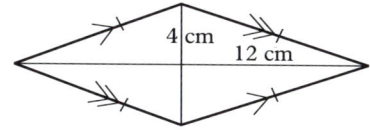

4 cm
12 cm

6

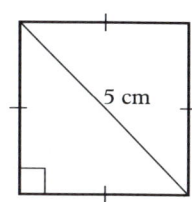

5 cm

7 Mae gan rombws arwynebedd o 15 cm².
Mae ei groesliniau yn rhifau cyfan.
Gwnewch frasluniau o rombi posibl.
Nodwch hydoedd y croesliniau ar eich brasluniau.

8 Lluniwch ddau wahanol farcud a rhombws â'r un arwynebedd gan bob un.

Ymarfer 12:8 Y triongl mwyaf

Mae perimedr pob un o'r trionglau yn yr ymarfer yma yn 24 cm.
Byddwch yn gwneud ymchwil i ddarganfod gan pa driongl mae'r arwynebedd mwyaf.

Byddwch angen cwmpas.
Mae sgwaryn yn ddefnyddiol i lunio uchder trionglau.

1 a Defnyddiwch eich cwmpas i lunio'r triongl yma.

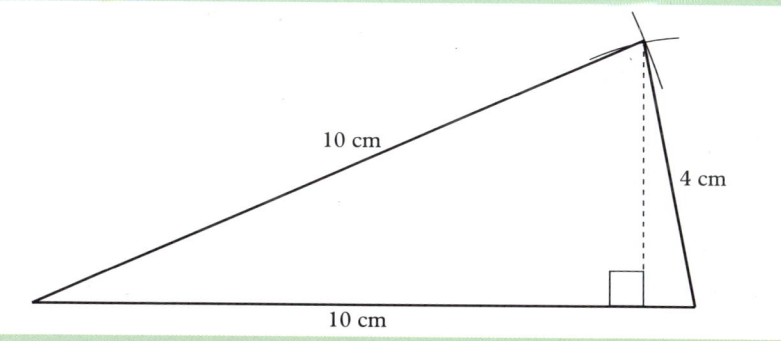

10 cm

4 cm

10 cm

   b Lluniwch a mesurwch uchder y triongl.
   c Cyfrifwch arwynebedd y triongl.
 ch Cyfrifwch berimedr y triongl.

2 Ymchwiliwch i arwynebeddau trionglau eraill â sail 10 cm a pherimedr o 24 cm.
Pa driongl sydd â'r arwynebedd *mwyaf*?

3 Ymchwiliwch i arwynebeddau trionglau â seiliau o hydoedd gwahanol.
Dylai perimedr pob un o'r trionglau fod yn 24 cm.

3 Helaethiad ac arwynebedd

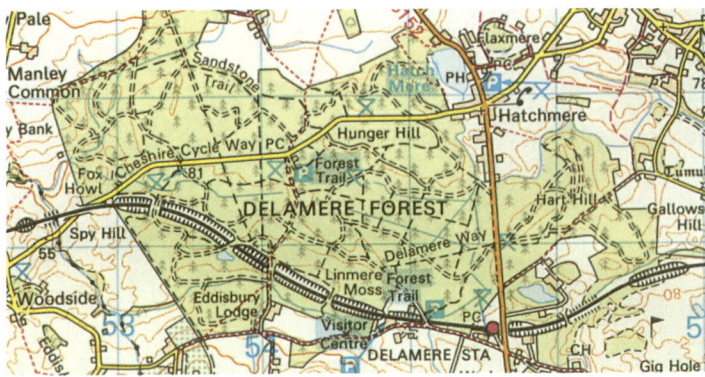

Mae Alec eisiau darganfod arwynebedd y fforest yma yn fras ar gyfer ei waith cartref Daearyddiaeth.

Ymarfer 12:9

Bydd arnoch angen papur sgwariau 1 cm.

1 Copïwch y siâp yma ar bapur sgwariau.
Labelwch y siâp yn A.
Beth yw arwynebedd A?

2 Helaethwch siâp A gan ddefnyddio ffactor graddfa o 2.
Labelwch y siâp yn B.
Beth yw arwynebedd B?

3 Helaethwch siâp A gan ddefnyddio ffactor graddfa o 3.
Labelwch y siâp yn C.
Beth yw arwynebedd C?

4 Copïwch a llenwch y tabl.
Lluniwch CH a D os yw'n angenrheidiol yn unig.

Siâp	Arwynebedd A	Ffactor graddfa	Arwynebedd newydd
A	4	1	4
B	4	2	16
C	4	3	36
CH	4	4	
D	4	5	

5 Beth yw'r rheol ar gyfer darganfod yr arwynebedd newydd?
Awgrym: Mae a wnelo'r rheol rywbeth â ffactor graddfa.

6 Beth fydd yr arwynebedd newydd ar gyfer ffactor graddfa o 8?

7 Pa ffactor graddfa sy'n rhoi arwynebedd newydd o 400 cm²?

• •

Pan fydd siâp yn cael ei helaethu, mae'r arwynebedd yn cael ei luosi â sgwâr y ffactor graddfa.

Enghraifft

Mae arwynebedd petryal yn 8 cm².
Mae'r petryal yn cael ei helaethu yn ôl ffactor graddfa o 3.
Beth yw'r arwynebedd newydd?

Sgwâr y ffactor graddfa yw $3^2 = 9$
Arwynebedd newydd = arwynebedd gwreiddiol × sgwâr y ffactor graddfa
$$= 8 \times 9$$
$$= 72 \text{ cm}^2$$

Ymarfer 12:10

Yng nghwestiynau **1–6** rhoddir arwynebedd siâp.
Mae'r siâp yn cael ei helaethu yn ôl y ffactor graddfa a roddir.
Darganfyddwch yr arwynebedd newydd.

1 4 cm²   ffactor graddfa 2   **4** 9 cm²   ffactor graddfa 10

2 7 cm²   ffactor graddfa 8   **5** 12 cm²   ffactor graddfa 6

3 6 cm²   ffactor graddfa 5   **6** 11 cm²   ffactor graddfa 4

7 Mae arwynebedd patio yn 9 m².
Mae'n cael ei helaethu yn ôl ffactor graddfa o 2.
Beth fydd yr arwynebedd newydd?

8 Mae arwynebedd maes parcio yn 75 m². Bydd y maes
parcio yn cael ei helaethu yn ôl ffactor graddfa o 1.5.
Beth fydd yr arwynebedd newydd?

9 Mae arwynebedd gwinllan yn 950 m².
Mae'r winllan yn cael ei helaethu yn ôl ffactor graddfa o 4.
Beth yw'r arwynebedd newydd?

Enghraifft

Mae lawnt wedi cael ei helaethu yn ôl ffactor graddfa o 2.
Mae'r arwynebedd newydd yn 36 m².
Beth oedd yr arwynebedd gwreiddiol?

Sgwâr y ffactor graddfa yw $2^2 = 4$
Arwynebedd newydd= arwynebedd gwreiddiol $\times$ sgwâr y ffactor graddfa
$$36 = ? \times 4$$
Arwynebedd gwreiddiol $= 36 \div 4$
$$= 9$$

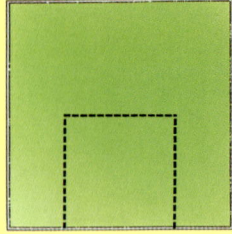

Yr arwynebedd gwreiddiol oedd 9 m².

Ymarfer 12:11

Yng nghwestiynau **1–6** rhoddir arwynebedd siâp.
Mae'r siâp wedi cael ei helaethu yn ôl y ffactor graddfa a roddir.
Darganfyddwch yr arwynebedd gwreiddiol.

1   32 cm²   ffactor graddfa 2

2   45 cm²   ffactor graddfa 3

3   75 cm²   ffactor graddfa 5

4   64 cm²   ffactor graddfa 4

5   700 cm²   ffactor graddfa 10

6   640 cm²   ffactor graddfa 8

7   Mae ffermwr wedi helaethu un o'i gaeau yn ôl ffactor graddfa o 2.
Nawr mae'r arwynebedd yn 12 hectar.
Beth oedd arwynebedd gwreiddiol y cae?

8   Mae Stâd Fasnachol wedi cael ei helaethu yn ôl ffactor graddfa o 3.
Mae'r arwynebedd newydd yn 1305 hectar.
Beth oedd yr arwynebedd gwreiddiol?

Enghraifft

Mae'r cynllun yma'n dangos pwll dŵr Ysgol Abergwynant.
Amcangyfrifodd 8P fod arwynebedd y pwll ar y cynllun yn 15 cm².

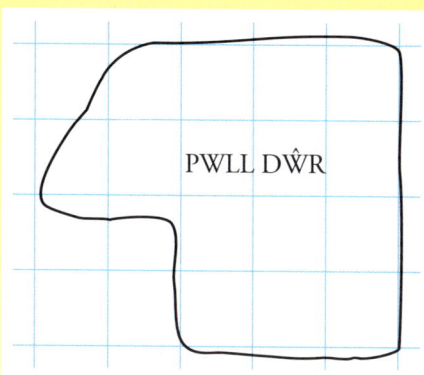

Mae graddfa'r cynllun yn 1 : 200
Golyga hyn fod y ffactor graddfa yn 200.

Mae sgwâr y ffactor graddfa yn 200 × 200 = 40 000
Arwynebedd y pwll yn fras   = 15 × 40 000
                                  = 600 000 cm²
(10 000 cm² = 1 m²)   = 60 m²
Mae arwynebedd y pwll tua 60 m².

Ymarfer 12:12

1   Mae dosbarth 8P yn amcangyfrif fod gan wely blodau ar yr un cynllun
arwynebedd o 2 cm².
Beth yw gwir arwynebedd y gwely blodau?

2   Mae Michelle wedi llunio cynllun o'i hystafell wely.
Defnyddiodd raddfa o 1 : 25. Ar ei chynllun mae arwynebedd y llawr yn 120 cm².
Beth yw gwir arwynebedd y llawr mewn m²?

3   Mae arwynebedd bonet car model yn 10 cm².
Mae'r raddfa yn 1 : 30
Beth yw gwir arwynebedd y bonet?

4   Mae gan Twm luniad wrth raddfa o'r pentref gwyliau y bydd yn ymweld ag ef.
Mae'r raddfa yn 1 : 5000
Mae'r pwll nofio yn gorchuddio arwynebedd o 1 cm².
Beth yw gwir arwynebedd y pwll nofio mewn m²?

1 Mae pen lander tŷ ar ffurf trapesiwm.
Beth yw ei arwynebedd?

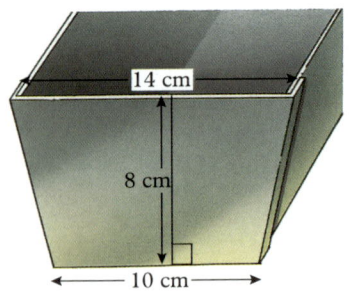

2 Copïwch yr echelinau yma ar bapur sgwariau.
  a Plotiwch y pwyntiau yma:
    A (1, 1) B (3, 1) C (6, 5)
    D (0, 5)
    Cysylltwch y pwyntiau i gael trapesiwm
    ABCD.
  b Beth yw arwynebedd ABCD?

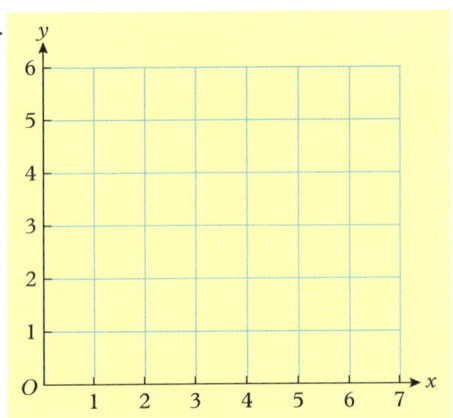

3 Mae ochrau'r bin ysbwriel metel hwn
ar ffurf trapesiwm.
Mae'r sail yn sgwâr.
  a Beth yw arwynebedd un ochr?
  b Beth yw arwynebedd y sail?
  c Beth yw cyfanswm arwynebedd y metel
    a ddefnyddiwyd i wneud y bin?

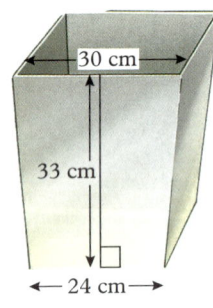

4 Yn rhannau **a–dd** rhoddir arwynebedd siâp.
Mae'r siâp yn cael ei helaethu yn ôl y ffactor graddfa a roddir.
Darganfyddwch yr arwynebedd newydd.
  a $5 \, cm^2$ ffactor graddfa 4   **ch** $7 \, cm^2$ ffactor graddfa 12
  b $6 \, cm^2$ ffactor graddfa 2   **d** $4 \, cm^2$ ffactor graddfa 1.5
  c $3 \, cm^2$ ffactor graddfa 5   **dd** $8 \, cm^2$ ffactor graddfa 3.2

5 Yn rhannau **a–dd** rhoddir arwynebedd siâp.
Mae'r siâp wedi cael ei helaethu yn ôl y ffactor graddfa a roddir.
Darganfyddwch yr arwynebedd gwreiddiol.
  a $81 \, cm^2$ ffactor graddfa 3   **ch** $175 \, cm^2$ ffactor graddfa 5
  b $48 \, cm^2$ ffactor graddfa 2   **d** $35.28 \, cm^2$ ffactor graddfa 2.1
  c $147 \, cm^2$ ffactor graddfa 7   **dd** $57.8 \, cm^2$ ffactor graddfa 3.4

6 Mae arwynebedd siâp yn 15 cm².
Mae'n cael ei helaethu yn ôl ffactor graddfa o 5.
Beth yw'r arwynebedd newydd?

7 Mae gan faes chwarae arwynebedd o 60 m².
Mae'n cael ei helaethu i 540 m².
Pa ffactor graddfa a ddefnyddir?

8 Mae Pauline wedi helaethu ei lluniad yn ôl ffactor graddfa o 3.
Mae'r arwynebedd newydd yn 396 cm².
Beth oedd arwynebedd ei lluniad gwreiddiol?

9 Mae'r diagram yn dangos ochrolwg pwll nofio sy'n cael ei lenwi.

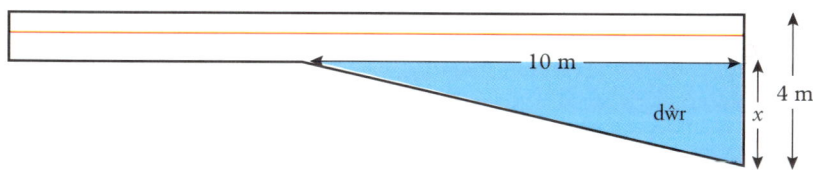

a Mae arwynebedd y triongl sydd wedi ei liwio yn 13.5 m².
Beth yw gwerth *x*?
b Mae'r pwll yn cael ei lenwi hyd at y llinell goch.
Nawr mae'r arwynebedd a orchuddir gan y dŵr yn 32.7 m².
Pa mor bell yw lefel y dŵr o dop y pwll?

10 Copïwch yr echelinau yma ar bapur sgwariau.
a Plotiwch y pwyntiau (1, 1) (1, 8) (7, 8)
Dyma dri o fertigau petryal.
Ysgrifennwch gyfesurynnau'r pedwerydd fertig.
Lluniwch y petryal.
b Plotiwch a labelwch y pwyntiau yma.
A (1, 4) B (4, 8) C (7, 6) D (5, 4) E (5, 1)
Cysylltwch nhw â llinellau syth mewn trefn.
c Darganfyddwch arwynebedd siâp ABCDE.
Awgrym: Darganfyddwch arwynebedd y petryal
ac yna tynnwch arwynebeddau nes fydd dim ar
ôl ond y siâp ABCDE.

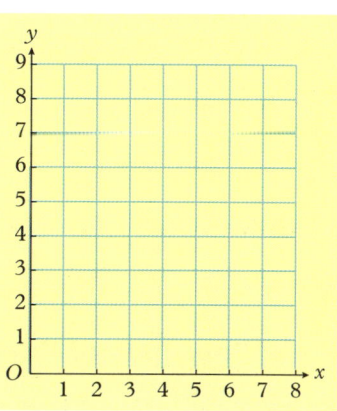

1

Arwynebedd = 25.5 cm²   Arwynebedd = 82.62 cm²

Darganfyddwch werthoedd *a*, *b* ac *c*.

2   Pa ffracsiwn o'r siâp yma sydd wedi ei liwio?

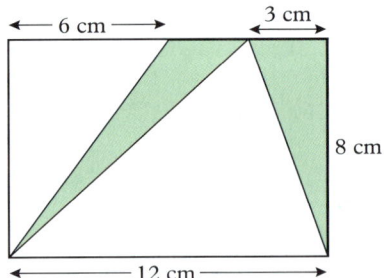

3   Mae arwynebedd barcud yn 361 cm².
Mae un groeslin yn ddwywaith hyd y llall.
Beth yw hydoedd y croesliniau?

4   Mae arwynebedd trapesiwm yn 154 cm².
Mae'r ochrau paralel yn 7 cm oddi wrth ei gilydd.
Mae hyd un ohonynt yn 26 cm.
Darganfyddwch hyd yr ochr baralel arall.

5   Mae arwynebedd y trapesiwm yma yn 104 cm².
   a Ysgrifennwch hafaliad ar gyfer arwynebedd
       y trapesiwm.
   b Defnyddiwch algebra i ddatrys yr hafaliad.
   c Ysgrifennwch hydoedd yr ochrau paralel.

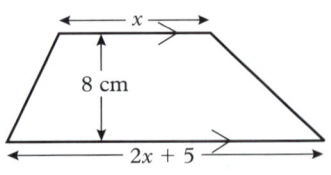

6   Mae arwynebedd y barcud yma yn 437 cm².
Defnyddiwch y dull Cynnig a Gwella i ddarganfod
hydoedd croesliniau'r barcud yma.

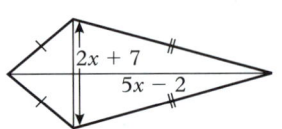

- **Perimedr**   Gelwir y pellter yr holl ffordd o amgylch ymyl allanol siâp yn **berimedr**.

  Arwynebedd   Gelwir y gofod oddi mewn i'r siâp yn **arwynebedd** y siâp.

  Arwynebedd petryal = $h$yd $\times$ $l$led = hl

  Arwynebedd triongl = $\dfrac{sail \times uchder}{2}$ = $\dfrac{su}{2}$

  Arwynebedd paralelogram = $s$ail $\times$ $u$chder = su

  Arwynebedd trapesiwm = $\dfrac{a+b}{2} \times u$

  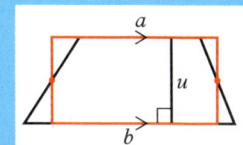

  Arwynebedd barcud neu rombws = $\dfrac{lluoswm\ y\ croesliniau}{2}$

- *Enghraifft*   Cyfrifwch arwynebedd y trapesiwm yma.

  $a = 4\,cm$ $b = 12\,cm$ $u = 6\,cm$

  Arwynebedd y trapesiwm   = $\dfrac{a+b}{2} \times u$

  $= \dfrac{4+12}{2} \times 6$

  $= 48\,cm^2$

  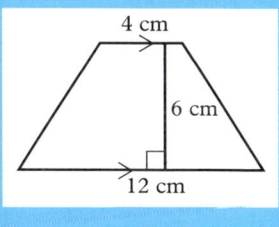

- *Enghraifft*   Cyfrifwch arwynebedd y barcud yma.

  Arwynebedd y barcud = $\dfrac{lluoswm\ y\ croesliniau}{2}$

  Arwynebedd $= \dfrac{8 \times 3}{2}$

  $= 12\,cm^2$

  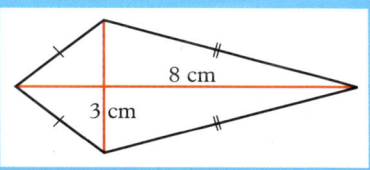

- Pan fo siâp yn cael ei helaethu, mae'r arwynebedd yn cael ei luosi â sgwâr y ffactor graddfa.

  Enghraifft   Mae arwynebedd petryal yn $8\,cm^2$.

           Mae'r petryal yn cael ei helaethu yn ôl ffactor graddfa o 3.

           Beth yw'r arwynebedd newydd?

           Sgwâr y ffactor graddfa yw $3^2 = 9$

           Arwynebedd newydd = arwynebedd gwreiddiol $\times$ sgwâr y ffactor graddfa

  $= 8 \times 9$

  $= 72\,cm^2$

1 Cyfrifwch beth yw arwynebeddau'r siapiau yma.

a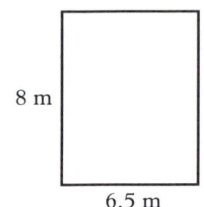

8 m

6.5 m

ch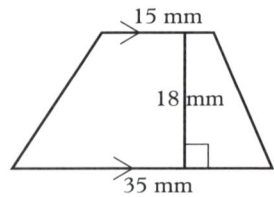

15 mm

18 mm

35 mm

b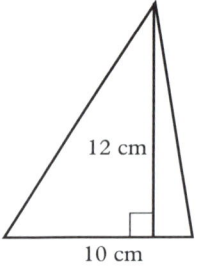

12 cm

10 cm

d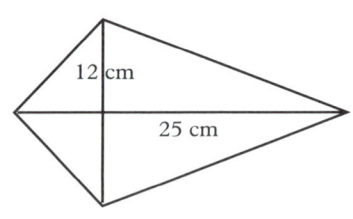

12 cm

25 cm

c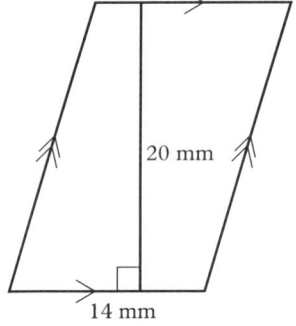

20 mm

14 mm

dd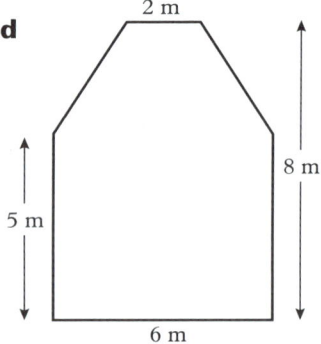

2 m

5 m

8 m

6 m

2 Darganfyddwch beth yw perimedr siâp **a** yng nghwestiwn **1**.

3 Mae gan siâp arwynebedd o 15 cm².
Mae'n cael ei helaethu yn ôl ffactor graddfa o 10.
Beth yw'r arwynebedd newydd?

4 Mae Alan wedi helaethu triongl gan ddefnyddio ffactor graddfa o 2.
Mae'r arwynebedd newydd yn 48 cm².
Beth oedd arwynebedd y triongl cyn yr helaethiad?

13 Ystadegaeth: casglu'r cwbl ynghyd

Cyfrifiadau Criced Cythryblus

Mae Rhodri a Siôn yn chwarae i'r un tîm criced.

Yn ystod hanner cyntaf y tymor roedd cyfartaledd rhediadau Rhodri am bob batiad yn fwy na chyfartaledd Siôn. Gobeithiai Rhodri y byddai'n gallu ennill y tlws am gyfartaledd batio gorau'r tymor.

Roedd cyfartaledd Rhodri yn ystod ail hanner y tymor hefyd yn well na chyfartaledd Siôn.

Dychmygwch felly pa mor siomedig oedd Rhodri pan sylweddolodd mai cyfartaledd Siôn oedd y gorau am y tymor **cyfan** - a Siôn gipiodd y tlws!

Sut y gallai hyn fod wedi digwydd?

1　Cyfartaleddau ac amrediad

◀◀AILCHWARAE▶

Mae Blwyddyn 8 yn cynnwys wyth o ddosbarthiadau yn Ysgol Abergwynant. Nid yw pob dosbarth yn cynnwys yr un nifer o ddisgyblion. Mae un dosbarth yn cynnwys 25 o ddisgyblion, mae tri dosbarth yn cynnwys 27 o ddisgyblion, mae dau ddosbarth yn cynnwys 28 ac mae dau ddosbarth yn cynnwys 29 o ddisgyblion.

Cymedr

Er mwyn darganfod **cymedr** set o ddata:

(1) Darganfyddwch gyfanswm yr holl werthoedd data.
(2) Rhannwch â'r nifer o werthoedd data.

Enghraifft

Darganfyddwch y nifer cymedrig o ddisgyblion mewn dosbarth Blwyddyn 8 yn Ysgol Abergwynant.

Y cyfanswm yw:
$$25 + 27 + 27 + 27 + 28 + 28 + 29 + 29 = 220$$
Y cymedr yw $220 \div 8 = 27.5$

Mae'n amhosibl cael 27.5 o ddisgyblion mewn dosbarth! Peidiwch â thalgrynnu'r cymedr i rif cyfan, hyd yn oed os byddwch yn gweld yr ateb yn un gwirion.

Ymarfer 13:1

1　Mae gan Ysgol Abergwynant nyrs ysgol. Rhifodd y nyrs faint o blant oedd yn dioddef yn ddrwg o asthma bob dydd am bythefnos.
Dyma'i chanlyniadau:

　　3　　15　　0　　3　　1　　0　　4　　3　　1　　4

Cyfrifwch beth yw'r nifer cymedrig o ddisgyblion sy'n dioddef o asthma bob dydd.

2　Amserodd Toni ei deithiau yn ôl ac ymlaen i'r ysgol am wythnos.
Dyma'i amseroedd mewn munudau:

　　25　　21　　24　　26　　21　　24　　26　　27　　21　　27

Beth yw amser cymedrig teithiau Toni?

3 Dyma ffigurau glawiad misol, mewn milimetrau, yn Ne Cymru dros gyfnod o flwyddyn.

Ion	115.8	Ebr	63.5	Gorff	85.4	Hydr	114.3
Chwe	76.2	Mai	76.2	Awst	99.1	Tach	116.8
Maw	58.4	Meh	55.8	Medi	91.4	Rhag	109.1

a Cyfrifwch beth yw'r glawiad cymedrig bob mis.

b Ysgrifennwch ym mha fisoedd oedd y glawiad yn is na'r glawiad cymedrig.

c Ysgrifennwch ym mha fisoedd oedd y glawiad yn uwch na'r glawiad cymedrig.

Modd

Y **modd** yw'r gwerth data mwyaf cyffredin neu'r gwerth data mwyaf poblogaidd. Weithiau mae'n cael ei alw'n **werth moddol**.

Enghraifft

Darganfyddwch beth yw'r nifer moddol o ddisgyblion mewn dosbarth Blwyddyn 8 yn Ysgol Abergwynant.

Dyma'r nifer sydd ym mhob dosbarth:

25   27   27   27   28   28   29   29

Y nifer mwyaf cyffredin yw 27.

Y gwerth moddol yw 27 o ddisgyblion.

---

4 Dyma ganlyniadau'r nyrs ysgol gyda golwg ar achosion drwg o asthma. Cofnododd nifer yr achosion bob dydd am bythefnos.

3   15   0   3   1   0   4   3   1   4

Ysgrifennwch nifer moddol yr achosion o asthma.

5 Dyma amseroedd Toni mewn munudau ar gyfer ei deithiau yn ôl ac ymlaen i'r ysgol.

25   21   24   26   21   24   26   27   21   27

Ysgrifennwch beth oedd amser moddol teithiau Toni.

6 Nid oes raid i'r modd fod yn rhif.
Dyma siart cylch sy'n dangos sut mae 8M a'u hathro yn dod i'r ysgol.

a Beth yw'r modd?

b Eglurwch sut y gallwch ddarganfod y modd o'r siart cylch.

c Mae 30 o bobl yn yr arolwg yma. Mesurwch onglau'r siart cylch i ddarganfod y nifer sydd ym mhob categori.

Siart cylch yn dangos sut mae 8M yn dod i'r ysgol

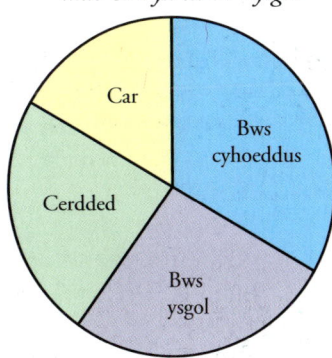

Y canolrif

Mae yna drydydd math o gyfartaledd a elwir yn **ganolrif**.
Y canolrif yw gwerth canol y data.
Rhaid i chi sicrhau fod eich data mewn trefn, gan roi'r rhif lleiaf yn gyntaf.

Enghreifftiau

1 Dyma'r symiau wariodd Cara ar ginio ysgol mewn wythnos.
75 c   92 c   95 c   88 c   98 c
Darganfyddwch y swm canolrifol wariodd Cara.

Ysgrifennwch y rhifau mewn trefn:
75 c   88 c   92 c   95 c   98 c
Y gwerth canol yw 92 c a dyma'r canolrif.

2 Darganfyddwch y nifer canolrifol o ddisgyblion mewn dosbarth ym Mlwyddyn 8 yn Ysgol Abergwynant.

Dyma'r niferoedd sydd ym mhob dosbarth:
25   27   27   27   28   28   29   29
Mae dau werth canol.

Y canolrif yw $\dfrac{27 + 28}{2} = 27.5$

Fel y cymedr, nid oes raid i'r canolrif fod yn un o'r gwerthoedd data.

---

7 Darganfyddwch ganolrif pob un o'r setiau yma o rifau.
a 7   5   6   7   4   8   3
b 14   16   17   12   13

8 Dyma ganlyniadau'r nyrs ysgol gyda golwg ar achosion drwg o asthma.
Cofnododd nifer yr achosion bob dydd am bythefnos.
3   15   0   3   1   0   4   3   1   4
Cyfrifwch beth yw'r canolrif.

9 Dyma amseroedd Toni mewn munudau ar gyfer ei deithiau yn ôl ac ymlaen i'r ysgol.
25   21   24   26   21   24   26   27   21   27
Cyfrifwch beth yw amser canolrifol teithiau Toni.

Amrediad	Ar gyfer unrhyw set o ddata, ceir yr **amrediad** drwy dynnu'r gwerth lleiaf o'r gwerth mwyaf.
Enghraifft	Darganfyddwch beth yw amrediad nifer y disgyblion mewn dosbarthiadau Blwyddyn 8 yn Ysgol Abergwynant.

Y niferoedd ym mhob dosbarth yw:

  25   27   27   27   28   28   29   29

Yr amrediad yw 29 − 25 = 4

Ymarfer 13:2

1 Dyma ganlyniadau'r nyrs ysgol gyda golwg ar achosion drwg o asthma. Cofnododd y nifer o achosion bob dydd am bythefnos.

  3   15   0   3   1   0   4   3   1   4

Darganfyddwch beth yw'r amrediad.

2 Dyma amseroedd teithiau Toni yn ôl ac ymlaen i'r ysgol, mewn munudau.

  25   21   24   26   21   24   26   27   21   27

Darganfyddwch beth yw amrediad amseroedd y teithiau.

Dewis cyfartaledd synhwyrol

Enghraifft	Dyma'r nifer o ddisgyblion oedd yn dod i'r clwb gwyddbwyll am ddeng wythnos.

  12   12   12   13   15   16   17   17   18   46

Dyma'r tri chyfartaledd: **cymedr 17.8**, **modd 12**, **canolrif 15.5**
Pa gyfartaledd yw'r mwyaf synhwyrol i'w ddewis?

Mae'r modd yn rhy fychan.
Mae'r cymedr yn rhy fawr oherwydd y 46 (y parti Nadolig).
Y canolrif yw'r mwyaf synhwyrol.

Defnyddio amrediad

Mae'r amrediad yn dweud wrthym sut mae'r data wedi eu gwasgaru o amgylch y cymedr.

Enghraifft Dyma rediadau a sgoriwyd gan ddau gricedwr yn ystod eu chwe batiad olaf.

Jac	44	73	39	60	68	40
Ian	120	7	84	26	9	90

Mae angen 50 rhediad i ennill.
Pwy yw'r dewis gorau fel batiwr?

Mae gan Jac **gymedr** o **54** o rediadau ac **amrediad** o **34** o rediadau ar gyfer ei fatiadau. Mae gan Ian **gymedr** o **56** o rediadau ac **amrediad** o **113** o rediadau ar gyfer ei fatiadau. Mae'r sgorau cymedrig bron yr un fath ond mae amrediad Ian yn llawer mwy nag amrediad Jac. Mae sgorau Jac fel arfer yn ddibynadwy, ond mae rhai Ian yn amrywio mwy. Jac yw'r dewis gorau os oes angen 50 o rediadau i ennill.

Ymarfer 13:3

1 Edrychwch ar y data yma. Rydych eisoes wedi darganfod y tri chyfartaledd a'r amrediad.

   a Rhifau dyddiol nyrs yr ysgol ar gyfer achosion drwg o asthma.

      3   15   0   3   1   0   4   3   1   4

   b Amseroedd Toni ar gyfer ei deithiau yn ôl ac ymlaen i'r ysgol, mewn munudau.

      25   21   24   26   21   24   26   27   21   27

   Ar gyfer pob set:

   Ysgrifennwch beth yw'r cymedr, y modd a'r canolrif.

   Dywedwch pa gyfartaledd neu gyfartaleddau fyddai'n synhwyrol i'w defnyddio.

2 **a** Ysgrifennwch beth yw cymedr ac amrediad amseroedd Toni yng nghwestiwn **1**.

   b Dyma amseroedd teithiau Toni yn ystod pythefnos arall.

      26   22   20   28   24   18   27   19   28   30

   Darganfyddwch beth yw cymedr ac amrediad amseroedd yr ail bythefnos.

   c Mae Toni yn teithio ar y bws. Yn ystod yr ail bythefnos ceisiodd y cyngor ddefnyddio lonydd traffig gwahanol ar gyfer bysiau.

   Defnyddiwch eich atebion i **a** a **b** i benderfynu pa system yw'r orau er mwyn i'r bysiau redeg ar amser.

   Eglurwch sut y gwnaethoch ddewis eich ateb.

Tabl marciau rhifo	Pan fydd llawer o ddata byddwn yn gwneud **tabl marciau rhifo**.
Marciau rhifo	Mae **marciau rhifo** yn cael eu trefnu mewn grwpiau o bump. Mae'r pumed marc rhifo yn croesi'r pedwar arall: 𝍷𝍷𝍷𝍷

Ymarfer 13:4

1 Dyma nifer y disgyblion sydd ym mhob dosbarth ym Mlynyddoedd 7 i 11 yn Ysgol Abergwynant.

Blwyddyn 7	30	27	26	28	29	30	28	29
Blwyddyn 8	25	27	28	27	29	27	28	29
Blwyddyn 9	28	27	29	27	26	29	25	27
Blwyddyn 10	28	24	27	28	26	27	28	27
Blwyddyn 11	25	26	27	29	27	28	26	28

   a Darganfyddwch beth yw amrediad nifer y disgyblion sydd mewn dosbarth.

   b Gwnewch dabl marciau rhifo ar gyfer y niferoedd o ddisgyblion mewn dosbarth.

   c Defnyddiwch y tabl i ddarganfod y modd.

2 Mae'r prifathro eisiau gwybod beth yw'r nifer cymedrig o ddisgyblion ym mhob dosbarth yn Ysgol Abergwynant.

Defnyddiwch y data o gwestiwn **1**.

Copïwch y tabl a'i lenwi. Gallwch ychwanegu colofn arall at y tabl ar gyfer cwestiwn **1** os dymunwch. Adiwch y rhifau yn y drydedd golofn i ddarganfod cyfanswm nifer y disgyblion yn yr holl ddosbarthiadau. Defnyddiwch y cyfanswm hwn i ddarganfod y nifer cymedrig o ddisgyblion ym mhob dosbarth.

Nifer y disgyblion mewn dosbarth	Nifer y dosbarthiadau	Cyfanswm nifer y disgyblion
24	1	$24 \times 1 =$
25	3	$25 \times 3 =$

3 Mae rhai o ddisgyblion Ysgol Abergwynant yn dod mewn car i'r ysgol.
Un bore gwnaeth dosbarth 8F arolwg o faint o ddisgyblion oedd yn cyrraedd ym mhob car. Dyma'u canlyniadau:

Nifer y disgyblion mewn car	Marciau rhifo	Cyfanswm
1	卌 卌 卌 卌 卌 卌 卌 ‖‖	38
2	卌 卌 卌 卌 卌 ‖	27
3	卌 卌 ‖	12
4	‖‖	3
		Cyfanswm 80

a Ysgrifennwch y modd.

b Cyfrifwch y cymedr.

c Darganfyddwch amrediad nifer y disgyblion sy'n dod mewn car.

ch Darganfyddwch y nifer canolrifol o ddisgyblion sy'n dod mewn car.

2 Grwpio data

Yn aml mae oedran darllen yn cael ei nodi ar lyfrau plant.
Mae hyn yn mesur pa mor anodd i'w ddarllen yw llyfr.

Mae mwy nag un ffordd o fesur oedran darllen.
Un o'r rhain yw cyfrif hyd y geiriau.
Gall llyfrau i blant hŷn gynnwys geiriau hirach.
Ffordd arall yw cyfrif nifer y geiriau ym mhob brawddeg.

Mae hyd geiriau a hyd brawddegau yn enghreifftiau o ddata arwahanol.

Data arwahanol	Pan fydd data yn werthoedd unigol arbennig gelwir nhw yn **ddata arwahanol**.
Enghraifft	Mae maint esgidiau yn enghraifft o ddata arwahanol. Dyma'r unig werthoedd posibl: 1, $1\frac{1}{2}$, 2, $2\frac{1}{2}$, etc. Ni cheir meintiau esgidiau rhwng y rhain.

Ymarfer 13:5

 1 a Edrychwch ar y ddwy dudalen o lyfrau plant. Copïwch y tabl marciau rhifo yma ar gyfer Llyfr A. Llenwch y tabl.

Hyd gair (llythrennau)	Marciau rhifo	Cyfanswm
1		
2		
3		
4		
5		
6		
7		
8		
9		
10		

b Nawr, gwnewch dabl marciau rhifo ar gyfer Llyfr B.

Er mwyn cymharu'r ddau lyfr mae hi'n werth llunio diagramau.

2 **a** Lluniwch siart bar ar gyfer Llyfr A.
    b Lluniwch siart bar ar gyfer Llyfr B.

3 Defnyddiwch eich dau siart bar i ateb y cwestiynau yma.
    a Ym mha lyfr ceir y nifer mwyaf o eiriau 3 llythyren?
    b Ym mha lyfr ceir y nifer mwyaf o eiriau 6 llythyren?
    c Pa lyfr, yn eich barn chi, yw'r hawsaf i'w ddarllen?
      Eglurwch eich ateb.

4 **a** Beth yw'r hyd gair moddol ar gyfer Llyfr A?
    b Beth yw'r hyd gair moddol ar gyfer Llyfr B?

5 **a** Ychwanegwch bedwaredd colofn at eich tablau marciau rhifo.

Hyd gair (llythrennau)	Marciau rhifo	Cyfanswm	Nifer y llythrennau (= hyd gair × cyfanswm)

    b Llenwch y bedwaredd golofn.
      Adiwch y rhifau sydd yn y golofn.
      Dyma gyfanswm nifer y llythrennau.
    c Rhannwch eich ateb i **b** â chyfanswm nifer y geiriau.
      Dyma hyd cymedrig y geiriau.
    ch Ym mha lyfr mae hyd cymedrig y gciriau leiaf?
    d A yw hyn yn cyd-fynd â'ch ateb i gwestiwn **3c**? Eglurwch.

• •

Ceir ffordd arall o fesur pa mor anodd yw llyfrau i'w darllen.
Gallwch gyfrif nifer y geiriau sydd mewn brawddeg.
Gelwir hyn yn hyd brawddeg.

Ymarfer 13:6

1 Ewch yn ôl at eich tudalen o Lyfr A.
Rhifwch nifer y geiriau sydd ym mhob brawddeg.
Ysgrifennwch hyd pob brawddeg.
Cofnodwch hyd y brawddegau mewn tabl fel hyn.
Ychwanegwch gymaint o linellau ag y byddwch eu hangen.

Hyd y frawddeg (mewn geiriau)	Marciau rhifo	Cyfanswm
1–5		
6–10		
11–15		

2 a Ewch yn ôl at eich tudalen o Lyfr B.
Rhifwch nifer y geiriau sydd ym mhob brawddeg.
Ysgrifennwch hyd pob brawddeg.
b Lluniwch dabl marciau rhifo newydd.
Cofnodwch hyd y brawddegau o Lyfr B.

3 a Defnyddiwch eich tabl marciau rhifo ar gyfer Llyfr A i lunio siart bar.
Cofiwch beidio â gadael lle gwag rhwng y barrau.
b Defnyddiwch eich tabl marciau rhifo ar gyfer Llyfr B i lunio siart bar arall.

4 a Beth yw'r hyd brawddeg moddol ar gyfer Llyfr A?
b Beth yw'r hyd brawddeg moddol ar gyfer Llyfr B?
c Meddyliwch am eich atebion i **a** a **b**.
Pa lyfr yn eich barn chi yw'r hawsaf i'w ddarllen?
Eglurwch eich ateb.

5 Gallwch ddarganfod hyd brawddeg cymedrig.
a Ysgrifennwch gyfanswm nifer y geiriau ar y tudalen o Lyfr A.
b Ysgrifennwch gyfanswm nifer y brawddegau ar y tudalen o Lyfr A.
c Copïwch a llenwch y bylchau:
hyd cymedrig brawddeg = nifer y geiriau ÷ nifer y brawddegau
= ... ÷ ...
= ...
ch Ysgrifennwch gyfanswm nifer y geiriau ar y tudalen o Lyfr B.
d Ysgrifennwch gyfanswm nifer y brawddegau ar y tudalen o Lyfr B.
dd Cyfrifwch beth yw hyd cymedrig y brawddegau yn Llyfr B.

· ·

Data di-dor   Mae data yn **ddi-dor** pan allant gymryd *unrhyw* werth mewn amrediad penodol.

Enghraifft   Mae hyd pryfed genwair, taldra disgyblion ym Mlwyddyn 8, pwysau llygod bochdew yn enghreifftiau o ddata di-dor.

Pan fyddwch yn grwpio data di-dor rhaid i chi feddwl yn ofalus iawn ynglŷn â dechrau a diwedd pob grŵp.

Ymarfer 13:7

1 Mewn arolwg Gwyddoniaeth mesurodd Hywel hydoedd pryfed genwair mewn centimetrau.

Dyma'i ganlyniadau i'r milimetr agosaf.

6.2	5.4	8.9	12.1	6.5	9.3	7.2	12.7	10.2	5.4
7.7	9.5	11.1	8.6	7.0	13.5	12.7	5.6	15.4	12.3
13.4	9.5	6.7	8.6	9.1	11.5	14.2	13.5	8.8	9.7

Gosododd Hywel y data mewn grwpiau fel hyn:

Hydoedd mewn cm	Marciau rhifo	Cyfanswm
5 ond llai na 7		
7 ond llai na 9		
9 ond llai na 11		
11 ond llai na 13		
13 ond llai na 15		
15 ond llai na 17		

a I ba grŵp y bydd 13.5 yn mynd?
b I ba grŵp y bydd 7.0 yn mynd?
c Copïwch y tabl marciau rhifo.
    Cofnodwch yr holl ganlyniadau yn eich tabl.
ch Lluniwch siart bar gan ddefnyddio'r data yma sydd wedi eu grwpio.
    Peidiwch â gadael lle gwag rhwng y barrau.

2 Defnyddiodd Buddug grwpiau gwahanol.
a Copïwch y tabl yma.

Hyd mewn cm	Marciau rhifo	Cyfanswm
5 ond llai na 9		
9 ond llai na 13		
13 ond llai na 17		

b Cofnodwch holl ganlyniadau cwestiwn **1** yn eich tabl newydd.
c Defnyddiwch eich tabl newydd i lunio siart bar.
    Peidiwch â gadael lle gwag rhwng y barrau.
ch Pa siart bar, yn eich barn chi, sy'n dangos y data orau?
    Eglurwch eich ateb.

3 Dyma bwysau 30 o oedolion mewn cilogramau.

47	65	52	43	58	69	71	49	56	60
82	54	91	54	70	56	95	47	82	86
75	79	96	99	100	57	98	63	80	92

a Copïwch y tabl yma. Ychwanegwch gymaint o linellau ag y byddwch eu hangen.

Pwysau mewn kg	Marciau rhifo	Cyfanswm
40 ond llai na 50		
50 ond llai na 60		
60 ond llai na 70		

b I ba grŵp mae pwysau o 100 kg yn perthyn?

c I ba grŵp mae pwysau o 80 kg yn perthyn?

ch Cofnodwch yr holl ganlyniadau yn eich tabl.

d Lluniwch siart bar gan ddefnyddio'r data yma sydd wedi eu grwpio.
Peidiwch â gadael lle gwag rhwng y barrau.

4 Gwnaeth Siân arolwg o faint o amser oedd ei ffrindiau yn ei gymryd i
ddod i'r ysgol.
Dyma'i chanlyniadau mewn munudau i'r funud agosaf.

8	13	21	5	16	24	9	14	16	17
7	5	25	31	14	17	19	23	5	12
8	12	16	19	21	24	5	2	33	4

a Dewiswch grwpiau addas ar gyfer y data yma.

b Gwnewch dabl marciau rhifo ar gyfer y grwpiau yma a'i lenwi.

c Defnyddiwch eich tabl i wneud siart bar.

5 Mesurodd Neil beth oedd pwysau
creision mewn 30 o fagiau. Roedd y
geiriau 'Cynnwys cyfartalog 25 g' ar y bagiau.
Defnyddiodd glorian electronig
fanwl gywir.
Dyma'i ganlyniadau mewn gramiau.

24.498	24.531	25.014	25.367	24.487
25.571	25.274	24.985	24.361	25.184
25.367	25.148	25.178	24.257	24.568
24.759	24.589	26.010	25.451	24.856
24.968	25.374	25.984	26.357	24.168
26.254	23.987	24.591	24.367	25.684

a Dewiswch grwpiau addas ar gyfer y data yma.

b Lluniwch dabl marciau rhifo ar gyfer y grwpiau yma a'i lenwi.

c Lluniwch siart bar o'ch tabl.

ch A yw'r honiad ynglŷn â'r cynnwys cyfartalog yn gywir?

Unwaith y byddwch wedi gosod eich data mewn grwpiau, nid yw hi mor hawdd cyfrifo cyfartaleddau. Dyma ganlyniadau'r bechgyn mewn prawf Mathemateg Blwyddyn 8. Mae'r rhain wedi eu grwpio fesul deg.

Marc	31 i 40	41 i 50	51 i 60	61 i 70	71 i 80	81 i 90	91 i 100
Nifer y bechgyn	5	14	28	35	24	16	9

Edrychwch ar y golofn gyntaf.
Rydym yn gwybod fod y bechgyn yma wedi sgorio rhwng 31 a 40. Ond nid ydym yn gwybod *yn union* beth oedd sgôr pob un ohonynt.

Er mwyn cyfrifo amcangyfrif ar gyfer y cymedr, mae'n rhaid inni dybio fod pob un o'r 5 wedi sgorio'r marc sydd yng nghanol y grŵp.

Y canolbwynt yma yw $\dfrac{31 + 40}{2} = 35.5$

Yn yr un modd gallwn dybio fod pob un o'r 14 bachgen yn yr ail golofn wedi sgorio'r marc sydd yng nghanol y grŵp.

Y canolbwynt yma yw $\dfrac{41 + 50}{2} = 45.5$

Pe byddem yn darganfod yr holl ganolbwyntiau gallem wneud tabl newydd fel hyn:

Marc (canolbwyntiau)	35.5	45.5	55.5	65.5	75.5	85.5	95.5
Nifer y bechgyn	5	14	28	35	24	16	8

Gan gymryd mai rhain oedd y sgorau a gafodd pob un gallwn gyfrifo'r cymedr.

$$\text{Cymedr} = \frac{35.5 \times 5 + 45.5 \times 14 + 55.5 \times 28 + 65.5 \times 35 + 75.5 \times 24 + 85.5 \times 16 + 95.5 \times 8}{130}$$

$$= \frac{8050}{130}$$

$$= 61.9 \ (1 \ \text{ll.d.})$$

Mae hi'n bwysig sylweddoli mai **amcangyfrif** o'r cymedr yw hwn.
Tybiwyd fod pob bachgen ym mhob grŵp wedi sgorio'r marc canol ym mhob grŵp.

Ymarfer 13:8

1 Dyma sgorau merched Blwyddyn 8 yn yr un prawf Mathemateg.

Marc	31 i 40	41 i 50	51 i 60	61 i 70	71 i 80	81 i 90	91 i 100
Nifer y merched	4	17	23	26	21	19	10

a Copïwch y tabl yma.
Llenwch y canolbwyntiau ar gyfer pob grŵp o farciau.

Marc (canolbwyntiau)	35.5						
Nifer y merched	4	17	23	26	21	19	10

b Cyfrifwch amcangyfrif ar gyfer y cymedr. Rhowch eich ateb i 1 lle degol.

2 Gwnaeth Alaw arolwg yn ei dosbarth. Gofynnodd i bob disgybl faint o arian poced oedden nhw'n ei gael bob wythnos.
Dyma'i chanlyniadau.

Swm	0 c–99 c	£1–£1.99	£2–£2.99	£3–£3.99	£4–£4.99
Nifer y disgyblion	6	5	8	6	5

a Copïwch y tabl yma.
Llenwch y canolbwyntiau ar gyfer pob grŵp.

Swm					
Nifer y disgyblion	6	5	8	6	5

b Cyfrifwch amcangyfrif ar gyfer y cymedr.
Rhowch eich ateb yn gywir i'r geiniog agosaf.

3 Ewch yn ôl i'r data o Ymarfer **13:7**.
Ar gyfer pob cwestiwn cyfrifwch amcangyfrif ar gyfer y cymedr gan ddefnyddio'r dull yma.
Yna cyfrifwch y gwir gymedr o'r data gwreiddiol.
Ysgrifennwch frawddeg i ddisgrifio'r gwahaniaeth rhwng y gwir werth a'r amcangyfrif.

3 Polygonau amlder

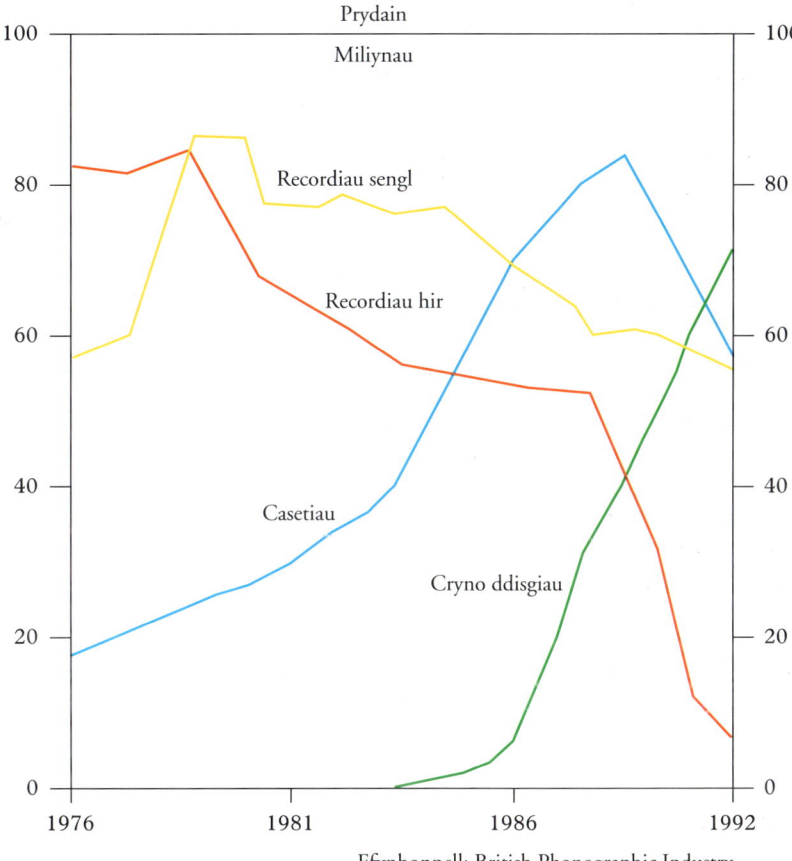

Prydain

Miliynau

Recordiau sengl

Recordiau hir

Casetiau

Cryno ddisgiau

1976   1981   1986   1992

Ffynhonnell: British Phonographic Industry

Mae'r polygonau amlder yma'n dangos gwerthiant recordiau hir, casetiau, cryno ddisgiau a recordiau sengl ers 1976.

Polygon amlder	Yn aml defnyddir **polygonau amlder** i gymharu dwy set o ddata.
Tuedd	Cysylltir y pwyntiau â'i gilydd i ddangos y **duedd**. Mae'r duedd yn dangos sut mae'r data yn newid. Nid ydych yn darllen gwybodaeth o'r llinellau rhwng y pwyntiau.

Ymarfer 13:9

1 Edrychwch ar y tabl yma.
Mae'n dangos cyfanswm y goliau a sgoriwyd mewn 40 gêm bêl-droed ar un dydd Sadwrn.

Nifer y goliau	0	1	2	3	4	5	6
Nifer y gemau	5	9	12	5	7	1	1

a Edrychwch ar y ffigurau coch.
Sawl gêm oedd yn cynnwys 2 gôl?
b Edrychwch ar y ffigurau gwyrdd.
Sawl gêm oedd yn cynnwys 6 gôl?
c Ysgrifennwch yr holl sgorau terfynol posibl sy'n cynnwys 6 gôl.
Dechreuwch â 6–0, 5–1, 4–2, …

Dyma bolygon amlder yn dangos yr wybodaeth yma.

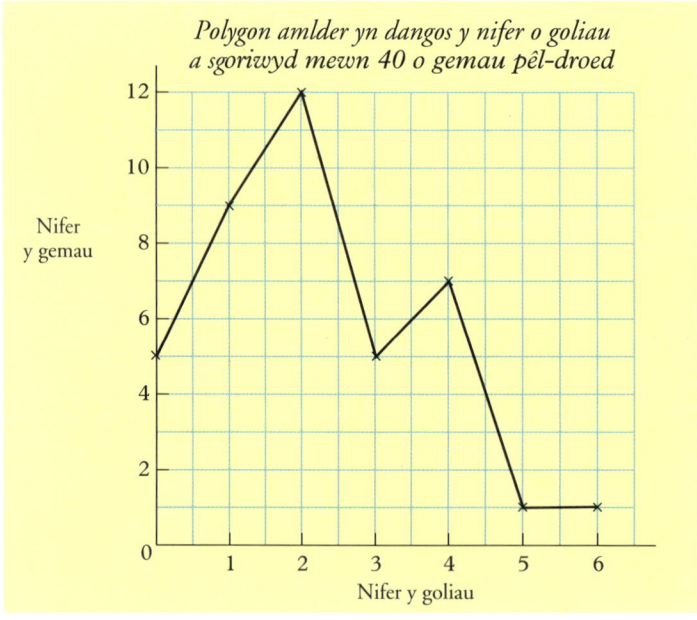

Polygon amlder yn dangos y nifer o goliau a sgoriwyd mewn 40 o gemau pêl-droed

ch Sawl gêm oedd yn cynnwys 5 o goliau?
A yw hyn yr un fath â'r hyn a ddangosir yn y tabl?
d Sawl gêm oedd yn cynnwys 2 gôl?

2 Edrychwch ar y polygon amlder yma. Mae'n dangos nifer y disgyblion sydd ym mhob blwyddyn mewn ysgol uwchradd i fechgyn.

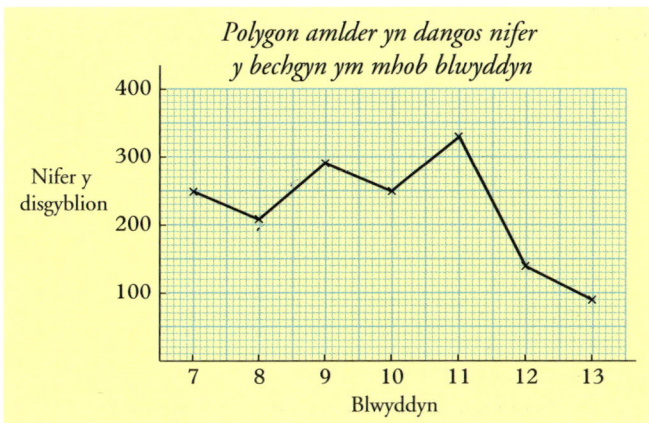

Copïwch y tabl yma.

Blwyddyn	7	8	9	10	11	12	13
Nifer y disgyblion							

Llenwch y tabl. Defnyddiwch y polygon amlder i gael yr wybodaeth.

3 Dyma bolygon amlder yn dangos nifer y disgyblion yn yr ysgol ferched gyfagos.

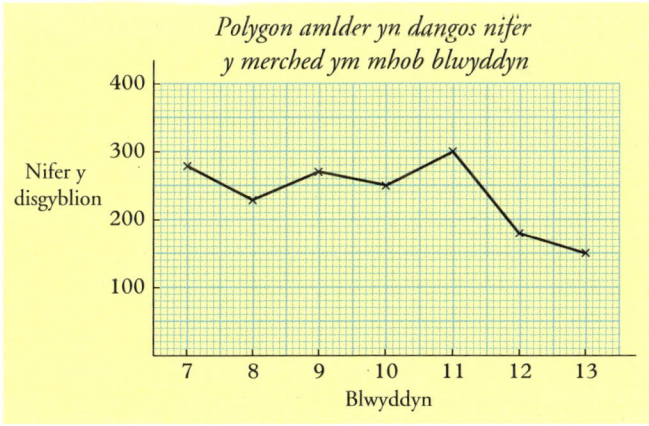

Copïwch y tabl o gwestiwn **2** unwaith eto.
Llenwch y tabl. Defnyddiwch y polygon amlder i gael yr wybodaeth.

Gellir llunio'r polygonau amlder yng nghwestiwn **2** a chwestiwn **3** ar yr un diagram.
Mae hyn yn ei gwneud yn haws i'w cymharu.

4　**a**　Copïwch y polygon amlder sydd yng nghwestiwn **2** ar bapur graff.

　　b　Copïwch y polygon amlder sydd yng nghwestiwn **3** ar yr un set o echelinau.

　　c　Pa ysgol sy'n cynnwys y nifer mwyaf o ddisgyblion Blwyddyn 7?

　　ch Pa ysgol sy'n cynnwys mwy o ddisgyblion ym Mlwyddyn 9?

　　d　Ym mha flwyddyn mae gan y ddwy ysgol yr un nifer o ddisgyblion?

　　dd Faint mwy o fechgyn nag o ferched sydd ym Mlwyddyn 9?

　　e　Faint mwy o ferched nag o fechgyn sydd ym Mlwyddyn 8?

5　Edrychwch ar y polygonau amlder yma.
Maen nhw'n dangos nifer y disgyblion sydd mewn dwy ysgol.

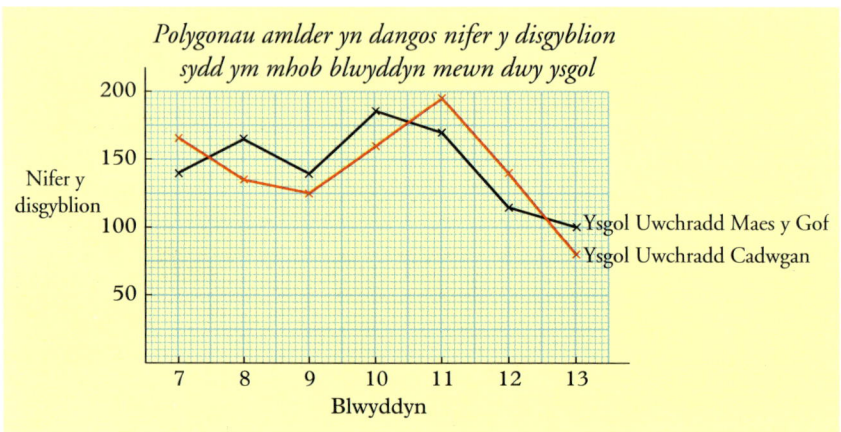

a　Gan ba ysgol mae'r nifer mwyaf o ddisgyblion Blwyddyn 7?

b　Gan ba ysgol mae'r nifer mwyaf o ddisgyblion Blwyddyn 9?
　　Faint o ddisgyblion yn fwy sydd gan yr ysgol hon ym Mlwyddyn 9?

c　Gwnewch restr o nifer y disgyblion sydd ym mhob blwyddyn yn Ysgol
　　Uwchradd Maes y Gof.
　　Faint o ddisgyblion sydd yna i gyd?

ch Faint o ddisgyblion sydd yn Ysgol Cadwgan?

6　Mae dosbarth 8P wedi bod yn cymharu dau lyfr darllen. Mae'r llyfrau yn rhai ar
gyfer plant ysgolion cynradd.
Mae 8P wedi cyfrif sawl llythyren sydd yn y 50 gair cyntaf ym mhob llyfr.
Dyma ddau dabl yn dangos eu canlyniadau.

Nifer y llythrennau mewn gair	1	2	3	4	5	6	7
Nifer y geiriau yn *Hwyl wrth ddarllen*	3	5	14	17	6	4	1

Nifer y llythrennau mewn gair	1	2	3	4	5	6	7
Nifer y geiriau yn *Mae darllen yn hawdd*	4	5	9	13	10	7	2

a Lluniwch bolygon amlder ar gyfer *Hwyl wrth ddarllen*.
b Lluniwch bolygon amlder ar gyfer *Mae darllen yn hawdd* ar yr un diagram. Defnyddiwch liw gwahanol.
c Pa lyfr yn eich barn chi yw'r hawsaf i'w ddarllen?
Eglurwch eich ateb.

7 Cesglir canlyniadau bob blwyddyn ynglŷn ag anafiadau a achoswyd mewn damweiniau ffyrdd.
Dyma nifer yr anafiadau gafodd plant oedran ysgol yng Nghaerdydd mewn un flwyddyn.

Oedran	5	6	7	8	9	10	11	12	13	14	15	16	17	18	19
Nifer	37	35	42	?	56	56	52	62	63	87	58	113	167	188	167

a Lluniwch bolygon amlder i ddangos y data yma.
Gadewch fwlch rhwng 7 oed a 9 oed.
b Disgrifiwch sut mae nifer yr anafiadau yn newid wrth i blant fynd yn hŷn.
c Ydych chi'n meddwl y bydd y duedd yma'n parhau?
Eglurwch eich ateb.
ch Plotiwch bwynt ar gyfer y plant 8 oed a anafwyd.
Defnyddiwch duedd y graff i amcangyfrif ym mhle dylid ei osod.
Ysgrifennwch pa werth yr ydych chi wedi ei ddewis.

Os yw'r data yn cael ei grwpio yna mae'r pwyntiau yn cael eu plotio yng nghanol pob grŵp.
Mae hyn fel cysylltu canol pen pob bar ar siart bar.

Dyma dabl o'r data anafiadau o Ymarfer **13:9**.
Mae'r data wedi eu grwpio.

Oedran	5–7	8–10	11–13	14–16	17–19
Nifer	114	164	177	258	522

Ymarfer 13:10

1 **a** Lluniwch siart bar o'r data wedi eu grwpio yma. Defnyddiwch bensil a lluniwch y barrau mor ysgafn ag sydd bosibl.

b Rhowch groes fechan yng nghanol pen bob bar.

c Cysylltwch eich croesau gan ddefnyddio llinellau syth.
Nawr mae gennych bolygon amlder.

2 Dyma ddata anafiadau ar gyfer grwpiau oedran hŷn.

Oedran	20–22	23–25	26–28	29–31	32–34
Nifer	485	406	359	292	246

a Lluniwch siart bar ar gyfer y data yma. Defnyddiwch bensil a'i lunio'n ysgafn.

b Lluniwch bolygon amlder ar ben eich siart bar.

c Disgrifiwch duedd yr anafiadau wrth i'r bobl fynd yn hŷn.

ch Awgrymwch beth yw'r rheswm dros y duedd yma.

3 Dyma drydedd set o ddata anafiadau ar gyfer Caerdydd.

Oedran	41–43	44–46	47–49	50–52	53–55
Nifer	158	166	156	130	98

a Plotiwch y tair set o ddata anafiadau ar un polygon amlder.
PEIDIWCH â chysylltu 33 a 42.

b Wrth edrych ar duedd y graff, awgrymwch werthoedd ar gyfer y grwpiau sydd ar goll: 35-37 a 38-40.

1 Mae tîm pêl-droed dan 15 Ysgol Abergwynant wedi chwarae tair gêm. Nifer cymedrig y goliau maen nhw wedi eu sgorio yw 2.
Maen nhw'n chwarae gêm arall ac yn sgorio pedair gôl.
Beth yw'r cymedr newydd?

2 Mae dosbarth 8L yn casglu 40 o ddail oddi ar goeden.
Maen nhw'n mesur y dail mewn centimetrau, yn gywir i'r milimetr agosaf.
Dyma'r canlyniadau:

6.0	5.2	6.1	5.3	8.2	6.4	5.7	7.1	6.5	6.4
7.2	8.7	4.8	5.6	7.3	4.9	6.5	8.3	6.8	7.8
7.4	7.9	5.5	7.0	7.5	5.8	5.1	7.6	6.8	5.4
8.1	6.3	6.4	5.9	4.7	8.4	6.1	6.7	8.8	7.7

a Copïwch y tabl a'i lenwi.

Hyd deilen mewn cm	Marciau rhifo	Cyfanswm
4 ond llai na 5		
5 ond llai na 6		
6 ond llai na 7		
7 ond llai na 8		
8 ond llai na 9		

b Defnyddiwch eich tabl i lunio siart bar.
c Ysgrifennwch beth yw'r grŵp moddol.
ch Cyfrifwch beth yw hyd cymedrig deilen.
  Cymerwch fod canolbwyntiau'r grwpiau yn 4.5 cm, 5.5 cm, etc.

3 Dyma dabl yn dangos nifer y disgyblion sydd mewn dwy ysgol.

Nifer y disgyblion	Blwyddyn 7	Blwyddyn 8	Blwyddyn 9	Blwyddyn 10	Blwyddyn 11
Ysgol Abercaffo	170	160	180	200	150
Ysgol Glyn Rhedyn	150	160	140	120	150

a Copïwch yr echelinau ar bapur sgwariau.
b Plotiwch y pwyntiau ar gyfer Ysgol Abercaffo.
  Cysylltwch y pwyntiau gan ddefnyddio llinellau syth.
c Plotiwch y pwyntiau ar gyfer Ysgol Glyn Rhedyn.
  Cysylltwch y pwyntiau gan ddefnyddio llinellau syth.
  Defnyddiwch liw gwahanol.

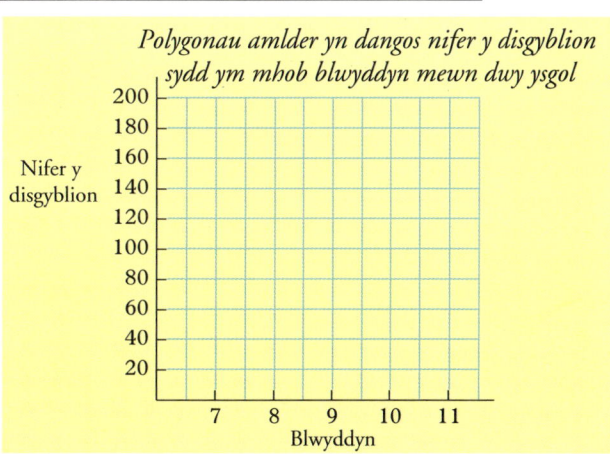

Polygonau amlder yn dangos nifer y disgyblion sydd ym mhob blwyddyn mewn dwy ysgol

1 Cofnododd Caradog y nifer o hufen iâ Anferth a werthodd bob dydd am fis.
Lluniodd y siart bar yma o'i ganlyniadau i ddangos i'w ffrindiau.

Eglurwch sut y cewch yr atebion i rannau **a-c**.

a Dywedodd Mererid fod y graff yn dangos fod Caradog wedi gwerthu'r rhan fwyaf o hufen iâ Anferth ddechrau'r mis.
A yw hi'n gywir?

b Dywedodd Dafydd mai dim ond 30 o ddyddiau oedd yn y mis ar y graff. A yw'n gywir?

c Defnyddiodd ffrindiau eraill y graff i amcangyfrif sawl hufen iâ Anferth werthodd Caradog yn ystod y mis.
Dyma eu hamcangyfrifon: 50, 100, 250, 500, 900.
Dim ond un amcangyfrif all fod yn gywir.
Pa amcangyfrif yw hwn?

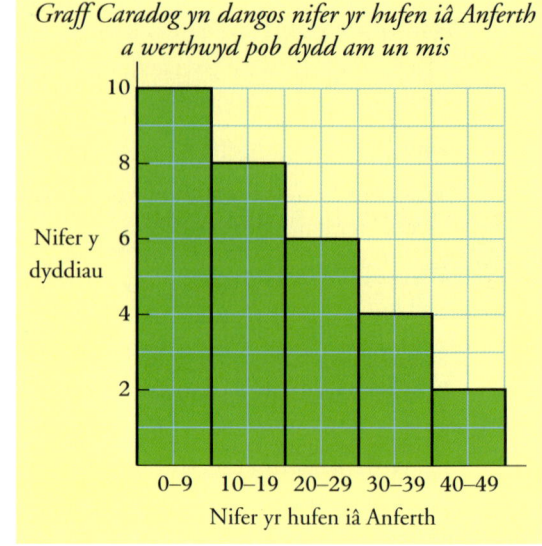

Graff Caradog yn dangos nifer yr hufen iâ Anferth a werthwyd pob dydd am un mis

ch Copïwch y tabl a'i lenwi.

Nifer yr hufen iâ	0–9	10–19	20–29	30–39	40–49
Nifer y dyddiau					

d Cyfrifwch y nifer cymedrig o hufen iâ a werthwyd bob dydd, yn gywir i 1 lle degol.

2 Mae Gemma a Lois wedi gwneud arolwg o ddau fath o foron.
Mae'r ddau fath yn costio'r un faint ac mae'r moron tua'r un maint.
Maen nhw wedi agor wyth tun o bob math ac wedi cyfrif sawl moronen sydd ym mhob tun.
Dyma'u canlyniadau:

Math A	32	41	28	31	34	37	39	30
Math B	32	34	36	30	32	35	33	32

a Beth yw'r nifer cymedrig o foron ym mhob tun ar gyfer pob math?
Pa fath yw'r fargen orau?

b Beth yw'r amrediad ar gyfer y ddau fath o foron?
Eglurwch beth mae'r amrediad yn ei ddangos.
Pa fath o foron fyddech chi'n ei ddewis y tro nesaf?

- **Cymedr**   Er mwyn darganfod **cymedr** set o ddata:
  (1) Darganfyddwch gyfanswm yr holl werthoedd data.
  (2) Rhannwch â'r nifer o werthoedd data.

  Modd   Y **modd** yw'r gwerth data mwyaf cyffredin neu'r gwerth data mwyaf poblogaidd.

  Canolrif Y **canolrif** yw gwerth canol y data pan fydd y data wedi eu trefnu, y rhif lleiaf yn gyntaf.

- **Amrediad** Yr **amrediad** yw'r gwerth mwyaf tynnu'r gwerth lleiaf.

- **Data arwahanol** Pan fydd data yn werthoedd unigol arbennig gelwir nhw yn **ddata arwahanol**.

  Data di-dor Mae data yn **ddi-dor** pan allant gymryd *unrhyw* werth mewn amrediad penodol.

- ## Cymedr data wedi'u grwpio

  Enghraifft
  Dyma ganlyniadau'r bechgyn mewn prawf Mathemateg Blwyddyn 8.

Marc	31 i 40	41 i 50	51 i 60	61 i 70	71 i 80	81 i 90	91 i 100
Nifer y bechgyn	5	14	28	35	24	16	9

  Rydym yn tybio fod pob un o'r 5 bachgen yn y grŵp cyntaf wedi sgorio'r marc yng nghanol y grŵp.

  Y canolbwynt yw $\dfrac{31 + 40}{2} = 35.5$

  Pe byddem yn cyfrifo holl ganolbwyntiau byddem yn gallu gwneud tabl newydd fel hyn:

Marc (canolbwyntiau)	35.5	45.5	55.5	65.5	75.5	85.5	95.5
Nifer y bechgyn	5	14	28	35	24	16	8

  $$\text{Cymedr} = \frac{35.5 \times 5 + 45.5 \times 14 + 55.5 \times 28 + 65.5 \times 35 + 75.5 \times 24 + 85.5 \times 16 + 95.5 \times 8}{130}$$

  $$= \frac{8050}{130} = 61.9 \ (1 \ \text{ll.d.}) \qquad \textit{(Amcangyfrif yw'r cymedr yma.)}$$

- **Polygonau amlder** Defnyddir **polygonau amlder** yn aml i gymharu dwy set o ddata.

  Tuedd Cysylltir y pwyntiau â'i gilydd i ddangos y **duedd**.
  Mae'r duedd yn dangos sut mae'r data yn newid.
  Nid ydych yn darllen gwybodaeth o'r llinellau rhwng y pwyntiau.

1 Edrychwch ar y rhifau yma:

      7   6   9   0   3   4   7   6   4   7

  a Darganfyddwch y cymedr.

  b Ysgrifennwch beth yw'r modd.

  c Darganfyddwch y canolrif.

  ch Darganfyddwch yr amrediad.

2 Cofnododd dosbarth 8J sawl teithiwr oedd mewn 50 car a yrrodd heibio'r ysgol. Dyma'u canlyniadau:

Nifer y teithwyr	1	2	3	4	5
Nifer y ceir	23	16	7	3	1

  a Ysgrifennwch beth yw'r modd.

  b Beth yw'r nifer cymedrig o deithwyr ym mhob car?

  c Lluniwch bolygon amlder i ddangos y data.

3 Mesurodd dosbarth 8F uchder 40 o eginblanhigion bedair wythnos ar ôl plannu'r hadau.

Dyma'u canlyniadau, mewn centimetrau, yn gywir i'r milimetr agosaf.

    2.8   10.3   3.6   6.3   8.1   7.2   4.7   7.1   4.3   8.2

    5.9   8.0   2.5   7.4   5.3   9.1   1.9   6.8   4.8   5.1

    9.4   7.3   3.8   7.9   9.0   8.7   5.5   8.4   3.6   8.5

    7.9   7.8   9.7   7.7   1.8   6.2   7.3   6.9   10.5   6.5

  a Copïwch y tabl.

  Cofnodwch yr holl ganlyniadau yn y tabl.

Hyd mewn cm	Marciau rhifo	Cyfanswm
0 ond llai na 2		
2 ond llai na 4		
4 ond llai na 6		
6 ond llai na 8		
8 ond llai na 10		
10 ond llai na 12		

  b Ysgrifennwch y grŵp moddol.

  c Defnyddiwch y data wedi'u grwpio i lunio siart bar.

  ch Lluniwch bolygon amlder ar eich siart bar.

  d Amcangyfrifwch daldra cymedrig eginblanhigyn.

  Cymerwch fod canolbwyntiau'r grwpiau yn 1, 3, 5, etc.

Cyfaint: llenwi'r gwagle

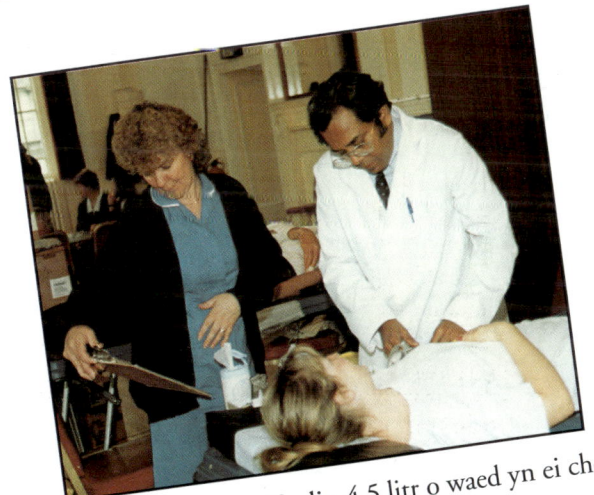

Mae gan wraig gyffredin 4.5 litr o waed yn ei chorff.
Mae gan ddyn fymryn mwy.

Os byddwch yn rhoi gwaed i'r Gwasanaeth Gwaed
Cenedlaethol maen nhw'n cymryd llai na hanner litr.

Maen nhw'n casglu 1.5 miliwn o litrau bob blwyddyn.

Mae hyn yr un fath ag sydd mewn tua 300 000 o bobl!

1 Gwasgwch bopeth i mewn!

Record y byd ar gyfer y nifer o bobl mewn blwch ffonio yw 23.
Mae hyn yn llawer o bobl mewn lle bychan iawn!

Cyfaint   Gelwir maint y lle mae gwrthrych yn ei gymryd yn **gyfaint**
y gwrthrych.

Ymarfer 14:1

1   Edrychwch ar y gwrthrychau yma.

(1) (2) (3) (4)

(5) (6) (7) (8)

Rhestrwch y gwrthrychau yn ôl eu cyfaint. Dechreuwch gyda'r *lleiaf.*

Cynhwysedd

Cynhwysedd gwrthrych gwag yw cyfaint y lle sydd y tu mewn iddo.

---

2 Edrychwch ar y cynwysyddion yma.

 (1)
 (2)
 (3)
 (4)

Rhestrwch y gwrthrychau yn ôl eu cynhwysedd. Dechreuwch gyda'r *mwyaf*.

Unedau mesur cyfaint

1 cm³

Mae cyfaint yn cael ei fesur mewn unedau ciwbig. Gall y rhain fod yn mm³, cm³ neu m³

1 cm³ yw'r lle a gymerir gan giwb â phob un o'i ymylon yn 1 cm o hyd.

1 cm, 1 cm, 1 cm

Unedau mesur cynhwysedd

1 m*l*

Mae'r ciwb yma'n cael ei lenwi â dŵr.
Mae cyfaint y dŵr sydd ynddo yn **1 mililitr**.
Mae hyn yn cael ei ysgrifennu fel hyn: **1 m*l***
Mae **1 m*l*** yr un fath ag **1 cm³**.

1 cm, 1 cm, 1 cm

3 Edrychwch ar y cynwysyddion yma.
  a Ysgrifennwch beth yw cyfaint pob diod mewn cm³.
  b Cyfrifwch gyfaint y Cola a gewch chi am 1 geiniog o bob cynhwysydd.
  c Pa gynhwysydd sy'n rhoi'r gwerth gorau am arian?

500 m*l*
55 c

1500 m*l*
96 c

330 m*l*
35 c

Byddwn yn defnyddio **litrau** i fesur cyfeintiau mawr.
1 litr = 1000 m*l*

Mae'r botel lemonêd yma'n dal 2 litr.
Mae'r can petrol yma'n dal 5 litr.
Mae tancer petrol yn dal 34 000 litr.

Ymarfer 14:2

1 Amcangyfrifwch beth yw cyfaint y cynwysyddion yma.
Ysgrifennwch eich atebion mewn litrau.

a  **c**  **d**

b  **ch**

2 Amcangyfrifwch beth yw cyfaint y cynwysyddion yma.
Ysgrifennwch eich atebion mewn mililitrau.

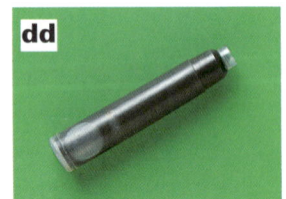

3 Amcangyfrifwch beth yw cyfaint y cynwysyddion yma.
Bydd angen i chi ddewis un ai mililitrau neu litrau.

a  **b**  **c**

2   Stacio

Mae silffoedd mewn archfarchnadoedd yn cael eu stacio fel ei bod hi'n bosibl gweld beth sydd ar werth.
Mae angen gosod cymaint o bethau ag sydd bosibl arnynt.
Mae'n rhaid i'r bobl sy'n stacio'r silffoedd ddarganfod faint o bethau y gellir eu gosod ar y silffoedd.

Enghraifft   Mae Phil yn stacio bocsys pizza yn y rhewgell.
Mae o'n darganfod faint ohonynt sydd mewn un haen.

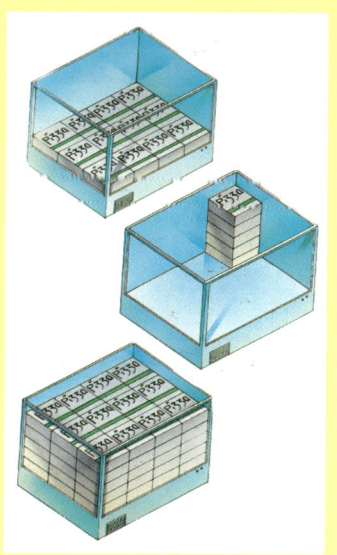

Yna mae o'n darganfod sawl haen fydd ei hangen i lenwi'r rhewgell.
Mae o'n lluosi'r nifer sydd mewn un haen â'r nifer o haenau. Mae hyn yn dweud wrtho beth yw cyfanswm y pizzas fydd o'n gallu eu gosod yn y rhewgell.

Yn y rhewgell yma mae o'n gallu gosod 12 bocs ym mhob haen ac mae yna 5 o haenau.
Mae o'n gallu gosod $12 \times 5 = 60$ o pizzas i gyd.

Ymarfer 14:3

Ar gyfer pob cwestiwn darganfyddwch:
a   Sawl bocs sydd mewn un haen.
b   Sawl haen sydd yma.
c   Cyfanswm nifer y bocsys yn y stac.

1

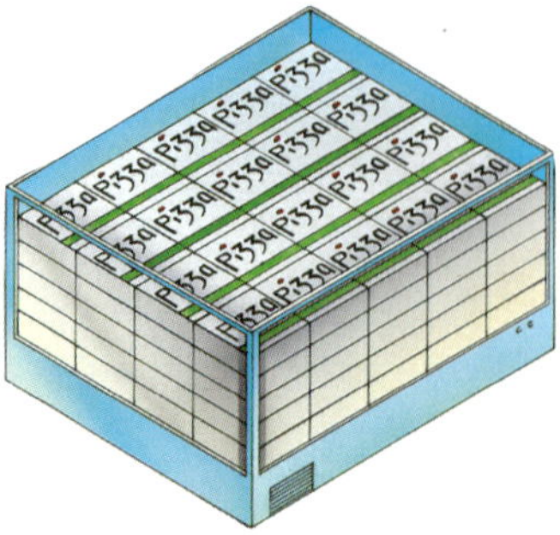

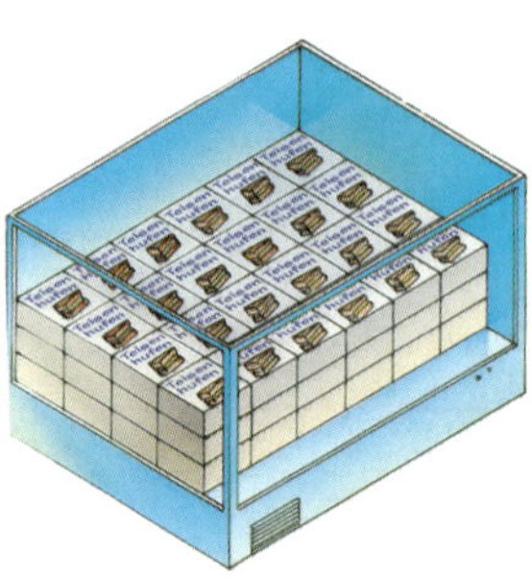

4

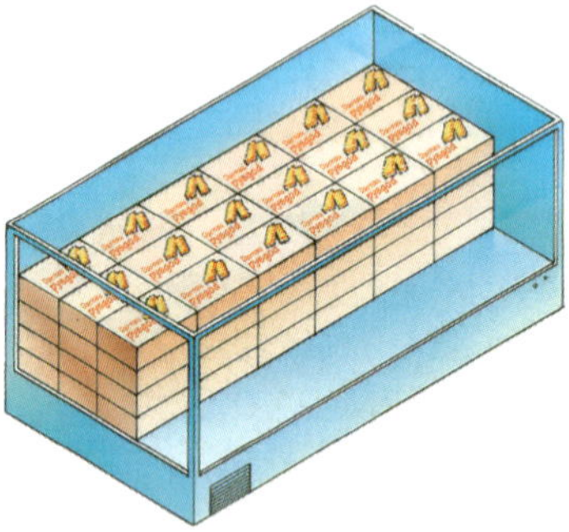

2

5

3

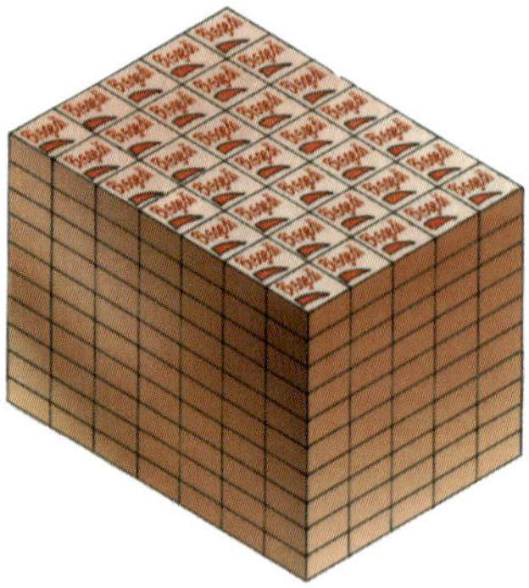

6

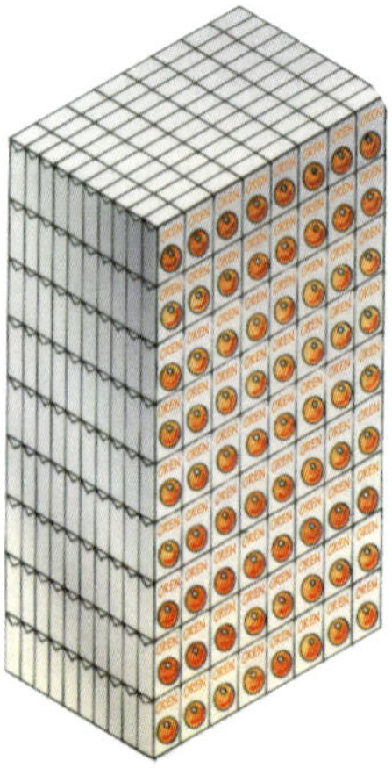

Mae Eilir yn chwarae â chiwbiau pren.
Mae o wedi dysgu sut i adeiladu tyrau.

Ymarfer 14:4

Ar gyfer pob cwestiwn darganfyddwch faint o giwbiau sydd gan Eilir i gyd.

1

4

2

5

3

6

1 cm³

Gelwir ciwb ag ochrau 1 cm yn giwb 1 cm.
Byddwn yn dweud fod cyfaint y ciwb yn 1 cm ciwb.
Byddwn yn ysgrifennu hyn fel **1 cm³**.

Enghraifft

Mae cyfaint y ciwboid yma sydd wedi ei wneud â chiwbiau 1 cm yn 24 cm³.

Ymarfer 14:5

Beth yw cyfaint y siapiau yma sydd wedi eu gwneud â chiwbiau 1 cm?

Er mwyn ateb:

a Darganfyddwch faint o giwbiau sydd mewn un haen.

b Lluoswch â nifer yr haenau.

1

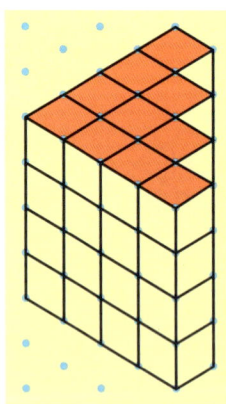

3

2

4

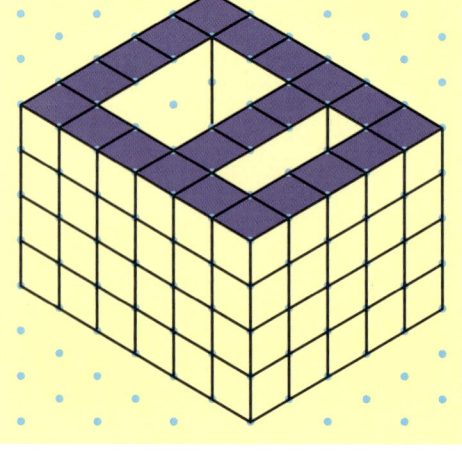

5

7

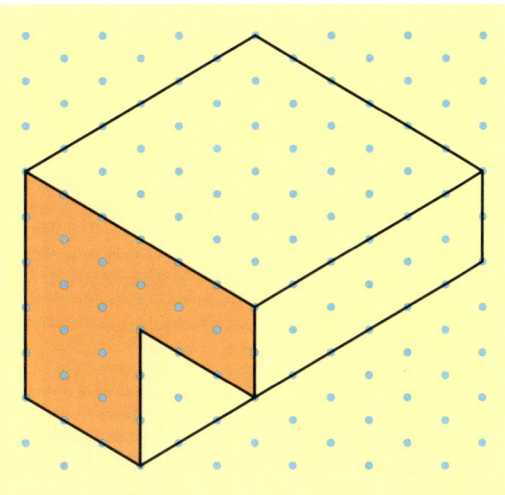

6

8 Edrychwch ar y solid yma. Mae'r ciwbiau
melyn yn mynd yr holl ffordd drwy'r siâp.
  a Darganfyddwch gyfaint y ciwbiau coch.
  b Darganfyddwch gyfaint y ciwbiau melyn.
  c Darganfyddwch gyfanswm cyfaint y siâp.

3 Prismau

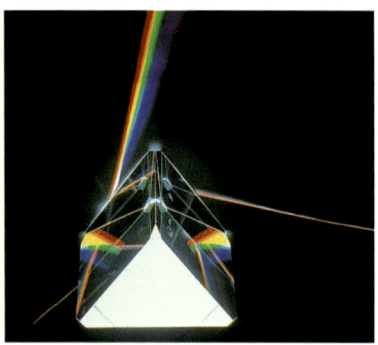

Dyma lun prism trionglog.

Mae'n cael ei ddefnyddio i hollti golau gwyn yn lliwiau'r enfys.

Prism	Mae **prism** yn solid â'r un siâp yn union o un pen i'r llall. Ble bynnag y gwnewch doriad yr un yw ei siâp a'i faint.
Trawstoriad	Gelwir siâp y toriad yma yn **drawstoriad** y solid.

Mae'r siapiau yma'n brismau.

Nid yw'r siapiau yma'n brismau.

Ymarfer 14:6

Edrychwch ar y solidau yma.
Ysgrifennwch pa rai sy'n
brismau gan ddefnyddio'r
llythrennau.

a  **b** 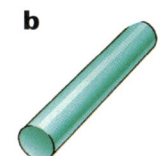 **c** 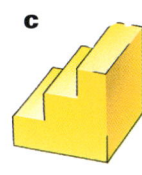 **ch**

d  **dd**

Er mwyn darganfod cyfaint prism:

(1) Darganfyddwch sawl ciwb sydd mewn un haen.

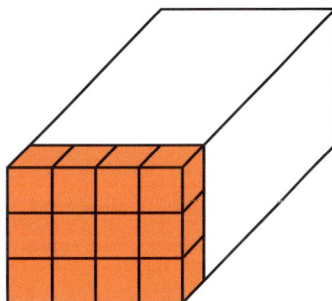

Mae hyn yr un fath ag arwynebedd
y trawstoriad.

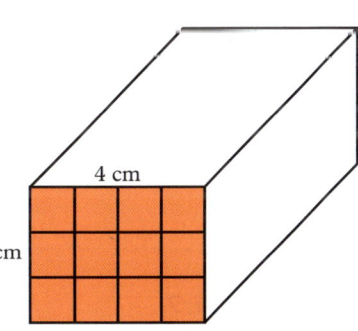

(2) Darganfyddwch sawl haen sydd yn y prism.

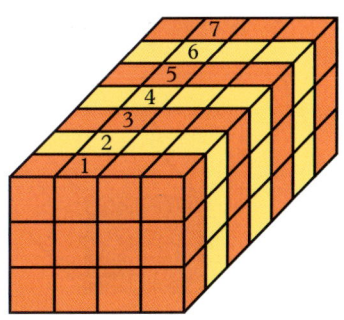

305

Mae hyn yr un fath â hyd y prism.

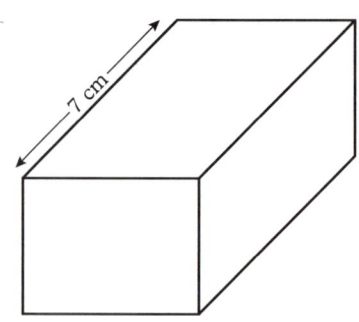

(3) Lluoswch nifer y ciwbiau mewn un haen â nifer yr haenau.
Mae hyn yr un fath â lluosi arwynebedd y trawstoriad â'r hyd.

| Cyfaint prism | Cyfaint prism yw **arwynebedd y trawstoriad × hyd** |

Os yw'r prism yn giwboid
mae hyn yr un fath â
hyd × lled × uchder

Enghraifft

Darganfyddwch beth yw
cyfaint y prism yma.

Arwynebedd y trawstoriad
$$= 6 \times 8$$
$$= 48 \text{ cm}^2$$

Cyfaint $= 48 \times 15$
$$= 720 \text{ cm}^3$$

neu   hyd × lled × uchder $= 6 \times 8 \times 15 = 720 \text{ cm}^3$

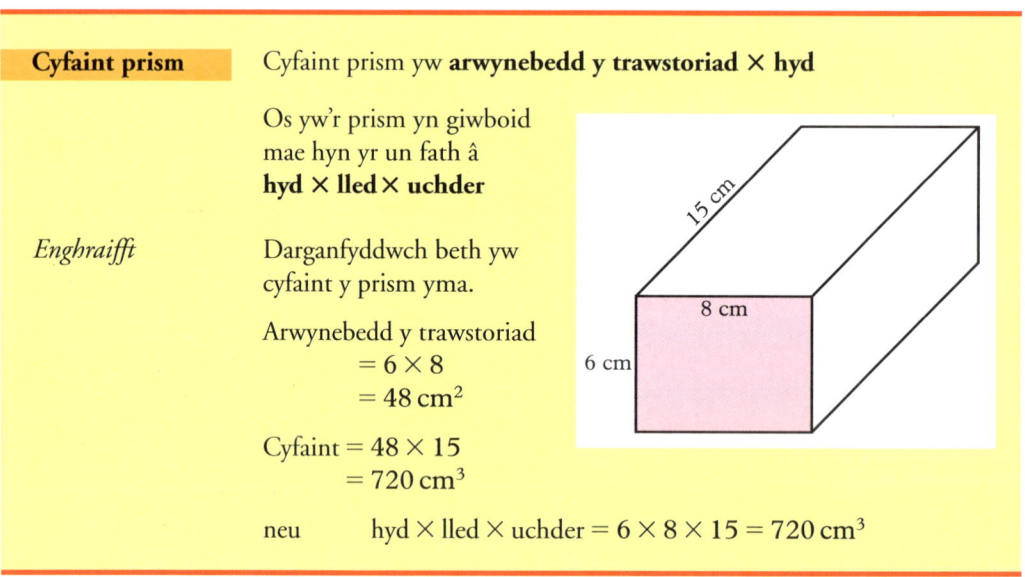

Ymarfer 14:7

Beth yw cyfaint y prismau yma?

1

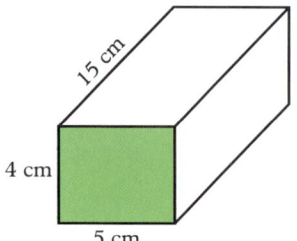

2

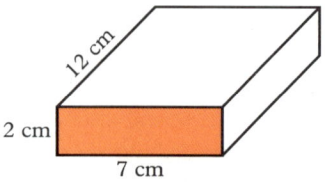

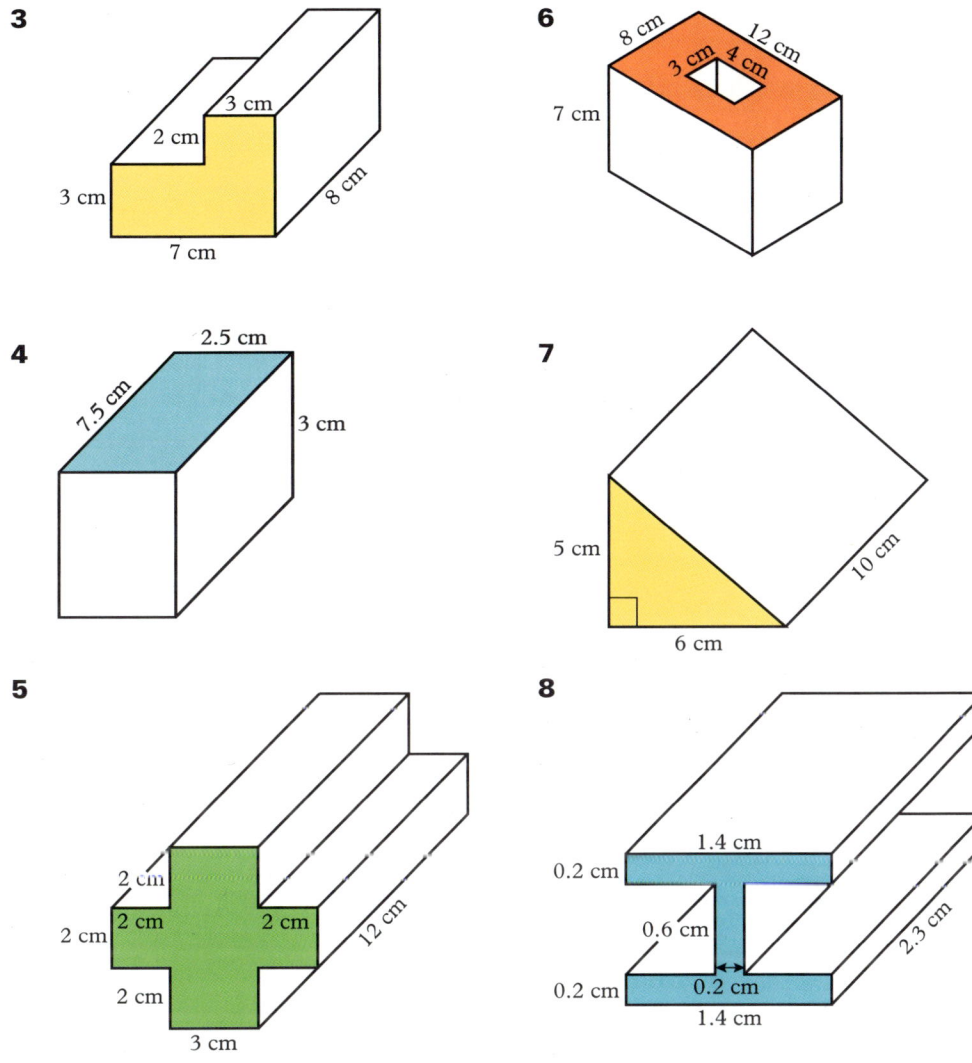

3

3 cm
2 cm
3 cm
7 cm
8 cm

6

8 cm
12 cm
3 cm
4 cm
7 cm

4

2.5 cm
7.5 cm
3 cm

7

5 cm
6 cm
10 cm

5

2 cm
2 cm
2 cm
2 cm
2 cm
3 cm
12 cm

8

1.4 cm
0.2 cm
0.6 cm
0.2 cm
0.2 cm
1.4 cm
2.3 cm

Ymarfer 14:8

Ar gyfer pob cwestiwn:
- **a** Gwnewch fraslun o'r siâp.
  Marciwch y mesuriadau arno.
- **b** Lliwiwch arwynebedd y trawstoriad.
- **c** Darganfyddwch beth yw arwynebedd y trawstoriad.
- **ch** Lluoswch arwynebedd y trawstoriad â'r hyd i ddarganfod y cyfaint.

1 Ciwboid ag ochrau o hyd 5 cm, 8 cm a 3 cm.

2 Ciwb ag ochrau o hyd 6 cm.

3 Bocs grawnfwyd maint 750 g ag
   ochrau o hyd 7 cm, 19 cm a 29 cm.

4 Mae carton 1 litr o sudd oren ar
   ffurf ciwboid.
   Mae'n mesur 5.9 cm wrth 9 cm
   wrth 19.5 cm.

5 Math newydd o de sy'n cael ei werthu
   mewn bocs siâp 'T'.
   Rhoddir y mesuriadau yn y diagram.

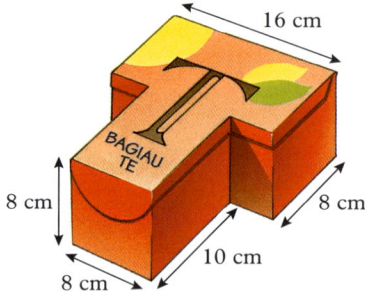

Ymarfer 14:9

1 Mae carton 1 litr o lefrith/llaeth ar ffurf ciwboid.
   Mae'n mesur 7 cm wrth 7 cm wrth 21 cm.
   a Darganfyddwch beth yw cyfaint y carton.
   b Mae 1 cm^3 yn cymryd yr un faint o le ag 1 ml.
         Faint o le sydd ar ôl yn y carton pan fydd yn cynnwys 1 l o lefrith/llaeth?

2 Mae bocs Toblerone ar ffurf prism trionglog.
   Mae sail y triongl yn 6 cm ac mae'r uchder yn 5 cm.
   Mae hyd y bocs yn 30 cm.
   a Darganfyddwch beth yw arwynebedd y
         trawstoriad.
   b Darganfyddwch beth yw cyfaint y bocs.
   c Mae'r pen trionglog yn cael ei helaethu
         yn ôl ffactor graddfa o 2 ond cedwir yr
         hyd yn 30 cm.
         Darganfyddwch gyfaint y bocs newydd.

3 Mae ffos yn cael ei hagor er mwyn gosod pibellau.
Mae trawstoriad y ffos ar ffurf trapesiwm.
Mae'n 30 m o hyd.

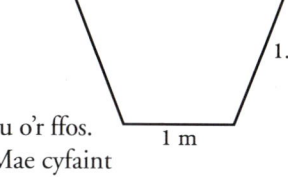

a Darganfyddwch arwynebedd trawstoriad y ffos.
b Darganfyddwch gyfaint y pridd sydd wedi cael ei dynnu o'r ffos.
c Mae'r pridd yn cael ei gludo i ffwrdd mewn sgipiau. Mae cyfaint pob sgip yn 12 m³.
Sawl sgip sydd ei hangen i gludo'r pridd i gyd?

4 Mae Rhys yn edrych ar ddau ysgytlaeth siocled.
Mae un ohonynt mewn potel â chynhwysedd o 750 ml.
Mae'r llall mewn carton sy'n mesur 8 cm wrth 6 cm wrth 15 cm.
Mae'r ddau gynhwysydd yn llawn.
Pa un sy'n cynnwys y mwyaf o ysgytlaeth?

5 Mae potel o hylif golchi dillad yn cynnwys 1.5 litr.
Mae'r gwneuthurwyr eisiau cynhyrchu carton i ail-lenwi'r botel.
Mae'n rhaid i'r carton hefyd ddal 1.5 litr.
Mae sylfaen y carton yn sgwâr ag ochrau 8 cm.
Pa mor dal fydd raid i'r carton fod?
Rhowch eich ateb i'r milimetr agosaf.

6 Mae tanc petrol mewn car yn mesur 60 cm wrth 50 cm wrth 30 cm.
a Beth yw cyfaint y tanc mewn cm³?
b Ysgrifennwch eich ateb i ran **a** mewn litrau.
c Mae 1 galwyn tua 4.5 litr.
Tua faint o betrol mae'r tanc yn ei ddal mewn galwyni?

7 a Mae Siocled Poeth yn cael ei werthu mewn tuniau crwn.
Mae arwynebedd gwaelod y tun yn 100 cm². Mae'r tun yn 15 cm o uchder.
Darganfyddwch beth yw cyfaint y tun.

b Mae'r cwmni sy'n gwneud Siocled Poeth eisiau newid y tuniau yn rhai petryal.
Mae'n rhaid i gyfaint y tun newydd fod yr un faint â'r tun yn rhan **a**.
Awgrymwch fesuriadau posibl ar gyfer y tun newydd.

8 Dyma drawstoriad o bwll nofio.

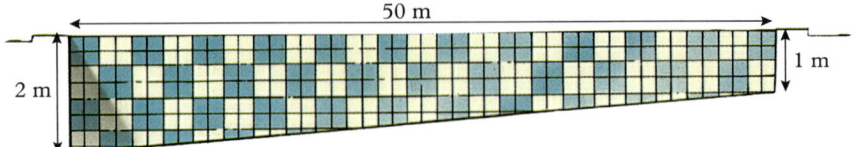

50 m

2 m

1 m

Mae'r pwll yn 15 m o led.

a Darganfyddwch arwynebedd y trawstoriad.

b Darganfyddwch gyfaint y pwll mewn m³.

c Darganfyddwch gyfaint y pwll mewn litrau. (1 m³ = 1000 *l*).

ch Mae'r pwll yn cael ei lenwi ar gyfradd o 10 litr bob eiliad.
Faint o amser fydd hi'n ei gymryd i lenwi'r pwll?

9 Mae set o frics tegan yn cynnwys 24 o giwbiau ag ochrau 4 cm.

a Darganfyddwch gyfaint pob bricsen.

b Darganfyddwch gyfanswm cyfaint y set gyfan o frics.

c Mae'r ciwbiau yn cael eu pacio mewn bocs.
Awgrymwch fesuriadau posibl ar gyfer y bocs.

ch Bydd y bocsys yma'n cael eu pacio mewn cratiau sy'n dal 100 bocs.
Darganfyddwch gyfaint pob crât.

10 Mae tanc dŵr toiled Ifor ar ffurf
ciwboid.
Mae'r tanc yn mesur 18 cm wrth
44 cm wrth 30 cm.
Mae'r tanc yn llenwi â dŵr nes bydd
yn dri chwarter llawn.

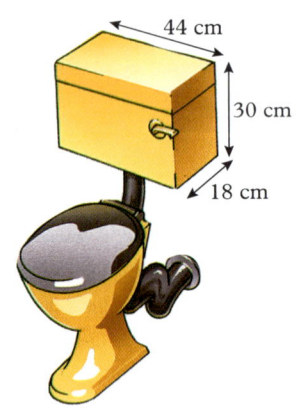

44 cm

30 cm

18 cm

a Darganfyddwch gyfaint y dŵr
sydd yn y tanc mewn cm³.

b Ysgrifennwch eich ateb i ran **a** mewn litrau.

Mae Ifor yn gosod bricsen yn y tanc fel ei
fod yn defnyddio llai o ddŵr.
Mae'r fricsen yn mesur 21 cm wrth 5 cm
wrth 10 cm.

c Darganfyddwch gyfaint y fricsen.

ch Sawl litr o ddŵr sydd ei angen nawr i lenwi'r tanc hyd at yr un lefel ag
o'r blaen?

d Pa ganran o ddŵr sy'n cael ei arbed fel hyn?

Ymarfer 14:10 Gwneud bocs

Dewiswch ddarn o bapur sgwariau sy'n union 18 cm wrth 24 cm.

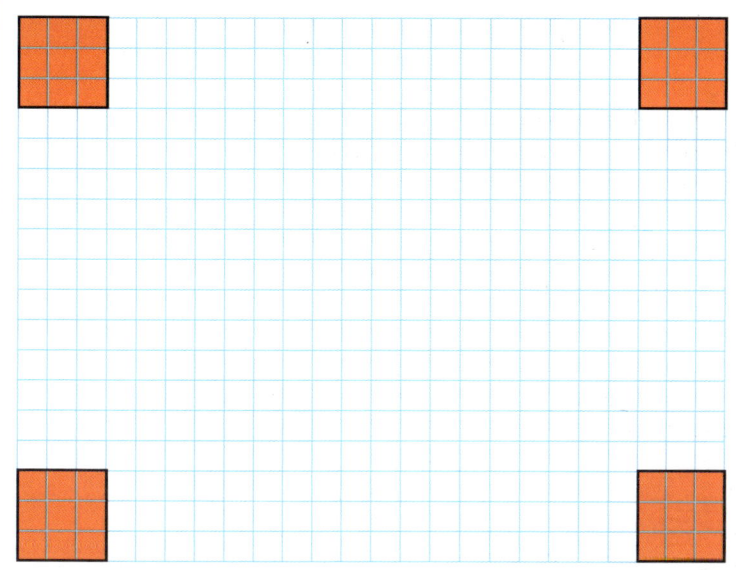

Torrwch sgwariau o bob cornel. Mae hyn yn ffurfio rhwyd bocs.
Plygwch y papur i wneud y bocs.
Gludiwch y corneli gan ddefnyddio selotep.
Ni fydd gan y bocs gaead.
Darganfyddwch gyfaint y bocs.

Defnyddiwch fwy o ddarnau o bapur sgwariau
18 cm wrth 24 cm i wneud mwy o focsys.
Ceisiwch newid meintiau'r sgwariau
yn y corneli.

Darganfyddwch gyfaint pob bocs yr ydych yn
ei wneud. Byddwch angen gosod eich
canlyniadau mewn trefn.

Beth yw'r cyfaint mwyaf y gallwch chi ei gael?

Dyma syniadau eraill :
- Nid oes raid i ochrau'r sgwariau cornel fod yn niferoedd cyfan o gentimetrau.
- Gallech wneud bocs â chaead arno.
  Beth fyddai effaith hyn ar y cyfaint?
- Gallech ddechrau gyda darn o bapur A4.

Ysgrifennwch adroddiad ar yr hyn yr ydych yn ei ddarganfod.

1 Amcangyfrifwch beth yw cyfaint y cynwysyddion yma.
Bydd angen i chi ddewis un ai mililitrau neu litrau.

2 Darganfyddwch beth yw cyfeintiau'r blociau hyn o giwbiau.
Ysgrifennwch eich atebion mewn cm³.

a

b

3 Darganfyddwch beth yw cyfaint y prismau yma.

a

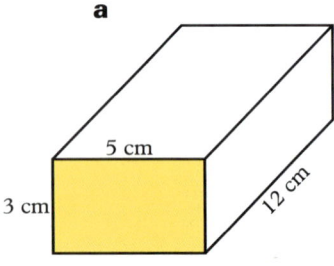

5 cm
3 cm
12 cm

c

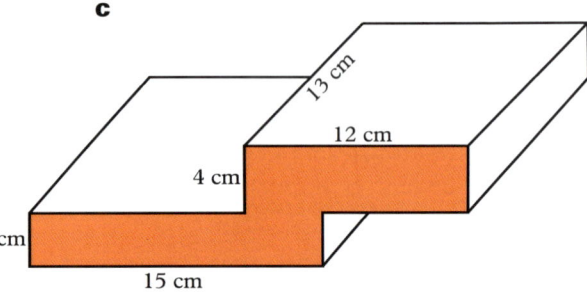

13 cm
12 cm
4 cm
5 cm
15 cm

b

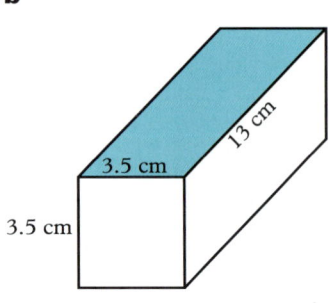

3.5 cm
13 cm
3.5 cm

ch

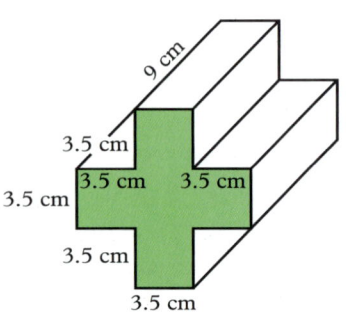

9 cm
3.5 cm
3.5 cm
3.5 cm
3.5 cm
3.5 cm
3.5 cm

4 Ar gyfer pob cwestiwn:
  (1) Gwnewch fraslun o'r siâp.
      Marciwch y mesuriadau arno.
  (2) Lliwiwch arwynebedd y trawstoriad.
  (3) Darganfyddwch beth yw arwynebedd y trawstoriad.
  (4) Lluoswch arwynebedd y trawstoriad â'r hyd i ddarganfod beth
      yw'r cyfaint.

  a Bocs o ddisgiau cyfrifiadur ag ochrau
       o hyd 10 cm, 10 cm a 4.5 cm.
  b Cas cryno ddisgiau ag ochrau o hyd
       14.2 cm, 12.4 cm ac 1.1 cm.
  c Y cwpwrdd cornel yma.

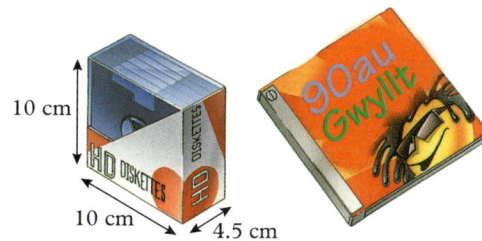

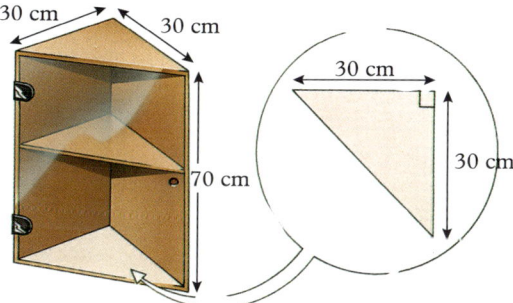

5 **a** Darganfyddwch gyfaint y darn yma o
         lander mewn cm³. (Mae cyfanswm ci
         hyd yn 5 m).
     b Sawl litr o ddŵr fydd y lander yma
         yn ei ddal?

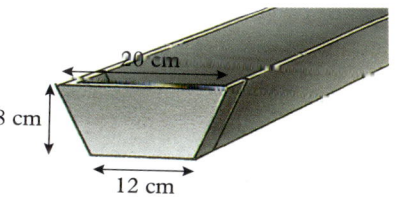

6 Mae'r bocs Toblerone anferth yma
    ar ffurf prism trionglog.
    Mae sail y triongl yn 15 cm a'i
    uchder yn 12.5 cm.
    Mae hyd y bocs yn 1 m.
  a Darganfyddwch arwynebedd y trawstoriad.
  b Darganfyddwch gyfaint y bocs mewn cm³.

    Dyma focs Toblerone bychan.
  c Sawl gwaith yn fwy yw hydoedd
       ochrau'r bocs mawr na hydoedd
       ochrau'r bocs bach?
  ch Sawl gwaith yn fwy yw cyfaint y siocled yn y
        bocs mawr na chyfaint y siocled yn y bocs bach?

1 Mae'r uned gornel yma ar siâp prism.
Dyma'r trawstoriad.

26 cm

14 cm

26 cm

17.5 cm

14 cm

78cm

a Darganfyddwch gyfaint tu mewn yr
uned gornel. Anwybyddwch y silff.
Trwch y pren a ddefnyddiwyd i
wneud yr uned yw 1.5 cm.
b Darganfyddwch gyfaint y pren sydd
ei angen i wneud yr uned.

2 Mae'r bloc dal cyllyll
yma ar siâp prism.
Darganfyddwch gyfaint
y bloc.

12.5 cm

22 cm

3.5 cm

8 cm

5 cm

19.5 cm

3 Mae pob cell mewn crwybr gwenyn yn brism hecsagonol tua 12 mm o ddyfnder.

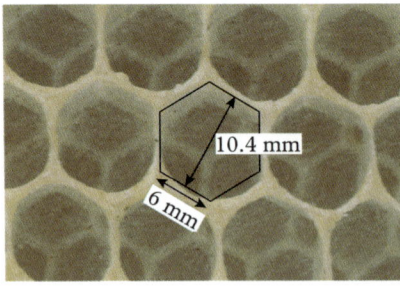

10.4 mm

6 mm

a Darganfyddwch gyfaint cell mewn **cm**^{3}.
Bob dydd mae'r famwenynen yn dodwy 3000 o wyau.
Mae pob wy yn cael ei osod mewn cell unigol sy'n llawn
o fêl.
b Sawl **litr** o fêl sydd ei angen bob wythnos ar gyfer yr wyau newydd?

- **Cyfaint**   Gelwir maint y lle mae gwrthrych yn ei gymryd yn **gyfaint** y gwrthrych

- **Cynhwysedd**   **Cynhwysedd** gwrthrych gwag yw cyfaint y lle sydd y tu mewn iddo.

- **Unedau mesur cyfaint**   Mae cyfaint yn cael ei fesur mewn unedau ciwbig. Gall y rhain fod yn mm^3, cm^3 neu yn m^3.

  1 cm^3   **1 cm^3** yw'r lle a gymerir gan giwb â phob un o'i ymylon yn 1 cm o hyd.

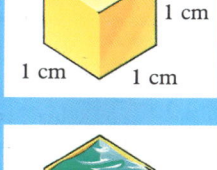

  Unedau mesur cynhwysedd   Mae'r ciwb yma'n cael ei lenwi â dŵr. Mae cyfaint y dŵr sydd ynddo yn **1 mililitr.** Mae hyn yn cael ei ysgrifennu fel hyn: **1 ml**

  1 ml   **Mae 1 ml yr un fath ag 1 cm^3.**

  Byddwn yn mesur cyfeintiau mawr mewn litrau. **1 litr = 1000 ml**

- **Prism**   Mae **prism** yn solid â'r un siâp yn union o un pen i'r llall. Ble bynnag y gwnewch doriad yr un yw siâp a maint y toriad.

  Trawstoriad   Gelwir siâp y toriad yma yn **drawstoriad** y solid.

- **Cyfaint prism**   Cyfaint prism yw **arwynebedd y trawstoriad × hyd**

  Os yw'r prism yn giwboid mae hyn yr un fath â **hyd × lled × uchder**

Enghraifft   Darganfyddwch beth yw cyfaint y prism yma.

Arwynebedd y trawstoriad = 6 × 8
$$= 48 \text{ cm}^2$$

Cyfaint = 48 × 15
$$= 720 \text{ cm}^3$$

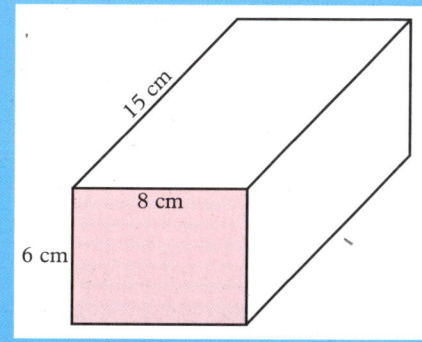

neu   hyd × lled × uchder = 6 × 8 × 15 = 720 cm^3

1 Amcangyfrifwch gyfaint y
cynwysyddion yma.
Bydd angen i chi ddewis
un ai mililitrau neu litrau.

2 Darganfyddwch gyfaint y prismau yma.

a

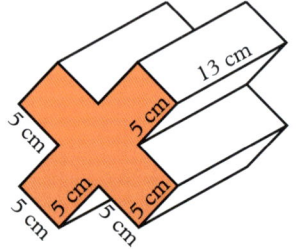

13 cm
5 cm
5 cm
5 cm
5 cm
5 cm
5 cm

c

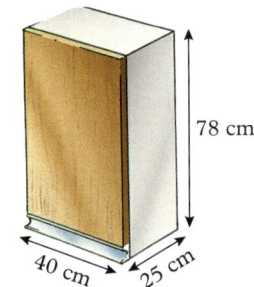

78 cm
40 cm
25 cm

b

8.5 cm
14 cm
6 cm
5 cm
4.5 cm

ch

7 cm
8 cm
14 cm

3 Mae tanc dŵr ar siâp ciwboid.
Mae'r tanc yn mesur
      1.2 m wrth 1.2 m wrth 0.8 m.
  a Darganfyddwch gyfaint y tanc mewn cm^3.
Dyfnder mwyaf y dŵr yn y tanc yw 0.7 m.
  b Sawl litr o ddŵr sydd yn y tanc pan fydd
    yn hollol llawn?

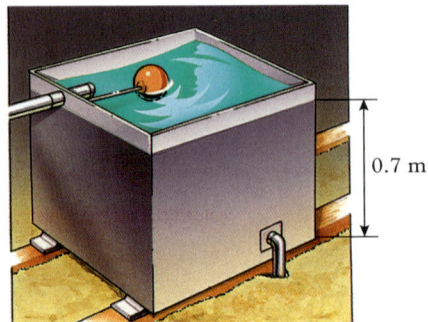

0.7 m

15 Mwy ynteu llai?

Mae tancer anferth yn dal 300 000 tunnell fetrig o olew crai. Mae hyn yn golygu tua 267 miliwn litr o betrol.

Mae Mini yn teithio tua 13 km ar 1 litr o betrol. Mae pellter yr Haul o'r Ddaear tua 150 miliwn o gilometrau.

Felly gallai Bill yrru ei gar yn ôl ac ymlaen i'r Haul fwy nag 11 o weithiau!

1 Cynnig a gwella

◄◄AILCHWARAE►

Mae Meleri yn ymarfer pasio a saethu pêl hoci.
Mae hi'n gosod targed ac yn ceisio ei daro.
Os bydd ei phêl yn mynd gormod i'r dde o'r targed bydd hi'n anelu i'r chwith y tro nesaf.
Os bydd ei phêl yn mynd gormod i'r chwith o'r targed bydd hi'n anelu i'r dde y tro nesaf.
Mae hi'n agosáu at y targed.

Mae hyn yn digwydd mewn Mathemateg.
Gallwch ddatrys hafaliadau drwy ddyfalu gwahanol werthoedd.
Yna rydych yn ceisio dod yn nes at yr ateb cywir.

Cynnig a gwella yw'r enw ar y dull yma.

Enghraifft   Datryswch $12x - 35 = 163$

Gwerth x	Gwerth $12x - 35$	
10	85	rhy fach
20	205	rhy fawr
16	157	rhy fach
17	169	rhy fawr
16.5	163	cywir

Ateb: $x = 16.5$

Ymarfer 15:1

Datryswch yr hafaliadau yma gan ddefnyddio'r dull cynnig a gwella.
Ar gyfer bob cwestiwn:
    copïwch y tabl
    llenwch y tabl
    ychwanegwch fwy o resi nes byddwch yn dod o hyd i'r ateb.

1 $4x - 23 = 27$

Gwerth x	Gwerth $4x - 23$	
10		
12		
13		

2 $8p + 25 = 221$ **3** $25y - 124 = 356$

Enghraifft   Datryswch $x^2 = 1444$

Gwerth x	Gwerth x^2	
30	900	rhy fach
40	1600	rhy fawr
38	1444	cywir

Ateb: $x = 38$

---

4 $x^2 + 25 = 2050$

Gwerth x	Gwerth $x^2 + 25$	
40		

5 $x^2 - 253 = 3111$

Gwerth x	Gwerth $x^2 - 253$	

6 $2x^2 = 2738$ *Cofiwch:* Mae $2x^2$ yn golygu $2 \times x^2$

7 $x^2 + x = 702$

8 $2x^2 - 3x + 35 = 1630$

Weithiau nid yw atebion yn dod yn union.
Pan fydd hyn yn digwydd bydd rhaid i chi roi eich ateb yn gywir i 1 lle degol.

Enghraifft   Datryswch $x^2 = 135$

Gwerth x	Gwerth x^2	
11	121	rhy fach
12	144	rhy fawr
11.5	132.25	rhy fach
11.6	134.56	rhy fach
11.7	136.89	rhy fawr
11.65	135.7225	rhy fawr

Mae x rhwng 11 ac 12
Mae x rhwng 11.5 ac 12
Mae x rhwng 11.6 ac 12
Mae x rhwng 11.6 ac 11.7
Mae x rhwng 11.6 ac 11.65

11.6   11.65   11.7

Mae'n rhaid bod x rywle ar ran werdd y llinell rif. Mae unrhyw rif sydd ar y rhan werdd yn cael ei dalgrynnu i lawr i 11.6 i 1 lle degol.

Ateb: $x = 11.6$ i 1 lle degol.

Ymarfer 15:2

Datryswch yr hafaliadau yma gan ddefnyddio'r dull cynnig a gwella.
Gwnewch dabl i'ch helpu.
Rhowch eich atebion yn gywir i 1 lle degol.

1 $x^2 = 153$ **3** $x^2 = 456$ • **5** $x(x + 1) = 259$

2 $x^2 = 189$ **4** $x^2 + x = 153$ • **6** $2x^2 + 5x = 1100$

7 Mae arwynebedd y sgwâr yma'n 559 cm^2.
Defnyddiwch y dull cynnig a gwella i ddarganfod hyd ochr y sgwâr.
Rhowch eich ateb yn gywir i 1 lle degol.

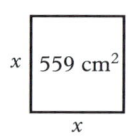

x | 559 cm^2

x

8 Mae hyd ffrâm y llun yma 4 cm
yn fwy na'i lled.
Mae arwynebedd y ffrâm yn 65 cm^2.
a Defnyddiwch y dull cynnig a gwella i ddarganfod lled y ffrâm yn gywir i 1 lle degol.
b Ysgrifennwch beth yw'r hyd yn gywir i 1 lle degol.

$x + 4$

x

9 Mae hyd yr ardd yma'n dair gwaith ei lled.
Mae'r arwynebedd yn 45 m².
Darganfyddwch led yr ardd gan ddefnyddio'r dull cynnig a gwella.
Rhowch eich ateb yn gywir i 1 lle degol.

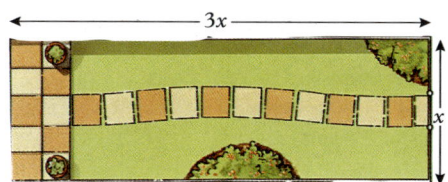

Enghraifft

Gallwch gael cywirdeb manylach nag 1 lle degol yn eich ateb.
Mae $x^2 = 135$ yn rhoi $x = 11.6$ i 1 lle degol ond gallwch ddal ati nes cael yr ateb i 2 le degol.

Gwerth x	Gwerth x^2	
11.6	134.56	rhy fach
11.7	136.89	rhy fawr
11.65	135.7225	rhy fawr
11.61	134.7921	rhy fach
11.62	135.0244	rhy fawr
11.615	134.908225	rhy fach

Mae x rhwng 11.6 ac 11.7
Mae x rhwng 11.6 ac 11.65
Mae x rhwng 11.61 ac 11.65
Mae x rhwng 11.61 ac 11.62
Mae x rhwng 11.615 ac 11.62

11.61   11.615   11.62

Mae'n rhaid bod x rywle ar ran werdd y llinell rif. Mae unrhyw rif sydd ar y rhan werdd yn cael ei ddalgrynnu i fyny i 11.62 i 2 le degol.

Ateb: $x = 11.62$ i 2 le degol.

---

10 Datryswch yr hafaliadau yng nghwestiynau **1–6**. Rhowch eich atebion yn gywir i 2 le degol.

11 Mae arwynebedd y carped sgwâr yma yn 14 m².
Defnyddiwch y dull cynnig a gwella i ddarganfod hyd ochr y carped, yn gywir i 2 le degol.

● 12 Mae arwynebedd teilsen garped yn 0.5 m².
Darganfyddwch hyd un ochr, i'r centimetr agosaf.

● 13 Datryswch yr hafaliadau yng nghwestiynau **1–6**. Rhowch eich atebion yn gywir i 3 lle degol.

2 Anhafaleddau

Taldra
lleiaf
120 cm

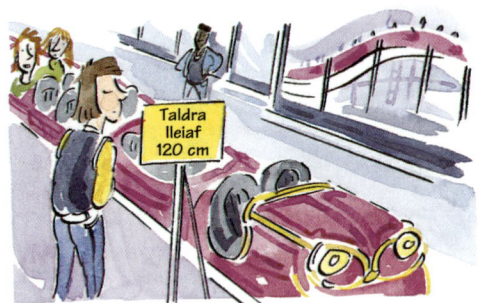

Mae Morfudd eisiau mynd ar y reid yma.
Mae'n rhaid i'w thaldra fod yn o leiaf 120 cm.
Mae'n rhaid i'w thaldra fod yn fwy na neu'n hafal i 120 cm.
Rydym yn ysgrifennu taldra $\geqslant 120$
Gelwir hyn yn **anhafaledd**.

Llinell rif

Gallwn ddangos rhifau positif a negatif ar **linell rif**.

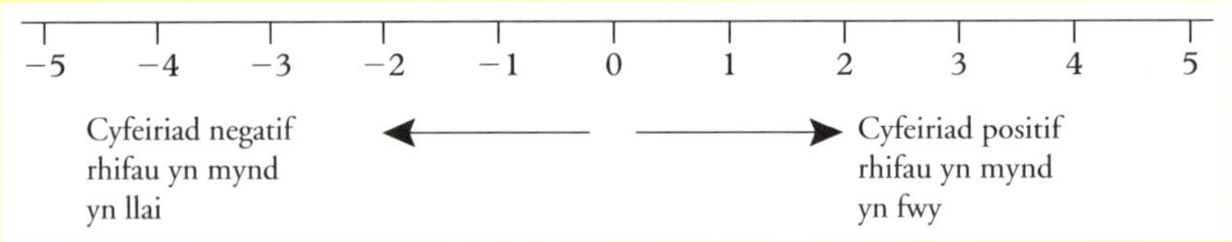
−5 −4 −3 −2 −1 0 1 2 3 4 5
Cyfeiriad negatif
rhifau yn mynd
yn llai
Cyfeiriad positif
rhifau yn mynd
yn fwy

Edrychwch ar y llinell rif yma. Mae rhan ohoni wedi ei lliwio'n goch.
Beth allwn ni ei ddweud am yr holl rifau sydd ar y rhan goch?

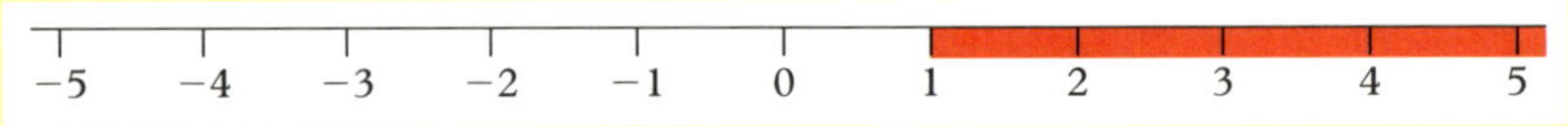
−5 −4 −3 −2 −1 0 1 2 3 4 5

Maen nhw i gyd yn hafal i neu'n fwy nag 1.
Mewn algebra byddwn yn ysgrifennu $\boldsymbol{x} \geqslant \mathbf{1}$
Rhai gwerthoedd posibl ar gyfer x yw 2, 2.5, 3.2, $5\frac{1}{2}$, 8, 39.03, 67, 500 000 ac yn y blaen.

Ar y llinell rif yma mae'r holl rifau sydd ar y rhan goch yn llai na neu'n hafal i 3.

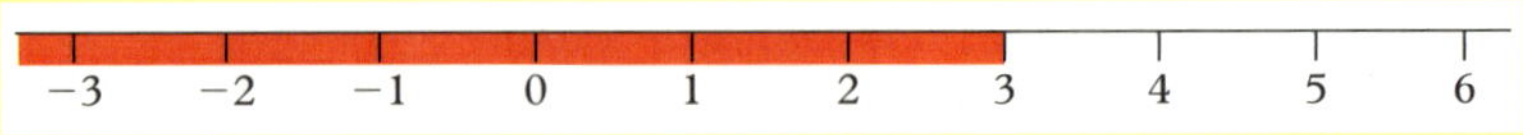
−3 −2 −1 0 1 2 3 4 5 6

Mewn algebra byddwn yn ysgrifennu $\boldsymbol{x} \leqslant \mathbf{3}$

Ymarfer 15:3

Defnyddiwch algebra i ddisgrifio'r rhifau sydd ar ran goch y llinell rif.

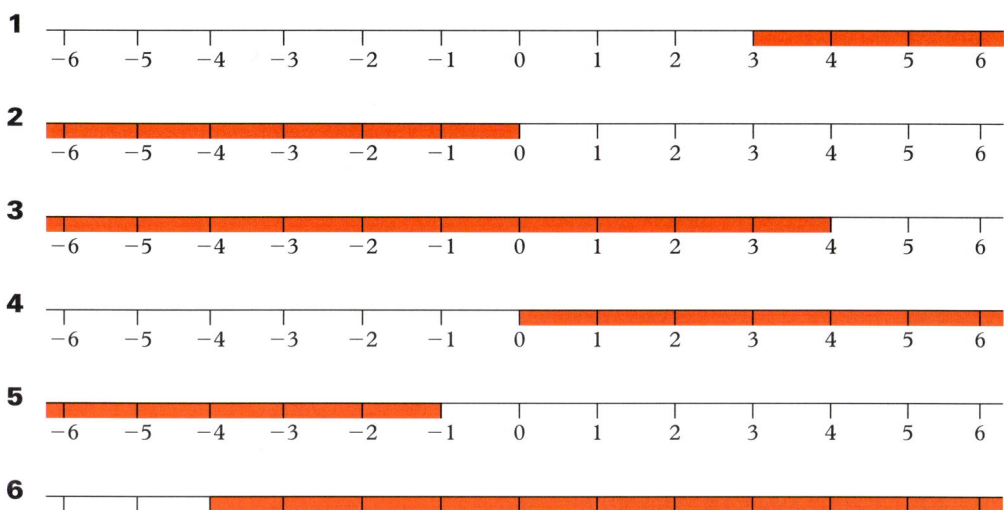

1

2

3

4

5

6

Anhafaleddau	Gelwir yr holl arwyddion yma $<$ $\leqslant$ $>$ $\geqslant$ yn arwyddion anhafaledd.
	Gelwir $x < 3$ $x \leqslant 5$ $x > 1$ $x \geqslant -2$ yn **anhafaleddau**.

Tynnwch linell rif ar gyfer pob cwestiwn.
Lliwiwch ran o'r llinell rif i ddangos yr anhafaledd.

7 $x \geqslant 2$ **9** $x \geqslant 0$ **11** $x \leqslant 1$

8 $x \geqslant -3$ **10** $x \leqslant 3$ **12** $x \leqslant -2$

Enghreifftiau	**1**	Ysgrifennwch werthoedd posibl x os yw x yn rhif cyfan ac $x \geqslant 2$
		Gwerthoedd posibl x yw 2, 3, 4, 5, 6, … (Golyga … fod y rhifau yn parhau fel hyn)
	2	Ysgrifennwch y pum gwerth posibl cyntaf ar gyfer x os yw x yn rhif cyfan ac $x > 2$
		Y pum gwerth posibl cyntaf yw 3, 4, 5, 6, 7

Ymarfer 15:4

Ysgrifennwch y pum gwerth posibl cyntaf ar gyfer x os yw x yn rhif cyfan ac:

1 $x \geqslant 4$ **4** $x < 2$ **7** $x \leqslant -2$

2 $x > -3$ **5** $x \geqslant 0$ **8** $x < -8$

3 $x \leqslant 5$ **6** $x < 0$ **9** $x \geqslant -7$

Weithiau gofynnir i chi roi un o werthoedd posibl x yn unig.
Gallwch ddewis unrhyw un a fynnwch.
Ysgrifennwch un gwerth posibl ar gyfer x os yw x yn rhif cyfan ac:

10 $x > 2$ **12** $x < -1$ **14** $x > -9$

11 $x \leqslant 3$ **13** $x \geqslant 8$ **15** $x \leqslant 1$

16   Ysgrifennwch un gwerth posibl ar gyfer x os yw $x > 2$ ac x yn rhif sgwâr.

Yng nghwestiynau **17–20**, mae x yn rhif cyfan.

17   Ysgrifennwch werth mwyaf x os yw $x < 5$.

18   Ysgrifennwch werth lleiaf x os yw $x > 2$.

19   Ysgrifennwch werth mwyaf x os yw $x \leqslant -4$.

20   Ysgrifennwch werth lleiaf x os yw $x \geqslant -7$.

21   Ysgrifennwch un gwerth posibl ar gyfer x os yw $x > 7$ ac x yn rhif cysefin.

22   Ysgrifennwch un gwerth posibl ar gyfer x os yw $x > -3$ ac x yn rhif positif.

Mae Trefor eisiau dangos $x > 1$ ar
linell rif.
Mae'n dechrau lliwio'r llinell. Nid yw'n
gwybod sut i ddangos nad yw 1 yn
werth posibl.

Mae'n tynnu llinell uwchben y llinell rif
fel hyn:

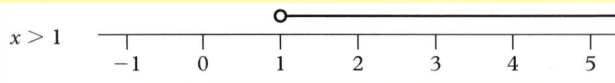

Nid yw'r cylch uwchben yr 1 yn cael ei liwio.
Mae hyn yn dangos nad yw 1 yn werth posibl ar gyfer x.

Mae Trefor yn dangos x ⩾ 1 ar linell rif fel hyn:

$x \geqslant 1$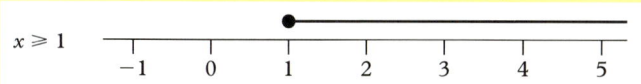

Mae'r cylch uwchben yr 1 wedi ei liwio. Mae hyn yn dangos fod 1 yn werth posibl ar gyfer *x*.

$x \leqslant 3$ ar linell rif yw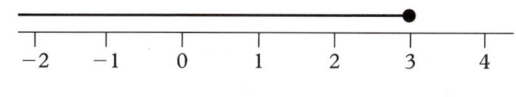

$x < 3$ ar linell rif yw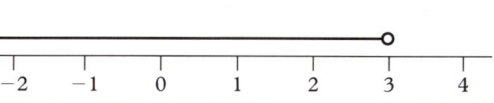

Ymarfer 15:5

Dangoswch yr anhafaleddau yma ar linellau rhif.

1 $x \geqslant 2$ **4** $x \geqslant -1$ **7** $x < -3$

2 $x > 1$ **5** $x \leqslant 3$ **8** $x > -4$

3 $x < 4$ **6** $x \leqslant -2$ **9** $x \geqslant 0$

Ysgrifennwch yr anhafaledd a ddangosir ar bob llinell rif

10

```
  1   2   3   4   5   6   7
```

11

```
  20  30  40  50  60
```

12

```
  60  61  62  63  64  65
```

13

```
  -5  -4  -3  -2  -1  0   1
```

14

```
  -25  -20  -15  -10  -5  0
```

15

```
  -2  -1  0   1   2   3
```

Mae Myrddin eisiau mynd ar reid yn y ffair. Nid yw'n bosibl iddo fynd ar y reid yma oni bai fod ei daldra yn o leiaf 120 cm ac yn llai na 160 cm.

Rydym yn ysgrifennu $t \geqslant 120$ a $t < 160$

Gallwn ddangos y rhain ar linellau rhif.

Rhaid i'ch taldra fod yn o leiaf 120 cm ac yn llai na 160 cm

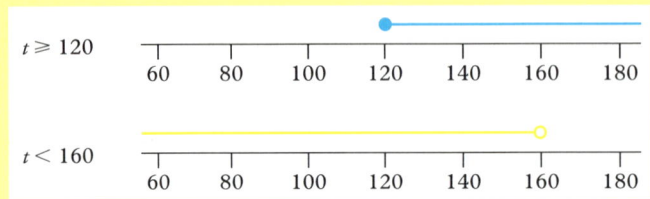

Mae'n rhaid i daldra Myrddin ffitio'r ddau anhafaledd. Rydym yn edrych ym mhle mae'r llinellau'n gorgyffwrdd.

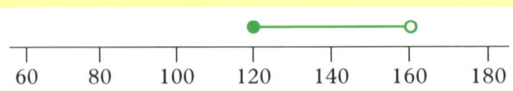

Mewn algebra byddwn yn ysgrifennu $120 \leqslant t < 160$

Rydym wedi gwneud y ddau anhafaledd yn un anhafaledd dwbl.

Ymarfer 15:6

Dangoswch yr anhafaleddau yma ar linellau rhif.

1 $2 \leqslant x < 4$

2 $1 \leqslant x \leqslant 6$

3 $0 < x \leqslant 5$

4 $-4 \leqslant x < 3$

5 $-5 \leqslant x \leqslant -1$

6 $-3 < x < 0$

Ysgrifennwch yr anhafaledd a ddangosir ar y llinell rif.

7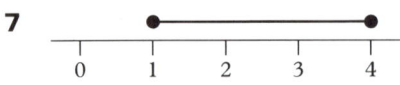

8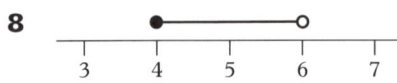

9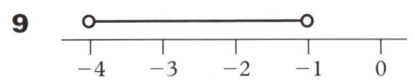

10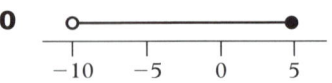

11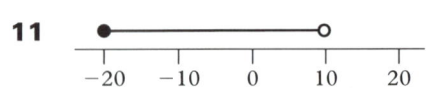

12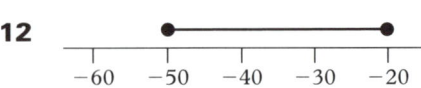

Enghraifft

Ysgrifennwch holl werthoedd posibl x os yw x yn rhif cyfan ac $1 \leqslant x \leqslant 5$

$1 \leqslant x \leqslant 5$ ar linell rif yw

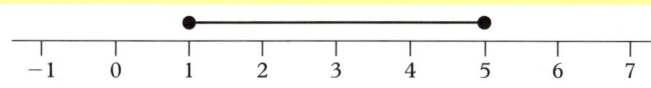

Rhaid i x fod yn rhif cyfan.
Gwerthoedd posibl x yw **1, 2, 3, 4, 5**

Ysgrifennwch holl werthoedd posibl x os yw x yn rhif cyfan a:

13 $3 \leqslant x \leqslant 5$ **15** $7 \leqslant x \leqslant 10$ **17** $-7 \leqslant x \leqslant -3$

14 $0 \leqslant x \leqslant 4$ **16** $-2 \leqslant x \leqslant 1$ **18** $2 \leqslant x \leqslant 3$

Enghraifft

Ysgrifennwch holl werthoedd posibl x os yw x yn rhif cyfan a $2 \leqslant x < 4$

$2 \leqslant x < 4$ ar linell rif yw

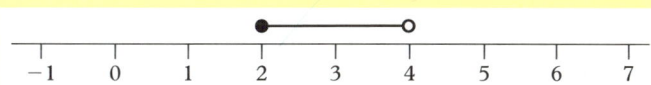

Rhaid i x fod yn rhif cyfan.
Gwerthoedd posibl x yw **2, 3**
(Nid yw 4 yn werth posibl oherwydd mae $x < 4$ yn golygu nad yw 4 yn cael ei gynnwys)

Ymarfer 15:7

Ysgrifennwch holl werthoedd posibl x os yw x yn rhif cyfan ac:

1 $1 \leqslant x < 6$ **3** $3 < x \leqslant 7$ **5** $7 < x < 13$

2 $-2 \leqslant x < 3$ **4** $-6 < x \leqslant 0$ **6** $-9 \leqslant x < -2$

Ysgrifennwch un gwerth posibl ar gyfer x os yw x yn rhif cyfan a:

7 $5 \leqslant x < 8$ **9** $3 < x < 5$ **11** $-7 < x < -5$

8 $-1 < x \leqslant 2$ **10** $0 \leqslant x < 5$ **12** $0 \leqslant x \leqslant 2$

3 Datrys anhafaleddau llinol syml

Bydd cadwyn y lifft yn torri os bydd gormod o bobl ynddi.
Mae'r lifft yn ddiogel os yw cyfanswm pwysau'r lifft a'r bobl yn llai na neu'n hafal i 1400 kg.

$$p\text{wysau'r bobl} + \text{pwysau'r lifft} \leqslant 1400$$

Mae'r lifft yn pwyso 824 kg.

$$p + 824 \leqslant 1400$$

Bydd angen i ni ddatrys yr anhafaledd i ddarganfod pwysau diogel mwyaf y bobl.
Rydym yn gwneud hyn yn yr un modd ag a ddefnyddiwyd i ddatrys hafaliadau.
Rydym yn defnyddio gwrthdroeon.

$$p + 824 \leqslant 1400$$

Gwrthdro $+ 824$ yw -824

$$p + 824 - 824 \leqslant 1400 - 824$$
$$p \leqslant 576$$

Rydym wedi datrys yr anhafaledd.
Pwysau diogel mwyaf y bobl yw 576 kg.

Ymarfer 15:8

Datryswch yr anhafaleddau yma gan ddefnyddio gwrthdroeon.

1 $x + 3 \geqslant 5$ **2** $x + 6 \leqslant 9$ **3** $x + 2 < 6$

Enghraifft

Datryswch yr anhafaledd $x - 3 < 7$
Dangoswch yr ateb ar linell rif.

$$x - 3 + 3 < 7 + 3$$
$$x < 10$$

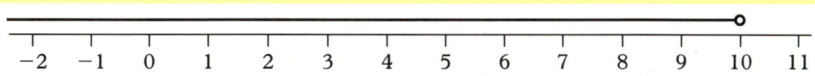

Datryswch yr anhafaleddau yma.
Dangoswch yr atebion ar linellau rhif.

4 $x + 1 < 2$ **6** $x - 1 \leqslant 3$ **8** $x - 6 > 1$

5 $x - 2 \geqslant 7$ **7** $x + 4 \leqslant 6$ **9** $x - 5 \leqslant 4$

10 Nid yw fan fechan Caradog yn gallu cario
mwy na 1000 kg.
Mae hyn yn cynnwys pwysau Caradog.

*p*wysau'r bocsys + pwysau Caradog $\leqslant 1000$

Mae Caradog yn pwyso 85 kg.
Beth yw pwysau mwyaf y bocsys y gall
Caradog eu rhoi yn y fan?

Ysgrifennwch y pum gwerth posibl cyntaf ar gyfer *x* os yw *x* yn rhif cyfan ac:

11 $x + 1 \leqslant 5$ **13** $x - 5 \geqslant 3$ **15** $x - 1 \leqslant 1$

12 $x - 3 > 2$ **14** $x + 6 < 7$ **16** $x - 3 < 0$

Ysgrifennwch un gwerth posibl ar gyfer *x* os yw *x* yn rhif cyfan ac:

17 $x - 2 > 12$ **19** $x + 7 < 20$ **21** $x + 9 > 1$

18 $x + 6 \leqslant 5$ **20** $x - 8 \geqslant 2$ **22** $x + 5 \geqslant 0$

Enghraifft

Datryswch yr anhafaledd $3x \geqslant 12$

Mae $3x$ yn golygu fod *x* yn cael ei luosi â 3.
Gwrthdro $\times 3$ yw $\div 3$

$$\frac{3x}{3} \geqslant \frac{12}{3}$$

Cofiwch. Mae $\frac{12}{3}$ yn golygu $12 \div 3$

$$x \geqslant 4$$

Ymarfer 15:9

Datryswch yr anhafaleddau yma.

1 $5x > 25$

2 $2x \leqslant 8$

3 $4x \geqslant 12$

4 $3x < 21$

5 $10x \geqslant 40$

6 $6x \leqslant 18$

Enghraifft

Datryswch yr anhafaledd $\dfrac{x}{4} \geqslant 2$

Mae $\dfrac{x}{4}$ yn golygu fod x yn cael ei rannu â 4.

Gwrthdro $\div 4$ yw $\times 4$

$\dfrac{x}{4} \times 4 \geqslant 2 \times 4$

$x \geqslant 8$

Datryswch yr anhafaleddau yma.

7 $\dfrac{x}{2} < 6$

8 $\dfrac{x}{5} \geqslant 3$

9 $\dfrac{x}{7} \leqslant 10$

10 $\dfrac{x}{8} \geqslant 5$

11 $\dfrac{x}{3} > 7$

12 $\dfrac{x}{9} \leqslant 11$

13 Mae cogydd yn torri teisen gaws fawr yn 24 o ddarnau.
Mae'n rhaid i bob darn bwyso o leiaf 150 g.

$$\dfrac{\text{pwysau teisen gaws}}{24} \geqslant 150$$

Datryswch yr anhafaledd yma i ddarganfod pwysau lleiaf y deisen gaws.

Enghraifft

Datryswch yr anhafaledd $4x + 3 \geqslant 19$

Mae $4x + 3$ yn golygu fod
  (1) x yn cael ei luosi â 4
  (2) yna bod 3 yn cael ei adio

Gwrthdro'r broses yma yw:
  (1) tynnu 3
$$4x + 3 - 3 \geqslant 19 - 3$$
$$4x \geqslant 16$$
  (2) rhannu â 4
$$\frac{4x}{4} \geqslant \frac{16}{4}$$
$$x \geqslant 4$$

Ymarfer 15:10

Datryswch yr anhafaleddau yma.

1 $2x + 3 > 15$ **3** $5x + 12 \geqslant 7$ • **5** $4x + 45 \geqslant 55$

2 $4x - 5 < 19$ **4** $6x + 34 \leqslant 22$ • **6** $30x - 345 < 63$

Enghraifft

Datryswch $15 < 4x + 7 < 19$
Mae hyn yn anhafaledd dwbl (dau anhafaledd wedi eu hysgrifennu gyda'i gilydd)
$$15 < 4x + 7 \text{ a } 4x + 7 < 19$$
Datryswch bob anhafaledd yn ei dro.

$$15 < 4x + 7 \qquad\qquad 4x + 7 < 19$$
$$15 - 7 < 4x + 7 - 7 \qquad 4x + 7 - 7 < 19 - 7$$
$$8 < 4x \qquad\qquad 4x < 12$$
$$\frac{8}{4} < \frac{4x}{4} \qquad\qquad \frac{4x}{4} < \frac{12}{4}$$
$$2 < x \qquad\qquad x < 3$$

Yna rhowch y ddwy ran yn ôl gyda'i gilydd.
Ateb: $2 < x < 3$

Datryswch yr anhafaleddau dwbl yma.

7 $35 < 3x + 8 < 44$ **10** $-35 < 12x + 13 < -11$

8 $36 \leqslant 6x - 42 \leqslant 54$ • **11** $23 < 8x + 7 \leqslant 35$

9 $-7 \leqslant 3x - 1 \leqslant 32$ • **12** $-40 < 34x - 57 < 28$

Ymarfer 15:11

Darganfyddwch holl werthoedd posibl x os yw x yn rhif cyfan a:

1 $4 < 2x - 4 < 8$

2 $13 \leqslant 4x + 5 \leqslant 29$

3 $12 \leqslant 3x + 9 < 24$

4 $27 < 12x - 9 \leqslant 51$

● **5** $32 < 20x - 18 < 92$

● **6** $55 \leqslant 3x + 1 < 64$

Mae rhai pobl yn datrys anhafaleddau dwbl fel hyn:

Enghraifft Datryswch

$$25 < \quad 6x + 7 \quad < 31$$
$$25 - 7 < 6x + 7 - 7 < 31 - 7$$
$$18 < \quad 6x \quad < 24$$
$$\frac{18}{6} < \quad \frac{6x}{6} \quad < \frac{24}{6}$$
$$3 < \quad x \quad < 4$$

Mae hyn yr un fath ag o'r blaen ond mae'r ddwy ran yn cael eu gwneud ar yr un pryd.

Ymarfer 15:12

Defnyddiwch y dull sydd yn yr enghraifft ddiwethaf i ddatrys yr anhafaleddau yma. Dangoswch eich atebion ar linellau rhif.

1 $15 < 3x + 9 < 45$

2 $22 \leqslant 5x - 8 < 37$

3 $51 \leqslant 8x + 19 \leqslant 59$

4 $-26 < 4x - 18 \leqslant -22$

5 $-35 \leqslant 4x + 7 < 29$

6 $183 < 42x + 78 < 351$

● **7** $5 < \frac{x}{4} + 1 \leqslant 13$

● **8** $-3 \leqslant \frac{x}{3} + 2 \leqslant 0$

1 Datryswch $x^2 + x = 153$ gan ddefnyddio'r dull cynnig a gwella.
Copïwch y tabl yma i'ch helpu.
Rhowch eich ateb yn gywir i 1 lle degol.

Gwerth x	Gwerth $x^2 + x$	

2 Datryswch $2x^2 + x = 271$ gan ddefnyddio'r dull cynnig a gwella.
Copïwch y tabl yma i'ch helpu.
Rhowch eich ateb yn gywir i 1 lle degol.

Gwerth x	Gwerth $2x^2 + x$	

3 Dangoswch yr anhafaleddau yma ar linellau rhif.

   a $x < 5$ **c** $x \leqslant -3$ **d** $x \leqslant 1$

   b $x \geqslant -4$ **ch** $x > 0$ **dd** $x > -6$

4 Ysgrifennwch yr anhafaledd a ddangosir ar bob llinell rif.

a
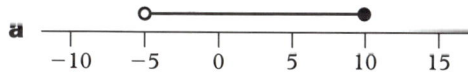

b
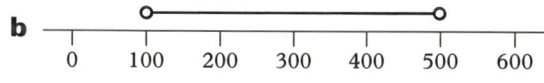

c
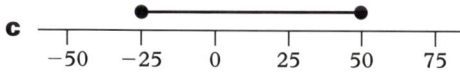

ch

5 Datryswch yr anhafaleddau yma.

   a $x + 4 \geqslant 9$ **ch** $5x \leqslant 35$ **e** $4x - 3 > 17$

   b $x - 3 < 7$ **d** $\dfrac{x}{4} > 6$ **f** $5 \leqslant 2x - 13 < 17$

   c $2x \geqslant 12$ **dd** $\dfrac{x}{7} \leqslant 12$ **ff** $27 < 5x + 7 \leqslant 42$

1 **a** Datryswch yr hafaliadau yma drwy ddefnyddio'r dull cynnig a gwella.
Rhowch eich atebion yn gywir i 1 lle degol.

(1) $x^3 = 120$

(2) $3^x = 15$

(3) $x^3 + \sqrt{x} = 35$

b Datryswch yr hafaliad yma drwy ddefnyddio'r dull cynnig a gwella.

$x^2 - 14x = 10$

Mae un datrysiad rhwng 10 a 20 ac mae'r llall yn negatif.

Darganfyddwch y ddau ddatrysiad yn gywir i 1 lle degol.

2 **a** Ysgrifennwch holl werthoedd posibl x os yw x yn rhif cyfan ac
$1 \leqslant x \leqslant 7$

b Mae'r anhafaleddau yma'n rhoi yr un gwerthoedd posibl ar gyfer x ag yn rhan **a**.
Copïwch a llenwch y bylchau:

$\dots < x \leqslant 7$ $\dots < x < \dots$ $\dots \leqslant x < \dots$

Yng nghwestiynau **3–6**, mae x yn rhif cyfan.

3 Ysgrifennwch y pedwar anhafaledd a chanddynt 5, 6, 7, 8, 9 fel
gwerthoedd posibl x.

4 Ysgrifennwch y pedwar anhafaledd a chanddynt $-4, -3, -2, -1$ fel
gwerthoedd posibl x.

5 Pa anhafaleddau sydd â 10 fel unig werth posibl ar gyfer x?

6 Pa anhafaleddau sydd â -4 fel unig werth posibl ar gyfer x?

7 Edrychwch ar y ffeithiau yma:

Os yw $x = 4$ yna $x^2 = 4 \times 4$ Os yw $x = -4$ yna $x^2 = -4 \times -4$

$= 16$ $= 16$

a Ymchwiliwch i weld pa werthoedd x sy'n bodloni'r anhafaledd $x^2 > 16$
Awgrym: Mae rhai atebion yn bositif a rhai yn negatif.

b Ymchwiliwch i weld pa werthoedd x sy'n bodloni'r anhafaledd $x^2 < 1$
Awgrym: Unwaith eto mae rhai atebion yn bositif a rhai yn negatif.

8 Datryswch yr anhafaleddau yma.

a $x^2 < 9$ **ch** $x^2 < 100$ **e** $x^3 > 27$

b $x^2 \geqslant 25$ **d** $x^2 \leqslant 4$ **f** $x^3 \leqslant 125$

c $x^2 > 36$ **dd** $x^2 > 121$ **ff** $x^4 \geqslant 16$

9 Pa werthoedd x sy'n bodloni'r anhafaledd $x^2 < x$?

- **Cynnig a gwella**

Enghraifft Datryswch $x^2 = 135$

Gwerth x	Gwerth x^2	
11	121	rhy fach
12	144	rhy fawr
11.5	132.25	rhy fach
11.6	134.56	rhy fach
11.7	136.89	rhy fawr
11.65	135.7225	rhy fawr

Mae x rhwng 11 ac 12
Mae x rhwng 11.5 ac 12
Mae x rhwng 11.6 ac 12
Mae x rhwng 11.6 ac 11.7
Mae x rhwng 11.6 ac 11.65

11.6   11.65   11.7

Ateb: $x = 11.6$ i 1 lle degol

Mae'n rhaid bod x rywle ar ran werdd y llinell rif. Mae unrhyw rif sydd ar y rhan werdd yn cael ei dalgrynnu i lawr i 11.6 i 1 lle degol.

- *Enghraifft* Ysgrifennwch holl werthoedd posibl x os yw x yn rhif cyfan a $2 \leq x < 4$

Gwerthoedd posibl ar gyfer x yw 2, 3
(Nid yw 4 yn werth posibl gan fod $x < 4$ yn golygu nad yw 4 yn cael ei gynnwys).

- *Enghraifft* Datryswch yr anhafaledd $4x + 3 \geq 19$

$$4x + 3 - 3 \geq 19 - 3$$
$$4x \geq 16$$
$$\frac{4x}{4} \geq \frac{16}{4}$$
$$x \geq 4$$

- *Enghraifft* Datryswch $15 < 4x + 7 < 19$

$$15 < 4x + 7 \qquad\qquad 4x + 7 < 19$$
$$15 - 7 < 4x + 7 - 7 \qquad 4x + 7 - 7 < 19 - 7$$
$$8 < 4x \qquad\qquad\qquad 4x < 12$$
$$\frac{8}{4} < \frac{4x}{4} \qquad\qquad \frac{4x}{4} < \frac{12}{4}$$
$$2 < x \qquad\qquad\qquad x < 3$$

Yna rhowch y ddwy ran yn ôl gyda'i gilydd.
Ateb: $2 < x < 3$

1   Datryswch $x^2 + 56 = 622$ gan ddefnyddio'r dull cynnig a gwella.
Copïwch y tabl yma. Llenwch y tabl.
Ychwanegwch fwy o resi nes byddwch wedi darganfod x yn gywir i 1 lle degol.

Gwerth x	Gwerth $x^2 + 56$	
20		

2   Dangoswch yr anhafaleddau yma ar linellau rhif.
   a $x \geqslant -1$ **c** $x < 4$
   b $3 < x \leqslant 6$ **ch** $-1 \leqslant x < 2$

3   Ysgrifennwch werth posibl x os yw x yn rhif sgwâr a
$12 \leqslant x < 19$

4   Ysgrifennwch holl werthoedd posibl x os yw x yn rhif cyfan a
$7 \leqslant x < 11$

5   Ysgrifennwch werth uchaf posibl x os yw $x < 7$ ac x yn rhif cyfan.

6   Ysgrifennwch werth isaf posibl x os yw $x \geqslant 8$ ac x yn rhif cyfan.

7   Datryswch yr anhafaleddau yma.
Dangoswch eich atebion ar linellau rhif.
   a $x + 3 < 7$ **b** $x - 4 \geqslant 1$

8   Datryswch yr anhafaleddau yma.
   a $3x \geqslant 18$ **c** $4x - 7 < 13$

   b $\dfrac{x}{4} \leqslant 2$ **ch** $7 \leqslant 3x - 2 < 22$

9   Ysgrifennwch yr anhafaleddau a ddangosir ar y llinellau rhif.

a 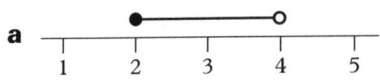   **b**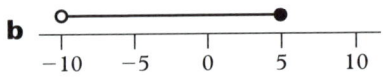

16 Y pwynt croesi

CWESTIYNAU

ESTYNIAD

CRYNODEB

PROFWCH
EICH HUN

Mae gan bob symbol yn y diagram werth. Rhoddir cyfanswm y gwerthoedd gyferbyn â rhai rhesi a cholofnau. Pa rif ddylai fod yn lle'r marc cwestiwn i roi gwerth y rhes isaf?

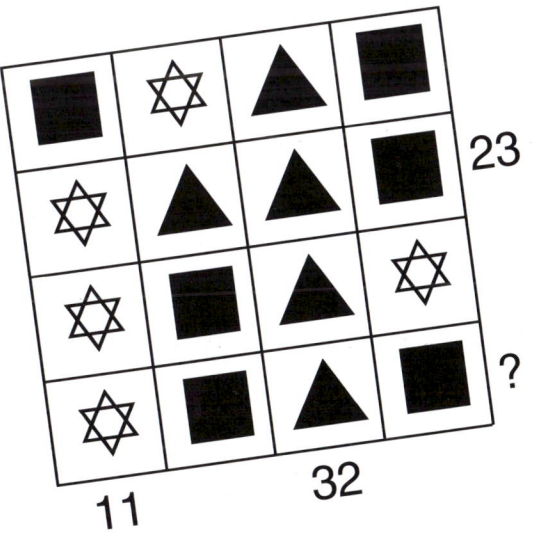

1 Llinellau sy'n croestorri

◄◄AILCHWARAE►

Enghraifft Mae'n rhaid i'r robot dynnu'r llinell
$y = 2x + 1$
Mae'n defnyddio'r gwerthoedd 1, 2, 3 ar gyfer x

Gall ddefnyddio sgriniau:

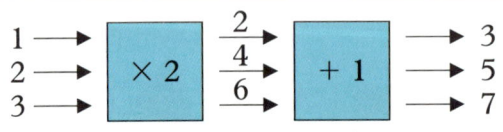

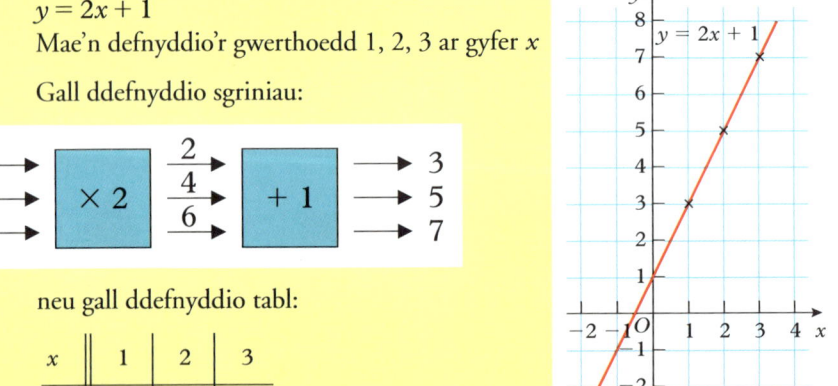

neu gall ddefnyddio tabl:

x	1	2	3
y	3	5	7

Mae'n plotio'r pwyntiau (1, 3) (2, 5) (3, 7)
Mae'n cysylltu'r pwyntiau â phren mesur.
Mae'n labelu ei linell â'i hafaliad $y = 2x + 1$

Dim ond dau bwynt sydd eu hangen arnoch i dynnu llinell syth.
Mae'r trydydd pwynt yn cael ei ddefnyddio i wirio.

Ymarfer 16:1

1 Copïwch yr echelinau o'r enghraifft.
Defnyddiwch y gwerthoedd 1, 2, 3 ar gyfer x yn **a** a **b**.
  a Tynnwch y llinell $y = x + 2$
    Labelwch eich llinell.
  b Ar yr un set o echelinau tynnwch y llinell $y = 3x - 2$
    Labelwch eich llinell.
  c Ysgrifennwch gyfesurynnau'r pwynt lle mae'r ddwy linell yn croesi.
    Cofiwch: gelwir hwn yn **groestorfan**.

Lluniwch dabl ar gyfer pob un o'r llinellau yma. Peidiwch â thynnu'r llinellau.
Defnyddiwch y gwerthoedd 1, 2, 3 ar gyfer x.

2	$y = 4x + 1$	**5**	$y = 3x - 7$	**8**	$y = 10 - 2x$
3	$y = 5x - 3$	**6**	$y = 4x - 8$	**9**	$y = 4 - 3x$
4	$y = 4 + 2x$	**7**	$y = 6 - x$	**10**	$y = 1 - 5x$

11 Copïwch yr echelinau sydd yng nghwestiwn **1**.
  a Tynnwch a labelwch y llinell $y = 2x - 1$
  b Tynnwch a labelwch y llinell $y = 7 - 2x$
  c Ysgrifennwch gyfesurynnau croestorfan y llinellau.

Weithiau ysgrifennir hafaliadau llinellau mewn ffordd wahanol.

Enghraifft   Tynnwch y llinell $x + 2y = 4$

Nid ydym yn defnyddio $x = 1$, 2 a 3 ar gyfer y math yma o hafaliad.
Mae'n haws darganfod y pwyntiau pan yw $x = 0$ a phan yw $y = 0$

Pan yw $x = 0$ Pan yw $y = 0$
$0 + 2y = 4$ $x + 2 \times 0 = 4$
$2y = 4$ $x + 0 = 4$
$y = 2$ $x = 4$
Mae hyn yn rhoi (0, 2)   Mae hyn yn rhoi (4, 0)

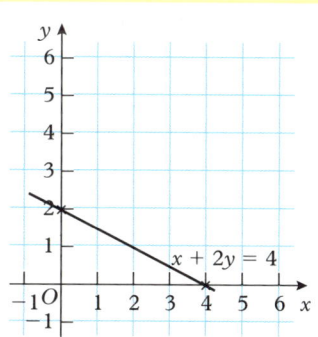

Weithiau mae'n anodd darganfod trydydd pwynt. Byddwn yn defnyddio dau yn unig.

Ymarfer 16:2

1 Copïwch yr echelinau ar bapur sgwariau.

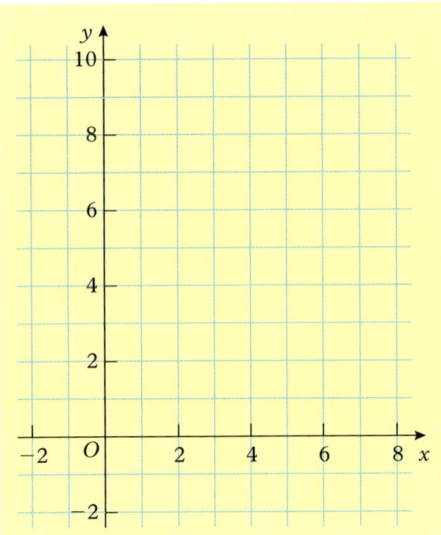

a Darganfyddwch gyfesurynnau dau
bwynt ar y llinell $x + 3y = 6$
b Plotiwch y pwyntiau.
Tynnwch a labelwch y llinell $x + 3y = 6$

2 Gwnewch gwestiwn **1** unwaith eto ar gyfer y llinellau yma.
Plotiwch yr holl linellau ar yr un diagram.
Labelwch bob llinell.

$x + y = 7$ $\qquad$ $2x + y = 8$
$5x + y = 10$ $\qquad$ $3x + y = 9$

3 Gwnewch gwestiwn **2** unwaith eto ar gyfer y llinellau yma.

$x + 4y = 8$ $\qquad$ $x - y = 2$
$4x + 3y = 24$ $\qquad$ $5x + 3y = 30$

2   Datrys problemau â llinellau

Gallwch ddefnyddio graffiau llinellau sy'n croestorri i ddatrys problemau.

Enghraifft   Mae Carys a Deian yn prynu anrhegion.
Mae Carys yn prynu un *s*ebon ac un botel o bersawr(*p*) am £5.
Mae Deian yn prynu tri *s*ebon a dwy botel o bersawr(*p*) am £12.
Beth yw cost sebon a chost potel o bersawr?

Dyma hafaliad Carys: $s + p = 5$
Dau bwynt ar y llinell yma yw $(0, 5)$
a $(5, 0)$

Dyma hafaliad Deian: $3s + 2p = 12$
Dau bwynt ar y llinell yma yw $(0, 6)$
a $(4, 0)$

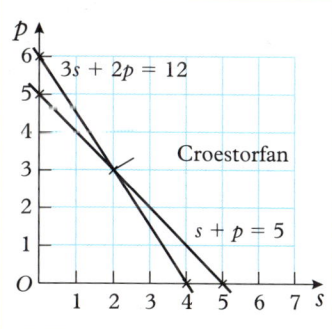

Mae'r llinellau'n croestorri yn $(2, 3)$
Mae hyn yn golygu fod $s = 2$ a $p = 3$

Felly mae sebon yn costio £2 a photel o bersawr yn costio £3.

Gwirio: Gallwn wirio'r ateb.

Mae Carys yn prynu un sebon ac un botel o bersawr.
Maen nhw'n costio £2 + £3, sy'n £5.

Mae Deian yn prynu tri sebon a dwy botel o bersawr.
Maen nhw'n costio 3 × £2 + 2 × £3, sy'n £12.

Hafaliadau cydamserol   Gelwir hafaliadau yr ydym yn eu datrys ar yr un pryd fel hyn yn **hafaliadau cydamserol**.

Ymarfer 16:3

Gwiriwch eich atebion yn y broblem wreiddiol bob tro.

1 Mae siop yn trefnu sêl cryno ddisgiau a gemau.
Mae Sonia yn prynu un gryno ddisg (*c*) ac un *g*êm am £10.
Mae Jâms yn prynu tair *c*ryno ddisg a dwy *g*êm am £24.
Darganfyddwch gost un gryno ddisg a chost un gêm.

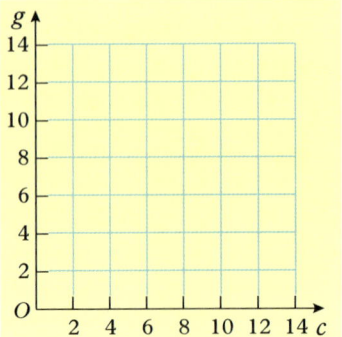

2 Mae'r Smithiaid a'r Jonesiaid yn mynd i'r theatr gyda'i gilydd.
Mae'r Smithiaid yn prynu un tocyn oedolyn (*T*) a phedwar tocyn plentyn (*t*) am £12.
Mae'r Jonesiaid yn prynu dau docyn oedolyn (*T*) ac un tocyn plentyn (*t*) am £10.
Darganfyddwch beth yw cost tocyn oedolyn a chost tocyn plentyn.

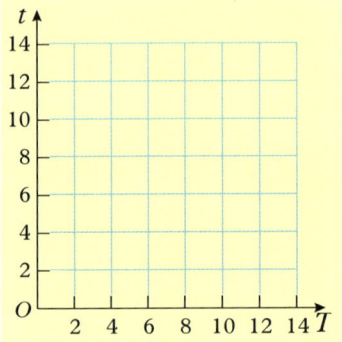

3

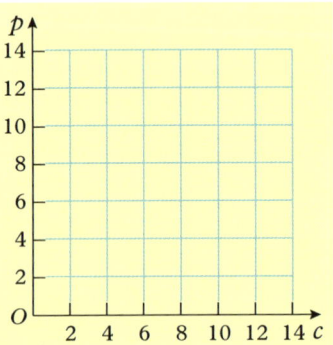

Mae Dewi yn mynd i bysgota. Mae'n defnyddio cynrhon a phryfed genwair fel abwyd.
Mae deg *c*ynrhonyn a phedwar *p*ryf genwair yn costio 40c.
Mae un *c*ynrhonyn ac un *p*ryf genwair yn costio 7c.
Darganfyddwch gost un cynrhonyn a chost un pryf genwair.

4

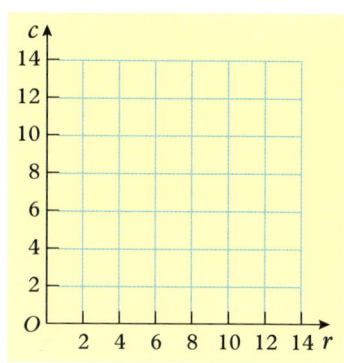

Mae Elin yn gofalu am y cwt llogi cychod yn y parc.
Mae hi'n codi yn ôl yr awr am logi cwch rhwyfo neu ganŵ.
Un bore Sadwrn mae hi'n llogi un cwch **r**hwyfo a dau ganŵ(**c**) yn ystod yr awr gyntaf.
Mae hi'n cael £10 am y rhain.
Yn ystod yr ail awr mae hi'n llogi tri chwch **r**hwyfo a phedwar **c**anŵ ac mae hi'n cael £24.
Darganfyddwch beth yw cost llogi cwch rhwyfo am awr a chost llogi canŵ am awr.

5 Mae Ysgol Abergwynant yn cael ffair ysgol.
Mae Hari yn prynu dwy fynsen(**b**) a phum darn o **f**flapjac am 50c.
Mae ei ffrind, Guto, yn llai barus.
Dim ond un fynsen(**b**) ac un darn o **f**flapjac mae o'n eu prynu am 13c.
Darganfyddwch gost un fynsen a chost un darn o fflapjac.

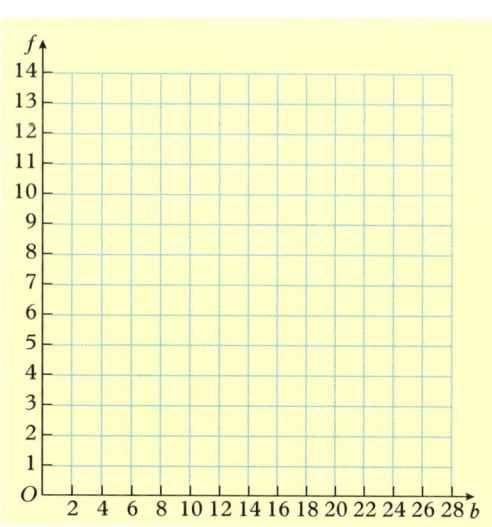

6 Mae Mrs Ifans yn prynu set o drenau bach i'w mab, Owain.
Mae hi'n talu £60 am un **i**njan ac un **c**erbyd.
Mae injan yn costio deirgwaith cymaint â cherbyd.
Darganfyddwch beth yw pris injan a phris cerbyd.

Enghraifft

Enghraifft Darganfyddwch ddau bwynt ar y llinell $5x - 3y = 15$

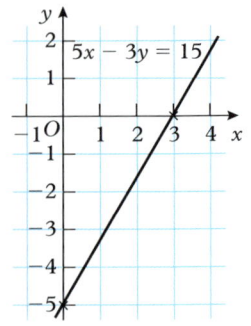

Pan yw $x = 0$ Pan yw $y = 0$
$5 \times 0 - 3y = 15$ $5x - 3 \times 0 = 15$
$-3y = 15$ $5x = 15$
$3y = -15$ $x = 3$
$y = -5$ Mae hyn yn rhoi $(3, 0)$
Mae hyn yn rhoi $(0, -5)$

Rydym yn defnyddio dau bwynt i lunio graff.

Ymarfer 16:4

Darganfyddwch ddau bwynt ar bob un o'r llinellau yma. Peidiwch â thynnu'r llinellau.

1 $3y - 2x = 12$ **4** $2x - 5y = 20$ **7** $5x - 4y = 80$

2 $7y - 4x = 28$ **5** $6x - 2y = 36$ **8** $9y - 4x = 72$

3 $3x + 4y = 12$ **6** $5y + 2x = 30$ **9** $13x + 2y = 26$

10 Lluniwch echelin s o -3 i 7 ac echelin t o -2 i 10.
Yn ffair Ysgol Abergwynant mae cwmni menter yr ysgol yn gwerthu sgarffiau a theis.
Mae'r prifathro yn prynu pump o $s$garffiau a thri $t$hei am £30.
Mae $t$ei yn costio £2 yn fwy na $s$garff.
Darganfyddwch beth yw pris sgarff a phris tei.

● **11** Mae criw o ffrindiau yn cael pryd Tsieineaidd.
Maen nhw'n cael wyth cyfran o gyri $c$yw iâr a dwy gyfran o borc (p) mewn saws sur a melys.
Mae'r $p$orc sur a melys yn costio £3 yn fwy na'r $c$yri cyw iâr.
Mae'r bil yn £32.
Darganfyddwch bris cyfran o gyri cyw iâr a phris cyfran o borc sur a melys.

3 Defnyddio algebra

Mae Catrin wedi darganfod pos mewn papur newydd.
Mae'n rhaid iddi ddarganfod beth yw gwerth pob siâp.

Ymarfer 16:5

1 Dyma'r broblem yn y pos.
Mae'r siapiau yn adio i roi'r rhifau sy'n cael eu dangos.
Rhaid i Catrin ddarganfod gwerth pob siâp.

Mae hi'n gweld fod pedwar sgwâr yn adio i 16.
Mae'n rhaid bod gwerth un sgwâr yn 4.

▲	▲	●	●	10
▲	▲	●	■	12
■	■	■	■	16

Mae dau gylch (*c*) a dau driongl (*t*) yn adio i 10. $2c + 2t = 10$
Mae un cylch, dau driongl ac un sgwâr yn adio i 12.
Mae'n rhaid bod un *c*ylch a dau driongl (*t*) yn adio i 8. $c + 2t = 8$

Darganfyddwch werth cylch a gwerth triongl.

Datryswch y posau lluniau yma.

2

♥	♣	♥	♥	9
♦	♦	♦	♦	20
♦	♦	♥	♣	15

3

B	A	A	C	16
B	A	B	A	14
C	C	C	C	32

Gallwn ddefnyddio algebra i ddatrys hafaliadau cydamserol.

Enghraifft

Datryswch y pâr yma o hafaliadau cydamserol $5x + y = 25$
$$3x + y = 17$$

Rhowch rif i bob hafaliad.
(1) $5x + y = 25$
(2) $3x + y = 17$

Tynnwch i gael gwared o'r y Tynnwch $\overline{2x \quad = 8}$
Mae hyn yn rhoi x $x = 4$
Defnyddiwch hafaliad (1) i ddarganfod y

Rhowch $x = 4$ yn hafaliad (1)
$$5 \times 4 + y = 25$$
$$20 + y = 25$$
$$y = 5$$

Yr ateb yw $x = 4$, $y = 5$

Defnyddiwch hafaliad (2) i wirio eich ateb $3x + y = 17$
Gwiriwch: $12 + 5 = 17$ ✓ Cywir

Ymarfer 16:6

Datryswch y parau hyn o hafaliadau cydamserol.
Dechreuwch drwy dynnu'r hafaliadau bob tro.

1 $4x + y = 13$
     $x + y = 4$

2 $7x + y = 44$
     $4x + y = 26$

3 $5x + 2y = 45$
     $3x + 2y = 35$

4 $4x + 2y = 34$
     $x + 2y = 22$

5 $5x + 3y = 29$
     $2x + 3y = 17$

6 $2x + 5y = 57$
     $x + 5y = 46$

Enghraifft

Datryswch y pâr yma o hafaliadau cydamserol $2x + y = 16$
$x - y = 2$

Rhowch rif i bob hafaliad.

(1) $2x + y = 16$
(2) $x - y = 2$

Rydym yn adio i gael gwared o'r y Adiwch $3x = 18$

Mae hyn yn rhoi x $x = 6$

Defnyddiwch hafaliad (1) i ddarganfod y

Rhowch $x = 6$ yn hafaliad (1)
$2 \times 6 + y = 16$
$12 + y = 16$
$y = 4$

Yr ateb yw $x = 6$, $y = 4$

Defnyddiwch hafaliad (2) i wirio eich ateb $x - y = 2$

Gwiriwch: $6 - 4 = 2$ ✓ Cywir

Ymarfer 16:7

Datryswch y parau yma o hafaliadau cydamserol.
Dechreuwch drwy adio'r hafaliadau bob tro.

1 $4x + y = 23$
$x - y = 2$

2 $3x + y = 13$
$x - y = 3$

3 $x + 2y = 11$
$3x - 2y = 17$

4 $4x + 2y = 42$
$3x - 2y = 14$

5 $2x + 3y = 21$
$4x - 3y = 15$

6 $5x + 3y = 45$
$4x - 3y = 36$

Ymarfer 16:8

Datryswch y parau yma o hafaliadau cydamserol.
Bydd rhaid i chi benderfynu pa un ai adio neu dynnu'r hafaliadau sydd ei
angen.

1 $3x + y = 22$
$4x - y = 20$

2 $5x + y = 17$
$3x + y = 11$

3 $4x + 2y = 22$
$3x + 2y = 17$

4 $4x - 3y = 12$
$x + 3y = 18$

5 $5x + 2y = 56$
$2x - 2y = 14$

6 $7x + 4y = 86$
$3x + 4y = 62$

Nid oes raid cael llinellau i ddatrys posau bob amser.
Dyma rai posau i'w datrys heb linellau.

Ymarfer 16:9

1 Mae'r rhifau sydd yn ◯ a ◯ yn cael eu hadio i roi'r rhif sydd yn ☐ fel hyn:

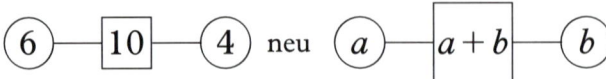

a Copïwch y rhain.
Llenwch y rhifau sydd ar goll.

b Ysgrifennwch werth pob llythyren:

2 Mae'r rhifau sydd yn △ a △ yn cael eu lluosi i roi'r rhif sydd yn ☐ fel hyn:

a Copïwch y rhain.
Llenwch y rhifau sydd ar goll.

b Ysgrifennwch werth pob llythyren.

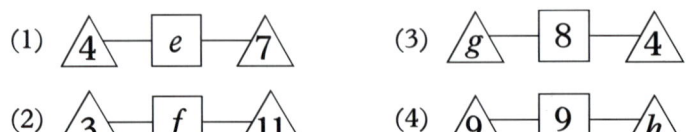

1 **a** Copïwch yr echelinau ar bapur sgwariau.
  b (1) Gwnewch dabl ar gyfer $y = x + 5$
     (2) Tynnwch a labelwch y llinell $y = x + 5$
  c (1) Gwnewch dabl ar gyfer $y = 4x - 4$
     (2) Tynnwch a labelwch y llinell $y = 4x - 4$
  ch Ysgrifennwch gyfesurynnau croestorfan
     y llinellau.

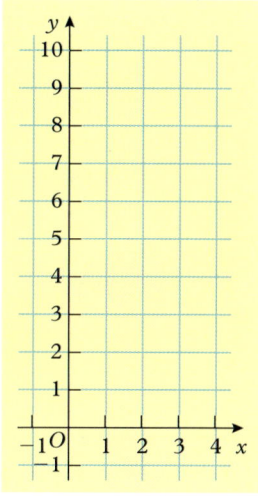

2 Darganfyddwch ddau bwynt ar bob un o'r llinellau yma. Peidiwch â thynnu'r llinellau.
  a $9x + y = 18$ **c** $2x + 4y = 16$
  b $3x + y = 30$ **ch** $3x + 2y = 18$

3 Lluniwch echelin t o 0 i 12 ac echelin T o 0 i 30.
  Mae dau deulu yn mynd allan gyda'i gilydd i fowlio deg.
  Mae'r Lewisiaid yn talu £24 am ddau docyn oedolyn (T) ac un tocyn plentyn (t).
  Mae'r Morusiaid yn talu £27 am un tocyn oedolyn (T) a thri thocyn plentyn (t).
  Darganfyddwch beth yw cost tocyn plentyn a chost tocyn oedolyn.

Datryswch y parau yma o hafaliadau cydamserol gan ddefnyddio algebra.
Bydd rhaid i chi benderfynu pa un ai adio neu dynnu'r hafaliadau sydd ei angen.

4   $x + 2y = 17$ 6 $2x - y = 10$
    $3x - 2y = 27$ $3x + y = 25$

5   $2x + 3y = 23$ 7 $5x + 4y = 30$
    $4x + 3y = 31$ $3x + 4y = 18$

8 Datryswch y pos yma.

P	P	P	P	P	30
B	B	B	A	A	18
P	P	B	A	A	22

1 **a** Mae tri phwynt ar y llinell yma yn cael eu marcio â ×.
Ysgrifennwch beth yw eu cyfesurynnau.
Mae'r tri phwynt yma'n gorwedd ar linell yr hafaliad ...x + ...y = 12
Darganfyddwch y rhifau sydd ar goll yn yr hafaliad.

b Mae'r pwyntiau yma yn gorwedd ar y llinell. Defnyddiwch eich ateb i **a** i ddarganfod y cyfesurynnau sydd ar goll.
(−3, ...) (..., −10)

c Mae'r pwynt (4, 5) uwchben y llinell.
Edrychwch ar y pwyntiau hyn:
(4, 0) (2, 5) (−1, −5) (−2, 6)
Pa rai o'r pwyntiau yma sydd uwchben y llinell?
Eglurwch eich ateb.

ch Mae'r pwynt (...., 20) uwchben y llinell.
Ysgrifennwch gyfesuryn x posibl ar gyfer y pwynt.

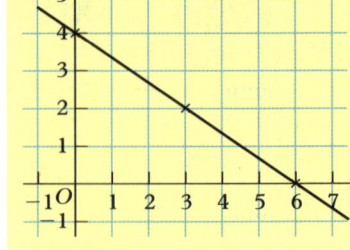

2 Copïwch yr echelinau ar bapur sgwariau.
a Tynnwch a labelwch y llinell $y = 2x − 1$
b Tynnwch a labelwch y llinell $y = 2 − x$
Dyma'r llinell baralel gyntaf.
c Tynnwch a labelwch yr ail linell baralel $y = 5 − x$
ch Tynnwch a labelwch y drydedd linell baralel $y = 8 − x$
d Ysgrifennwch hafaliad y llinell baralel nesaf yn y patrwm.
dd Ysgrifennwch gyfesurynnau croestorfannau'r tair llinell baralel gyntaf â'r llinell $y = 2x − 1$
e Edrychwch ar eich ateb i **dd**.
Ysgrifennwch gyfesurynnau croestorfan y bedwaredd linell baralel â'r llinell $y = 2x − 1$
f Ble bydd y ddegfed linell baralel yn croesi $y = 2x − 1$?
ff Ysgrifennwch hafaliad y 15fed linell baralel.

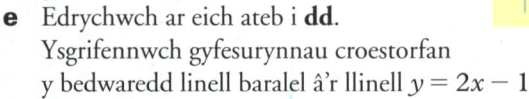

- *Enghraifft*   Mae'n rhaid i'r robot dynnu'r llinell $y = 2x + 1$
  Mae'n defnyddio'r gwerthoedd 1, 2, 3 ar gyfer x
  Gall ddefnyddio sgriniau neu gall ddefnyddio tabl:

x	1	2	3
y	3	5	7

  Mae'n plotio'r pwyntiau (1, 3) (2, 5) (3, 7)

- *Enghraifft*   Tynnwch y llinell $5x - 3y = 15$

  Nid ydym yn defnyddio $x = 1$, 2 a 3 ar gyfer y math yma o hafaliad.
  Mae'n haws darganfod pwyntiau pan yw $x = 0$ a phan yw $y = 0$

Pan yw $x = 0$	Pan yw $y = 0$
$5 \times 0 - 3y = 15$	$5x - 3 \times 0 = 15$
$-3y = 15$	$5x = 15$
$3y = -15$	$x = 3$
$y = -5$	Mae hyn yn rhoi (3, 0)
Mae hyn yn rhoi (0, -5)	

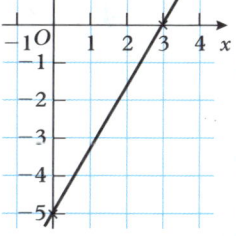

- *Enghraifft*   Datryswch y pâr yma o hafaliadau cydamserol $5x + y = 25$
  $3x + y = 17$

  Rhowch rif i bob hafaliad.   (1) $5x + y = 25$
  (2) $3x + y = 17$
  Tynnwch er mwyn cael gwared o y Tynnwch $2x = 8$
  Mae hyn yn rhoi x $x = 4$
  Defnyddiwch hafaliad (1) i ddarganfod y

  Rhowch $x = 4$ yn hafaliad (1)
  $5 \times 4 + y = 25$
  $20 + y = 25$
  $y = 5$

  Yr ateb yw $x = 4$, $y = 5$
  Defnyddiwch hafaliad (2) i wirio eich ateb $3x + y = 17$
  Gwiriwch: $12 + 5 = 17$ ✓ Cywir

1 Copïwch yr echelinau ar bapur sgwariau.

   a (1) Gwnewch dabl ar gyfer $y = x + 1$
       Defnyddiwch y gwerthoedd 1, 2, 3
       ar gyfer x.

     (2) Tynnwch a labelwch y llinell $y = x + 1$

   b (1) Gwnewch dabl ar gyfer $y = 2x - 3$
     (2) Tynnwch a labelwch y llinell $y = 2x - 3$

   c Ysgrifennwch gyfesurynnau croestorfan y
    llinellau.

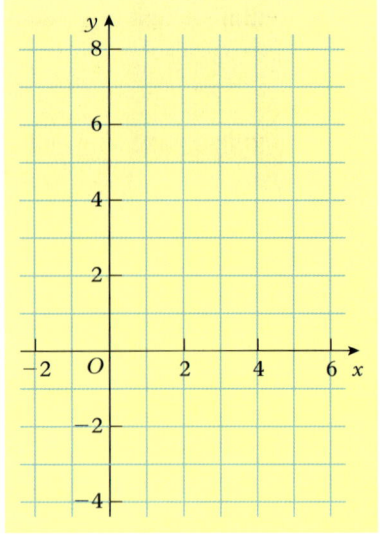

2 Copïwch yr echelinau o gwestiwn **1** unwaith eto.
Darganfyddwch *dri* phwynt ar bob un o'r llinellau yma.
Plotiwch bob set o bwyntiau i wirio eu bod yn gorwedd ar linell syth.

   a $x + y = 7$ **c** $x + 3y = 6$
   b $2x + y = 4$ **ch** $3x + 2y = 12$

3 Darganfyddwch *ddau* bwynt ar bob un o'r llinellau yma. Peidiwch â thynnu'r llinellau.

   a $3x - 4y = 12$ **c** $6x - 5y = 30$
   b $5x + 7y = 35$ **ch** $7x - 2y = 14$

4 Mae Steffan yn prynu dau gyw iâr a sglodion(*c*) a thri *s*elsig a sglodion am £12.
Mae Cefin yn prynu pedwar *c*yw iâr a sglodion a dau *s*elsig a sglodion am £16.

   a Ysgrifennwch yr hyn mae Steffan a Cefin yn eu prynu fel dau hafaliad.

   b Lluniwch echelin *c* o 0 i 8 ac echelin *s* o 0 i 10.
    Datryswch y ddau hafaliad drwy blotio llinellau.
    Ysgrifennwch gost un cyw iâr a sglodion a chost un selsig a sglodion.

   c Gwiriwch eich atebion.

5 Datryswch y parau yma o hafaliadau cydamserol gan ddefnyddio algebra.
Ym mhob achos, gwiriwch a yw'r datrysiad yn gywir.

   a $4x + 3y = 19$ **b** $3x + y = 10$
      $x + 3y = 16$ $5x - y = 6$

Tasgau

Hufen iâ

1 Lluosi

Pan fyddwn yn adio llawer o'r un rhif mae'n gynt lluosi.

Enghraifft

3 1	3 1
Mae 3 1 yr un fath â	× 5
3 1	1 5 5
3 1	
+ 3 1	
1 5 5	

I wneud   3 1 yn gyntaf gwnewch
× 5   5 × 1

3 1
× 5
5

yna gwnewch 5 × 3   3 1
× 5
1 5 5

Cofiwch gadw'ch rhifau mewn colofnau.

Dyma fwy o enghreifftiau:

6 2	5 1
× 4	× 9
2 4 8	4 5 9

Ymarfer 1

1	2 3	2	2 1 3
	× 2		× 3

3   42 × 4   4   423 × 3

Weithiau mae'n rhaid i ni gario.

Enghraifft

2 6
× 3
8
1

→

2 6
× 3
7 8
1

3 × 2 = 6
Yna adiwch yr 1 i gael 7

Ymarfer 2

1	3 7	2	4 5
	× 2		× 2

3	46 × 4	7	146 × 9
4	124 × 3	8	178 × 9
5	259 × 2	9	357 × 5
6	637 × 5	10	803 × 4

Geiriau eraill

Gall y geiriau yma hefyd olygu **lluosi**.

gwaith   **lluoswm**   **o**

Enghreifftiau

Darganfyddwch 24 **gwaith** 16
Darganfyddwch **luoswm** 24 ac 16.
Darganfyddwch hanner **o** 24.

2 Lluosi â 10

Pan fyddwn yn lluosi â 10 mae'r holl ddigidau yn symud ar draws, **un** golofn i'r **chwith**.

Mae hyn yn gwneud y rhif yn 10 gwaith mwy.

Gallwn ddefnyddio'r penawdau **M C D U** i'n helpu.

Maen nhw'n golygu **M**iloedd, **C**annoedd, **D**egau ac **U**nedau. Enw arall ar 'unedau' yw 'unau'.

Enghraifft

23 × 10 = 230

C D U
2 3
×10 ×10
2 3 0

Dyma rai enghreifftiau eraill:

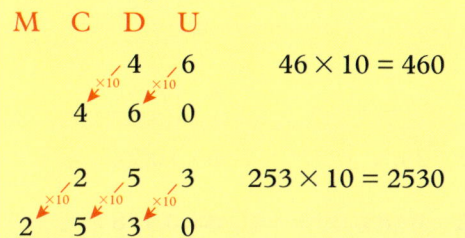

M C D U

4 6   46 × 10 = 460
4 6 0

2 5 3   253 × 10 = 2530
2 5 3 0

Ymarfer 3

Lluoswch bob un o'r rhifau yma â 10.

1 39   **3** 756   **5** 5000

2 45   **4** 684   **6** 8007

3 Lluosi â 100, 1000, …

Pan fyddwn yn lluosi â 100 mae'r holl ddigidau yn symud ar draws, **dwy** golofn i'r **chwith**.
Mae hyn yn gwneud y rhif yn 100 gwaith mwy.
Y rheswm am hyn yw bod
100 = 10 × 10.
Felly mae lluosi â 100 fel lluosi â 10 ddwy waith.

Enghraifft

74 × 100 = 7400

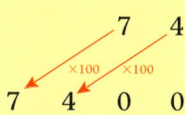

M C D U

7 4
7 4 0 0

Pan fyddwn yn lluosi â 1000 mae'r holl rifau yn symud ar draws, tair colofn i'r chwith.

Y rheswm am hyn yw bod
1000 = 10 × 10 × 10. Mae hyn yn golygu fod lluosi â 1000 fel lluosi â 10 dair gwaith.

Enghraifft

74 × 1000 = 74 000

DM M C D U

7 4
7 4 0 0 0

Ymarfer 4

Ysgrifennwch yr atebion i'r canlynol:

1 75 × 100   **7** 5243 × 100

2 82 × 100   **8** 800 × 1000

3 36 × 1000   **9** 5004 × 1000

4 178 × 100   **10** 815 × 10 000

5 3190 × 100   **11** 302 × 10 000

6 420 × 1000   **12** 835 × 100 000

4 Lluosi â 20, 30, …

Mae lluosi â 20 yr un fath â lluosi â 2 ac yna â 10. Y rheswm am hyn yw bod
20 = 2 × 10.

Enghraifft

Er mwyn gwneud 18 × 20:
yn gyntaf gwnewch   1 8
                       × 2
                       ———
                       3 6
                        ₁

Yna gwnewch   36 × 10 = 360

Felly   18 × 20 = 360

Yn yr un ffordd mae lluosi â 30 yr un fath â lluosi â 3 ac yna lluosi â 10.

Enghraifft

Er mwyn gwneud 26×30
yn gyntaf gwnewch

$$\begin{array}{r} 26 \\ \times 3 \\ \hline 78 \\ \scriptstyle 1 \end{array}$$

Yna gwnewch $78 \times 10 = 780$

Felly $26 \times 30 = 780$

Ymarfer 5

Gwnewch y canlynol.

1	28×20	**7**	83×40
2	36×20	**8**	45×50
3	27×30	**9**	62×50
4	34×30	**10**	213×20
5	58×30	**11**	371×30
6	26×40	**12**	425×70

5 Lluosi degolion â 10

Gallwn luosi degolion â 10 yn yr un ffordd.

Enghraifft 1

41.5×10

C   D   U . $\frac{1}{10}$

$$\begin{array}{cccc} & 4 & 1 & . & 5 \\ 4 & 1 & 5 & . & 0 \end{array}$$

$41.5 \times 10 = 415$

Enghraifft 2

56.87×10

C   D   U . $\frac{1}{10}$ $\frac{1}{100}$

$$\begin{array}{ccccc} & 5 & 6 & . & 8 & 7 \\ 5 & 6 & 8 & . & 7 \end{array}$$

$56.87 \times 10 = 568.7$

Ymarfer 6

Lluoswch y degolion yma â 10.

1	9.5	**4**	86.31
2	28.2	**5**	10.7
3	17.83	**6**	0.9

6 Lluosi degolion â 100

Pan fyddwn yn lluosi â 100 mae'r holl ddigidau yn symud ar draws, **dwy** golofn i'r **chwith**.

Enghraifft 1

27.65×100

M   C   D   U . $\frac{1}{10}$ $\frac{1}{100}$

27.65×100
$= 2765$

Enghraifft 2

96.5×100

M   C   D   U . $\frac{1}{10}$

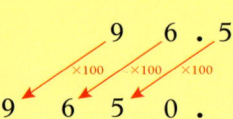

96.5×100
$= 9650$

Ymarfer 7

Lluoswch y degolion yma â 100.

1	42.91	**4**	137.4
2	57.04	**5**	60.59
3	71.6	**6**	7.08

7 Lluosi hir

Pan fyddwn eisiau lluosi dau rif eithaf mawr mae'n rhaid i ni weithio mewn camau.
Dyma ddau ddull. Dim ond un o'r rhain sydd yn rhaid i chi ei wybod.

Dull 1

Enghraifft
146×24

Yn gyntaf gwnewch 146×4

```
    1 4 6
×       4
    5 8 4
    1 2
```

Yna gwnewch 146×20

```
    1 4 6
×       2
    2 9 2
      1
```

$292 \times 10 = 2920$

Nawr, adiwch y ddau ateb.

```
      5 8 4
+   2 9 2 0
    3 5 0 4
```

Fel arfer mae'r gwaith yn edrych fel yma:

```
      1 4 6
×      2 4
      5 8 4
    2 9 2 0
    3 5 0 4
```

Dyma enghraifft arall.

```
      2 2 3
×      3 6
    1 3 3 8  ← (223 × 6)
    6 6 9 0  ← (223 × 30)
    8 0 2 8
    1 1
```

Dull 2

Enghraifft
125×23

Yn gyntaf gosodwch y rhifau drwy
ddefnyddio bocsys fel yma:

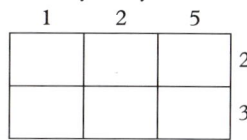

Nawr lluniwch y croesliniau fel yma:

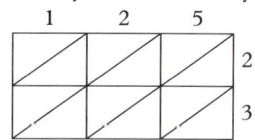

Llenwch fel sgwâr tablau yna adiwch ar
hyd y croesliniau fel yma:

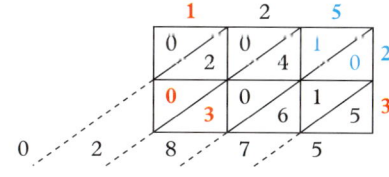

$1 \times 3 = 3$ Sylwch ar y 0 yn y bocs
sydd gyferbyn pan fo'r
ateb yn rhif un digid.

Felly $125 \times 23 = \mathbf{2875}$

Dyma enghraifft arall.
Pan fydd y groeslin yn adio i roi mwy na
10, rydym yn cario i'r groeslin nesaf.

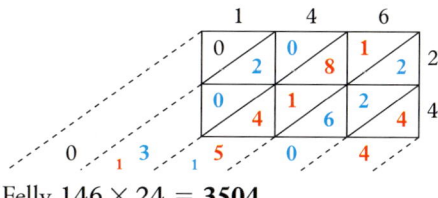

Felly $146 \times 24 = \mathbf{3504}$

Ymarfer 8

Defnyddiwch y dull sydd orau gennych i wneud y symiau yma.

1 34×25
2 63×34
3 123×42
4 314×26
5 271×35
6 257×53

7 391×43
8 172×84
9 545×33
10 612×65
11 754×61
12 989×98

8 Rhannu

Enghraifft

$68 \div 2$

$2\overline{)68}$

Yn gyntaf gwnewch $6 \div 2 = 3$. Rhowch y 3 uwchben y 6:

$$2\overline{)6\,8}^{\;\;3}$$

Nawr, gwnewch $8 \div 2 = 4$. Rhowch y 4 uwchben yr 8:

$$2\overline{)6\,8}^{\;\;3\,4}$$

Felly $68 \div 2 = 34$

Dyma enghraifft arall: $84 \div 4$

$$4\overline{)8\,4}^{\;\;2\,1}$$

Felly $84 \div 4 = 21$

Ymarfer 9

Gwnewch y symiau yma.

1 $2\overline{)84}$
2 $3\overline{)93}$
3 $5\overline{)55}$

4 $96 \div 3$
5 $64 \div 2$
6 $884 \div 4$

Weithiau bydd yn rhaid i ni 'gario'. Mae hyn yn digwydd pan na fydd rhif yn rhannu'n union.

Enghraifft

$72 \div 4$

$4\overline{)72}$

Yn gyntaf, gwnewch $7 \div 4$. Mae hyn yn rhoi 1 a 3 ar ôl.
Rhowch yr 1 uwchben y 7 a chariwch y 3 fel yma.

$$4\overline{)7^{3}2}^{\;\;1}$$

Nawr gwnewch $32 \div 4$. Mae hyn yn rhoi 8. Rhowch yr 8 uwchben y $^{3}2$ fel yma.

$$4\overline{)7^{3}2}^{\;\;1\,8}$$

Felly $72 \div 4 = 18$

Dyma enghraifft arall: $85 \div 5$

$$5\overline{)8^{3}5}^{\;\;1\,7}$$

Felly $85 \div 5 = 17$

Ymarfer 10

Gwnewch y symiau yma.

1 $2\overline{)58}$ **7** $96 \div 6$

2 $3\overline{)54}$ **8** $128 \div 8$

3 $72 \div 4$ **9** $424 \div 4$

4 $64 \div 4$ **10** $276 \div 2$

5 $84 \div 7$ **11** $621 \div 3$

6 $76 \div 4$ **12** $364 \div 7$

Weithiau bydd yna weddill ar y diwedd.

Enghraifft

$58 \div 4$

$$4\overline{)5^18}\quad \text{gweddill } 2$$
$$1\,4$$

Rydym yn cario'r 2 drwy roi'r pwynt degol ac ychwanegu seroau.

$$4\overline{)5^18\,.\,0}$$
$$1\,4$$

Nawr gallwn orffen y sym.

$$4\overline{)5^18\,.\,^20}$$
$$1\,4\,.\,5$$

Felly $58 \div 4 = 14.5$

Ymarfer 11

Gwnewch y symiau yma.

1 $84 \div 8$ **5** $223 \div 5$

2 $138 \div 4$ **6** $354 \div 5$

3 $147 \div 4$ **7** $257 \div 8$

4 $162 \div 8$ **8** $387 \div 8$

9 Rhannu Hïr

Weithiau mae angen gwneud symiau rhannu hir. Fel arfer mae hyn yn digwydd pan fyddwn yn rhannu â rhif mwy na 10.

Enghraifft

$468 \div 12$

$$12\overline{)468}$$

Nid yw 12 yn mynd i mewn i 4 felly gwnewch $46 \div 12$

Bydd angen i ni ddarganfod sawl gwaith mae 12 yn mynd i mewn i 46.

$$12 \times 2 = 24$$
$$12 \times 3 = 36 \leftarrow$$
$$12 \times 4 = 48$$

Mae 12 yn mynd i mewn 3 gwaith. Rhowch y 3 uwchben y 6.

$$12\overline{)468}^{\quad3}$$

Gwnewch 3×12 a rhowch yr ateb dan y 46.

$$12\overline{)468}^{\quad3}$$
$$36$$

Nawr tynnwch y 36 o'r 46.

$$12\overline{)468}^{\quad3}$$
$$36$$
$$10$$

Y 10 yw'r 'cario'.
Nid ydym yn ei osod gyda'r 8.
Yn lle hyn rydym yn dod â'r 8 i lawr at y 10.

$$12\overline{)468}^{\quad3}$$
$$36\downarrow$$
$$108$$

Nawr gwnewch 108 ÷ 12

$12 \times 8 = 96$
$12 \times 9 = 108$ ←

Mae 12 yn mynd i mewn 9 gwaith yn union. Rhowch y 9 ar ôl y 3.

```
      3 9
12 ) 4 6 8
      3 6
    1 0 8
```

Gwnewch 9×12 a rhowch yr ateb dan y 108.

Pan fyddwch yn tynnu y tro yma fydd yna ddim gweddill.

Rydych chi wedi gorffen!

```
      3 9
12 ) 4 6 8
      3 6
    1 0 8
    1 0 8
    ─────
      ─
```

Felly $468 \div 12 = 39$

Weithiau bydd yna weddill ar y diwedd.

Enghraifft

$383 \div 14$

```
         2 7
14 ) 3 8 3
       2 8
     1 0 3
       9 8
       ───
         5
```

Gallwn fynd yn ein blaenau a rhannu'r 5 â'r 14 i gael degolyn.

Mae'n haws ei adael fel ffracsiwn.

$5 \div 14$ yw'r ffracsiwn $\frac{5}{14}$

Felly $383 \div 14 = 27\frac{5}{14}$

Ymarfer 12

Gwnewch y canlynol.

1   $516 \div 12$ 7 $782 \div 23$

2   $754 \div 13$ 8 $806 \div 26$

3   $924 \div 14$ 9 $864 \div 32$

4   $630 \div 15$ 10 $594 \div 27$

5   $660 \div 12$ 11 $1072 \div 16$

6   $522 \div 18$ 12 $1764 \div 18$

Ymarfer 13

Gwnewch y canlynol.

1   $697 \div 12$ 7 $211 \div 14$

2   $588 \div 13$ 8 $417 \div 17$

3   $759 \div 16$ 9 $406 \div 13$

4   $911 \div 22$ 10 $309 \div 18$

5   $870 \div 24$ 11 $3214 \div 14$

6   $776 \div 32$ 12 $4236 \div 15$

10 Rhannu â 10

Pan fyddwn yn rhannu â 10 mae'r holl ddigidau yn symud ar draws, **un** golofn i'r **dde**.
Mae hyn yn gwneud y rhif yn llai.

Enghraifft

230 ÷ 10 = 23

C   D   U

2   3   0
÷10   ÷10
    2   3

Dyma fwy o enghreifftiau.

M   C   D   U

    5   8   0   580 ÷ 10 = 58
        ÷10   ÷10
            5   8

2   4   6   0   2460 ÷ 10 = 246
÷10   ÷10   ÷10
    2   4   6

Ymarfer 14

Rhannwch bob un o'r rhifau yma â 10.

1 740   **5** 9040

2 80   **6** 7200

3 5960   **7** 5000

4 830   **8** 700 000

11 Rhannu â 100, 1000, ...

Pan fyddwn yn rhannu â 100 mae'r holl ddigidau yn symud ar draws, **dwy** golofn i'r **dde**. Y rheswm am hyn yw bod 100 = 10 × 10. Felly mae rhannu â 100 yr un fath â rhannu â 10 ddwy waith.

Enghraifft

7400 ÷ 100 = 74

M   C   D   U

7   4   0   0
    ÷100   ÷100
        7   4

Pan fyddwn yn rhannu â 1000 mae'r holl rifau yn symud ar draws, **tair** colofn i'r **dde**.

Enghraifft

74 000 ÷ 1000 = 74

DM M   C   D   U

7   4   0   0   0
    ÷1000   ÷1000
        7   4

Ymarfer 15

Gwnewch y symiau yma.

1 7800 ÷ 100   **5** 78 000 ÷ 100

2 5300 ÷ 100   **6** 78 000 ÷ 1000

3 6400 ÷ 100   **7** 200 000 ÷ 1000

4 42 000 ÷ 1000   **8** 200 000 ÷ 10 000

12 Rhannu â 20, 30, ...

Pan fyddwn yn rhannu â 20, mae hyn yr un fath â rhannu â 2 yna â 10. Y rheswm am hyn yw bod 20 = 2 × 10.

Enghraifft

Er mwyn gwneud 360 ÷ 20

yn gyntaf gwnewch

$$\begin{array}{r} 1\,8\,0 \\ 2\overline{)3\,{}^{1}6\,0} \end{array}$$

Yna gwnewch   180 ÷ 10 = 18

Felly   360 ÷ 20 = 18

Yn yr un ffordd mae rhannu â 30 yr un fath â rhannu â 3 yna rhannu â 10.

Enghraifft

Er mwyn gwneud 780 ÷ 30

yn gyntaf gwnewch

$$\begin{array}{r} 2\,6\,0 \\ 3\overline{)7^{1}8\,0} \end{array}$$

Yna gwnewch   260 ÷ 10 = 26

Felly   780 ÷ 30 = 26

Ymarfer 16

Gwnewch y symiau yma.

1 640 ÷ 20   5 7540 ÷ 20

2 240 ÷ 30   6 2820 ÷ 30

3 5680 ÷ 40   7 1890 ÷ 90

4 2350 ÷ 50   8 24 240 ÷ 80

13 Rhannu degolion â 10

Gallwn rannu degolion â 10 yn yr un ffordd.

Enghraifft 1

47.1 ÷ 10

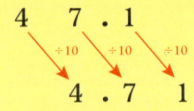

47.1 ÷ 10 = 4.71

Enghraifft 2

2.9 ÷ 10

2.9 ÷ 10 = 0.29

Ymarfer 17

Rhannwch bob un o'r degolion yma â 10.

1 51.7   3 4.3   5 4.02

2 86.2   4 5.69   6 10.5

14 Rhannu degolion â 100

Pan fyddwn yn rhannu â 100 mae'r holl ddigidau yn symud, **dwy** golofn i'r **dde**.

Enghraifft 1

257.1 ÷ 100

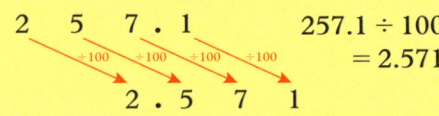

257.1 ÷ 100 = 2.571

Enghraifft 2

52.3 ÷ 100

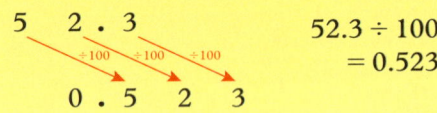

52.3 ÷ 100 = 0.523

Ymarfer 18

Rhannwch bob un o'r degolion yma â 100.

1 193.4   3 38.5   5 10.6

2 362.8   4 16.9   6 27.04

Geiriau eraill

Gall y gair yma hefyd olygu **rhannu**.

   cyniferydd

Enghraifft

Darganfyddwch **gyniferydd** 240 a 12.   } Yr ystyr yw 240 ÷ 12

15 Adio ffracsiynau

Er mwyn adio ffracsiynau, **mae'n rhaid** i'r rhifau ar y gwaelod (enwaduron) fod yr un fath.

Enghreifftiau

$\frac{2}{7} + \frac{3}{7} = \frac{5}{7}$

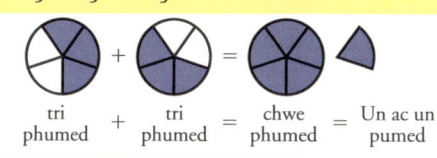

dau seithfed + tri seithfed = pum seithfed

$\frac{3}{5} + \frac{3}{5} = \frac{6}{5} = 1\frac{1}{5}$

tri phumed + tri phumed = chwe phumed = Un ac un pumed

Ymarfer 19

Gwnewch y symiau yma.

1 $\frac{2}{9} + \frac{5}{9}$ **3** $\frac{8}{12} + \frac{5}{12}$ **5** $\frac{6}{8} + \frac{5}{8}$

2 $\frac{5}{12} + \frac{4}{12}$ **4** $\frac{4}{5} + \frac{3}{5}$ **6** $\frac{9}{11} + \frac{5}{11}$

Weithiau mae'r ddau rif gwaelod yn wahanol. Cyn i ni fedru adio'r ffracsiynau **mae'n rhaid** i ni drefnu fod y ddau yr un fath.

Enghraifft

$\frac{2}{3} + \frac{1}{6}$

Rhaid i ni ddarganfod rhif mae 3 a 6 yn rhannu'n union i mewn iddo.

Rhifau mae 3 yn rhannu'n union i mewn iddynt:
3 ⑥ 9 12 …

Rhifau mae 6 yn rhannu'n union i mewn iddynt:
⑥ 12 18 …

Y rhif cyntaf sy'n ymddangos yn y ddwy restr yw 6. Gelwir y 6 yn gyfenwadur (enwadur cyffredin) yr enwaduron 3 a 6.

Nawr, ysgrifennwch y ffracsiynau gan roi 6 yn y gwaelod.

$\frac{2}{3} = \frac{?}{6}$ felly $\frac{2}{3} = \frac{4}{6}$ felly $\frac{2}{3} = \frac{4}{6}$.

Gallwn weld hyn mewn diagram.

Nid oes angen newid yr $\frac{1}{6}$.

Felly $\frac{2}{3} + \frac{1}{6} = \frac{4}{6} + \frac{1}{6} = \frac{5}{6}$

Dyma enghraifft arall

$\frac{2}{3} + \frac{1}{4}$

Rhifau mae 3 yn rhannu'n union i mewn iddynt:

3 6 9 ⑫ 15 …

Rhifau mae 4 yn rhannu'n union i mewn iddynt:

4 8 ⑫ 16 …

Rhaid i ni newid y ddau ffracsiwn yn rhannau o ddeuddeg (deuddegfedau). 12 yw'r cyfenwadur.

$\frac{2}{3} = \frac{?}{12}$ $\frac{2}{3} = \frac{8}{12}$

$\frac{1}{4} = \frac{?}{12}$ $\frac{1}{4} = \frac{3}{12}$

Felly $\frac{2}{3} + \frac{1}{4} = \frac{8}{12} + \frac{3}{12} = \frac{11}{12}$

Ymarfer 20

Gwnewch y symiau yma.

1 $\frac{1}{4} + \frac{1}{2}$ **7** $\frac{1}{3} + \frac{1}{5}$

2 $\frac{1}{5} + \frac{1}{10}$ **8** $\frac{2}{7} + \frac{1}{2}$

3 $\frac{2}{5} + \frac{3}{10}$ **9** $\frac{2}{5} + \frac{1}{3}$

4 $\frac{5}{8} + \frac{1}{4}$ **10** $\frac{1}{7} + \frac{4}{5}$

5 $\frac{5}{12} + \frac{1}{6}$ **11** $\frac{1}{8} + \frac{3}{7}$

6 $\frac{5}{9} + \frac{1}{3}$ **12** $\frac{1}{2} + \frac{1}{3} + \frac{1}{4}$

16 Tynnu ffracsiynau

Mae hyn yn debyg iawn i adio ffracsiynau.

Enghraifft

$\frac{3}{5} - \frac{2}{5} = \frac{1}{5}$

Mae'n rhaid i'r ddau rif gwaelod fod yr un fath unwaith eto.

Enghraifft

$\frac{3}{8} - \frac{1}{4}$

Rhifau mae 8 yn rhannu'n union i mewn iddynt:
⑧ 16 24 …

Rhifau mae 4 yn rhannu'n union i mewn iddynt:
4 ⑧ 12 16 …

$\frac{1}{4} = \frac{?}{8} \qquad \frac{1}{4} = \frac{2}{8}$

Nid oes angen newid y $\frac{3}{8}$.

Felly $\frac{3}{8} - \frac{1}{4} = \frac{3}{8} - \frac{2}{8} = \frac{1}{8}$

17 Symleiddio ffracsiynau

Enw arall ar hyn yw **canslo**.

Rydym yn chwilio am rif sy'n rhannu'n union i mewn i'r rhif top a'r rhif gwaelod.

Enghraifft 1

Symleiddiwch $\frac{6}{15}$

Mae 3 yn rhannu'n union i mewn i 6 a 15

$\frac{6}{15} = \frac{2}{5}$

Gallwn rannu â mwy nag un rhif.

Enghraifft 2

Symleiddiwch $\frac{18}{24}$

$\frac{18}{24} = \frac{9}{12} = \frac{3}{4}$

Ymarfer 21

Gwnewch y symiau yma.

1 $\frac{7}{8} - \frac{2}{8}$ **7** $\frac{1}{4} - \frac{1}{5}$

2 $\frac{2}{5} - \frac{1}{5}$ **8** $\frac{3}{6} - \frac{1}{3}$

3 $\frac{7}{11} - \frac{3}{11}$ **9** $\frac{6}{7} - \frac{2}{3}$

4 $\frac{3}{5} - \frac{1}{10}$ **10** $\frac{3}{4} - \frac{2}{3}$

5 $\frac{5}{8} - \frac{1}{4}$ **11** $\frac{5}{8} - \frac{2}{5}$

6 $\frac{11}{12} - \frac{2}{3}$ **12** $\frac{10}{11} - \frac{5}{8}$

Ymarfer 22

Symleiddiwch y canlynol.

1 $\frac{3}{6}$ **7** $\frac{12}{18}$

2 $\frac{4}{6}$ **8** $\frac{16}{24}$

3 $\frac{10}{15}$ **9** $\frac{24}{36}$

4 $\frac{14}{21}$ **10** $\frac{18}{30}$

5 $\frac{8}{12}$ **11** $\frac{15}{45}$

6 $\frac{20}{50}$ **12** $\frac{28}{70}$

PENNOD 1

1 a DM10 = £5 **b** DM13 = £6.50 **c** £3.50 = DM7

2 a

Nifer yr oriau	1	2	3	4	5
Cyflog £	5	10	15	20	25

b

Graff yn dangos cyflog Alys

3 hanner nos − 19 30 = 4 awr a 30 munud

4 awr 30 mun + 16 awr 48 mun = 21 awr 18 mun

4 a Aros o 7.50 hyd at 8.00 sy'n 10 munud. **b** 35 km

c (1) Teithiodd Madog gyflymaf yn y rhan gyntaf.

(2) Mae'r graff yn fwy serth o 7.30 i 7.50.

ch Mae 15 km mewn 30 munud yn fuanedd o 30 km yr awr.

PENNOD 2

1 a 289 **b** 12.96 **c** 0.0064

2 a 25 **b** 2.81 (2 ll.d.) **c** 111.11 (2 ll.d.) **ch** 0.11

3 a 16 807 **b** 28 561 **c** 592.704 **ch** 0.000 064

4 a 5 **b** 2 **c** 1.416 (3 ll. d.) **ch** 0.3

5 a 193 **c** 34 **d** 304 **e** 4

b 83 **ch** 19 **dd** 144 **f** 6.8

6 a 73.5 **b** 0.069 **c** 6.90 **ch** 0.0304

7 a (1) amcangyfrif 300 + 600 = 900 (3) amcangyfrif 6 × 3 = 18

(2) amcangyfrif 1000 − 900 = 100 (4) amcangyfrif 500 ÷ 20 = 25

b (1) 916 (2) 327 (3) 17.92 (4) 28

Mae'r holl amcangyfrifon yn eithaf agos at yr atebion cywir, ac eithrio rhan (2). Yn yr achos yma mae talgrynnu i un ffigur ystyrlon yn anghywir iawn.

8 a 6 × 90 = 540 **b** £5 + £8 + £22 + £9 = £44

Mae pob un wedi ei dalgrynnu i'r £ agosaf.

9 a Mae $\sqrt{25} = 5$, $\sqrt{36} = 6$, $\sqrt{30}$ sydd tua 5.5

b Mae $\sqrt{49} = 7$, $\sqrt{64} = 8$, $\sqrt{61}$ sydd tua 7.8

c Mae $\sqrt{64} = 8$, $\sqrt{81} = 9$, $\sqrt{80}$ sydd tua 8.9

d Mae $\sqrt{16} = 4$, $\sqrt{25} = 5$, $\sqrt{17}$ sydd tua 4.1

Gan fod y rhain i gyd yn amcangyfrifon, gallwch ganiatáu unrhyw ateb sy'n agos atynt.

1 **a** grwpiau: 1–5, 6–10, 11–15, 16–20, 21–25, 26–30

b

Amser a gymerwyd (mun)	Marciau Rhifo	Cyfanswm
1–5	Ⅲ Ⅰ	6
6–10	Ⅲ Ⅲ	10
11–15	Ⅲ	3
16–20	ⅢⅠ	4
21–25	Ⅲ	5
26–30	Ⅱ	2

c

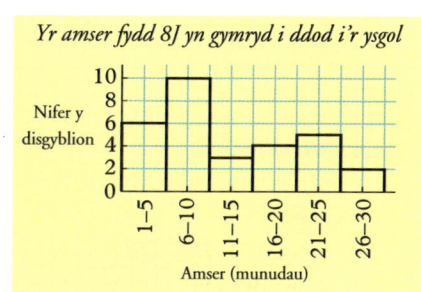

Yr amser fydd 8J yn gymryd i ddod i'r ysgol

Nifer y disgyblion

Amser (munudau)

2 $10 + 4 + 9 + 7 = 30$ disgybl $360° \div 30 = 12°$

	Nifer y disgyblion	Gwaith	Ongl
Radio 1	10	10×12	120°
Radio 2	4	4×12	48°
Radio Cymru	9	9×12	108°
Atlantic 252	7	7×12	84°
Cyfanswm	30		360°

Hoff orsaf radio Dosbarth 8J

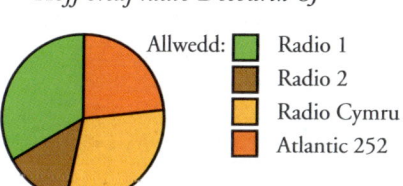

Allwedd:
- Radio 1
- Radio 2
- Radio Cymru
- Atlantic 252

3

	Nifer y disgyblion	Gwaith	Ongl
Radio 1	11	$360 \div 28 \times 11 =$	141°
Radio 2	3	$360 \div 28 \times 3 =$	39°
Radio Cymru	8	$360 \div 28 \times 8 =$	103°
Atlantic 252	6	$360 \div 28 \times 6 =$	77°
Cyfanswm	28		360°

Hoff orsaf radio Dosbarth 8L

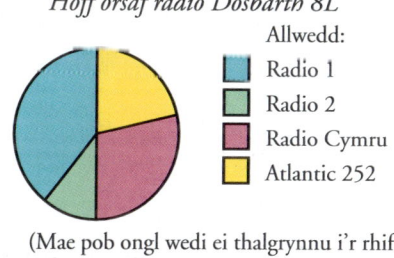

Allwedd:
- Radio 1
- Radio 2
- Radio Cymru
- Atlantic 252

(Mae pob ongl wedi ei thalgrynnu i'r rhif cyfan agosaf)

4 **a** Mae (1) yn dueddol   Gall (2) arwain at nifer o atebion
Nid yw (3) yn glir   Mae (4) yn gwbl amherthnasol i'r arolwg.

b (1) Darllennwch y gosodiad canlynol:
'Nid yw disgyblaeth mewn ysgolion gystal ag y bu'.
Rhowch gylch o amgylch un o'r rhifau: cytuno'n gryf 1 2 3 4 5 anghytuno'n gryf.

(2) Sut y byddech chi'n disgrifio ymddygiad plant yn eich cymuned:
☐ da iawn   ☐ derbyniol   ☐ gwael   ☐ gwael iawn?

(3) Darllennwch y gosodiad canlynol:
'Nid oes gan blant ddigon o ryddid i wneud eu penderfyniadau eu hunain'
Rhowch gylch o amgylch un o'r rhifau : cytuno'n gryf 1 2 3 4 anghytuno'n gryf

(4) Yn eich barn chi faint o waith mae plant yn ei gael yn yr ysgol:
☐ Gormod   ☐ Tua'r hyn ddylent ei gael   ☐ Dim digon   ☐ Ddim yn gwybod

PENNOD 4

1 a

Nifer y teils glas	1	2	3	4	5
Nifer y teils llwyd	5	8	11	14	17

b 3 teilsen lwyd
c nifer y teils llwyd $= 3 \times$ nifer y teils glas
ch adio 2
d nifer y teils *l*lwyd $= 3 \times$ nifer y teils *g*las + 2
dd $3 \times 17 + 2 = 51 + 2 = 53$

e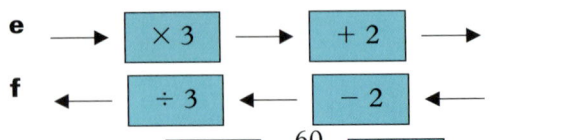

f

ff $20 \leftarrow \boxed{\div 3} \leftarrow \overset{60}{} \leftarrow \boxed{- 2} \leftarrow$ 62, 20 o deils glas

2 term 1: $4 \times 1 + 3 = 7$ term 2: $4 \times 2 + 3 = 11$ term 3: $4 \times 3 + 3 = 15$

3 a $2 \times 2 + 10 = 14$ **c** $7 \times 7 = 49$ **d** $2 \times 5 \times 5 = 50$
   b $2 \times 5 + 7 = 14$ **ch** $5 \times 5 \times 5 = 125$ **dd** $(2 \times 5)^2 = 10 \times 10 = 100$

4 a $4x + 5 = 3x + 12$ **b** $7x - 10 = 3x + 2$
        $4x = 3x + 7$ $7x = 3x + 12$
         $x = 7$ $4x = 12$
                                          $x = 3$

PENNOD 5

1 a 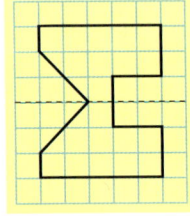   **b**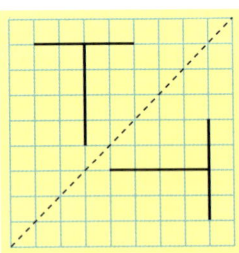

2 a 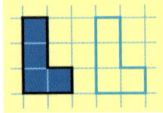   **b**    **c**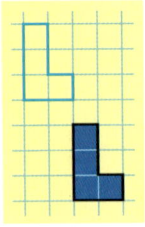

3 a    **b**

368

4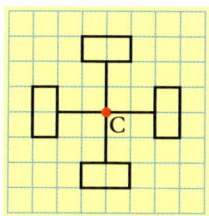

5 a 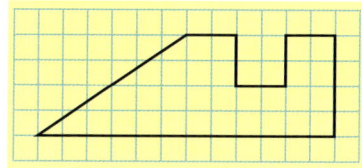 **b**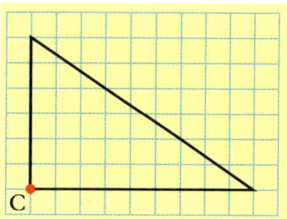

PENNOD 6

1 $-5\,°C, -3\,°C, -1\,°C, 0\,°C, 1\,°C, 2\,°C, 6\,°C$

2 **a** $5\,°C > 3\,°C$ **b** $-6\,°C > -8\,°C$ **c** $-4\,°C < 0\,°C$

3 Y gwahaniaeth rhwng $-9\,°C$ a $43\,°C$ yw $52°$.

4 **a** 6 **b** -6 **c** -9 **ch** 1

5 **a** 10 **c** -4 **d** -15 **e** -60
 b 7 **ch** -8 **dd** 8 **f** 5

6 **a** -1736 **c** -17 **d** 20
 b -7 **ch** 23 **dd** 1035

7 **a** $r = 68 - 25 = 43$ **c** $r = 35 - 25 = -60$
 b $r = 12 - 25 = -13$

8 **a** $v = 5 \times 6 - 12 = 18$ **c** $v = 5 \times 4 - 12 = -32$
 b $v = 5 \times 2 - 12 = -2$

9 **a** $-2 \times -2 = 4$ **c** $8 \times -2 \times -2 \times -2 = -64$
 b $5 \times -2 \times -2 = 20$

10 **a** $E = 5 \times 3 \times 3 = 45$ **c** $E = 5 \times -5 \times -5 = 125$
 b $E = 5 \times 1 \times 1 = 5$

PENNOD 7

1 **a** $a = 180° - 71° - 41° = 68°$ **ch** triongl isosgeles: $f = 34°$
 b $b = 360° - 107° - 90° = 163°$ $g = 180° - (2 \times 34°) = 112°$
 c $c = 180° - 32° = 148°$,
 $d = 32°$ (onglau cyferbyn),
 $e - 148°$ (onglau cyferbyn)

2 **a** $g = 48°$, $h = 132°$, $i = 48°$ **b** $m = 72°$, $n = 108°$
$j = 132°$, $k = 48°$ $p = 108°$, $q = 72°$
$l = 132°$ $r = 108°$, $s = 72°$,

3 **a** $s = 112°$ (cyfatebol)   **b** $t = 57°$ (eiledol)   **c** $u = 99°$ (mewnol)

4 **a** Gellir rhannu octagon yn 6 thriongl.
Felly swm yr onglau mewnol $= 6 \times 180° = 1080°$
b Un ongl fewnol $= 1080° \div 8 = 135°$

5 **a** $240° - 180° = 060°$
Cyfeiriant A o B $= 060°$
b $115° + 180° = 295°$
Cyfeiriant A o B $= 295°$
c $77° + 180° = 255°$
Cyfeiriant A o B $= 255°$

PENNOD 8

1 Mae 14 taffi yn y bag.
a $\frac{4}{14} = \frac{2}{7}$ **b** $\frac{10}{14} = \frac{5}{7}$

2 Mae 15 o bensilau yn y cas.
a (1) $3 \times 2 = 6$ (2) $5 \times 2 = 10$ (3) $7 \times 2 = 14$
b (1) $3 \times 6 = 18$ (2) $5 \times 6 = 30$ (3) $7 \times 6 = 42$

3 $1 - \frac{2}{5} = \frac{3}{5}$

4 $\frac{1}{6} + \frac{7}{12} = \frac{2}{12} + \frac{7}{12} = \frac{9}{12}$
$1 - \frac{9}{12} = \frac{3}{12} = \frac{1}{4}$

Mae'r tebygolrwydd y bydd yn para mwy na 20 munud yn $\frac{1}{4}$.

5 **a** $P(A) = \frac{3}{6} = \frac{1}{2}$ **b** $P(A') = 1 - P(A) = 1 - \frac{1}{2} = \frac{1}{2}$

6 **a**

		Ail fag					
		C	C	G	G	G	M	M
Bag cyntaf	C	C,C	C,C	C,G	C,G	C,G	C,M	C,M
	C	C,C	C,C	C,G	C,G	C,G	C,M	C,M
	C	C,C	C,C	C,G	C,G	C,G	C,M	C,M
	G	G,C	G,C	G,G	G,G	G,G	G,M	G,M
	M	M,C	M,C	M,G	M,G	M,G	M,M	M,M

b Mae 35 o ganlyniadau posibl.
(1) $\frac{2}{35}$ (▭)   (2) $\frac{11}{35}$ (◯)   (3) $\frac{19}{35}$ (◇)

1 Mae 12 allan o 50 yr un fath â 24 allan o 100, sydd yn 24%.

2 **a** 10% o £9.50 = 95 c   **b** 10% o £12.50 = £1.25

3 **a** 10% o £400 = £40
   b 40% o £400 = 4 × £40 = £160
   c 50% o £340 = £170, felly mae 25% yn £170 ÷ 2 = £85

4 **a** 48% o 6700 = 0.48 × 6700 = 3216 person
   b 7% o 1327 = 0.07 × 1327 = £92.89
   c $67\frac{1}{2}$% o 750 = 0.675 × 750 = 506.25 g
   d $38\frac{1}{4}$% o 1200 = 0.3825 × 1200 = 459 cm

5 **a** $17\frac{1}{2}$% o 30 = 0.175 × 30 = £5.25

   b $17\frac{1}{2}$% o 40 = 0.175 × 40 = £7

6 $\frac{26}{40}$ = 26 ÷ 40 = 0.65 = 65%

7 Cyfanswm y ceir a werthwyd = 2400 + 3600 = 6000
   $\frac{2400}{6000}$ = 24 ÷ 60 = 0.4 = 40%
   Y canran a werthwyd ym mis Awst yw 40%

8 **a** $\frac{1}{7}$ o 28 = 28 ÷ 7 = 4, felly $\frac{2}{7}$ yw 8 dant
   b $1 - \frac{2}{7} = \frac{5}{7}$ heb lenwad

9 **a** Cyfanswm y teisennau a werthwyd = 24 + 28 + 28 + 36 + 44 = 160
   Y ffracsiwn a werthwyd ddydd Llun = $\frac{24}{160} = \frac{3}{20}$
   Y ffracsiwn a werthwyd ddydd Mawrth = $\frac{28}{160} = \frac{7}{40}$
   Y ffracsiwn a werthwyd ddydd Mercher = $\frac{28}{160} = \frac{7}{40}$
   Y ffracsiwn a werthwyd ddydd Iau = $\frac{36}{160} = \frac{9}{40}$
   Y ffracsiwn a werthwyd ddydd Gwener = $\frac{44}{160} = \frac{11}{40}$

   b Dydd Llun 3 ÷ 20 = 0.15 = 15%
   Dydd Mawrth 7 ÷ 40 = 0.175 = $17\frac{1}{2}$%
   Dydd Mercher 7 ÷ 40 = 0.175 = $17\frac{1}{2}$%
   Dydd Iau 9 ÷ 40 = 0.225 = $22\frac{1}{2}$%
   Dydd Gwener 11 ÷ 40 = $27\frac{1}{2}$%

PENNOD 10

1 **a** $x = 5$ **b** $y = 4$ **c** $y = -3$ **ch** $x = -2$

2 $x = 5$, $y = 3$

3 **a** $y = 5x + 1$ yw'r fwyaf serth   **b** $y = x + 7$ yw'r leiaf serth

4 **a** Mae'r llinellau yn baralel.
  b Mae $y = x + 7$ yn croesi'r echelin y yn y pwynt $(0, 7)$
  c $y = x + 7$ yw'r uchaf ar y grid
  ch $y = x$ yw'r isaf ar y grid.
  d Byddai $y = x + 2$ rhwng $y = x$ ac $y = x + 4$

5 $y = 2 \times 4 - 2$
  $ = 8 - 2$
  $ = 6$
  Mae'r pwynt $(4, 6)$ yn gorwedd ar y llinell $y = 2x - 2$.

6 $y = 3 \times 4 - 2$ $y = 3 \times 0 - 2$ $16 = 3 \times x - 2$
  $ = 12 - 2$ $ = 0 - 2$ $18 = 3 \times x$
  $ = 10$ $ = -2$ $6 = x$
  $(4, 10)$ $(0, -2)$ $(6, 16)$

7 **a** $y = 2x + 4$
  b $y = 1 - x$

PENNOD 11

1 **a** $300 \, \text{cm} = (300 \div 100) \, \text{m} = 3 \, \text{m}$ **d** $7.2 \, \text{kg} = 7.2 \times 1000 \, \text{g} = 7200 \, \text{g}$
  b $7 \, \text{km} = 7 \times 1000 \, \text{m} = 7000 \, \text{m}$ **dd** $0.4 \, \text{t} = 0.4 \times 1000 \, \text{kg} = 400 \, \text{kg}$
  c $8.6 \, \text{m} = 8.6 \times 100 \, \text{cm} = 860 \, \text{cm}$ **e** $3000 \, \text{m}l = (3000 \div 1000) \, l = 3 \, l$
  ch $4500 \, \text{g} = (4500 \div 1000) \, \text{kg} = 4.5 \, \text{kg}$ **f** $4.8 \, l = 4.8 \times 1000 \, \text{m}l = 480 \, \text{m}l$

2 **a** $2 \times 3 = 6$
      $\frac{1}{2} \text{ o } 3 = 1\frac{1}{2}$

  b Mae 3 modfedd yn $6 + 1\frac{1}{2} = 7\frac{1}{2}$ cm

      Mae 177 llath fymryn yn llai na 177 m, sef tua $160 - 170 \, \text{m}$

  c $\frac{1}{2}$ o 30 yw 15, $30 + 15 = 45$

      Mae 30 milltir yr awr fymryn yn fwy na 45 km yr awr, tua 48 km yr awr
  ch Mae 4 owns tua $4 \times 30 \, \text{g} = 120 \, \text{g}$
  d Mae 165 pwys fymryn yn llai na hanner 165 kg sef, 82.5 kg. Mae tua 75 kg.
  dd Mae 3 galwyn fymryn yn llai na 3×5 neu $15 \, l.$
  e Mae 1 peint fymryn yn fwy na $\frac{1}{2} \, l$

3 **a** $3 \, \text{modfedd} = 3 \times 2.5 \, \text{cm} = 7.5 \, \text{cm}$
  b $177 \, \text{llath} = 177 \times 0.9 \, \text{m} = 159.3 \, \text{m}$
  c $30 \, \text{milltir yr awr} = 30 \times 1.6 \, \text{km yr awr} = 48 \, \text{km yr awr}$
  ch $4 \, \text{owns} = 4 \times 28 \, \text{g} = 112 \, \text{g}$
  d $165 \, \text{pwys} = 165 \times 0.45 \, \text{kg} = 74.25 \, \text{kg}$
  dd $3 \, \text{galwyn} = 3 \times 4.5 \, l = 13.5 \, l$
  e $1 \, \text{peint} = 0.57 \, l$

4　**a**　6 oed : 18 oed = 6 : 18 = 1 : 3

　　b　£60 wedi ei rannu yn ôl y gymhareb 1 : 3
　　　　1 + 3 = 4 (Mae angen rhannu'n 4)
　　　　Mae un rhan yn 60 ÷ 4 = £15
　　　　Felly mae Melangell yn cael £15 ac mae Cefin yn cael 3 × 15 = **£45**.

5　**a**　Rydych yn ychwanegu　3 × 250 ml = 750 ml o ddŵr

　　b　750 + 250 = 1000 ml = 1 l o ddiod oren sy'n cael ei wneud.

6　**a**　$12 : 20 = \frac{12}{4} : \frac{10}{5} = 3 : 5$　　　　　**c**　$50 : 45 = \frac{50}{5} : \frac{45}{5} = 10 : 9$

　　b　$15 : 10 = \frac{15}{5} : \frac{10}{5} = 3 : 2$　　　　**ch**　$10 : 1000 = \frac{10}{10} : \frac{1000}{10} = 1 : 100$

7　**a**　5 cm : 1 km = 5 : 100 000 = 1 : 20 000　　**b**　7 : 20 = 1 : 2.86

8　**a**　24 ÷ 4 = 6 km

　　b　2.5 × 4 = 10 cm

9　**a**　300 m = 300 × 100 cm = 30 000 cm
　　　　Ar y model mae 30 000 cm yn 30 000 ÷ 500 = 60 cm

　　b　15 cm × 500 = 7500 cm
　　　　　　　　　　= (7500 ÷ 100) m
　　　　　　　　　　= 75 m

PENNOD 12

1　**a**　Arwynebedd = hyd × lled = 6.5 × 8 = 52 m^2

　　b　Arwynebedd = $\dfrac{\text{sail} \times \text{uchder}}{2}$ = $\dfrac{10 \times 12}{2}$ = 60 cm^2

　　c　Arwynebedd = sail × uchder = 14 × 20 = 280 mm^2

　ch　Arwynebedd = $\dfrac{a + b}{2} \times u = \dfrac{15 + 35}{2} \times 18 = \dfrac{50}{2} \times 18 = 450$ mm^2

　　d　Arwynebedd = $\dfrac{\text{lluoswm y croesliniau}}{2}$ = $\dfrac{12 \times 25}{2}$ = 150 cm^2

　dd

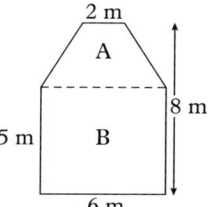

Arwynebedd A　　$= \dfrac{a + b}{2} \times u$

　　　　　　　　　$= \dfrac{6 + 2}{2} \times 3$

　　　　　　　　　$= 4 \times 3 = 12$ m^2

Arwynebedd B　　$= 6 \times 5 = 30$ m^2

Cyfanswm arwynebedd　$= 12 + 30$
　　　　　　　　　　　　$= 42$ m^2

2   Perimedr $= 8 + 6.5 + 8 + 6.5 = 29\,\text{m}$

3   Arwynebedd newydd $= 15 \times 10^2 = 1500\,\text{cm}^2$

4   Arwynebedd newydd $\quad = $ arwynebedd gwreiddiol $\times 2^2$
Arwynebedd gwreiddiol $\quad = $ arwynebedd newydd $\div 2^2 = 48 \div 4$
$\qquad\qquad\qquad\qquad = 12\,\text{cm}^2$

PENNOD 13

1 **a** Cymedr $= \dfrac{7 + 6 + 9 + 0 + 3 + 4 + 7 + 6 + 4 + 7}{10}$

$\qquad\qquad = 53 \div 10 = 5.3$

b Y modd yw'r rhif mwyaf cyffredin $= 7$

c Ysgrifennu'r rhifau mewn trefn: 0   3   4   4 $\boxed{6\ \ 6}$ 7   7   7   9
Y canolrif yw cymedr y ddau rif canol $= 6$

ch Amrediad $= $ rhif mwyaf $-$ rhif lleiaf
$\qquad\qquad = 9 - 0 = 9$

2 **a** Y modd yw'r nifer mwyaf cyffredin o deithwyr mewn ceir $= 1$

b

Nifer y teithwyr	Nifer y ceir	Cyfanswm nifer y teithwyr
1	23	$1 \times 23 = 23$
2	16	$2 \times 16 = 32$
3	7	$3 \times 7\ = 21$
4	3	$4 \times 3\ = 12$
5	1	$5 \times 1\ = 5$
Cyfanswm	50	93

Nifer cymedrig y teithwyr ym
mhob car $= 93 \div 50 = 1.86$

c

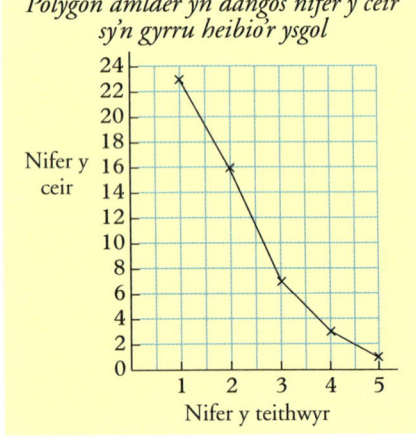

Polygon amlder yn dangos nifer y ceir sy'n gyrru heibio'r ysgol

3 **a**

Hyd mewn cm	Marciau rhifo	Cyfanswm
0 ond llai na 3	||||	4
3 ond llai na 6	ⅢⅢ ⅢⅢ	10
6 ond llai na 9	ⅢⅢ ⅢⅢ ⅢⅢ ⅢⅢ	20
9 ond llai na 12	ⅢⅢ |	6

b Y grŵp moddol yw 6 ond llai na 9 gan ei fod yn cynnwys y rhan fwyaf o
eginblanhigion.

c, ch

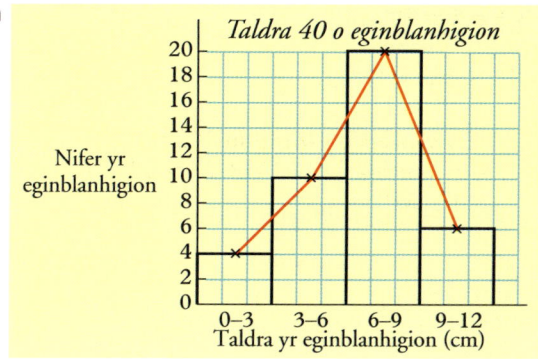

Taldra 40 o eginblanhigion

Nifer yr
eginblanhigion

0–3   3–6   6–9   9–12
Taldra yr eginblanhigion (cm)

e

Hyd mewn cm (canolbwyntiau)	1.5	4.5	7.5	10.5
Nifer yr eginblanhigion	4	10	20	6

$$\text{Amcangyfrif ar gyfer y cymedr} = \frac{(4 \times 1.5) + (10 \times 4.5) + (20 \times 7.5) + (6 \times 10.5)}{40}$$

$$= \frac{264}{40} = 6.6$$

PENNOD 14

1 a 1 litr   **b** 60 ml   **c** 2 litr
Gan fod y rhain i gyd yn amcangyfrifon caniatewch unrhyw ateb sy'n agos atynt.

2 a Arwynebedd y trawstoriad $= 5 \times 5 \times 5$
                                     $= 125\,cm^2$
    Cyfaint y prism $= 125 \times 13 = 1625\,cm^3$

b Arwynebedd y trawstoriad $= (8.5 \times 14) - (4.5 \times 6)$
                                     $= 92\,cm^2$
    Cyfaint y prism $= 92 \times 5$
                                     $= 460\,cm^3$

c Cyfaint $= 78 \times 40 \times 25$
                                     $= 78\,000\,cm^3$

ch Arwynebedd y trawstoriad $= \frac{1}{2} \times 8 \times 7$
                                     $= 28\,cm^2$
    Cyfaint y prism $= 28 \times 14$
                                     $= 392\,cm^3$

3 a Mae'r tanc yn mesur 120 cm wrth 120 cm wrth 80 cm
    Cyfaint y tanc $= 1\,152\,000\,cm^3$
b Cyfaint y dŵr $= 120 \times 120 \times 70$
                                $= 1\,008\,000\,cm^3$
                                $= 1008$ litr

375

1

Gwerth x	Gwerth $x^2 + 56$	
20	456	rhy fach
30	956	rhy fawr
25	681	rhy fawr
24	632	rhy fawr
23	585	rhy fach
23.8	622.44	rhy fawr
23.7	617.69	rhy fach
23.75	620.0625	rhy fawr

Mae x rhwng 23.7 a 23.75

Ateb: $x = 23.7$ i 1 lle degol.

2 a

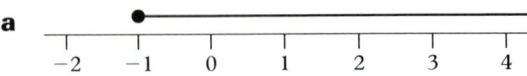

b

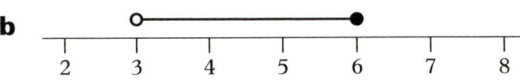

c

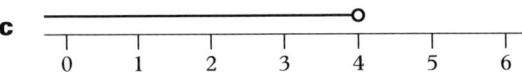

ch

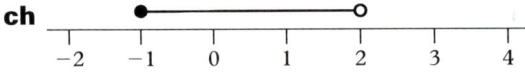

3 Yr unig rif sgwâr rhwng 12 a 19 yw 16 sydd yn 4^2.

4 Yn $7 \leqslant x < 11$, gall x fod yn 7, 8, 9, 10.

5 Yn $x < 7$, gwerth rhif cyfan mwyaf x yw 6.

6 Yn $x \geqslant 8$, gwerth rhif cyfan isaf x yw 8.

7 a
$$x + 3 < 7$$
$$x + 3 - 3 < 7 - 3$$
$$x < 4$$

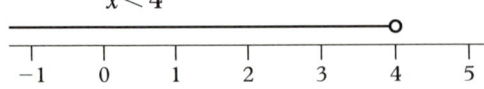

b
$$x - 4 \geqslant 1$$
$$x - 4 + 4 \geqslant 1 + 4$$
$$x \geqslant 5$$

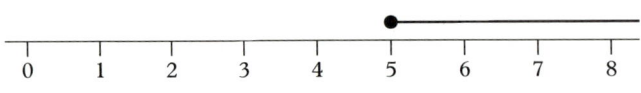

8 **a** $3x \geqslant 18$

$\frac{3x}{3} \geqslant \frac{18}{3}$

$x \geqslant 6$

b $\frac{x}{4} \leqslant 2$

$\frac{x}{4} \times 4 \leqslant 2 \times 4$

$x \leqslant 8$

c $4x - 7 < 13$

$4x - 7 + 7 < 13 + 7$

$4x < 20$

$\frac{4x}{4} < \frac{20}{4}$

$x < 5$

ch $7 \leqslant 3x - 2 < 22$

$7 + 2 \leqslant 3x - 2 + 2 < 22 + 2$

$9 \leqslant 3x < 24$

$\frac{9}{3} \leqslant \frac{3x}{3} < \frac{24}{3}$

$3 \leqslant x < 8$

9 **a** $2 \leqslant x < 4$

b $-10 < x \leqslant 5$

PENNOD 16

1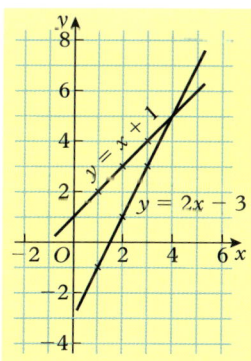

a (1)

x	1	2	3
y	2	3	4

b (1)

x	1	2	3
y	1	1	3

c Cyfesurynnau'r croestorfan yw (4, 5)

2 Dyma *ddau* bwynt ar bob llinell:

a $0 + y = 7$ $x + 0 = 7$
$y = 7$ $x = 7$
$(0, 7)$ $(7, 0)$

c $0 + 3y = 6$ $x + 0 = 6$
$y = 2$ $x = 6$
$(0, 2)$ $(6, 0)$

b $0 + y = 4$ $2x + 0 = 4$
$y = 4$ $x = 2$
$(0, 4)$ $(2, 0)$

ch $0 + 2y = 12$ $3x + 0 = 12$
$y = 6$ $x = 4$
$(0, 6)$ $(4, 0)$

3 **a** $0 - 4y = 12$ $3x - 0 = 12$
$y = -3$ $x = 4$
$(0, -3)$ $(4, 0)$

c $0 - 5y = 30$ $6x - 0 = 30$
$y = -6$ $x = 5$
$(0, -6)$ $(5, 0)$

b $0 + 7y = 35$ $5x + 0 = 35$
$y = 5$ $x = 7$
$(0, 5)$ $(7, 0)$

ch $0 - 2y = 14$ $7x - 0 = 14$
$y = -7$ $x = 2$
$(0, -7)$ $(2, 0)$

4 **a** $2c + 3s = 12$

$4c + 2s = 16$

b

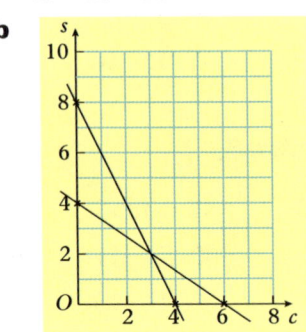

$2c + 3s = 12$

Pan yw $c = 0$	Pan yw $s = 0$
$2 \times 0 + 3s = 12$	$2c + 3 \times 0 = 12$
$3s = 12$	$2c = 12$
$s = 4$	$c = 6$
Mae hyn yn rhoi $(0, 4)$	Mae hyn yn rhoi $(6, 0)$

$4c + 2s = 16$

Pan yw $c = 0$	Pan yw $s = 0$
$4 \times 0 + 2s = 16$	$4c + 0 = 16$
$2s = 16$	$4c = 16$
$s = 8$	$c = 4$
Mae hyn yn rhoi $(0, 8)$	Mae hyn yn rhoi $(4, 0)$

Mae'r croestorfan yn $(3, 2)$. Mae hyn yn golygu fod $c = 3$ ac $s = 2$.

Felly mae un cyw iâr a sglodion yn costio £3, ac un selsig a sglodion yn costio £2.

c Os yw $c = 3$ ac $s = 2$, bydd Steffan yn prynu dau gyw iâr a sglodion am $2 \times 3 = $ £6 a thri selsig a sglodion am $3 \times 2 = $ £6 sy'n rhoi cyfanswm o £12. Bydd Cefin yn prynu pedwar cyw iâr a sglodion am $4 \times 3 = $ £12 a dau selsig a sglodion am $2 \times 2 = $ £4 sy'n rhoi cyfanswm o £16.

5 **a**
$$4x + 3y = 19$$
$$x + 3y = 16$$
Tynnwch $3x \quad = 3$
$$x = 1$$
Rhowch $x = 1$ yn hafaliad (1):
$$4 + 3y = 19$$
$$3y = 15$$
$$y = 5$$
Gwiriwch: $x = 1$, $y = 5$ yn hafaliad (2)
$1 + 15 = 16$ ✓cywir

b
$$3x + y = 10$$
$$5x - y = 6$$
Adiwch $8x \quad = 16$
$$x = 2$$
Rhowch $x = 2$ yn hafaliad (1):
$$6 + y = 10$$
$$y = 4$$
Yr ateb yw $x = 2$, $y = 4$
Gwiriwch: rhowch $x = 2$, $y = 4$ yn hafaliad (2) $10 - 4 = 6$ ✓ cywir

Ymarfer 1

1 46   **2** 639   **3** 168   **4** 1269

Ymarfer 2

1 74   **6** 3185
2 90   **7** 1314
3 184   **8** 1602
4 372   **9** 1785
5 518   **10** 3212

Ymarfer 3

1 390   **3** 7560   **5** 50 000
2 450   **4** 6840   **6** 80 070

Ymarfer 4

1 7500   **7** 524 300
2 8200   **8** 800 000
3 36 000   **9** 5 004 000
4 17 800   **10** 8 150 000
5 319 000   **11** 3 020 000
6 420 000   **12** 83 500 000

Ymarfer 5

1 560   **5** 1740   **9** 3100
2 720   **6** 1040   **10** 4260
3 810   **7** 3320   **11** 11 130
4 1020   **8** 2250   **12** 29 750

Ymarfer 6

1 95   **3** 178.3   **5** 107
2 282   **4** 863.1   **6** 9

Ymarfer 7

1 4291   **3** 7160   **5** 6059
2 5704   **4** 13 740 **6** 708

Ymarfer 8

1 850   **5** 9485   **9** 17 985
2 2142   **6** 13 621 **10** 39 780
3 5166   **7** 16 813 **11** 45 994
4 8164   **8** 14 448 **12** 96 922

Ymarfer 9

1 42   **3** 11   **5** 32
2 31   **4** 32   **6** 221

Ymarfer 10

1 29   **5** 12   **9** 106
2 18   **6** 19   **10** 138
3 18   **7** 16   **11** 207
4 16   **8** 16   **12** 52

Ymarfer 11

1 10.5   **5** 44.6
2 34.5   **6** 70.8
3 36.75   **7** 32.125
4 20.25   **8** 48.375

Ymarfer 12

1 43   **5** 55   **9** 27
2 58   **6** 29   **10** 22
3 66   **7** 34   **11** 67
4 42   **8** 31   **12** 98

Ymarfer 13

1 $58\frac{1}{12}$

2 $45\frac{3}{13}$

3 $47\frac{7}{16}$

4 $41\frac{9}{22}$

5 $36\frac{6}{24} = 36\frac{1}{4}$

6 $24\frac{8}{32} = 24\frac{1}{4}$

7 $15\frac{1}{14}$

8 $24\frac{9}{17}$

9 $31\frac{3}{13}$

10 $17\frac{3}{18} = 17\frac{1}{6}$

11 $229\frac{8}{14} = 229\frac{4}{7}$

12 $282\frac{6}{15} = 282\frac{2}{5}$

Ymarfer 14

1 74

2 8

3 596

4 83

5 904

6 720

7 500

8 70 000

Ymarfer 15

1 78

2 53

3 64

4 42

5 780

6 78

7 200

8 20

Ymarfer 16

1 32

2 8

3 142

4 47

5 377

6 94

7 21

8 303

Ymarfer 17

1 5.17

2 8.62

3 0.43

4 0.569

5 0.402

6 1.05

Ymarfer 18

1 1.934

2 3.628

3 0.385

4 0.169

5 0.106

6 0.2704

Ymarfer 19

1 $\frac{7}{9}$

2 $\frac{9}{12} = \frac{3}{4}$

3 $1\frac{1}{12}$

4 $1\frac{2}{5}$

5 $1\frac{3}{8}$

6 $1\frac{3}{11}$

Ymarfer 20

1 $\frac{3}{4}$

2 $\frac{3}{10}$

3 $\frac{7}{10}$

4 $\frac{7}{8}$

5 $\frac{7}{12}$

6 $\frac{8}{9}$

7 $\frac{8}{15}$

8 $\frac{11}{14}$

9 $\frac{11}{15}$

10 $\frac{33}{35}$

11 $\frac{31}{56}$

12 $1\frac{1}{12}$

Ymarfer 21

1 $\frac{5}{8}$

2 $\frac{1}{5}$

3 $\frac{4}{11}$

4 $\frac{5}{10} = \frac{1}{2}$

5 $\frac{3}{8}$

6 $\frac{3}{12} = \frac{1}{4}$

7 $\frac{1}{20}$

8 $\frac{1}{6}$

9 $\frac{4}{21}$

10 $\frac{1}{12}$

11 $\frac{9}{40}$

12 $\frac{25}{88}$

Ymarfer 22

1 $\frac{1}{2}$

2 $\frac{2}{3}$

3 $\frac{2}{3}$

4 $\frac{2}{3}$

5 $\frac{2}{3}$

6 $\frac{2}{5}$

7 $\frac{2}{3}$

8 $\frac{2}{3}$

9 $\frac{2}{3}$

10 $\frac{3}{5}$

11 $\frac{1}{3}$

12 $\frac{2}{5}$